Rechtswahlregelungen im Europäischen Kollisionsrecht

Schriften zum Internationalen und vergleichenden Privatrecht

Herausgegeben von Abbo Junker

Band 9

PL ACADEMIC RESEARCH

Sandra Wandt

Rechtswahlregelungen im Europäischen Kollisionsrecht

Eine Untersuchung der Hauptkodifikationen auf Kohärenz, Vollständigkeit und rechtstechnische Effizienz

PL ACADEMIC RESEARCH

Bibliografische Information der Deutschen Nationalbibliothek
Die Deutsche Nationalbibliothek verzeichnet diese Publikation in der Deutschen Nationalbibliografie; detaillierte bibliografische Daten sind im Internet über http://dnb.d-nb.de abrufbar.

Zugl.: München, Univ., Diss., 2014

D 19
ISSN 1615-553X
ISBN 978-3-631-65700-3 (Print)
E-ISBN 978-3-653-04945-9 (E-Book)
DOI 10.3726/ 978-3-653-04945-9

PL Academic Research ist ein Imprint der Peter Lang GmbH.

Peter Lang – Frankfurt am Main · Bern · Bruxelles · New York · Oxford · Warszawa · Wien

Diese Publikation wurde begutachtet.

www.peterlang.com

Vorwort

Die vorliegende Arbeit lag der Juristischen Fakultät der Ludwig-Maximilians-Universität München im Wintersemester 2013/2014 als Dissertation vor.

Meinem Doktorvater Herrn Prof. Dr. Abbo Junker bin ich zu großem Dank verpflichtet. Er weckte mit seinem Seminar zum Internationalen Privatrecht an der Universität Lausanne mein Interesse für dieses Rechtsgebiet und gab die Idee zu dieser Arbeit. Ich danke auch Herrn Prof. Dr. Peter Kindler für die Erstellung des Zweitgutachtens.

Stand der Arbeit ist Februar 2014.

Heidelberg, im August 2014 Sandra Wandt

Inhaltsübersicht

Einleitung ... 1

Erster Teil: Grundlagen ... 9

§ 1 Überblick über die Entwicklungsphasen des Europäischen Kollisionsrechts ... 11

§ 2 Gesetzliche Zulassung der Rechtswahl im Europäischen Kollisionsrecht ... 33

Zweiter Teil: Kohärenz, Vollständigkeit und rechtstechnische Effizienz der Rechtswahlregelungen ... 41

§ 3 Zulässigkeit der Rechtswahl ... 43

§ 4 Ausübung und Wirksamkeit der Rechtswahl ... 121

§ 5 Begrenzungen der Wirkung der Rechtswahl ... 185

Dritter Teil: Überlegungen *de lege ferenda* zu einer Generalnorm zur Rechtswahl ... 209

§ 6 Generalnorm zur Rechtswahl ... 211

§ 7 Ausgestaltung der Generalnorm zur Rechtswahl ... 217

Vierter Teil: Wesentliche Ergebnisse ... 227

§ 8 Wesentliche Ergebnisse: Kohärenz, Vollständigkeit und rechtstechnische Effizienz der Rechtswahlregelungen ... 229

§ 9 Wesentliche Ergebnisse: Generalnorm zur Rechtswahl 247

Schluss 249

Literaturverzeichnis 251

Inhaltsverzeichnis

Einleitung 1
A. Anlass und Zielsetzung der Untersuchung 1
B. Gegenstand und Gang der Untersuchung 6

Erster Teil: Grundlagen 9

§ 1 Überblick über die Entwicklungsphasen des Europäischen Kollisionsrechts 11
A. Völkerrechtliche Vereinheitlichungsphase 12
I. Fehlende Rechtsetzungskompetenz 12
II. Entwicklung der völkerrechtlichen Kollisionsrechtsvereinheitlichung 13
B. Gemeinschaftsrechtliche Vereinheitlichungsphase 15
I. Entwicklung der Rechtsetzungsbefugnisse 15
1. Vertrag von Amsterdam von 1997 15
2. Vertrag von Nizza von 2001 16
3. Vertrag von Lissabon von 2007 17
II. Entwicklung der Europäischen Kollisionsrechtsvereinheitlichung 17
1. Politische Programme 17
2. IPR-Verordnungen: Entstehungsgeschichte und Anwendungsbereiche 19
a) Vertragliches Schuldrecht (Rom I-VO) 19
b) Außervertragliches Schuldrecht (Rom II-VO) 21
c) Unterhaltsrecht (EuUnthVO in Verbindung mit HUntProt) 23
d) Scheidungsrecht (Rom III-VO) 25
e) Erbrecht (EuErbVO) 28
f) Güterrecht (EuEhegüterVO-Vorschlag und EuPartGüVO-Vorschlag) 30

§ 2 Gesetzliche Zulassung der Rechtswahl im Europäischen Kollisionsrecht 33
A. Befugnis zur Wahl unverbundener Rechte 34
B. Befugnis zur Wahl verbundener Rechte 35
I. Vertragsrecht 35
II. Familien- und Erbrecht 36
1. Rom III-VO 37
2. EuErbVO 37
3. EuUnthVO in Verbindung mit HUntProt 38
4. EuEhegüterVO-Vorschlag 38
5. EuPartGüVO-Vorschlag 39
C. Von der Rechtswahl ausgeschlossene Materien 39
I. Rechtswahlausschluss in der Rom II-VO 39
II. Rechtswahlausschluss im HUntProt 40

Zweiter Teil: Kohärenz, Vollständigkeit und rechtstechnische Effizienz der Rechtswahlregelungen 41

§ 3 Zulässigkeit der Rechtswahl 43
A. Kreis der wählbaren Rechte 43
I. Überblick 43
II. Wählbarkeit des Heimatrechts und des Rechts des gewöhnlichen Aufenthalts 44
1. Grundsätzliche Wählbarkeit 44
2. Unterschiede in den Anforderungen an die Verbundenheit 46
a) Beiderseitige Verbundenheit 46
b) Einseitige Verbundenheit 47
3. Maßgeblicher Zeitpunkt der Verbundenheit 49
a) Grundsatz der Verbundenheit im Zeitpunkt der Rechtswahl 49
b) Wahl des künftigen Heimatrechts im Erbrecht 49
c) Fehlende Benennung eines Zeitpunkts im EuEhegüterVO-Vorschlag 51
4. Rechtswahl bei mehrfacher Staatsangehörigkeit 52
a) Regelung zur mehrfachen Staatsangehörigkeit in der EuErbVO 52
b) Die Behandlung der mehrfachen Staatsangehörigkeit in der Rom III-VO 53

c) Fehlende Regelungen zur Rechtswahl bei mehrfacher Staatsangehörigkeit ... 56
III. Wählbarkeit der *lex fori* ... 57
1. Eröffnung der Wahl der *lex fori* ... 57
2. Keine Eröffnung der Wahl der *lex fori* ... 60
IV. Wählbarkeit des Scheidungs- und Güterstatuts ... 62
V. Wählbarkeit der bei objektiver Anknüpfung maßgebenden Rechte ... 63
1. Überblick ... 63
2. (Beschränkte) Kongruenz ... 63
3. Fehlende Kongruenz in der EuErbVO ... 64
VI. Ergebnisse ... 65
1. Wählbare Rechte ... 65
2. Anforderungen an die Verbundenheit ... 66
3. Mehrfache Staatsangehörigkeit ... 66
4. Wählbarkeit der bei objektiver Anknüpfung maßgebenden Rechte ... 67
B. Zeitliche Begrenzungen der Rechtswahl ... 67
I. Überblick ... 67
II. Rom II-VO ... 67
1. Normative Ausgangslage ... 67
2. Gesetzeshistorie ... 69
3. Zeitliche Differenzierung und ihrer Kriterien ... 72
a) „alle Parteien“ ... 72
b) Erfordernis einer „kommerziellen Tätigkeit“ der Parteien ... 73
aa) Neuer Begriff „kommerzielle Tätigkeit“ ... 73
bb) Ungeschriebenes Zusammenhangserfordernis ... 77
cc) Überlegungen *de lege ferenda* ... 78
c) Erfordernis einer „frei ausgehandelten Vereinbarung“ ... 79
aa) Anwendungsbereich ... 79
bb) Immanentes AGB-Verwendungsverbot? ... 80
(1) Bejahung eines AGB-Verwendungsverbots ... 80
(2) Ablehnung eines AGB-Verwendungsverbots ... 81
(3) Vermittelnde Ansicht ... 83
(4) Kritische Würdigung des Meinungsstandes und Stellungnahme ... 84
(5) Überlegungen *de lege ferenda* ... 87

4. Zulassung der anfänglichen Rechtswahl auch für nicht kommerziell tätige Personen? 88
a) Interesse an einer anfänglichen Rechtswahl 89
b) Rechtswahl zwischen zwei Privatpersonen 90
c) Stärkere Einschränkung als in der Rom I-VO 90
d) Vertragsakzessorische Anknüpfung 91
e) Schutzmöglichkeiten bei Zulassung deranfänglichen Rechtswahl 92
aa) Rechtsgedanke des Art. 17 Nr. 2 EuGVVO 93
bb) Günstigkeitsprinzip 93
f) Fazit 95
5. Formulierungsvorschlag *de lege ferenda* 95
III. Rom III-VO 96
1. Rechtswahl nach Anrufung des Gerichts 96
a) Normative Ausgangslage 96
b) Kritische Analyse und Stellungnahme 98
aa) Konzeption des Art. 5 Abs. 2, 3 Rom III-VO 98
bb) Gründe gegen die Zulassung einer Rechtswahl nach Anrufung des Gerichts? 99
cc) Überlegungen *de lege ferenda* 101
2. Rechtswahl vor der Eheschließung 101
IV. Ergebnisse 102
1. Ergebnisse zur Rom II-VO 102
a) Begrenzung der anfänglichen Rechtswahl auf kommerzielltätige Personen 102
b) Kriterium „frei ausgehandelte Vereinbarung“ 103
c) Formulierungsvorschlag *de lege ferenda* 104
2. Ergebnisse zur Rom III-VO 104
a) Rechtswahl nach Anrufung des Gerichts 104
b) Rechtswahl vor der Eheschließung 105
C. Änderbarkeit der Rechtswahl 105
I. Normative Ausgangslage 105
II. Regelungen zur Änderbarkeit der Rechtswahl 105
1. Überblick 105
2. Rom III-VO 105
3. EuErbVO 106
4. EuEhegüterVO-Vorschlag 107

III. Keine explizite Regelung zur Änderbarkeit der Rechtswahl ... 108
1. Rom II-VO ... 108
2. HUntProt ... 110
IV. Ergebnisse ... 110
1. Grundlagen und Lückenschließung ... 110
2. Korrektur der Rechtswahlregelungen über eine Änderbarkeit der Rechtswahl ... 110
D. Teilrechtswahl ... 111
I. Normative Ausgangslage ... 111
II. Keine explizite Regelung zur Teilrechtswahl ... 112
1. Rom II-VO ... 112
a) Meinungsstand ... 112
b) Stellungnahme ... 113
c) Überlegungen *de lege ferenda* ... 116
2. Rom III-VO ... 117
3. HUntProt ... 117
III. Ergebnisse ... 118

§ 4 Ausübung und Wirksamkeit der Rechtswahl ... 121
A. Art und Weise der Erklärung der Rechtswahl ... 121
I. Ausdrückliche Rechtswahl ... 121
II. Konkludente Rechtswahl ... 122
1. Explizite Eröffnung der konkludenten Rechtswahl ... 122
a) Anforderungen an eine konkludente Rechtswahl im Schuldrecht ... 123
aa) „Bestimmungen des Vertrages" und „Umstände des Falles" ... 123
bb) „Eindeutig" und „mit hinreichender Sicherheit" ... 123
(1) Normative Ausgangslage ... 123
(2) Verschärfung des Prüfungsmaßstabs in der Rom I-VO gegenüber dem EVÜ ... 125
(3) Keine Rechtfertigung der unterschiedlichen Formulierungen in der Rom I- und Rom II-VO ... 126
(4) Überlegungen *de lege ferenda* ... 128
b) Anforderungen an eine konkludente Rechtswahl im Erbrecht ... 128

2. Expliziter Ausschluss einer konkludenten Rechtswahl 130
a) Rechtswahl nach Art. 7 HUntProt 130
b) Rechtswahl nach dem EuEhegüterVO-Vorschlag 131
3. Fehlen einer expliziten Regelung zur konkludenten Rechtswahl 132
a) Konkludente Rechtswahl nach Art. 5 Rom III-VO 132
aa) Meinungsstand 132
bb) Kritische Analyse und Stellungnahme 134
(1) Rechtswahl nach Anrufung des Gerichts 135
(2) Rechtswahl vor Anrufung des Gerichts 135
(a) Konkludenz aufgrund von Umständen außerhalb der formgerechten Vereinbarung 135
(b) Konkludenz aufgrund von Umständen innerhalb der formgerechten Vereinbarung 136
cc) Überlegungen *de lege ferenda* 137
b) Konkludente Rechtswahl in Art. 8 HUntProt 138
aa) Meinungsstand und Stellungnahme 138
bb) Überlegungen *de lege ferenda* 139
III. Ergebnisse 139
1. Ausdrückliche Rechtswahl 139
2. Konkludente Rechtswahl 139
a) Zulässigkeit der konkludenten Rechtswahl 139
b) Vereinheitlichung der Anforderungen an eine konkludente Rechtswahl 140
aa) Eindeutigkeit der konkludenten Rechtswahl 140
bb) Sonderstellung der EuErbVO 141
B. Form der Rechtswahl 141
I. Überblick 141
II. Rom I-VO 142
III. Rom II-VO 143
1. Normative Ausgangslage 143
2. Meinungsstand 144
3. Stellungnahme 144
4. Überlegungen *de lege ferenda* 145
IV. Rom III-VO 146
1. Rechtswahl vor Anrufung des Gerichts 146

a) Normative Ausgangslage ... 146
aa) Art. 7 Rom III-VO ... 146
bb) Deutsche Begleitregelung zu Art. 7 Rom III-VO ... 147
b) Kritische Analyse und Überlegungen *de lege ferenda* ... 148
aa) Mindestformerfordernisse des Art. 7 Abs. 1 S. 1 Rom III-VO ... 148
bb) Rechtswahl unter Verwendung elektronischer Übermittlungen ... 150
cc) Öffnungsklauseln ... 153
(1) Ausgestaltung der Öffnungsklauseln ... 153
(2) Strengere Formerfordernisse von nicht teilnehmenden Mitgliedstaaten oder Drittstaaten ... 154
2. Rechtswahl nach Anrufung des Gerichts ... 155
V. EuErbVO ... 156
VI. HUntProt ... 157
1. Rechtswahl für die Zwecke eines einzelnen Verfahrens ... 157
a) Rechtswahl vor Einleitung des Unterhaltsverfahrens ... 158
b) Rechtswahl nach Einleitung des Unterhaltsverfahrens ... 159
2. Rechtswahl ohne Bezug zu einem einzelnen Verfahren ... 161
3. Mindestformerfordernisse? ... 161
VII. Güterrecht ... 163
1. Ehegüterrecht ... 163
a) EuEhegüterVO-Vorschlag ... 163
b) Kritische Analyse ... 163
2. Güterrecht eingetragener Partnerschaften ... 165
VIII. Ergebnisse ... 166
1. Grundlagen ... 166
2. Form der Rechtswahl nach der Rom II-VO ... 167
3. Form der Rechtswahl im Familienrecht ... 167
a) Mindestformerfordernisse ... 167
b) Öffnungsklauseln ... 168
c) Formstatut ... 169
d) Form einer Rechtswahl nach Anrufung des Gerichts (bzw. Einleitung eines Verfahrens) ... 169
e) Zukünftiger Reformschritt zu unionsrechtlich bestimmten qualifizierten Formerfordernissen ... 170

C. Rechtswahlstatut und Sonderanknüpfung des Verhaltens als Zustimmung 170
I. Rechtswahlstatut 170
1. Explizite Regelungen zum Rechtswahlstatut 171
a) Rom I-VO 171
b) Rom III-VO 171
c) EuErbVO 172
d) Sprachliche Unterschiede 172
2. Fehlende Regelungen zum Rechtswahlstatut 173
a) Rom II-VO 173
aa) Meinungsstand 174
bb) Stellungnahme und Überlegungen *de lege ferenda* 175
b) HUntProt 177
aa) Art. 8 HUntProt 177
bb) Art. 7 HUntProt 177
c) Güterrecht 178
II. Sonderanknüpfung des Verhaltens als Zustimmung 178
1. Explizite Regelung zur Sonderanknüpfung 178
a) Rom I-VO 178
b) Rom III-VO 178
2. Keine Regelung zur Sonderanknüpfung 180
a) Rom II-VO 181
b) EuErbVO 181
c) HUntProt und Güterrecht 181
III. Ergebnisse 181
1. Rechtswahlstatut 181
2. Sonderanknüpfung des Verhaltens als Zustimmung 182

§ 5 Begrenzungen der Wirkung der Rechtswahl 185
A. Zeitliche Wirkung der Rechtswahl 185
I. *Ex nunc*-Wirkung im Scheidungs- und Erbrecht 185
II. *Ex nunc*-Wirkung im Güterrecht als gesetzlicher Regelfall 185
III. *Ex tunc* -oder *ex nunc*-Wirkung kraft Auslegung 186
1. Rom I- und Rom II-VO 186
2. HUntProt 186
IV. Ergebnisse 187
B. Inlands- und Binnenmarktsachverhalte 187
I. Schuldrecht 187

1. Regelungen für Inlandssachverhalte ... 187
a) Normative Ausgangslage ... 188
b) Kritische Analyse und Überlegungen *de lege ferenda* ... 188
2. Regelungen für Binnenmarktsachverhalte ... 191
a) Normative Ausgangslage ... 191
b) Kritische Analyse und Überlegungen *de lege ferenda* ... 192
aa) Sachverhaltsbezug zu Dänemark ... 193
(1) Normative Ausgangslage in der Rom I- und Rom II-VO ... 193
(2) Lückenfüllung in der Rom II-VO ... 193
bb) Sachverhaltsbezug zu einem nicht-mitgliedstaatlichen Vertragsstaat des EWR ... 195
cc) Rechtswahl und Gerichtsstandsvereinbarung ... 197
3. Überschneidungen zwischen den Regelungen für Inlands- und Binnenmarktsachverhalte ... 197
II. Familien- und Erbrecht ... 200
III. Ergebnisse ... 200
1. Korrektur der Regelungen für Inlandssachverhalte ... 200
2. Korrektur der Regelungen für Binnenmarktsachverhalte ... 201
3. Beseitigung der Überschneidungen zwischen den Regelungen für Inlands- und Binnenmarktsachverhalte ... 201
C. Schutz von Rechten Dritter ... 202
I. Drittschutz bei nachträglicher Rechtswahl ... 202
II. Drittschutz bei anfänglicher Rechtswahl ... 204
III. Ergebnisse ... 206
D. (Form-) Gültigkeitsschutz ... 206

Dritter Teil: Überlegungen *de lege ferenda* zu einer Generalnorm zur Rechtswahl ... 209

§ 6 Generalnorm zur Rechtswahl ... 211
A. Bestrebungen zu einem Allgemeinen Teil des Europäischen Kollisionsrechts ... 211
B. Bestrebungen zu einer Generalnorm zur Rechtswahl ... 213
I. Nationale Kodifikationen ... 213
II. Meinungsstand zu einer Generalnorm zur Rechtswahl ... 214

§ 7 Ausgestaltung der Generalnorm zur Rechtswahl ... 217

A. Inhalt 217
I. Gesetzliche Zulassung der Rechtswahl 218
II. Kreis der wählbaren Rechte 218
III. Zeitgrenzen und Änderbarkeit der Rechtswahl 220
IV. Teilrechtswahl 220
V. Art und Weise der Erklärung der Rechtswahl 221
VI. Form 222
VII. Rechtswahlstatut und Sonderanknüpfung des Verhaltens als Zustimmung 222
VIII. Zeitliche Wirkung der Rechtswahl 223
IX. Regelungen für Inlands- und Binnenmarktsachverhalte 224
X. Drittschutzklausel und (Form-) Gültigkeitsschutz 224
B. Fazit 224
C. Formulierungsvorschlag für eine Generalnorm zur Rechtswahl 226

Vierter Teil: Wesentliche Ergebnisse 227

§ 8 Wesentliche Ergebnisse: Kohärenz, Vollständigkeit und rechtstechnische Effizienz der Rechtswahlregelungen 229
A. Kreis der wählbaren Rechte 229
I. Grundlagen 229
II. Mehrfache Staatsangehörigkeit einer Partei 229
III. Wahl der *lex fori* gemäß Art. 5 Abs. 1 lit. d Rom III-VO 230
IV. Wählbarkeit der bei objektiver Anknüpfung maßgebenden Rechte 230
B. Zeitliche Begrenzungen der Rechtswahl 231
I. Grundlagen 231
II. Rom II-VO 231
1. Begrenzung der anfänglichen Rechtswahl auf kommerziell tätige Personen 231
2. Erfordernis einer „frei ausgehandelten Vereinbarung" 232
III. Rom III-VO 232
1. Rechtswahl nach Anrufung des Gerichts 232
2. Rechtswahl vor der Eheschließung 233
C. Änderbarkeit der Rechtswahl 233
I. Grundlagen und Lückenschließung 233
II. Korrektur der Rechtswahlregelungen über eine Änderbarkeit der Rechtswahl 233

1. Rom III-VO: Änderbarkeit der Rechtswahl im laufenden Gerichtsverfahren ... 233
2. EuErbVO: Umfassende Regelung über die Änderbarkeit der Rechtswahl gemäß Art. 22 Abs. 4 EuErbVO ... 234
3. EuEhegüterVO-Vorschlag: Terminologie und Systematik der Rechtswahlregelungen ... 234
D. Teilrechtswahl ... 234
E. Art und Weise der Erklärung der Rechtswahl ... 235
I. Ausdrückliche Rechtswahl ... 235
II. Konkludente Rechtswahl ... 235
1. Zulässigkeit der konkludenten Rechtswahl ... 235
2. Vereinheitlichung der Anforderungen an eine konkludente Rechtswahl ... 236
a) Eindeutigkeit der konkludenten Rechtswahl ... 236
b) Sonderstellung der EuErbVO ... 236
F. Form ... 236
I. Grundlagen ... 236
II. Lückenschließung in der Rom II-VO ... 237
III. Lückenschließung und Vereinheitlichung der Formerfordernisse für die Rechtswahl im Familienrecht ... 237
1. Lückenschließung im HUntProt ... 237
2. Vereinheitlichung der Formerfordernisse *de lege ferenda* ... 238
a) Vereinheitlichung der unionsrechtlichen Mindestformerfordernisse ... 238
b) Vereinheitlichung der Öffnungsklauseln für strengere Formerfordernisse nationalen Rechts ... 238
c) Zukünftiger Reformschritt zu unionsrechtlich bestimmten qualifizierten Formerfordernissen ... 239
G. Rechtswahlstatut und Sonderanknüpfung des Verhaltens als Zustimmung ... 240
I. Rechtswahlstatut ... 240
II. Sonderanknüpfung des Verhaltens als Zustimmung ... 240
1. Korrektur der bestehenden Regelungen ... 240
a) Rom I-VO ... 240
b) Rom III-VO ... 241
2. Lückenschließung ... 241
H. Zeitliche Wirkung der Rechtswahl ... 241

I. Inlands- und Binnenmarktsachverhalte ... 242
I. Grundlagen ... 242
II. Korrektur der Regelungen für Inlandssachverhalte ... 242
III. Korrektur der Regelungen für Binnenmarktsachverhalte ... 243
1. Vereinheitlichungsbedarf in Bezug auf Dänemark ... 243
2. Klarstellung im Hinblick auf nicht-mitgliedstaatliche EWR-Vertragsstaaten ... 243
3. Klarstellung der Unerheblichkeit der Rechtswahl und einer Gerichtsstandsvereinbarung ... 243
IV. Beseitigung der Überschneidung zwischen den Regelungen für Inlands- und Binnenmarktsachverhalte ... 244
J. Schutz von Rechten Dritter ... 244
I. Drittschutz bei nachträglicher Rechtswahl ... 244
II. Drittschutz bei anfänglicher Rechtswahl ... 244
K. (Form-) Gültigkeitsschutz ... 245

§ 9 Wesentliche Ergebnisse: Generalnorm zur Rechtswahl ... 247

Schluss ... 249

Literaturverzeichnis ... 251

Abkürzungsverzeichnis

a.A.	andere(r) Ansicht
ABl.	Amtsblatt
Abs.	Absatz
AEUV	Vertrag über die Arbeitsweise der Europäischen Union
a.F.	alte Fassung
Am. J. Comp. L.	American Journal of Comparative Law
Art.	Artikel
BGBl.	Bundesgesetzblatt
BGH	Bundesgerichtshof
BT-Drucks.	Drucksachen des Bundestages
BVerfG	Bundesverfassungsgericht
Clunet	Journal du Droit International "Clunet"
CMLRev	Common Market Law Review
ders.	derselbe
dies.	dieselbe
d.h.	das heißt
DNotZ	Deutsche Notar-Zeitschrift
DStR	Deutsches Steuerrecht
EG	Europäische Gemeinschaft
EGBGB	Einführungsgesetz zum Bürgerlichen Gesetzbuche
EGV	Vertrag zur Gründung der Europäischen Gemeinschaft
EhegüterVO-Vorschlag	Vorschlag für eine Verordnung des Rates über die Zuständigkeit, das anzuwendende Recht, die Anerkennung und Vollstreckung von Entscheidungen im Bereich des Ehegüterrechts vom 16. März 2011

Einl	Einleitung
ErbR	Zeitschrift für die gesamte erbrechtliche Praxis
ERPL	European Review of Private Law
EU	Europäische Union
EuErbVO	Verordnung (EU) Nr. 650/2012 des Europäischen Parlaments und des Rates vom 4. Juli 2012 über die Zuständigkeit, das anzuwendende Recht, die Anerkennung und Vollstreckung von Entscheidungen und die Annahme und Vollstreckung öffentlicher Urkunden in Erbsachen sowie zur Einführung eines Europäischen Nachlasszeugnisses
EuGH	Gerichtshof der Europäischen Union, Gerichtshof der Europäischen Gemeinschaften
EuGVVO	Verordnung (EG) Nr. 44/2001 des Rates vom 22. Dezember 2000 über die gerichtliche Zuständigkeit und die Anerkennung und Vollstreckung von Entscheidungen in Zivil- und Handelssachen
EuLF	The European Legal Forum
EuPartGüVO-Vorschlag	Vorschlag für eine Verordnung des Rates über die Zuständigkeit, das anzuwendende Recht, die Anerkennung und Vollstreckung von Entscheidungen im Bereich des Güterrechts eingetragener Partnerschaften vom 16. März 2011
Eur. J.L. Reform	European Journal of Law Reform
Eur. L. J.	European Law Journal
EuUnthVO	Verordnung (EG) Nr. 4/2009 des Rates vom 18. Dezember 2008 über die Zuständigkeit, das anwendbare Recht, die Anerkennung und

	Vollstreckung von Entscheidungen und die Zusammenarbeit in Unterhaltssachen
EuZW	Europäische Zeitschrift für Wirtschaftsrecht
EVÜ	Römisches EWG-Übereinkommen über das auf vertragliche Schuldverhältnisse anzuwendende Recht
EWG	Europäische Wirtschaftsgemeinschaft
EWR	Europäischer Wirtschaftsraum
EWS	Europäisches Wirtschafts- und Steuerrecht
FamRZ	Zeitschrift für das gesamte Familienrecht
ff.	folgende
Fn.	Fußnote
FPR	Familie, Partnerschaft, Recht
FS	Festschrift
GEDIP	Europäische Gruppe für Internationales Privatrecht
GEDIP-Vorschlag	Proposition pour une convention européenne sur la loi applicable non contractuelles der Europäischen Gruppe für Internationales Privatrecht
GPR	Zeitschrift für das Privatrecht der Europäischen Union
Hrsg.	Herausgeber
Hs.	Halbsatz
HUntProt	(Haager) Protokoll über das auf Unterhaltspflichten anzuwendende Recht vom 23. November 2007
ICLQ	International & Comparative Law Quarterly
IntEuSchR	Internationales und Europäisches Ehescheidungsrecht
IPR	Internationales Privatrecht
IPRax	Praxis des Internationalen Privat- und Verfahrensrechts
IZPR	Internationales Zivilprozessrecht
JA	Juristische Arbeitsblätter
JBl	Juristische Blätter
JuS	Juristische Schulung

JZ	Juristenzeitung
KOM	Europäische Kommission
lit.	Buchstabe
LMCLQ	Lloyd's Maritime and Commercial Law Quarterly
m.w.N.	mit weiteren Nachweisen
MittBayNot	Mitteilungen des Bayerischen Notarvereins, der Notarkasse und der Landesnotarkammer Bayern
MüKo	Münchener Kommentar
NILR	Netherlands International Law Review
NIPR	Nederlands Internationaal Privaatrecht
NJW	Neue Juristische Wochenschrift
NJW-RR	NJW-Rechtsprechungs-Report Zivilrecht
Nr.	Nummer
NZV	Neue Zeitschrift für Verkehrsrecht
OLG	Oberlandesgericht
RabelsZ	Rabels Zeitschrift für ausländisches und internationales Privatrecht
Rev. crit. DIP	Revue critique de droit international privé
Riv. dir. int. priv. proc.	Rivista di diritto internazionale privato e processuale
RIW	Recht der internationalen Wirtschaft
Rn.	Randnummer
RNotZ	Rheinische Notar-Zeitschrift
Rom I-VO	Verordnung (EG) Nr. 593/2008 des Europäischen Parlaments und des Rates vom 17. Juni 2008 über das auf vertragliche Schuldverhältnisse anzuwendende Recht
Rom II-VO	Verordnung (EG) Nr. 864/2007 des Europäischen Parlaments und des Rates vom 11. Juli 2007 über das auf außervertragliche Schuldverhältnisse anzuwendende Recht

Rom III-VO	Verordnung (EU) Nr. 1259/2010 des Rates vom 20. Dezember 2010 zur Durchführung einer Verstärkten Zusammenarbeit im Bereich des auf die Ehescheidung und Trennung ohne Auflösung des Ehebandes anzuwendenden Rechts
Rs.	Rechtssache
S.	Seite
Tul. Eur. & Civ. L.F.	Tulane European and Civil Law Forum
Tul. L. Rev.	Tulane Law Review
v.	von
Var.	Variante
VersR	Versicherungsrecht
vgl.	vergleiche
Vorbem	Vorbemerkung
Yb PIL	Yearbook of Private International Law
ZErb	Zeitschrift für die Steuer- und Erbrechtspraxis
ZEuP	Zeitschrift für Europäisches Privatrecht
ZEuS	Zeitschrift für Europarechtliche Studien
ZEV	Zeitschrift für Erbrecht und Vermögensnachfolge
ZfRV	Zeitschrift für Europarecht, Internationales Privatrecht und Rechtsvergleichung
ZVglRWiss	Zeitschrift für Vergleichende Rechtswissenschaft

Einleitung

„Wie der Gletscher von weitem gangbar und zusammenhängend erscheint, in der Nähe aber tausend tückische Spalten zeigt, so wächst der Eindruck der Zerklüftung des positiven internationalen Privatrechts bei näherem Anschauen."
Theodor Niemeyer[1]

A. Anlass und Zielsetzung der Untersuchung

Die Vereinheitlichung des Europäischen Kollisionsrechts schreitet mit „Sieben-Meilen-Stiefeln"[2] voran. Der Unionsgesetzgeber rückt dem Ziel der Vervollständigung des Raums der Freiheit, der Sicherheit und des Rechts für den Bereich der Zivilsachen immer näher.[3] Auf den Gebieten des Internationalen Vertragsrechts[4], des Internationalen außervertraglichen Schuldrechts[5], des Internationalen Unterhaltsrechts[6], des Internationalen Ehescheidungsrechts[7] sowie des

1 Zur Methodik des internationalen Privatrechts, 21.

2 *Basedow* RabelsZ 75 (2011) 671.

3 *Mansel/Thorn/Wagner* IPRax 2012, 1; *Basedow* RabelsZ 75 (2011) 671; in diese Richtung auch *Jayme* in Jud/Rechberger/Reichelt (Hrsg.) 63; *Siehr* in Jud/Rechberger/Reichelt (Hrsg.) 77, 78.

4 Verordnung (EG) Nr. 593/2008 des Europäischen Parlaments und des Rates vom 17. Juni 2008 über das auf vertragliche Schuldverhältnisse anzuwendende Recht („Rom I-VO"), ABl. Nr. L 177/6 vom 4. Juli 2008.

5 Verordnung (EG) Nr. 864/2007 des Europäischen Parlaments und des Rates vom 11. Juli 2007 über das auf außervertragliche Schuldverhältnisse anzuwendende Recht („Rom II-VO"), ABl. Nr. L 199/40 vom 31. Juli 2007.

6 Verordnung (EG) Nr. 4/2009 des Rates vom 18. Dezember 2008 über die Zuständigkeit, das anwendbare Recht, die Anerkennung und Vollstreckung von Entscheidungen und die Zusammenarbeit in Unterhaltssachen, ABl. Nr. L 7/1 vom 10. Januar 2009 (nachfolgend als EuUnthVO bezeichnet) in Verbindung mit dem Protokoll über das auf Unterhaltspflichten anzuwendende Recht vom 23. November 2007 (nachfolgend als HUntProt bezeichnet).

7 Verordnung (EU) Nr. 1259/2010 des Rates vom 20. Dezember 2010 zur Durchführung einer Verstärkten Zusammenarbeit im Bereich des auf die Ehescheidung und Trennung ohne Auflösung des Ehebandes anzuwendenden Rechts, ABl. Nr. L 343/10

Internationalen Erbrechts[8] wurden bereits EU-Verordnungen erlassen. Für das Internationale Ehegüterrecht[9] und das Internationale Güterrecht für eingetragene Partnerschaften[10] liegen Verordnungsvorschläge der Kommission und Legislative Entschließungen des Europäischen Parlaments vor. Auch eine Vereinheitlichung im Bereich des Internationalen Gesellschaftsrechts ist angedacht.[11]

Der Unionsgesetzgeber hat für das Europäische Kollisionsrecht entwicklungsbedingt den Weg einer schritt- und stückweisen Vereinheitlichung[12]

---

vom 29. Dezember 2010 (nachfolgend als Rom III-VO bezeichnet). Anders als bei der Rom I- und Rom II-VO handelt es sich bei der Bezeichnung Rom III-VO um keine offizielle Bezeichnung. Die Bezeichnung Rom III-VO ist aber allgemein anerkannt, vgl. statt aller NK-BGB Band 6/*Gruber* Vor Art. 1 Rom III-VO Rn. 25. Nachfolgend wird als *Pars pro toto* anstatt von Ehescheidung und Trennung ohne Auflösung des Ehebandes einfachheitshalber nur von Scheidung gesprochen.

8 Verordnung (EU) Nr. 650/2012 des Europäischen Parlaments und des Rates vom 4. Juli 2012 über die Zuständigkeit, das anzuwendende Recht, die Anerkennung und Vollstreckung von Entscheidungen und die Annahme und Vollstreckung öffentlicher Urkunden in Erbsachen sowie zur Einführung eines Europäischen Nachlasszeugnisses, ABl. Nr. L 201/107 vom 27. Juli 2012 (nachfolgend als EuErbVO bezeichnet).

9 Vorschlag für eine Verordnung des Rates über die Zuständigkeit, das anzuwendende Recht, die Anerkennung und Vollstreckung von Entscheidungen im Bereich des Ehegüterrechts vom 16. März 2011, KOM(2011) 126/2 endgültig (nachfolgend als EhegüterVO-Vorschlag bezeichnet). Legislative Entschließung des Europäischen Parlaments vom 10. September 2013 zu dem Vorschlag für eine Verordnung des Rates über die Zuständigkeit, das anzuwendende Recht, die Anerkennung und die Vollstreckung von Entscheidungen im Bereich des Ehegüterrechts (COM(2011)0126 – C7-0093/2011 – 2011/0059(CNS)), Dokument: P7_TA(2013)0338.

10 Vorschlag für eine Verordnung des Rates über die Zuständigkeit, das anzuwendende Recht, die Anerkennung und Vollstreckung von Entscheidungen im Bereich des Güterrechts eingetragener Partnerschaften vom 16. März 2011, KOM(2011) 127 endgültig (nachfolgend als EuPartGüVO-Vorschlag bezeichnet). Legislative Entschließung des Europäischen Parlaments vom 10. September 2013 zu dem Vorschlag für eine Verordnung des Rates über die Zuständigkeit, das anzuwendende Recht, die Anerkennung und die Vollstreckung von Entscheidungen im Bereich des Güterrechts eingetragener Partnerschaften (COM(2011)0127 – C7-0094/2011 – 2011/0060(CNS)), Dokument: P7_TA(2013) 0337.

11 Siehe dazu Aktionsplan zur Umsetzung des Stockholmer Programms, KOM(2010) 171 endgültig, S. 26. Näher Staudinger/*Sturm/Sturm* (2012) Einleitung zum Internationalen Privatrecht Rn. 951. Zu sonstigen speziellen kollisionsrechtlichen Einzelregelungen siehe Nachweise bei MüKo/*Sonnenberger*, Einleitung IPR Rn. 183 ff.

12 *Jayme* in Leible/Unberath (Hrsg.) 33, 34. Kritisch dazu *Rauscher/Papst* GPR 2007, 244, 251; Rauscher/*Rauscher*, EuZPR/EuIPR (2010) Einf EG-EuErbVO-E Rn. 9, 10, der von „systemlosen Verordnungsberg" spricht.

gewählt und sich damit zugleich gegen eine „Vergemeinschaftung aus einem Guss“[13] entschieden. Die verschiedenen Rechtsquellen des Europäischen Kollisionsrechts haben ihren Inhalt deshalb in unterschiedlichen Entwicklungsphasen der Vergemeinschaftung gefunden. Die große Anzahl der Mitgliedstaaten der Europäischen Union sowie das EU-Gesetzgebungsverfahren erschweren den Einigungsprozess.[14] Dies verdeutlicht insbesondere die Rom III-VO, die nur im Wege der Verstärkten Zusammenarbeit[15] nach Art. 20 EUV in Verbindung mit Artt. 326–334 AEUV verabschiedet werden konnte und derzeit nur für 14, ab dem 22. Mai 2014 für 15 Mitgliedstaaten gilt.[16]

Es überrascht daher nicht, dass Regelungen mit vergleichbarem Regelungsinhalt, obwohl sie von derselben Grundkonzeption und Grundintention getragen sind, stilistische, sprachliche und inhaltliche Unterschiede aufweisen. Bis zu einer wohl eher in ferner Zukunft liegenden Gesamtkodifikation des Europäischen Kollisionsrechts muss die Rechtsanwendung mit dem Nebeneinander und – sofern es zu keinen Novellierungen kommt – zugleich mit den stilistischen, sprachlichen und inhaltlichen Unterschieden der mehreren Rechtsquellen des Europäischen Kollisionsrechts leben.

Für die Wissenschaft und für diese Arbeit ergibt sich hieraus die Aufgabe, zu untersuchen, welche Unterschiede von Regelungen mit vergleichbarem Regelungsinhalt rein stilistischer oder sprachlicher Art und welche inhaltlicher Art sind. Rein stilistische oder sprachliche Unterschiede sind aufzudecken und zu beschreiben, damit sie die zukünftige Rechtsanwendung nicht unnötig belasten oder gar im Ergebnis verfälschen. Inhaltliche Unterschiede sind darauf zu überprüfen, ob sie regelungsspezifisch gerechtfertigt und im Sinne effektiver Rechtsetzung notwendig sind. Für sachlich nicht gerechtfertigte Unterschiede oder Lücken sind Vorschläge für eine Gesetzeskorrektur *de lege ferenda* zu unterbreiten.

Diesen Aufgaben kommt für die parteiautonome Rechtswahl besonderes Gewicht zu. Die parteiautonome Rechtswahl hat im Zuge der Vergemeinschaftung

13 *Rühl* in FS Kropholler, 187.

14 *Wagner* in Leible/Unberath (Hrsg.) 51, 54.

15 Dazu *Fiorini*, Which Legal Basis for Family Law? The Way Forward, 2012, Dokument: PE 462.498, S. 15 ff.

16 Art. 4 Abs. 2 des Beschlusses der Kommission vom 21. November 2012 zur Bestätigung der Teilnahme Litauens an der Verstärkten Zusammenarbeit im Bereich des auf die Ehescheidung und Trennung ohne Auflösung des Ehebandes anzuwendenden Rechts, ABl. Nr. L 323/18 vom 22. November 2012. Zu den an der Rom III-VO teilnehmenden Mitgliedstaaten siehe die Pressemitteilung der Europäischen Kommission, Dokument: IP/12/590 vom 8. Juni 2012.

des Europäischen Kollisionsrechts eine herausragende Bedeutung erlangt.[17] Schon seit dem Römischen EWG-Übereinkommen über das auf vertragliche Schuldverhältnisse anzuwendende Recht von 1980 (EVÜ)[18] dominiert die Rechtswahlfreiheit das Internationale Vertragsrecht.[19] In den Erwägungsgründen zur Rom I-VO wird sie als „einer der Ecksteine des Systems der Kollisionsnormen im Bereich der vertraglichen Schuldverhältnisse"[20] bezeichnet. Auch alle nachfolgenden EU-Verordnungen sowie der Vorschlag zur EuEhegüterVO und die dazugehörige Legislative Entschließung des Europäischen Parlaments sehen Regelungen zur Rechtswahl vor.[21] Eine Rechtswahlregelung fehlt lediglich im Verordnungsvorschlag der Kommission zum Güterrecht eingetragener Partnerschaften (EuPartGüVO-Vorschlag). Die dazu ergangene Legislative Entschließung des Europäischen Parlaments vom 10. September 2013 lässt jedoch hoffen, dass es auch im Güterrecht eingetragener Partnerschaften letztlich zu einer Rechtswahlregelung kommen wird.[22] In der Gesamtschau lässt sich deshalb mit Recht sagen, dass die Rechtswahlfreiheit mittlerweile als allgemeines, gegenüber der objektiven Anknüpfung vorrangiges Anknüpfungsprinzip des Europäischen Kollisionsrechts anerkannt ist.[23]

Es geht diesem Grundanknüpfungsprinzip darum, den Parteien der jeweiligen Rechtsverhältnisse Rechts- und Planungssicherheit zu gewährleisten. Dies setzt aber Klarheit und Eindeutigkeit der maßgebenden Rechtsregeln voraus. Ganz in diesem Sinne bemerkt *Wagner*, der interaktive Stil der europäischen Gesetzgebung dürfe nicht dazu führen, „dass die Schranken der Privatautonomie in jedem Kontext neu und in Randbereichen unterschiedlich bestimmt werden".[24]

---

17 Vgl. *Mansel* in Leible/Unberath (Hrsg.) 241, 245; *Maultzsch* in FS v. Hoffmann, 304.

18 ABl EG 1980 Nr. L 266/1 vom 9. Oktober 1980; BGBl 1986 II, 810.

19 *Leible* in Ferrari/Leible (Hrsg.), 2007, 41; Staudinger/*Sturm/Sturm* (2012) Einleitung zum Internationalen Privatrecht Rn. 138.

20 Erwägungsgrund Nr. 11 Rom I-VO.

21 Vgl. Art. 3 Rom I-VO; Art. 14 Rom II-VO; Art. 5 Rom III-VO; Art. 22 EuErbVO; Art. 15 EuUnthVO in Verbindung mit Artt. 7, 8 HUntProt; Art. 16 EhegüterVO-Vorschlag; Art. 16 Legislative Entschließung des Europäischen Parlaments vom 10. September 2013 zum EhegüterVO-Vorschlag.

22 Art. 15b Legislative Entschließung des Europäischen Parlaments vom 10. September 2013 zum EuPartGüVO-Vorschlag.

23 *Rühl* in FS Kropholler, 187, 209; Rauscher/*v. Hein*, EuZPR/EuIPR (2011) Art. 3 Rom I-VO Rn. 1; *Coester-Waltjen/Coester* in Liber Amicorum Klaus Schurig, 33, 37; *Leible* in Reichelt (Hrsg.) 31, 45; *Pfütze* ZEuS 2011, 35, 50; NK-BGB Band 6/*Gebauer* Art. 14 Rom II-VO Rn. 1; in diese Richtung auch *Symeonides* in Liber Amicorum Kurt Siehr, 513, 514. Siehe auch *Leible* in FS Jayme, Band I, 485.

24 *Wagner* IPRax 2008, 1, 13.

Die Aufdeckung von Inkohärenzen, Lücken und rechtstechnischen[25] Ineffizienzen im Europäischen Kollisionsrecht reicht über die Analyse und Auslegung des gesetzten Rechts hinaus. Denn auch für die weitere Vereinheitlichung des Europäischen Kollisionsrechts wird vor allem eine kohärente Gesetzgebung angestrebt.[26] So ersucht das Stockholmer Programm des Europäischen Rates vom Dezember 2009 die Kommission um eine Bewertung der Frage, „ob Gründe für eine Konsolidierung und Vereinfachung im Hinblick auf eine bessere Kohärenz der bestehenden Rechtsvorschriften der Union bestehen".[27] Der Europäische Rat verdeutlicht, „wie wichtig es ist, mit der Arbeit zur Konsolidierung der im Bereich der justiziellen Zusammenarbeit in Zivilsachen bislang angenommenen Rechtsinstrumente zu beginnen. Zuallererst sollte das Unionsrecht durch eine Straffung der bestehenden Instrumente kohärenter gestaltet werden. Ziel sollte es sein, die Kohärenz und die Nutzerfreundlichkeit der Rechtsinstrumente sicherzustellen und somit ihre effizientere und einheitlichere Anwendung zu gewährleisten."[28] Die jüngste Rechtsentwicklung zeigt, dass es sich „nicht nur um ein Lippenbekenntnis handelt"[29]. Beispiele geben die Verschmelzung zweier Richtlinien zu einer Verbraucherrechte-Richtlinie[30], die Zusammenfassung zweier Rechnungslegungsrichtlinien zu einer Richtlinie[31] sowie die Konsolidierung einer Vielzahl bestehender Richtlinien im

---

25 Zu ökonomischen Ineffizienzen im IPR, vgl. allgemein *Rühl*, 175; *dies.* in Leible/Unberath (Hrsg.) 161 ff.

26 *Wagner* in Leible/Unberath (Hrsg.) 51, 57. Treffende Worte findet *Mansel* in Leible/Unberath (Hrsg.), 241, 291: „De lege ferenda ist es wichtig, dass sich der Europäische Normgeber der Inkohärenzen seiner besonderen Rechtswahlnormen bewusst wird und versucht, die Normen, soweit nicht sachliche Unterschiede vom Anknüpfungsgegenstand her geboten sind, parallel zu formulieren. Es besteht der gesetzgeberische Auftrag, für eine Kohärenz der Rechtswahlnormen der einzelnen EU-Verordnungen zu sorgen."

27 Stockholmer Programm des Europäischen Rates, ABl. Nr. C 115/1 vom 4. Mai 2010, S. 13.

28 Stockholmer Programm des Europäischen Rates, ABl. Nr. C 115/1 vom 4. Mai 2010, S. 13.

29 *Wagner* in Leible/Unberath (Hrsg.) 51, 57 mit Hinweis auf die Verbraucherrechte-Richtlinie und die Zusammenfassung der Rechnungslegungsrichtlinien.

30 Richtlinie 2011/83/EU des Europäischen Parlaments und des Rates vom 25. Oktober 2011 über die Rechte der Verbraucher, zur Abänderung der Richtlinie 93/13/EWG des Rates und der Richtlinie 1999/44/EG des Europäischen Parlaments und des Rates sowie zur Aufhebung der Richtlinie 85/577/EWG des Rates und der Richtlinie 97/7/EG des Europäischen Parlaments und des Rates, ABl. Nr. L 304/64 vom 22. November 2011.

31 Richtlinie 2013/34/EU des Europäischen Parlaments und des Rates vom 26. Juni 2013 über den Jahresabschluss, den konsolidierten Abschluss und damit verbundene Berichte von Unternehmen bestimmter Rechtsformen und zur Änderung der Richtlinie 2006/43/EG des Europäischen Parlaments und des Rates und zur Aufhebung

Versicherungsbereich durch die Solvency II-Richtlinie[32]. Weitergehend stellt sich auch die Frage, ob die Kohärenz des Europäischen Kollisionsrechts zukünftig durch einen Allgemeinen Teil, entweder in Form einer Rom 0-VO oder eines Allgemeinen Teils einer Gesamtkodifikation des Europäischen IPR, verbessert werden kann.[33]

B. Gegenstand und Gang der Untersuchung

Die Arbeit untersucht die allgemeinen Rechtswahlregelungen des Art. 3 Rom I-VO, Art. 14 Rom II-VO, Art. 5 Rom III-VO, Art. 22 EuErbVO, Art. 15 EuUnthVO in Verbindung mit Artt. 7, 8 HUntProt sowie des Art. 16 EuEhegüterVO-Vorschlags unter Einbeziehung der dazugehörigen Legislativen Entschließung des Europäischen Parlaments vom 10. September 2013. Eingegangen wird auch auf die vorgeschlagene Rechtswahlregelung der Legislativen Entschließung des Europäischen Parlaments vom 10. September 2013 zu dem EuPartGüVO-Vorschlag. Nicht untersucht werden Sonderbestimmungen zur Rechtswahl, wie beispielsweise im Vertragsrecht in Art. 7 Rom I-VO (Rechtswahl bei Versicherungsverträgen) und im Erbrecht in Artt. 24 Abs. 2, 25 Abs. 3 EuErbVO (Rechtswahl bei Verfügungen von Todes wegen außer Erbverträgen und Rechtswahl bei Erbverträgen).

Die Rechtswahlregelungen in Artt. 7 und 8 HUntProt sind Teil dieser Arbeit, da sie über einen Verweis in Art. 15 EuUnthVO in das Europäische

---

der Richtlinien 78/660/EWG und 83/349/EWG des Rates, ABl. Nr. L 182/19 vom 29. Juni 2013.

32 Richtlinie 2009/138/EG des Europäischen Parlaments und des Rates vom 25. November 2009 betreffend die Aufnahme und Ausübung der Versicherungs- und der Rückversicherungstätigkeit (Solvabilität II), ABl. Nr. L 2/533 vom 17. Dezember 2009.

33 *Mansel* in Leible/Unberath (Hrsg.) 241; *Mansel/Thorn/Wagner* IPRax 2013, 1, 2; *Wilke* GPR 2012, 334; *ders.* in Leible/Unberath (Hrsg.) 24; *Jayme* in Leible/Unberath (Hrsg.) 34; *Heinze* FS Kropholler, 105, 106; *Kieninger* FS v. Hoffmann, 184, 192; *Kramer/de Rooij/Lazić/Blauwhoff/Frohn*, Ein europäischer Rahmen für das internationale Privatrecht: gegenwärtige Lücken und Perspektiven für die Zukunft, 2012, Dokument: PE 462.487, S. 113. Diese Fragen waren im März 2011 auch Gegenstand einer Tagung des Instituts de recherche en droit européen international et comparé (IRDEIC) in Toulouse zu dem Thema „Quelle architecture pour un code européen de droit international privé?", vgl. *Basedow* RabelsZ 75 (2011) 671. Auch die 21. Tagung der Groupe européen de droit international privé/European Group of International Law im September 2011, vgl. *Mansel/Thorn/Wagner* IPRax 2012, 1, 2, sowie das Symposium der Universität Bayreuth im Juni 2012 zu dem Thema: „Brauchen wir eine Rom 0-Verordnung?" waren der Frage nach einem Allgemeinem Teil gewidmet, vgl. *Wilke* GPR 2012, 334.

Kollisionsrecht eingebunden sind[34]. Insoweit ist allerdings folgende Besonderheit zu beachten: Das von der Haager Konferenz für Internationales Privatrecht erarbeitete HUntProt ist als völkerrechtlicher Vertrag in seiner Anwendung nicht auf EU-Mitgliedstaaten beschränkt[35], sondern gilt für alle Vertragsstaaten des HUntProt, zu denen auch die EU zählt. Bei der Auslegung des HUntProt ist deshalb zu beachten, dass dem internationalen Charakter des Protokolls und der Notwendigkeit, seine einheitliche Anwendung zu fördern, Rechnung getragen wird (Art. 20 HUntProt).[36]

Die spezifische Zielsetzung der Arbeit, die eine Gesamtschau der Rechtswahlregelungen erfordert, bedingt, dass die rechtspolitischen Grundentscheidungen des Unionsgesetzgebers für die jeweiligen Anknüpfungspunkte (Staatsangehörigkeit, gewöhnlicher Aufenthalt, etc.) grundsätzlich als vorgegeben zugrunde gelegt werden. Es würde den Rahmen dieser Arbeit bei Weitem sprengen, wollte man die getroffenen Grundentscheidungen für die völlig unterschiedlichen Regelungsbereiche, die vom Vertragsrecht über das außervertragliche Schuldrecht und Familienrecht bis zum Erbrecht reichen, durchgehend hinterfragen. Ausgehend von den Grundentscheidungen des geltenden Rechts wird aber jeweils für jede einzelne Rechtswahlregelung die Kohärenz im Vergleich zu den anderen untersuchten Rechtswahlregelungen geprüft.

Nicht behandelt werden allgemeine kollisionsrechtliche Fragestellungen in Bezug auf die Rechtswahl, die jenseits der vom Unionsgesetzgeber bereits getroffenen rechtspolitischen Grundentscheidungen liegen. Beispiel geben die umstrittene und offene Frage, ob auch die Wahl nichtstaatlichen Rechts zugelassen werden sollte, oder die Frage, ob die Parteien generell die *lex fori* wählen können sollten. Nicht behandelt wird auch die Frage der Inhaltskontrolle einer getroffenen Rechtswahl, die nur im HUntProt eine sehr spezielle gesetzliche Ausformung gefunden hat.[37] Diese Fragen erfordern jeweils eigenständige wissenschaftliche Untersuchungen und zukünftige, durch das geltende Recht noch nicht determinierte rechtspolitische Entscheidungen des Unionsgesetzgebers. Ausgeklammert werden auch spezielle Fragen außerhalb des normierten Regelungsgehalts der Rechtswahlregelungen, wie beispielsweise die Behandlung der

---

34 NK-BGB Band 6/*Hilbig-Lugani* Art. 5 Rom III-VO Rn. 49.

35 Vgl. *Solomon* in FS Spellenberg, 359.

36 Näher dazu Rauscher/*Andrae*, EuZPR/EuIPR (2010) Art. 15 EG-UntVO Rn. 22 ff. Dies hat auch der EuGH bei der Auslegung zu beachten, vgl. *Hausmann*, IntEuSchR C Vorbem HUP Rn. 447.

37 Siehe dazu *Hausmann*, IntEuSchR C Art. 8 HUP Rn. 594, der von „Billigkeitskontrolle der Rechtswahl" spricht.

Staatenlosigkeit einer Partei oder die Teil- oder Gesamtnichtigkeit einer Vereinbarung, die eine Rechtswahl für mehrere Regelungsgegenstände, beispielsweise für die Scheidung und die Scheidungsfolgen, enthält.

Diese Arbeit gibt im ersten Teil einen Überblick über die Entwicklungsphasen des Europäischen Kollisionsrechts und beschreibt den Stand der Rechtswahlregelungen in den jeweiligen Verordnungen und Verordnungsentwürfen. Im zweiten Teil, dem Hauptteil, werden die Grundnormen zur Rechtswahl in den Hauptkodifikationen des Europäischen Kollisionsrechts auf Inkohärenzen, Lücken und rechtstechnische Ineffizienzen überprüft. Der Regelungsgehalt der verschiedenen Rechtswahlvorschriften wird hinsichtlich des Inhalts der Rechtswahlfreiheit, der Ausübung der Rechtswahlfreiheit und der Grenzen der Rechtswahlfreiheit untersucht. Der Analyse des Ist-Zustandes schließen sich Überlegungen zu sprachlichen und inhaltlichen Korrekturen bzw. Änderungen *de lege ferenda* an. Im dritten Teil der Arbeit wird der Frage nach einer Generalnorm[38] zur Rechtswahl nachgegangen und geprüft, ob und inwieweit eine Rechtswahlregelung in einem Allgemeinen Teil des Europäischen Privatrechts, entweder in Form einer eigenständigen Rom 0-VO oder in Form eines Allgemeinen Teils einer Gesamtkodifikation, getroffen werden könnte. Der vierte Teil dieser Arbeit fasst die wesentlichen Ergebnisse zusammen.

38 Begriff nach *Mansel* in Leible/Unberath (Hrsg.) 241, 246.

Erster Teil: Grundlagen

§ 1 Überblick über die Entwicklungsphasen des Europäischen Kollisionsrechts

Der für die Aufgabenstellung dieser Arbeit notwendige analysierende Vergleich der Rechtswahlregelungen setzt ein klares Verständnis der jeweiligen Rechtsetzungsphasen einschließlich der jeweiligen Kompetenzgrundlagen voraus. Deshalb werden nachfolgend die Entwicklungsphasen des Europäischen Kollisionsrechts dargestellt und jeweils knapp charakterisiert.

Bereits vor der Gründung der Europäischen Wirtschaftsgemeinschaft sind Bemühungen um eine staatsvertragliche Vereinheitlichung des IPR zu verzeichnen.[39] In diesem Kontext zu nennen sind insbesondere *Mancini*[40], *die Haager Konferenz für Internationales Privatrecht von 1893*[41] und der deutsche Anwalt *Ernst Frankenstein*. Letzterem gelang es im Jahre 1950 in französischer Sprache einen Gesetzesvorschlag für ein Europäisches Gesetzbuch über das IPR vorzustellen.[42] Dieser sieht in 816 Artikeln Regelungen für das Kollisionsrecht und für das Internationale Verfahrensrecht vor.[43]

Nach der Gründung der Europäischen Wirtschaftsgemeinschaft prägen zwei rechtsquellenbestimmte Phasen die Entwicklung der Europäisierung des IPR: die völkerrechtliche Vereinheitlichungsphase und die mit Inkrafttreten des Vertrags von Amsterdam am 1. Mai 1999 beginnende gemeinschaftsrechtliche Vereinheitlichungsphase.[44]

---

39 Für einen Überblick siehe *Kreuzer* RabelsZ 70 (2006) 1, 4 ff.

40 Siehe dazu *Jayme* in Jud/Rechberger/Reichelt (Hrsg.) 63, 64; *Jayme*, 123; *Kuipers*, Chapter 2, 45; *Siehr* Yb PIL Volume 7 (2005) 17, 18.

41 Siehe dazu *Rauscher* Rn. 36; *Kreuzer* RabelsZ 70 (2006) 1, 4; *Schack* RabelsZ 57 (1993) 224, 227.

42 *Frankenstein*, 16 ff.; *Kreuzer* in Reichelt/Rechberger (Hrsg.) Europäisches Kollisionsrecht, 13, 18.

43 *Reichelt* in Reichelt (Hrsg.) 5; *Kreuzer* in Reichelt/Rechberger (Hrsg.) Europäisches Kollisionsrecht, 13, 18.

44 Vgl. *Kreuzer* RabelsZ 70 (2006) 1, 9, der von „völkerrechtliche Integrationsphase“ und „gemeinschaftsrechtlicher Integrationsphase“ spricht.

A. Völkerrechtliche Vereinheitlichungsphase

I. Fehlende Rechtsetzungskompetenz

Das Fehlen einer Ermächtigungsnorm zum Erlass eigenständiger gemeinschaftsrechtlicher Rechtsakte auf dem Gebiet des Europäischen IPR zieht sich wie ein roter Faden durch die völkerrechtliche Vereinheitlichungsphase des IPR.[45]

Der Vertrag zur Gründung der Europäischen Wirtschaftsgemeinschaft (EWG-Vertrag)[46], der 1958 in Kraft trat[47], enthielt lediglich die Aufforderung an die Mitgliedstaaten, „soweit erforderlich" in benannten Bereichen (Schutz der Personen und Genuss und Schutz der Rechte, Beseitigung der Doppelbesteuerung innerhalb der Gemeinschaft, gegenseitige Anerkennung von Gesellschaften und der Vereinfachung der Förmlichkeiten für die gegenseitige Anerkennung und Vollstreckung richterlicher Entscheidungen und Schiedssprüche) Verhandlungen mit dem Ziel eines Staatsvertrages vorzunehmen (Art. 220 1.-4. Spiegelstrich EWG-Vertrag).[48] Auf dieser Grundlage entstand 1968 das Brüsseler EWG-Übereinkommen über die gerichtliche Zuständigkeit und die Vollstreckung gerichtlicher Entscheidungen in Zivil- und Handelssachen (EuGVÜ)[49].[50]

Der Vertrag von Maastricht[51], der Ende 1993 in Kraft trat, führte die „Bestimmungen über die Zusammenarbeit in den Bereichen Justiz und Inneres" in den EG-Vertrag ein (Art. K).[52] Die Bestimmungen über die justizielle Zusammenarbeit in Zivilsachen wurden Bestandteil der dritten Säule des EG-Vertrages (Art. K. 1 Nr. 6 EGV)[53] und als Angelegenheit von gemeinsamem Interesse der europäischen Mitgliedstaaten eingestuft.[54] An der fehlenden Rechtsetzungskompetenz der Gemeinschaft änderte der Vertrag von Maastricht jedoch nichts.[55] Die Zusammenarbeit in den Bereichen Justiz und Inneres erfolgte weiterhin rein intergouvernemental.[56]

---

45 Dazu *Kreuzer* RabelsZ 70 (2006) 1, 17. Für einen Überblick zu den Kollisionsnormen der Europäischen Gemeinschaft in dieser Phase, siehe *Basedow* NJW 1996, 1921.
46 BGBl. 1957 II, S. 766, berichtigt durch BGBl. 1957 II, S. 1678.
47 BGBl. 1958 II, S. 1.
48 *Kreuzer* RabelsZ 70 (2006) 1, 10.
49 BGBl. 1972 II, S. 774.
50 *Lagarde* in FS Kreuzer, 1, 3; *Kreuzer* RabelsZ 70 (2006) 1, 10.
51 Vertrag über die Europäische Union, ABl. Nr. C 191 vom 29. Juli 1992.
52 *Lagarde* in FS Kreuzer, 1, 5.
53 Calliess/Ruffert/*Suhr*, Art. 67 AEUV Rn. 8; *Kreuzer* RabelsZ 70 (2006) 1, 12; *Hess* NJW 2000, 23, 25.
54 Siehe KOM(2003) 427 endgültig, S. 4.
55 *Kreuzer* RabelsZ 70 (2006) 1, 11.
56 Calliess/Ruffert/*Suhr*, Art. 67 AEUV Rn. 8; *Leible* in Leible (Hrsg.) Grünbuch, 1, 5.

II. Entwicklung der völkerrechtlichen Kollisionsrechtsvereinheitlichung

Zur Harmonisierung des IPR forderten die Benelux-Staaten im Jahre 1967 die EG-Kommission zur Ausarbeitung eines Übereinkommens zur Vereinheitlichung des IPR und zur Kodifizierung von Kollisionsnormen auf.[57] Die von der Kommission eingesetzte Sachverständigen-Kommission beschränkte ihre Arbeiten letztlich jedoch auf die Harmonisierung des Internationalen Schuldrechts[58], als eine Materie, die am ehesten mit dem Funktionieren des gemeinsamen Marktes zusammenhängt.[59] Im Jahre 1972 veröffentlichte die Kommission als Ergebnis ihrer Arbeiten einen Vorentwurf für ein EWG-Übereinkommen zum IPR mit Kollisionsnormen für den Bereich der vertraglichen und außervertraglichen Schuldverhältnisse.[60] Rechtswahlregelungen prägten – wie vom Regelungsgegenstand nicht anders zu erwarten – das Vertragsrecht. Für den Bereich der außervertraglichen Schuldverhältnisse sah der EWG-Vorentwurf dagegen keine Rechtswahlregelungen vor.[61]

Die EG-Beitritte des Vereinigten Königsreichs, Irlands und Dänemarks im Jahre 1973 und der damit einhergehende Widerstand dieser neuen Mitgliedstaaten verzögerten die Arbeiten.[62] Im Jahre 1978 fasste die Gruppe der Regierungssachverständigen daher den Beschluss, das geplante Übereinkommen auf vertragliche Schuldverhältnisse zu beschränken[63] und erst nach dessen Abschluss die Verhandlungen für den Bereich der außervertraglichen Schuldverhältnisse wieder aufzunehmen.[64] Im Jahre

---

57 *Giuliano/Lagarde*, Bericht über das Übereinkommen über das auf vertragliche Schuldverhältnisse anzuwendende Recht, BT-Drucks. 10/503, 33, 36; *Leible* in Leible (Hrsg.) Grünbuch, 1; *Reichelt* in Reichelt (Hrsg.) 5; Staudinger/*Magnus* (2002) Vorbemerkungen zu Art. 27-37 EGBGB Rn. 22.

58 Staudinger/*Magnus* (2002) Vorbemerkungen zu Art. 27-37 EGBGB Rn. 22; MüKo/*Junker* Vor Art. 1 Rom II-VO Rn. 4.

59 *Giuliano/Lagarde*, Bericht über das Übereinkommen über das auf vertragliche Schuldverhältnisse anzuwendende Recht, BT-Drucks. 10/503, 33, 37.

60 Vorentwurf eines Übereinkommens über das auf vertragliche und außervertragliche Schuldverhältnisse anwendbare Recht, abgedruckt in RabelsZ 38 (1974) 211. Zum Internationalen Deliktsrecht im EWG-Vorentwurf siehe *v. Overbeck/Volken* RabelsZ 38 (1974) 56 ff.

61 *Kreuzer* in Reichelt/Rechberger (Hrsg.) Europäisches Kollisionsrecht, 13, 19.

62 *Giuliano/Lagarde*, Bericht über das Übereinkommen über das auf vertragliche Schuldverhältnisse anzuwendende Recht, BT-Drucks. 10/503, 33, 39; MüKo/*Junker* Vor Art. 1 Rom II-VO Rn. 4; *Leible* in Leible (Hrsg.) Grünbuch, 1; *Leible/Engel* EuZW 2004, 7.

63 *Posch* Yb PIL Volume 6 (2004) 129, 134.

64 *Giuliano/Lagarde*, Bericht über das Übereinkommen über das auf vertragliche Schuldverhältnisse anzuwendende Recht, BT-Drucks. 10/503, 33, 39; *Kreuzer* in Reichelt/Rechberger (Hrsg.) Europäisches Kollisionsrecht, 13, 19.

1980 wurde in Rom[65] das Übereinkommen über das auf vertragliche Schuldverhältnisse anzuwendende Recht (EVÜ) unterzeichnet[66], das im April 1991 als völkerrechtliches Übereinkommen in Kraft trat.[67] Der deutsche Gesetzgeber inkorporierte das EVÜ in die Regelungen des EGBGB.[68] In Art. 27 EGBGB wurde – wenn auch nicht wörtlich – die Rechtswahlregelung des Art. 3 EVÜ übernommen.[69]

Das über einen längeren Zeitraum nicht weiterverfolgte Vorhaben einer Vereinheitlichung des Kollisionsrechts der außervertraglichen Schuldverhältnisse wurde erst mit dem Inkrafttreten des Vertrags von Maastricht wieder aufgegriffen.[70] In einer Entschließung vom 14. Oktober 1996 zur Festlegung der Prioritäten für die Zusammenarbeit im Bereich Justiz und Inneres nahm der Rat der EU die „Aufnahme der Beratungen über die Erforderlichkeit und die Möglichkeit der Einführung [...] eines Übereinkommens über das auf außervertragliche Schuldverhältnisse anzuwendende Recht" als ein Ziel für den Zeitraum vom 1. Juli 1996 bis zum 30. Juni 1998 auf.[71] Die österreichische Ratspräsidentschaft legte daraufhin im Oktober 1998 einen nicht veröffentlichten Entwurf eines Übereinkommens über das auf außervertragliche Schuldverhältnisse anzuwendende Recht vor.[72]Anknüpfend an den EWG-Vorentwurf von 1972 und als Ergänzung des EVÜ leitete auch die *Europäische Gruppe für Internationales Privatrecht* (*Groupe européen de droit international privé*, GEDIP) im Herbst 1998 der Kommission eine „Proposition pour une convention européenne sur la loi

---

65 Daher auch die Bezeichnung „Römisches Schuldrechtsübereinkommen", vgl. *Posch* § 3 Rn. 6 Fn. 23.

66 *Giuliano/Lagarde*, Bericht über das Übereinkommen über das auf vertragliche Schuldverhältnisse anzuwendende Recht, BT-Drucks. 10/503, 33, 40.

67 Siehe dazu KOM(2003) 427 endgültig, 3; zum Ratifikationsstand siehe Dauses/*Kreuzer*/*Wagner* Rn. 321. Das EVÜ geht nicht auf Art. 220 EGV zurück, vgl. *Leible* in Leible (Hrsg.) Grünbuch, 1, 5.

68 Gesetz zur Neuregelung des internationalen Privatrechts vom 25. Juli 1986, BGBl 1986 II, 1142.

69 Staudinger/*Magnus* (2002) Art. 27 EGBGB Rn. 7.

70 Vgl. MüKo/*Junker* Vor Art. 1 Rom II-VO Rn. 6; *Leible/Engel* EuZW 2004, 7.

71 Entschließung des Rates vom 14. Oktober 1996 zur Festlegung der Prioritäten für die Zusammenarbeit im Bereich Justiz und Inneres für den Zeitraum vom 1. Juli 1996 bis zum 30. Juni 1998, ABl. Nr. C 319 vom 26. Oktober 1996.

72 EU-Rats-Entwurf eines Übereinkommens über das auf außervertragliche Schuldverhältnisse anzuwendende Recht vom 28. Oktober 1998, Dokument: SN 4850/98; zitiert nach *Wagner* EuZW 1999, 709; siehe dazu auch *Kreuzer* in Reichelt/Rechberger (Hrsg.) Europäisches Kollisionsrecht, 13, 22; MüKo/*Junker* Vor Art. 1 Rom II-VO Rn. 7.

applicable non contractuelles“ (GEDIP-Vorschlag) zu.[73] Art. 8 dieses Vorschlags sah vor, dass die Parteien nach der Entstehung einer Streitigkeit das anwendbare außervertragliche Recht wählen können.[74]

B. Gemeinschaftsrechtliche Vereinheitlichungsphase

I. Entwicklung der Rechtsetzungsbefugnisse

1. Vertrag von Amsterdam von 1997

Die weitere Entwicklung des Europäischen Kollisionsrechts wurde wesentlich durch das Inkrafttreten des Vertrags von Amsterdam[75] geprägt.[76] Der am 1. Mai 1999 in Kraft getretene Vertrag läutete die bis heute andauernde gemeinschaftsrechtliche Vereinheitlichungsphase ein.[77] Die Europäische Union erlangte durch diesen Vertrag erstmals Rechtsetzungskompetenzen zum Erlass von Maßnahmen im Bereich des IPR.[78] Die justizielle Zusammenarbeit in Zivilsachen wurde von der dritten in die erste Säule, der Gemeinschaftskompetenz, überführt (Titel IV „Visa, Asyl, Einwanderung und andere Politiken betreffend den freien Personenverkehr“)[79].[80] Zur Verwirklichung des Gemeinschaftsziels des schrittweisen Aufbaus eines Raums der Freiheit, der Sicherheit und des Rechts bestimmte der Vertrag in Art. 61 lit.

---

73 *Groupe européen de droit international privé*, Proposition pour une convention européenne sur la loi applicable aux obligations non contractuelles, abgedruckt bei Fallon/Kinsch/Kohler (Hrsg.), 191 ff.; abgedruckt auch bei Staudinger/*v. Hoffmann* (2002) Vorbemerkungen zu Art. 38-42 EGBGB Rn. 19. Zur Kommentierung siehe *Fallon/Lagarde* in Fallon/Kinsch/Kohler (Hrsg.) 202 ff.; *Kreuzer* in Reichelt/Rechberger (Hrsg.) Europäisches Kollisionsrecht, 13, 20; *ders.* RabelsZ 65 (2001) 383, 399.

74 Staudinger/*v. Hoffmann* (2002) Vorbemerkungen zu Art. 38-42 EGBGB Rn. 20; *Kreuzer* in Reichelt/Rechberger (Hrsg.) Europäisches Kollisionsrecht, 13, 21.

75 Vertrag von Amsterdam zur Änderung des Vertrags über die Europäische Union, der Verträge zur Gründung der Europäischen Gemeinschaften sowie einiger damit zusammenhängender Rechtsakte, ABl. Nr. C 340 vom 10. November 1997.

76 Vgl. *Jayme* in Mansel (Hrsg.) 31, 35; *Posch* Yb PIL Volume 6 (2004) 129, 136; *Wagner* NJW 2003, 2344; *Lagarde* in FS Kreuzer, 1, 3; siehe auch *Mansel* in Dauner-Lieb (Hrsg.), 1, 3; *Fiorini* 23 Tul. Eur. & Civ. L.F. 89 (2008) 89, 97; *dies.* ICLQ 57 (2008) 969, 973.

77 Vgl. *Kreuzer* RabelsZ 70 (2006) 1, 9 ff., 17 ff., der von gemeinschaftsrechtlicher Integrationsphase spricht.

78 *Kreuzer* RabelsZ 70 (2006) 1, 17; *Leible/Staudinger* EuLF 2000/01, 225; *Hess* NJW 2000, 23; *Junker*, IZPR, § 2 Rn. 3.

79 Vgl. *Jayme* in Müller-Graff/Roth (Hrsg.), 159.

80 *Jayme/Kohler* IPRax 1999, 401; *Jayme* IPRax 2000, 165; *Basedow* in Dauner-Lieb (Hrsg.) 19, 24.

c EGV, dass der Rat Maßnahmen im Bereich der justiziellen Zusammenarbeit in Zivilsachen nach Artikel 65 erlassen kann. Die Europäische Union war somit nach Artt. 61 lit. c, 65, 67 EGV ermächtigt, soweit für das reibungslose Funktionieren des Binnenmarktes erforderlich Maßnahmen im Bereich der justiziellen Zusammenarbeit in Zivilsachen mit grenzüberschreitenden Bezügen zu treffen. Von dieser Rechtsetzungskompetenz umfasst waren auch Maßnahmen zur „Förderung der Vereinbarkeit der in den Mitgliedstaaten geltenden Kollisionsnormen und Vorschriften zur Vermeidung von Kompetenzkonflikten" (Art. 65 lit. b EGV).

Politische Bedenken führten dazu, dass die Mitgliedstaaten Dänemark, das Vereinigte Königreich und Irland Vorbehalte zu diesem IV. Titel des Vertrags von Amsterdam erklärten[81], die die Vergemeinschaftung der justiziellen Zusammenarbeit noch heute einschränken. Nach den Protokollen Nr. 4 und 5 zum Vertrag von Amsterdam finden Verordnungen im Bereich der justiziellen Zusammenarbeit in Zivilsachen gegenüber diesen drei Mitgliedstaaten daher keine unmittelbare Anwendung.[82] Dem Vereinigten Königreich und Irland (und seit dem Vertrag von Lissabon auch Dänemark[83]) steht jedoch die Möglichkeit eines autonom bestimmten Beitritts zu den jeweiligen Verordnungen im Bereich der justiziellen Zusammenarbeit in Zivilsachen offen (sog. „opt in").[84]

2. *Vertrag von Nizza von 2001*

Der am 1. Februar 2003 in Kraft getretene Vertrag von Nizza[85] führte für Maßnahmen im Sinne des Art. 65 EGV, mit Ausnahme für familienrechtliche Aspekte, die Anwendung des Mitentscheidungsverfahrens nach Art. 251 EGV ein (Art. 65 Abs. 5 EGV).[86] Für familienrechtliche Maßnahmen kommt dagegen auch nach dem Inkrafttreten des Vertrags von Nizza aufgrund der Gegenausnahme in

---

81 Vgl. *Junker*, IZPR, § 2 Rn. 5.

82 Protokoll (Nr. 4) über die Position des Vereinigten Königreichs und Irland (1997), ABl. Nr. C 340/99 vom 10. November 1997; Protokoll (Nr. 5) über die Position Dänemarks (1997), ABl. Nr. C 340/101 vom 10. November 1997.

83 Siehe dazu Erster Teil § 1 B. I. 3.

84 Art. 4 des Protokolls (Nr. 4) über die Position des Vereinigten Königreichs und Irland (1997), ABl. Nr. C 340/99 vom 10. November 1997.

85 Vertrag von Nizza zur Änderung des Vertrags über die Europäische Union, der Verträge zur Gründung der Europäischen Gemeinschaften sowie einiger damit zusammengehöriger Rechtsakte, ABl. Nr. C 80/01 vom 10. März 2001.

86 *Hess* § 2 Rn. 23; *Basedow* in Dauner-Lieb (Hrsg.) 19, 26; *Wagner* NJW 2003, 2344.

Art. 65 Abs. 5 EGV weiterhin das besondere Gesetzgebungsfahren des Art. 67 Abs. 1 EGV zur Anwendung.[87]

3. *Vertrag von Lissabon von 2007*

Der Vertrag von Lissabon[88], der Ende 2009 in Kraft trat, bewirkte eine Erweiterung und Klarstellung der Kompetenzen der Europäischen Union.[89] Er hob den zwingenden Zusammenhang zwischen dem Binnenmarktbezug und dem IPR auf.[90] Das Funktionieren des Binnenmarktes stellt nur noch ein beispielhaft hervorgehobenes Regelungsziel dar („insbesondere").[91] Entsprechend sieht die Ermächtigungsgrundlage des Art. 81 Abs. 2 lit. c AEUV vor, dass das Europäische Parlament und der Rat „insbesondere wenn dies für das reibungslose Funktionieren des Binnenmarktes erforderlich ist, gemäß dem ordentlichen Gesetzgebungsverfahren Maßnahmen" erlassen können, die „die Vereinbarkeit der in den Mitgliedstaaten geltenden Kollisionsnormen und Vorschriften zur Vermeidung von Kompetenzkonflikten" sicherstellen sollen. Auch die Rechtsstellung von Dänemark wurde durch die Aufnahme einer „opt in"- Möglichkeit verbessert.[92]

II. Entwicklung der Europäischen Kollisionsrechtsvereinheitlichung

1. *Politische Programme*

Die Vereinheitlichung des Europäischen Kollisionsrechts steht schon seit Langem auf der Agenda der politischen Programme. Bereits vor dem Inkrafttreten des Vertrags von Amsterdam wurde im Wiener Aktionsplan aus dem Jahre 1998[93] festgelegt, dass innerhalb eines Zeitraums von zwei Jahren Maßnahmen

---

87 *Basedow* in Dauner-Lieb (Hrsg.) 19, 26.

88 Vertrag von Lissabon zur Änderung des Vertrags über die Europäische Union und des Vertrags zur Gründung der Europäischen Gemeinschaft, ABl. Nr. C 306/1 vom 17. Dezember 2007.

89 *Dutta* EuZW 2010, 530, 531; siehe auch *Weller* IPRax 2011, 429, 436.

90 Siehe dazu *Weller* IPRax 2011, 429, 436; *Jayme* in Jud/Rechberger/Reichelt (Hrsg.) 63; *Haas* in Jud/Rechberger/Reichelt (Hrsg.) 127, 131; *Roth* in Kieninger/Remien (Hrsg.) 11, 21.

91 *Roth* in Kieninger/Remien (Hrsg.) 11, 21; *Dutta* EuZW 2010, 530, 531; *Kieninger* in FS v. Hoffmann, 184, 187.

92 Vgl. Grabitz/Hilf/Nettesheim/*Hess* Art. 81 AEUV Rn. 59.

93 Wiener Aktionsplan des Rates und der Kommission zur bestmöglichen Umsetzung der Bestimmungen des Amsterdamer Vertrags über den Aufbau eines Raums der Freiheit, der Sicherheit und des Rechts, ABl. Nr. C 19/1 vom 23. Januar 1999.

zur Verwirklichung von Rom II und Rom I ergriffen werden sollten (Nr. 40 lit. b und lit. c). Der Wiener Aktionsplan sah auch vor, dass innerhalb eines Fünf-Jahres-Zeitraums die Möglichkeit der Erstellung eines Rechtsakts für das auf Ehesachen anzuwendenden Recht (Rom III)[94] sowie eines Rechtsaktes für Ehegüter und Erbsachen (Rom IV) geprüft werden.[95] Nach dem Inkrafttreten des Vertrags von Amsterdam legte der Europäische Rat auf einem am 15./16. Oktober 1999 in Tampere stattfindenden Sondergipfel politische Leitlinien zur Umsetzung des Vertrags von Amsterdam fest.[96] Ende 2000 folgte durch den Rat und die Kommission die Verabschiedung eines Maßnahmenprogramms zur Umsetzung des Grundsatzes der gegenseitigen Anerkennung gerichtlicher Entscheidungen in Zivil- und Handelssachen, das als eine „flankierende Maßnahme" auch die Harmonisierung des Kollisionsrechts vorsah.[97]

Im Jahre 2004 beschloss der Europäische Rat das „Haager Programm zur Stärkung von Freiheit, Sicherheit und Recht in der Europäischen Union" (sog. Haager Programm)[98] für den Zeitraum 2005 bis 2010[99]. Im dem Bereich der Gegenseitigen Anerkennung gerichtlicher Entscheidungen forderte der Europäische Rat die Kommission auf, die Arbeiten an der Rom I- und II-VO „zügig" abzuschließen. Im Bereich des Erbrechts, des ehelichen Güterrechts und des Scheidungsrechts ersuchte der Europäische Rat die Kommission um die Ausarbeitung von Grünbüchern.

An das Haager Programm schloss sich im Jahre 2010 das Stockholmer Programm für den Zeitraum 2010 bis 2014 an.[100] Der Aktionsplan zur Umsetzung

---

94 Vgl. *Wagner* FamRZ 2003, 803.

95 Nr. 41 des Wiener Aktionsplans.

96 Calliess/Ruffert/*Suhr*, Art. 67 AEUV Rn. 16; von der Groeben/Schwarze/*Schmahl* Vorbemerkung zu den Artikeln 61 bis 69 EG Rn. 19; Schlussfolgerungen des Europäischen Rates von Tampere, 15./16. Oktober 1999; auszugsweise abgedruckt in NJW 2000, 1925.

97 Maßnahmenprogramm zur Umsetzung des Grundsatzes der gegenseitigen Anerkennung gerichtlicher Entscheidungen in Zivil- und Handelssachen, ABl. Nr. C 12/1 vom 15. Januar 2001.

98 Haager Programm zur Stärkung von Freiheit, Sicherheit und Recht in der Europäischen Union, ABl. Nr. C 53/1 vom 3. März 2005, S. 13; siehe auch die Mitteilung der Kommission an den Rat und das Europäische Parlament, Raum der Freiheit, der Sicherheit und des Rechts: Bilanz des Tampere-Programms und Perspektiven, KOM(2004) 401 endgültig, S. 17; sowie den Aktionsplan des Rates und der Kommission zur Umsetzung des Haager Programms zur Stärkung von Freiheit, Sicherheit und Recht in der Europäischen Union, ABl. Nr. C 198/1 vom 12. August 2005.

99 *Kroll-Ludwigs*, 8.

100 Stockholmer Programm des Europäischen Rates, ABl. Nr. C 115/1, S. 13, 16 vom 4. Mai 2010.

sieht vor, dass die Kommission bis zum Jahre 2014 ein Grünbuch zu den Aspekten des IPR, einschließlich des anwendbaren Rechts, in Bezug auf Unternehmen, Vereinigungen und andere juristische Personen vorlegt.[101]

2. *IPR-Verordnungen: Entstehungsgeschichte und Anwendungsbereiche*

Im Jahre 2007 gelang dem Unionsgesetzgeber mit dem Erlass der Rom II-VO[102] für außervertragliche Schuldverhältnisse ein erster Meilenstein. Wider Erwarten[103] steht damit das Kollisionsrecht der außervertraglichen Schuldverhältnisse der Rom II-VO in zeitlicher Sicht an der Spitze der Vergemeinschaftung des IPR.[104] Erst ein Jahr später folgte die Rom I-VO für vertragliche Schuldverhältnisse. Verknüpft sind die beiden Verordnungen jeweils über ihren Erwägungsgrund Nr. 7, der bestimmt, dass der materielle Anwendungsbereich und die Bestimmungen beider Verordnungen und die der EuGVVO miteinander „im Einklang stehen" sollen.[105] Gemeinsame Probleme der Rom I- und Rom II-VO sollten daher möglichst einheitlich gelöst[106] und Bestimmungen beider Verordnungen möglichst einheitlich ausgelegt werden[107]. Es wird daher von einem grundsätzlich favorisiertem „Interpretationsgleichlauf" gesprochen.[108]

a) Vertragliches Schuldrecht (Rom I-VO)

Im Januar 2003 legte die Kommission das „Grünbuch über die Umwandlung des Übereinkommens von Rom aus dem Jahr 1980 über das auf vertragliche Schuldverhältnisse anzuwendende Recht in ein Gemeinschaftsinstrument sowie über seine Aktualisierung" vor.[109] Mit dem Vorschlag für eine Rom I-VO leitete die Kommission im Dezember 2005 das Gesetzgebungsverfahren ein.[110]

---

101 Aktionsplan zur Umsetzung des Stockholmer Programms, KOM(2010) 171 endgültig, S. 26. Siehe dazu auch das Stockholmer Programm des Europäischen Rates, ABl. Nr. C 115/1, S. 13, 16 vom 4. Mai 2010.

102 Die Bezeichnung „Rom II-VO" beruht auf systematischen und historischen Gründen vgl. *Junker* NJW 2007, 3675.

103 Vgl. *Czepelak* ERPL 2010, 705, 711.

104 MüKo/*Junker* Vor Art. 1 Rom II-VO Rn. 25.

105 Siehe Staudinger/*Magnus* (2011) Einleitung zur Rom I-VO Rn. 31.

106 Rauscher/*v. Hein*, EuZPR/EuIPR (2011) Einl Rom I-VO Rn. 23.

107 Vgl. *Leible*, Rom I und II, 77.

108 NK-BGB Band 6/*Gebauer* Art. 14 Rom II-VO Rn. 20.

109 KOM(2002) 654 endgültig.

110 Vorschlag für eine Verordnung des Europäischen Parlaments und des Rates über das auf vertragliche Schuldverhältnis anzuwendende Recht (Rom I), KOM(2005) 650 endgültig.

Der Kommissionsvorschlag enthielt gegenüber dem EVÜ einige überraschende Neuerungen[111], die zu kritischen Diskussionen führten.[112] Im Laufe des Gesetzgebungsverfahrens wurde die endgültige Fassung der Rom I-VO schließlich wieder stärker an den Regelungen des EVÜ ausgerichtet.[113] Revolutionäre Neuerungen enthält die am 24. Juli 2008 in Kraft getretene Rom I-VO damit nicht.[114] Vielmehr erfolgte mit ihr eine behutsame Fortentwicklung der Regelungen des EVÜ.[115]

Der im Internationalen Schuldvertragsrecht innerhalb von Europa anerkannte Grundsatz der freien Rechtswahl[116] bildet nach Erwägungsgrund Nr. 11 Rom I-VO einen der „Ecksteine des Systems der Kollisionsnormen im Bereich der vertraglichen Schuldverhältnisse". Entsprechend wurde das Prinzip der freien Rechtswahl systematisch auch an die Spitze der Anknüpfungsnormen in der Rom I-VO gestellt.[117]

Der Anwendungsbereich der Rom I-VO erfasst „vertragliche Schuldverhältnisse in Zivil- und Handelssachen, die eine Verbindung zum Recht verschiedener Staaten aufweisen" (Art. 1 Abs. 1 S. 1 Rom I-VO).[118] Die Rom I-VO gilt, Dänemark ausgenommen, für alle Mitgliedstaaten.[119] Die Mitgliedstaaten Irland[120] und das Vereinigte Königreich[121] sind der Rom I-VO im Wege des „opt

111 *Leible/Lehmann* RIW 2008, 528; in diese Richtung auch Rauscher/*v. Hein*, EuZPR/EuIPR (2011) Einl Rom I-VO Rn. 14.

112 *Martiny* ZEuP 2008, 79, 80 m.w.N. Fn. 13; *Max-Planck-Institut* RabelsZ 71 (2007) 225.

113 Rauscher/*v. Hein*, EuZPR/EuIPR (2011) Einl Rom I-VO Rn. 18.

114 Vgl. *Leible/Lehmann* RIW 2008, 528, 529.

115 *Leible/Lehmann* RIW 2008, 528, 529.

116 Siehe dazu *Leible* in FS Jayme, Band I, 485, 490; *Basedow* RabelsZ 75 (2011) 32, 34; *Reimann* in Verschraegen (Hrsg.) 1, 4. Zu Art. 3 EVÜ siehe EuGH vom 6.10.2009, Rs. C-133/08, Intercontainer Interfrigo SC [ICF]/Balkenende Oosthuizen BV u.a., EuZW 2009, 822 „In Bezug auf die Kriterien, die das Übereinkommen für die Bestimmung des anwendbaren Rechts aufstellt, ist festzustellen, dass die in Titel II des EVÜ aufgestellten einheitlichen Regelungen den Grundsatz festlegen, dass der Wille der Parteien, denen in Art. 3 EVÜ die freie Wahl des anzuwendenden Rechts eingeräumt wird, vorrangig ist."

117 Vgl. *Maultzsch* RabelsZ 75 (2011) 60, 62.

118 Für eine ausführliche Kommentierung siehe Rauscher/*v. Hein*, EuZPR/EuIPR (2011) Art. 1 Rom I-VO Rn. 5 ff; MüKo/*Martiny* Rom I-VO Rn. 6 ff.

119 Artt. 1, 2 des Protokolls (Nr. 5) über die Position Dänemarks (1997), ABl. Nr. C 340/101 vom 10. November 1997; siehe auch Erwägungsgrund Nr. 46 Rom I-VO.

120 Erwägungsgrund Nr. 44 Rom I-VO.

121 Entscheidung der Kommission vom 22. Dezember 2008 über den Antrag des Vereinigten Königreichs auf Annahme der Verordnung (EG) Nr. 593/2008 des Europäischen Parlaments und des Rates über das auf vertragliche Schuldverhältnisse

in“ beigetreten. In zeitlicher Sicht ist die Rom I-VO auf Verträge anwendbar, die ab dem 17. Dezember 2009 geschlossen wurden (Art. 28 Rom I-VO).[122] Altverträge und Dauerverträge, die vor dem 17. Dezember 2009 geschlossen wurden, unterfallen in Deutschland weiterhin den Regelungen des EGBGB (Art. 27 ff. EGBGB).[123]

b) Außervertragliches Schuldrecht (Rom II-VO)

Bereits im Jahre 1999 erarbeitete die Kommission einen (internen) Entwurf zu einer Verordnung über das auf außervertragliche Schuldverhältnisse anwendbare Recht.[124] Art. 6 dieses Entwurfs eröffnete – anders als der GEDIP-Vorschlag von 1998[125] – den Parteien auch eine vorherige Rechtswahlmöglichkeit.

Auf den Vorentwurf der Kommission[126] im Mai 2002 folgte im Juli 2003 der Verordnungsvorschlag der Kommission[127]. Es schloss sich ein langwieriges, wechselhaftes und durch inhaltliche Differenzen zwischen dem Europäischen Parlament sowie dem Rat und der Kommission geprägtes Gesetzgebungsverfahren an.[128] Die Rechtswahlregelung erfuhr während des Gesetzgebungsverfahrens mehrere Änderungen.[129] Betroffen war insbesondere die Frage nach der Zulässigkeit einer

---

anzuwendende Recht (Rom I), ABl. Nr. L 10/22 vom 15. Januar 2009; vgl. MüKo/*Martiny* Art. 1 Rom I-VO Rn. 75.

122 Die ursprüngliche Formulierung „nach dem 17. Dezember 2009“ wurde korrigiert, ABl. Nr. L 309/87 vom 24. November 2009.

123 *Rauscher* Rn. 1140.

124 Proposition de Règlement (CE) du Conseil sur la loi applicable aux obligations non-contractuelles, abgedruckt in französischer Sprache bei Staudinger/*v. Hoffmann* (2001) Vorbemerkungen zu Art. 38-42 EGBGB Rn. 16; siehe zur Kommentierung Staudinger/*v. Hoffmann* (2001) Vorbemerkungen zu Art. 38-42 EGBGB Rn. 17.

125 Siehe dazu Erster Teil § 1 A. II.

126 Vorentwurf eines Vorschlags für eine Verordnung des Rates über das auf außervertragliche Schuldverhältnisse anzuwendende Recht, abgedruckt in RabelsZ 67 (2003) 1 ff.; siehe dazu die Stellungnahme der *Hamburg Group for Private International Law* RabelsZ 67 (2003) 1-56; *Dickinson* Eur. Bus. L. Rev. 13 (2002) 369, 379.

127 Vorschlag für eine Verordnung des Europäischen Parlaments und des Rates über das auf außervertragliche Schuldverhältnisse anzuwendende Recht („Rom II“), KOM(2003) 427 endgültig.

128 *Leible*, Rom I und II, 1, 4; *Junker* NJW 2007, 3675, 3676; eine ausführliche Übersicht zu dem Rechtsetzungsverfahren der Rom II-VO findet sich bei MüKo/*Junker* Vor Art. 1 Rom II-VO Rn. 10-24.

129 Näher dazu *Junker* RIW 2010, 257, 266; *Leible* RIW 2008, 257, 258.

vorherigen Rechtswahl.[130] Am 11. Juli 2007 wurde die Rom II-VO nach einem zuvor durchgeführten Vermittlungsverfahren schließlich verabschiedet.

Mit der Einräumung der Parteiautonomie im Bereich der außervertraglichen Schuldverhältnisse greift der Unionsgesetzgeber die modernen Tendenzen im Kollisionsrecht der Mitgliedstaaten auf.[131] Anders als die Rom I-VO kodifiziert der Unionsgesetzgeber in der Rom II-VO die objektiven Grundanknüpfungen als Grundregel[132] und ordnet die Rechtswahlregelung in systematischer Hinsicht nach.[133] Die Kommission begründete dies in ihrem Vorschlag aus dem Jahre 2003 damit, dass im Bereich der außervertraglichen Schuldverhältnisse von der Parteiautonomie weit weniger Gebrauch gemacht werde als bei vertraglichen Schuldverhältnissen.[134] Dies ändert jedoch nichts daran, dass eine von den Parteien wirksam getroffene Rechtswahl auch hier eine objektive Anknüpfung ausschließt.[135]

Die Rom II-VO „gilt für außervertragliche Schuldverhältnisse in Zivil- und Handelssachen, die eine Verbindung zum Recht verschiedener Staaten aufweisen" (Art. 1 Abs. 1 S. 1 Rom II-VO). Die Verordnung gilt für alle Mitgliedstaaten mit Ausnahme des Mitgliedstaats Dänemark.[136] In zeitlicher Hinsicht ist die Rom II-VO auf schadensbegründende Ereignisse anzuwenden, die nach dem Inkrafttreten der Verordnung eintreten (Art. 31 Rom II-VO). Unklarheiten zum zeitlichen Anwendungsbereich der Rom II-VO[137], die aufgrund der fehlenden Unterscheidung zwischen dem Inkrafttreten der Verordnung (im Vergleich dazu siehe Art. 29 S. 1 Rom I-VO in Verbindung mit Art. 297 AEUV) und der Geltung der Verordnung (im Vergleich dazu siehe Art. 29 S. 2 Rom I-VO) entstanden sind, wurden durch eine Entscheidung des EuGH vom 17. November 2011[138] ausgeräumt.[139] Danach sind die Artt. 31 und 32 Rom II-VO in Verbindung mit Art. 297 AEUV dahin auszulegen, dass ein nationales Gericht verpflichtet ist, diese

---

130 Siehe dazu MüKo/*Junker* Art. 14 ROM II-VO Rn. 2-5.

131 Siehe den rechtsvergleichenden Überblick bei *Kadner Graziano*, 27-31.

132 *v. Hein*, ZEuP 2009, 6, 20; *Hohloch* in FS Thue, 257, 267.

133 MüKo/*Junker* Art. 14 Rom II-VO Rn. 2. Kritisierend NK-BGB Band 6/*Gebauer* Art. 14 Rom II-VO Rn. 3 („systematischer Bruch"); Palandt/*Thorn* Art. 14 Rom II-VO Rn. 2 („unglückl Platzierg").

134 KOM(2003) 427 endgültig, S. 24.

135 MüKo/*Junker* Vor Art. 1 Rom II-VO Rn. 46; Rauscher/*Jakob/Picht*, EuZPR/EuIPR (2011) Art. 14 Rom II-VO Rn. 1; *Kreuzer* in Reichelt/Rechberger (Hrsg.) 13, 28.

136 Erwägungsgründe Nr. 39, 40 Rom II-VO.

137 Siehe dazu MüKo/*Junker* Art. 32 Rom II-VO Rn. 4.

138 EuGH vom 17.11.2011, Rs. C-412/10, Deo Antoine Homawoo/GMF Assurances SA, NJW 2012, 441.

139 Vgl. *Illmer* GPR 2012, 82, 83.

Verordnung nur auf schadensbegründende Ereignisse anzuwenden, die ab dem 11. Januar 2009 eingetreten sind.[140] Weder der Zeitpunkt der Einleitung des Verfahrens noch der Zeitpunkt der Bestimmung des anwendbaren Rechts durch das angerufene Gericht beeinflussen den zeitlichen Anwendungsbereich der Rom II-VO.[141]

c) Unterhaltsrecht (EuUnthVO in Verbindung mit HUntProt)

Das Kollisionsrecht auf dem Gebiet des Unterhaltsrechts beschäftigte zeitnah zueinander sowohl die Europäische Union als auch die Haager Konferenz.[142] Die Kommission strebte zunächst eine eigenständige europäische Vereinheitlichung des Kollisionsrechts an und legte hierzu auch einen Verordnungsvorschlag vor.[143] Dieser Vorschlag enthielt eine Rechtswahlregelung, wonach den Parteien eine (begrenzte) Rechtswahl eröffnet werden sollte.[144] Letztlich nahm die Europäische Union jedoch von der Schaffung eigenständiger kollisionsrechtlicher Regelungen Abstand und trat der Haager Konferenz als Mitglied bei.[145] Im November 2007 wurde unter Mitwirkung der Europäischen Union das Haager Protokoll über das auf Unterhaltspflichten anwendbare Recht (HUntProt) verabschiedet.[146] Dieses wurde seitens des Rats mit Beschluss vom 30. November 2009 gebilligt[147] und am 8. April 2010 von der Europäischen Union ratifiziert.

---

140 EuGH vom 17.11.2011, Rs. C-412/10, Deo Antoine Homawoo/GMF Assurances SA, NJW 2012, 441.

141 EuGH vom 17.11.2011, Rs. C-412/10, Deo Antoine Homawoo/GMF Assurances SA, NJW 2012, 441.

142 Vgl. *Andrae* GPR 2010, 196, 197; *Wagner* FamRZ 2006, 979; *Gruber* in FS Spellenberg, 177, 178, *Hausmann*, IntEuSchR C Rn. 422.

143 Vorschlag für eine Verordnung des Rates über die Zuständigkeit und das anwendbare Recht in Unterhaltssachen, die Anerkennung und Vollstreckung von Unterhaltsentscheidungen und die Zusammenarbeit im Bereich der Unterhaltspflichten, KOM(2005) 649 endgültig. Siehe dazu *Hellner* in Boele-Woelki/Sverdrup (Hrsg.) 343 ff.

144 Siehe KOM(2005) 649 endgültig, S. 20. Dazu *Looschelders/Boos* FamRZ 2006, 374, 383.

145 Beschluss des Rates vom 5. Oktober 2006 über den Beitritt der Gemeinschaft zur Haager Konferenz für Internationales Privatrecht, ABl. Nr. L 297 vom 26. Oktober 2006. Im Juni 2005 hatte die Haager Konferenz in ihrer Satzung die Änderung vorgenommen, dass auch regionale Organisationen Mitglied werden konnten; vgl. dazu *Martiny* FPR 2008, 187, 189; Rauscher/*Andrae*, EuZPR/EuIPR (2010) Einl EG-UntVO Rn. 16; *dies.* GPR 2010, 196, 197.

146 Siehe dazu *Andrae* GPR 2010, 196, 197.

147 Beschluss des Rates vom 30. November 2009 über den Abschluss des Haager Protokolls vom 23. November 2007 über das auf Unterhaltspflichten anzuwendende Recht durch die Europäische Gemeinschaft, ABl. Nr. L 331/17 vom 16. Dezember 2009.

Die zuvor im Jahre 2009 in Kraft getretene EuUnthVO[148] verweist in Art. 15 für das auf die Unterhaltspflichten anwendbare Recht auf das HUntProt.[149] Art. 15 EuUnthVO lautet: „Das auf Unterhaltspflichten anwendbare Recht bestimmt sich für die Mitgliedstaaten, die durch das Haager Protokoll vom 23. November 2007 über das auf Unterhaltspflichten anzuwendende Recht (nachstehend ‚Haager Protokoll von 2007' genannt) gebunden sind, nach jenem Protokoll." Die kollisionsrechtlichen Regelungen des HUntProt stellen damit geltendes Unionsrecht dar.[150]

Über Art. 15 EuUnthVO in Verbindung mit Artt. 7, 8 HUntProt hat damit auch die Parteiautonomie Einzug in das Europäische Unterhaltsrecht gefunden.[151] Dies stellt – auch gegenüber dem Haager Übereinkommen über das auf Unterhaltspflichten anzuwendende Recht von 1973[152] – eine Neuheit dar.[153]

Vom Anwendungsbereich der EuUnthVO erfasst werden „Unterhaltspflichten, die auf einem Familien-, Verwandschafts-, oder eherechtlichen Verhältnis oder auf Schwägerschaft beruhen" (Art. 1 Abs. 1 EuUnthVO). Die EuUnthVO findet in allen Mitgliedstaaten[154] – in Dänemark allerdings nur teilweise[155] – Anwendung.

---

148 ABl. Nr. L 7/01 vom 10. Januar 2009; nach Art. 76 der EuUnthVO tritt die Verordnung am zwanzigsten Tag nach ihrer Veröffentlichung im Amtsblatt der Europäischen Union in Kraft.

149 *Ferrand* in Campuzano Díaz/Czepelak/Rodríguez Benot/Rodríguez Vázquez (Hrsg.) 83, 98.

150 *Lipp* in Ahrens/Lipp/Varga (Hrsg.) 167, 175; *Gruber* in FS Spellenberg 177, 179.

151 *Bonomi* Yb PIL Volume 10 (2008) 333, 353; *Lipp* in Liber Amicorum Walter Pintens, 847, 851. Eine Rechtswahl im Unterhaltsrecht zuvor bereits befürwortend *Hohloch* in FS Sonnenberger, 401, 416.

152 Haager Übereinkommen über das auf Unterhaltspflichten anzuwendende Recht vom 2. Oktober 1973, BGBl. 1986 II 837. Zur Rechtswahl im Haager Übereinkommen von 1973 siehe Staudinger/*Mankowski* (2003) Anhang I zu Art. 18 EGBGB Rn. 15.

153 *Hohloch* in FS Thue, 257, 260; *Bonomi* Yb PIL Volume 10 (2008) 333, 351; *Hirsch* in Coester-Waltjen/Lipp/Schumann/Veit (Hrsg.) 17, 34; *Long* ICLQ 57 (2008) 984, 995.

154 Irland hat seine Beteiligung an der EuUnthVO bereits zum Zeitpunkt der Verabschiedung der EuUnthVO erklärt, vgl. Erwägungsgrund Nr. 46 EuUnthVO; das Vereinigte Königreich ist auf eigenem Wunsch und der Entscheidung der Kommission vom 8. Juni 2009 nachträglich der Verordnung beigetreten, vgl. Entscheidung der Kommission vom 8. Juni 2009 zum Wunsch des Vereinigten Königreichs auf Annahme der Verordnung (EG) Nr. 4/2009 des Rats über die Zuständigkeit, das anwendbare Recht, die Anerkennung und Vollstreckung von Entscheidungen und die Zusammenarbeit in Zivilsachen, ABl. Nr. L 149/73 vom 12. Juni 2006.

155 In Dänemark findet die EuUnthVO – mit Ausnahme des III. Kapitels (Anwendbare Recht) und VII. Kapitels (Zusammenarbeit der Zentralen Behörden) – Anwendung, vgl. MüKo FamFG/*Lipp* Art. 1 EWG_VO_4_2009 Rn. 66.

Eingeschränkter ist der räumliche Anwendungsbereich des HUntProt. Denn das HUntProt findet in Dänemark und dem Vereinigten Königreich keinerlei Anwendung.[156] In zeitlicher Hinsicht konnte das HUntProt aufgrund des Fehlens der zweiten Ratifikations-, Annahme-, Genehmigungs- oder Beitrittsurkunde auf völkerrechtlicher Ebene zunächst nicht in Kraft treten.[157] Art. 4 des Ratifizierungsbeschlusses des Rates erklärte das HUntProt deshalb bereits ab dem 18. Juni 2011 für vorläufig anwendbar.[158] Nach der Ratifizierung durch Serbien ist das HUntProt am 1. August 2013 nun auch auf völkerrechtlicher Ebene für Serbien und für die Mitgliedstaaten der EU, ausgenommen Dänemark und das Vereinigte Königreich, in Kraft getreten.[159]

d) Scheidungsrecht (Rom III-VO)

Aufbauend auf einem Grünbuch aus dem Jahre 2005[160] legte die Kommission am 17. Juli 2006 einen Vorschlag für eine Verordnung des Rates zur Änderung

---

156 Beitrittsbeschluss des Rates, ABl. Nr. L 331/17 vom 16. Dezember 2009, Erwägungsgründe Nr. 11 und 12.

157 *Arnold* IPRax 2012, 311; *Wagner* in Leible/Unberath (Hrsg.) 51, 63; *Ferrand* in Campuzano Díaz/Czepelak/Rodríguez Benot/ Rodríguez Vázquez (Hrsg.) 83, 98.

158 Siehe Art. 4, ABl. Nr. L 331/17 vom 16. Dezember 2009: „Die Europäische Gemeinschaft erklärt, dass sie die Bestimmungen des Protokolls ab dem 18. Juni 2011, dem Datum des Beginns der Anwendbarkeit der Verordnung (EG) Nr. 4/2009 des Rates vom 18. Dezember 2009 über die Zuständigkeit, das anwendbare Recht, die Anerkennung und Vollstreckung von Entscheidungen und die Zusammenarbeit in Unterhaltssachen, vorläufig anwenden wird, sofern das Protokoll bis dahin nicht gemäß dessen Artikel 25 Absatz 1 in Kraft getreten ist." Nach Art. 5 dieses Beschlusses finden die kollisionsrechtlichen Unterhaltsregelungen auch auf vor dem 18. Juni 2011 entstandene Unterhaltsansprüche Anwendung, wenn die Verfahren ab dem 18. Juni 2011 eingeleitet werden; siehe Art. 5, ABl. Nr. L 331/17 vom 16. Dezember 2009. „Die Europäische Gemeinschaft erklärt, dass sie die Bestimmungen des Protokolls auch auf Unterhaltsforderungen anwenden wird, die in einem ihrer Mitgliedstaaten für einen Zeitraum vor dem Inkrafttreten oder der vorläufigen Anwendung des Protokolls in der Gemeinschaft geltend gemacht werden, sofern aufgrund der Verordnung (EG) Nr. 4/2009 des Rates vom 18. Dezember 2009 über die Zuständigkeit, das anwendbare Recht, die Anerkennung und Vollstreckung von Entscheidungen und die Zusammenarbeit in Unterhaltssachen die Einleitung des Verfahrens, die Billigung oder der Abschluss des gerichtlichen Vergleichs oder die Ausstellung der öffentlichen Urkunde ab dem 18. Juni 2011, dem Datum des Beginns der Anwendbarkeit der genannten Verordnung, erfolgt ist." Siehe dazu *Henrich* in Liber Amicorum Walter Pintens, 701, 711.

159 *Wagner* NJW 2013, 3128, 3130; *Mansel/Thorn/Wagner* IPRax 2014, 1, 9.

160 Grünbuch über das anzuwendende Recht und die gerichtliche Zuständigkeit in Scheidungssachen vom 14. März 2005, KOM(2005) 82 endgültig.

der Verordnung (EG) Nr. 2201/2003 im Hinblick auf die Zuständigkeit in Ehesachen und zur Einführung von Vorschriften betreffend das anwendbare Recht in diesem Bereich vor.[161] Der Widerstand einzelner Mitgliedstaaten[162] und „unüberwindbare Schwierigkeiten“[163] führten dazu, dass der Rat die für den Erlass von Rechtsakten auf dem Gebiet des Familienrechts erforderliche Einstimmigkeit (Art. 81 Abs. 3 AEUV)[164] nicht erreichen konnte.[165] Das angestrebte Gesetzgebungsverfahren scheiterte.

Ein Antrag mehrerer Mitgliedstaaten auf eine Kollisionsrechtsvereinheitlichung im Verfahren über die Verstärkte Zusammenarbeit[166] im Sinne des Art. 20 EUV in Verbindung mit Artt. 326 ff. AEUV führte dazu, dass die Kommission die Arbeiten wieder aufnahm und im Jahre 2010 einen neuen Vorschlag für eine Rom III-VO im Wege der Verstärkten Zusammenarbeit vorlegte.[167] Dabei beschränkte sich die Kommission, anders als in ihrem Vorschlag aus dem Jahre 2006, auf Regelungen zum anwendbaren Recht im Bereich der Ehesachen. Nach dem Erlass des Ermächtigungsbeschlusses zur Verstärkten Zusammenarbeit des

---

161 KOM(2006) 399 endgültig.

162 Widerstand erfolgte insbesondere aus Schweden (vgl. *Kohler* FPR 2008, 193, 196; *ders.* FamRZ 2008, 1673, 1678; MüKo/*Winkler v. Mohrenfels* Art. 17 EGBGB Rn. 6; *ders.* ZEuP 2013, 699, 701; *Henrich* in Liber Amicorum Walter Pintens, 701, 711; *Wagner* in Leible/Unberath (Hrsg.) 51, 53; sowie aus dem Vereinigten Königreich und Irland (vgl. *Winkler v. Mohrenfels* in FS v. Hoffmann, 527, 532; *ders.* ZEuP 2013, 699, 701). Siehe auch *Baarsma* NIPR 2009, 9, 10; *Nascimbene*, Gerichtliche Zuständigkeit und anwendbares Recht in Ehesachen: Verordnung Rom III? Vermögenrechte verheirateter und unverheirateter Paare: Hin zu gemeinschaftlichen Güterstandsnormen? in Forum zur justiziellen Zusammenarbeit in Zivilsachen: Aussprache mit den nationalen Parlamenten, 2. Dezember 2008, Sitzung IV Familienrecht und Erbrecht, abrufbar unter: http://www.europarl.europa.eu/meetdocs/2004_2009/documents/dv/755/755341/755341de.pdf (Stand: 16.01.2014), S. 8, 13.

163 Erwägungsgrund Nr. 5 Rom III-VO.

164 *Wagner* in Leible/Unberath (Hrsg.) 51, 61.

165 Erwägungsgrund Nr. 5 Rom III-VO.

166 Der Antrag erfolgte seitens der zehn Mitgliedstaaten Bulgarien, Griechenland, Spanien, Frankreich, Italien, Luxemburg, Ungarn, Österreich, Rumänien und Slowenien; vgl. KOM(2010) 105 endgültig, S. 2. Dem Vorhaben schlossen sich Deutschland, Belgien, Lettland, Portugal und Malta an. Griechenland zog am 3. März 2010 seinen Antrag zurück, vgl. Erwägungsgrund Nr. 6 Rom III-VO.

167 Vorschlag vom 24. März 2010 für eine Verordnung (EU) des Rates zur Begründung einer Verstärkten Zusammenarbeit im Bereich des auf die Ehescheidung und Trennung ohne Auflösung des Ehebandes anzuwendenden Rechts, KOM(2010) 105 endgültig.

Rates[168] und der Annahme mit einigen Änderungen seitens des Parlaments[169] wurde im Dezember 2010 die Rom III- VO erlassen.

Mit der Rom III-VO fand auch die Parteiautonomie – maßgebend angestoßen durch einen Vorschlag von *Sturm*[170] aus dem Jahre 1967[171] –Einzug in das Europäische Scheidungsrecht.[172] Die parteiautonome Wahl des Scheidungsstatuts kannten bislang nur sehr wenige der an der Verstärkten Zusammenarbeit teilnehmenden Mitgliedstaaten.[173]

Die am 30. Dezember 2010 in Kraft getretene Rom III-VO gilt „für die Ehescheidung und die Trennung ohne Auflösung des Ehebandes in Fällen, die eine Verbindung zum Recht verschiedener Staaten aufweisen" (Art. 1 Abs. 1 Rom III-VO).[174] 15 Mitgliedstaaten nehmen bisher an der Verstärkten Zusammenarbeit teil.[175] Seit dem 21. Juni 2012 gilt die Verordnung für 14 der an der Verstärkten Zusammenarbeit teilnehmenden Mitgliedstaaten („Koalition der vierzehn Willigen"[176]): Belgien, Bulgarien, Deutschland, Frankreich, Italien, Lettland, Luxemburg, Malta, Österreich, Portugal, Rumänien, Slowenien, Spanien und Ungarn. Für den nachträglich der Verstärkten Zusammenarbeit beigetretenen 15. Mitgliedstaat

---

168 Beschluss des Rates vom 12. Juli 2010 über die Ermächtigung zu einer Verstärkten Zusammenarbeit im Bereich des auf die Ehescheidung und Trennung ohne Auflösung des Ehebandes anzuwendenden Rechts, ABl. Nr. L 189/12 vom 22. Juli 2010. Nach Erwägungsgrund Nr. 7 Rom III-VO sind die Voraussetzungen einer Verstärkten Zusammenarbeit nach Art. 20 EU in Verbindung mit Artt. 326, 329 AEUV erfüllt.

169 Legislative Entschließung des Europäischen Parlaments vom 15. Dezember 2010 zu dem Vorschlag für eine Verordnung des Rates zur Begründung einer verstärkten Zusammenarbeit im Bereich des auf die Ehescheidung und Trennung ohne Auflösung des Ehebandes anzuwendenden Rechts (KOM(2010)0105 – C7-0315/2010 – 2010/0067(CNS)), Dokument: P7_TA-PROV(2010)0477, ABl. C 169 E/205 vom 15. Juni 2012. Siehe dazu *Winkler v. Mohrenfels* in FS v. Hoffmann, 527, 535.

170 *Sturm* in FS zum fünfzigjährigen Bestehen des Instituts für ausländisches und internationales Privat- und Wirtschaftsrecht der Universität Heidelberg, 155, 167.

171 Siehe dazu auch *Winkler v. Mohrenfels* ZEuP 2013, 699, 707; Staudinger/*Sturm*/*Sturm* (2012) Einleitung IPR Rn. 153.

172 Vgl. *Winkler v. Mohrenfels* ZEuP 2013, 699, 707; *Helms* in Liber Amicorum Walter Pintens, 681, 690; *Rösler* RabelsZ 78 (2014) 155, 160.

173 Siehe dazu *Winkler v. Mohrenfels* in FS v. Hoffmann, 527, 530; *ders.* ZEuP 2013, 699, 707; *Rösler* RabelsZ 78 (2014) 155, 163; *Franzina* Cuadernos de Derecho Transnacional (2011) 85, 108, Corneloup/*González Beilfuss*, Art. 5 Rom III-VO, S. 545.

174 Zum Anwendungsbereich siehe NK-BGB Band 6/*Gruber* Art. 1 Rom III-VO Rn. 1 ff.

175 *Winkler v. Mohrenfels* ZEuP 2013, 699, 703.

176 *Winkler v. Mohrenfels* ZEuP 2013, 699, 700.

Litauen wird die Rom III-VO ab dem 22. Mai 2014 gelten.[177] Ob noch weitere Mitgliedstaaten der Verstärkten Zusammenarbeit nachträglich beitreten werden, bleibt abzuwarten.[178] Keine Anwendung findet die Rom III-VO auf die Scheidung von in Deutschland lebenden Ehegatten mit gemeinsamer iranischer Staatsangehörigkeit (Art. 19 Abs. 1 Rom III-VO in Verbindung mit Art. 8 Abs. 3 S. 1 des deutsch-iranischen Niederlassungsabkommens).[179] In zeitlicher Hinsicht gilt die Rom III-VO für gerichtliche Verfahren und für Rechtswahlvereinbarungen, die ab dem 21. Juni 2012 eingeleitet bzw. geschlossen werden (Art. 18 Abs. 1 S. 1 Rom III-VO). Übergangsbestimmungen für frühere Rechtswahlvereinbarungen finden sich in Artt. 18 Abs. 1 Unterabsatz 2 und Abs. 2 Rom III-VO.

e) Erbrecht (EuErbVO)

Bereits am 1. März 2005 stellte die Kommission das Grünbuch zum Erb- und Testamentsrecht vor.[180] Dieses basiert auf einer Studie des Deutschen Notarinstituts in Zusammenarbeit mit *Dörner* und *Lagarde*[181].[182] Grundlage für die Arbeiten der Kommission bildete auch ein umfangreicher Berichtsentwurf[183] des Rechtsausschusses des Europäischen Parlaments.[184] Kritische Anmerkungen zu einzelnen Textpassagen[185] führten dazu, dass mehr als vier Jahre vergingen bis die

177 Art. 4 Abs. 2 des Beschlusses der Kommission vom 21. November 2012 zur Bestätigung der Teilnahme Litauens an der Verstärkten Zusammenarbeit im Bereich des auf die Ehescheidung und Trennung ohne Auflösung des Ehebandes anzuwendenden Rechts, ABl. Nr. L 323/18 vom 22. November 2012. Für die weiteren teilnehmenden Mitgliedstaaten siehe Pressemitteilung der Europäischen Kommission, Dokument: IP/12/590 vom 8. Juni 2012.

178 Dazu *Kuipers* Eur. L. J. 18 (2012) 201, 218, 220.

179 *Rauscher* Rn. 809; *Helms* FamRZ 2011, 1765, 1767.

180 KOM(2005) 65 endgültig.

181 *Deutsches Notarinstitut/Dörner/Lagarde*, Rechtsvergleichende Studie der erbrechtlichen Regelungen des Internationalen Verfahrensrechtes und Internationalen Privatrechts der Mitgliedstaaten der Europäischen Union, DNotI, Les Successions Internationales dans l'UE, 18. September/8. November 2002, S. 169 ff., abrufbar unter: http://ec.europa.eu/civiljustice/publications/docs/testaments_successions_de.pdf (Stand: 16.01.2014)

182 Siehe dazu *Dörner/Hertel/Lagarde/Riering* IPRax 2005, 1; *Lorenz* ErbR 2012, 39, 41; *Simon/Buschbaum* NJW 2012, 2393.

183 Bericht des Rechtsausschusses des Europäischen Parlaments mit Empfehlungen an die Kommission zum Erb- und Testamentrecht vom 16. Oktober 2006, Berichterstatter: *Giuseppe Gargani*, Dokument: A6-0359/2006.

184 *Buschbaum/Kohler* GPR 2010, 106.

185 Vgl. *Simon/Buschbaum* NJW 2012, 2393; *Wagner* DNotZ 2010, 506, 507.

Kommission den „Vorschlag für eine Verordnung des Europäischen Parlaments und des Rates über die Zuständigkeit, das anzuwendende Recht, die Anerkennung und die Vollstreckung von Entscheidungen und öffentlichen Urkunden in Erbsachen sowie zur Einführung eines Europäischen Nachlasszeugnisses" vorlegte.[186] Auch das anschließende Gesetzgebungsverfahren[187] gestaltete sich, insbesondere aufgrund mehrerer Subsidiaritätsrügen[188], steinig.[189] Schließlich wurde die EuErbVO am 13. März 2012 in erster Lesung vom Europäischen Parlament und am 7. Juni 2012 vom Rat angenommen.[190]

Mit der EuErbVO setzt der Unionsgesetzgeber die Tendenz zu mehr Rechtswahlfreiheit im Europäischen Kollisionsrecht fort. Neben dem Haager Übereinkommen über das auf die Rechtsnachfolge von Todes wegen anwendbare Recht vom 1. August 1989[191] hatten sich auch bereits einige Mitgliedstaaten für die Rechtswahlfreiheit im Internationalen Erbrecht geöffnet.[192] Eine Wahl des Erbstatuts erlaubten Belgien, Estland, Finnland, Deutschland, Italien, Niederlande und Rumänien.[193] Hingegen war nach dem nationalen Kollisionsrecht anderer Mitgliedstaaten, wie beispielsweise in Frankreich,

186 KOM(2009) 154 endgültig.

187 Die Kommission stufte den Verordnungsvorschlag als nicht familienrechtlich ein, vgl. KOM(2009) 154 endgültig, S. 4; siehe dazu *Wagner* in Leible/Unberath (Hrsg.) 51, 62.

188 Subsidiaritätsrügen erfolgten von den Parlamenten der Mitgliedstaaten Belgien, Lettland, Österreich, Polen und Ungarn, vgl. *Simon/Buschbaum* NJW 2012, 2393 Fn. 5. Eine Anregung zur Prüfung der Rechtsgrundlage erfolgte auch von Seiten des deutschen Bundestags und Bundesrats, vgl. *Wagner* DNotZ 2010, 506, 510.

189 *Simon/Buschbaum* NJW 2012, 2393.

190 *Simon/Buschbaum* NJW 2012, 2393.

191 Abgedruckt bei Staudinger/*Dörner* (2007) Vorbemerkung zu Art. 25 und 26 EGBGB Rn. 120.

192 Siehe dazu *Rühl*, 337. Für eine Übersicht mit Nachweisen zu den einzelnen Ländern siehe Staudinger/*Dörner* (2007) Anhang zu Art. 25 und 26 EGBGB; *Deutsches Notarinstitut/Dörner/Lagarde*, Rechtsvergleichende Studie der erbrechtlichen Regelungen des Internationalen Verfahrensrechtes und Internationalen Privatrechts der Mitgliedstaaten der Europäischen Union, DNotI, Les Successions Internationales dans l'UE, 18. September/8. November 2002, S. 169, 242, abrufbar unter: http://ec.europa.eu/civiljustice/publications/docs/testaments_successions_de.pdf (Stand: 16.01.2014).

193 *Hertel*, Kollision der Erbrechte innerhalb der EU: Hin zu einem Europäischen Erbschein in Forum zur justiziellen Zusammenarbeit in Zivilsachen: Aussprache mit den nationalen Parlamenten, 2. Dezember 2008, Sitzung IV Familienrecht und Erbrecht, abrufbar unter: http://www.europarl.europa.eu/meetdocs/2004_2009/documents/dv/755/755341/755341de.pdf (Stand: 16.01.2014), S. 50, 57, 58.

Spanien und Portugal, die Rechtswahlfreiheit in diesem Bereich bislang noch ausgeschlossen.[194]

Der sachliche Anwendungsbereich der am 16. August 2012 in Kraft getretenen[195] EuErbVO umfasst die Rechtsnachfolge von Todes wegen (Art. 1 Abs. 1 S. 1 EuErbVO). Die EuErbVO findet auf alle Mitgliedstaaten mit Ausnahme von Dänemark[196] und – nach bisherigem Stand[197] – dem Vereinigten Königreich und Irland Anwendung. In zeitlicher Hinsicht ist die EuErbVO anwendbar auf die Rechtsnachfolge von Personen, die am 17. August 2015 oder danach verstorben sind (Art. 83 Abs. 1 EuErbVO). Art. 83 Abs. 2–4 EuErbVO sieht ergänzende Übergangsbestimmungen für Rechtswahlvereinbarungen (Abs. 2) und Verfügungen von Todes wegen (Abs. 3–4) vor.[198]

f) Güterrecht (EuEhegüterVO-Vorschlag und EuPartGüVO-Vorschlag)

Im März 2011 legte die Kommission zwei Verordnungsvorschläge zum Güterrecht vor: einen zum Ehegüterrecht (EuEhegüterVO-Vorschlag)[199] und einen zum Güterrecht der eingetragenen Partnerschaft (EuPartGüVO-Vorschlag)[200].[201]

---

194 Siehe dazu *Bonomi* in Liber Amicorum Kurt Siehr, 157, 166.

195 Art. 84 S. 1 EuErbVO.

196 Art. 1, 2 des Protokolls (Nr. 5) über die Position Dänemarks (1997), ABl. Nr. C 340/101 vom 10. November 1997; siehe auch Erwägungsgrund Nr. 83 EuErbVO.

197 Erwägungsgrund Nr. 82 EuErbVO weist daraufhin, dass sich das Vereinigte Königreich und Irland bislang nicht an der Annahme der Verordnung beteiligt haben.

198 Dazu *Schoppe* IPRax 2014, 27, 29-33.

199 Vorschlag für eine Verordnung des Rates über die Zuständigkeit, das anzuwendende Recht, die Anerkennung und die Vollstreckung von Entscheidungen im Bereich des Ehegüterrechts, KOM(2011) 126/2 endgültig. Der EuEhegüterVO-Vorschlag orientiert sich teilweise an dem von Frankreich, Luxemburg und den Niederlanden ratifizierten Haager Übereinkommen über das auf eheliche Güterstände anwendbare Recht vom 14. März 1978, vgl. *Martiny* IPRax 2011, 437, 443.

200 Vorschlag für eine Verordnung des Rates über die Zuständigkeit, das anzuwendende Recht, die Anerkennung und die Vollstreckung von Entscheidungen im Bereich des Güterrechts eingetragener Partnerschaften, KOM(2011) 127/2 endgültig.

201 Siehe auch die Mitteilung der Kommission an das Europäische Parlament, den Rat, den Europäischen Wirtschafts- und Sozialausschuss und den Ausschuss der Regionen, Klärung der Vermögensverhältnisse bei internationalen Paaren, KOM(2011) 125 endgültig und die Stellungnahme des Europäischen Wirtschafts- und Sozialausschusses zu beiden Vorschlägen, ABl. Nr. C 376/87 vom 22. Dezember 2012. Kritisch zu der geplanten Aufspaltung in zwei Verordnungen *Bodgan* in Fallon/Lagarde/Poillot Peruzzetto (Hrsg.) 253, 255.

Beiden Vorschlägen gingen eine rechtsvergleichende Untersuchung aus dem Jahre 2003[202] sowie ein Grünbuch aus dem Jahre 2006[203] voran.

Es handelt sich jeweils um Maßnahmen des Familienrechts mit grenzüberschreitendem Bezug, so dass das besondere Gesetzgebungsverfahren im Sinne des Art. 81 Abs. 3 S. 1 AEUV zur Anwendung kommt.[204] Im besonderen Gesetzgebungsverfahren beschließt der Rat einstimmig nach Anhörung des Europäischen Parlaments (Art. 81 Abs. 3 S. 2 AEUV). Aufgrund des Einstimmigkeitserfordernisses ist die zukünftige Gestalt dieser geplanten Verordnungen zurzeit noch nicht absehbar.[205] Es bleibt zu hoffen, dass sich der Rat einigen wird und damit für alle Mitgliedstaaten auf Unionsebene verbindliche Regelungen geschaffen werden.

Die Kommission schlägt im EuEhegüterVO-Vorschlag die Aufnahme einer Rechtswahlregelung für Ehegatten vor.[206] Eine Rechtswahlregelung fehlt hingegen im EuPartGüVO-Vorschlag.[207] Nach der Legislativen Entschließung des Europäischen Parlaments zum EuPartGüVO-Vorschlag, soll aber auch für eingetragene Partnerschaften eine Rechtswahlregelung aufgenommen werden.[208]

---

202 *Consortium Asser-UCL*, Study in comparative law on the rules governing conflicts of jurisdiction and laws on matrimonial property regimes and the implementation for property issues of the separation of unmarried couples in the Member States, abrufbar unter http://ec.europa.eu/ (Stand: 16.01.2014).

203 Grünbuch zu den Kollisionsnormen im Güterrecht unter besonderer Berücksichtigung der gerichtlichen Zuständigkeit und der gegenseitigen Anerkennung, KOM(2006) 400 endgültig.

204 Vgl. *Wagner* FamRZ 2009, 269, 276.

205 Vgl. *Rauscher* Rn. 772; *Coester-Waltjen* ZEuP 2012, 225, 228.

206 Art. 16 EhegüterVO-Vorschlag, KOM(2011) 126/2 endgültig.

207 *Henrich* in Liber Amicorum Walter Pintens, 701, 712.

208 Art. 15b Legislative Entschließung des Europäischen Parlaments zum EuPartGüVO-Vorschlag.

§ 2 Gesetzliche Zulassung der Rechtswahl im Europäischen Kollisionsrecht

Regelungen zur Rechtwahl finden sich mittlerweile in allen Verordnungen des Europäischen Kollisionsrechts.[209] Auch für das Ehegüterrecht schlägt die Kommission im EuEhegüterVO-Vorschlag eine Rechtswahlregelung vor.

Eine Rechtswahlregelung für die Parteien einer eingetragenen Partnerschaft sieht der EuPartGüVO-Vorschlag der Kommission dagegen nicht vor. In der Mitteilung der Kommission zur Klärung der Vermögensverhältnisse bei internationalen Paaren heißt es dazu: „Aufgrund der Besonderheiten der Rechtsinstitute Ehe und eingetragene Partnerschaft wird bei der Bestimmung des anzuwendenden Rechts eine unterschiedliche Regelung vorgeschlagen. [...] Für eingetragene Partnerschaften soll eine solche Rechtswahlmöglichkeit nicht gelten. [...] Da das Institut der eingetragenen Partnerschaft nicht in allen EU-Mitgliedstaaten bekannt ist und die einschlägigen Vorschriften in den Mitgliedstaaten, die dieses Rechtsinstitut eingeführt haben, erheblich voneinander abweichen, wird auf das Recht des Eintragungsstaats verwiesen."[210]

Im Schrifttum wird die fehlende Rechtswahlregelung im EuPartGüVO-Vorschlag zu Recht kritisiert.[211] Vorgebracht wird der Gesichtspunkt der Rechtssicherheit.[212] Eingewandt wird auch, dass das deutsche Verfassungsrecht eine Ungleichbehandlung von Ehe und eingetragener Lebenspartnerschaft nur gestattet, wenn dies durch einen sachlichen Grund gerechtfertigt ist.[213] Bedenken

---

209 Siehe dazu *Rühl* in FS Kropholler, 187.

210 Mitteilung der Kommission zur Klärung der Vermögensverhältnisse bei internationalen Paaren, KOM(2011) 125/3, S. 8.

211 *Martiny* FPR 2008, 206, 210; *ders.* IPRax 2011, 437, 456; *Buschbaum/Simon* GPR 2011, 262, 266; *Kohler/Pintens* FamRZ 2011, 1433, 1438; *Henrich* in Liber Amicorum Walter Pintens, 701, 712; *Helms* in Liber Amicorum Walter Pintens, 681, 685; *Hausmann*, IntEuSchR R EuPartVO-E Rn. 33; *Kroll-Ludwigs*, 530, 531; *Bonomi* Yb PIL Volume 13 (2011) 217, 230; *Dearing*, Vorschläge für Verordnungen über das Güterrecht von Paaren, 2012, Dokument: PE 462.494, S. 3-6.

212 *Kroll-Ludwigs*, 531.

213 BVerfG NJW 2010, 1439. Siehe dazu *Buschbaum/Simon* GPR 2011, 262, 266; *Martiny* IPRax 2011, 437, 456.

werden auch im Hinblick auf das Diskriminierungsverbot des Art. 21 der Europäischen Grundrechte-Charta geäußert.[214]

Der *Deutsche Rat für Internationales Privatrecht* schlägt daher vor, die künftige kollisionsrechtliche Lösung an den vorgeschlagenen Regelungen für das Ehegüterrecht anzunähern.[215] Möglichen praktischen Schwierigkeiten, die sich in einigen Mitgliedstaaten aufgrund fehlender Anerkennung des Rechtsinstituts der eingetragenen Partnerschaft ergeben können, sei mit einer Auffangklausel zu begegnen.[216]

Auch das Europäische Parlament schlägt in seiner Legislativen Entschließung vom 10. September 2013 eine Rechtswahlregelung vor. Es bestehe „kein Anlass, eingetragenen Partnerschaften diese Rechtswahl zu versagen“[217]. Nach der Legislativen Entschließung soll die Rechtswahl allerdings an die Voraussetzung gekoppelt werden, dass das gewählte Recht das Institut der eingetragenen Partnerschaft und den daran geknüpften Güterstand anerkennt. Fehlt es an einer Anerkennung, soll nach Ansicht des Europäischen Parlaments die objektive Anknüpfung maßgebend sein (Auffangklausel des Art. 15 Abs. 2).

A. Befugnis zur Wahl unverbundener Rechte

Die Rechtswahlregelungen Art. 3 Rom I-VO und Art. 14 Rom II-VO gestatten den Parteien, das auf das Schuldverhältnis anzuwendende Recht zu wählen. Den Parteien steht danach jede beliebige Rechtsordnung zur Wahl.[218] Eine Verbindung

---

214 *Kohler/Pintens* FamRZ 2011, 1433, 1438; a.A. wohl die Kommission, vgl. KOM(2011) 127/2 endgültig, S. 5, wonach sich diese vergewissert habe, dass das Diskriminierungsverbot beachtet sei.

215 Artikel IV (Anwendbares Recht für eingetragene Partnerschaften): „(1) Die Bestimmungen über das anwendbare Recht für die güterrechtlichen Verhältnisse von Ehegatten gelten für die eingetragene Partnerschaft sinngemäß. Kennt das nach diesen Bestimmungen anwendbare Recht keine Regeln über die eingetragene Partnerschaft, so ist das Recht des Ortes der Eintragung der Partnerschaft anwendbar. (2) Zusätzlich zu den in Artikel I Absatz 1 bezeichneten Rechtsordnungen können die Partnerinnen oder Partner das Recht des Staates wählen, in dem die Partnerschaft eingetragen worden ist.“ Stellungnahme der 1. Kommission des Deutschen Rats für IPR vom 17. Juli. 2006. S. 9, abrufbar unter http://ec.europa.eu/justice/news/consulting_public/matrimonial_property/contributions/others/dripr_de.pdf (Stand: 16.01.2014).

216 *Kroll-Ludwigs*, 531.

217 Erwägungsgrund Nr. 18 der Legislativen Entschließung des Europäischen Parlaments zum EuPartGüVO-Vorschlag.

218 Zur Rom I-VO statt aller *Heiss* in Ferrari/Leible (Hrsg.) 2009, 1, 2; *Reimann* in Verschraegen (Hrsg.) 1, 4; zur Rom II-VO statt aller MüKo/*Junker* Art. 14 Rom II-VO Rn. 14; *Leible* RIW 2008, 257, 261; *Loquin* in Corneloup/Joubert (Hrsg.)

zu dem gewählten Recht muss weder in räumlicher noch in sachlicher Hinsicht bestehen.[219] Unabhängig davon, ob dies ausdrücklicher Regelungsinhalt ist[220], folgt dies jedenfalls im Umkehrschluss aus Art. 3 Abs. 3 Rom I-VO und aus Art. 14 Abs. 2 Rom II-VO, wonach der Wahl eines unverbundenen Rechts bei Inlandssachverhalten nur begrenzte Wirkung zukommt[221]. Auch die Regelungen für Binnenmarktsachverhalte[222] in Art. 3 Abs. 4 Rom I-VO und in Art. 14 Abs. 3 Rom II-VO und die amtlichen Überschriften dieser Rechtswahlregelungen („Freie Rechtswahl") sprechen eindeutig dafür.

Die freie Rechtswahlbefugnis soll es den Parteien, komplementär zum Sachrecht[223], ermöglichen, die für sie im Einzelfall beste Rechtsordnung zu wählen.[224] Denn die Parteien können aufgrund ihrer Sachnähe und individuellen Interessen am besten einschätzen, welche Rechtsordnung für ihr Schuldverhältnis die beste und angemessenste Lösung bietet.[225]

B. Befugnis zur Wahl verbundener Rechte

I. Vertragsrecht

In der Rom I-VO wird den Parteien bei Personenbeförderungsverträgen und bei Versicherungsverträgen für Masserisiken[226] eine freie Rechtswahl nach Art. 3 Rom I-VO nicht gestattet, sondern nur die Wahl bestimmter sachnaher

35, 52. Einschränkungen der Rechtswahl auf verbundende Rechte sehen dagegen die gesonderten Rechtswahlregelungen für Personenbeförderungsverträge und für Versicherungsverträge für Masserisiken vor (Art. 5 Abs. 2 Unterabsatz 2 lit. a-e Rom I-VO bzw. Art. 7 Abs. 3 S. 1 lit. a-e Rom I-VO).

219 Statt aller zur Rom I-VO *Heiss* in Ferrari/Leible (Hrsg.) 2009, 1, 2; Rauscher/*v. Hein*, EuZPR/EuIPR (2011) Art. 3 Rom I-VO Rn. 47; statt aller zur Rom II-VO MüKo/*Junker* Art. 14 Rom II-VO Rn. 14. Eröffnet ist auch die Wahl eines neutralen Rechts, vgl. *Heiss* in Ferrari/Leible (Hrsg.) 2009, 1, 2; *Kadner Granziano* in Ahern/Binchy (Hrsg.) 113, 118.

220 Verneinend *Rühl* in FS Kropholler, 187, 192.

221 Siehe dazu *Rühl*, 494, 624; *dies.* in FS Kropholler, 187, 192.

222 *Nehne*, 253.

223 Siehe zur Vertragsfreiheit im Sachrecht *Hohloch* in FS Thue, 257, 263 und zur parteidispositiven Ausgestaltung außervertraglicher Ansprüche auf sachrechtlicher Ebene Staudinger/*v. Hoffmann* (2001) Art. 42 EGBGB Rn. 6; *Hohloch* NZV 1988, 161, 163, Bamberger/Roth/*Spickhoff* Art. 14 Rom II-VO Rn. 1.

224 Vgl. *Leible* in FS Jayme, Band I, 485, 487.

225 Ähnlich zum Vertragsrecht *Leible* in FS Jayme, Band I, 485, 487; Bamberger/Roth/*Spickhoff* Art. 3 Rom I-VO Rn. 6; Staudinger/*Magnus* (2011) Art. 3 Rom I-VO Rn. 28; *Diedrich* RIW 2009, 378, 379.

226 Zum Begriff siehe Bamberger/Roth/*Spickhoff* Art. 7 Rom I-VO Rn. 13.

Rechtsordnungen eröffnet (Art. 5 Abs. 2 Unterabsatz 2 lit. a-e Rom I-VO bzw. Art. 7 Abs. 3 S. 1 lit. a-e Rom I-VO). Zurückzuführen sind diese Begrenzungen der Rechtswahlmöglichkeiten auf die in diesen Bereichen typischerweise bestehenden (Markt-)Ungleichgewichte der Parteien.[227] Bei Personenbeförderungsverträgen soll die beförderte Person als die, dem Beförderer typischerweise unterlegene Vertragspartei geschützt werden.[228] Bei Versicherungsverträgen von Masserisiken soll der typischerweise schwächere Versicherungsnehmer geschützt werden.[229] Er soll sich schnell und kostengünstig über das anzuwendende Recht informieren können.[230] Die Mitgliedstaaten können allerdings in den Fällen des Art. 7 Abs. 3 S. 1 lit. a, b und e Rom I-VO weitergehende Rechtswahlmöglichkeiten eröffnen.[231] Von dieser Ermächtigung hat der deutsche Gesetzgeber bislang jedoch keinen Gebrauch gemacht.[232]

II. Familien- und Erbrecht

In den Verordnungen für das Familien- und Erbrecht wird die Rechtswahl stets auf verbundene Rechte beschränkt.[233] Dies steht im Einklang mit den familien-und erbrechtlichen Kollisionsnormen zahlreicher Mitgliedstaaten.[234] Maßgebend sind auch hier Schutzerwägungen: Im Scheidungsrecht soll die Wahl exotischer Rechtsordnungen verhindert werden.[235] Im Unterhaltsrecht soll der Schutz der Unterhaltsberechtigten sichergestellt werden.[236] Im Erbrecht soll der Erblasser daran

---

227 Zu Art. 7 Rom I-VO: vgl. Bamberger/Roth/*Spickhoff* Art. 7 Rom I-VO Rn. 13; zu Art. 5 Rom I-VO: Rauscher/*Thorn*, EuZPR/EuIPR (2011) Art. 5 Rom I-VO Rn. 76.

228 In diese Richtung Rauscher/*Thorn*, EuZPR/EuIPR (2011) Art. 5 Rom I-VO Rn. 76; *Garcimartín Alférez* EuLF 2008, I-61, I-71; näher *Solomon* 82 Tul. L. Rev. (2008) 1730 ff.

229 *Looschelders/Smarowos* VersR 2010, 1, 5; Langheid/Wandt/*Looschelders*, Internationales Versicherungsvertragsrecht, Rn. 70.

230 *Kroll-Ludwigs*, 425.

231 Staudinger/*Armbrüster* (2011) Art. 7 Rom I-VO Rn. 16; MüKo/*Martiny* Art. 7 Rom I-VO Rn. 32.

232 Staudinger/*Armbrüster* (2011) Art. 7 Rom I-VO Rn. 16; MüKo/*Martiny* Art. 7 Rom I-VO Rn. 32.

233 *Rühl* in FS Kropholler, 187, 193. Zur Kritik in Bezug auf die Beschränkung des Kreises der wählbaren Rechte siehe *Kroll-Ludwigs*, 576; speziell zur EuErbVO: *Dutta* RabelsZ 73 (2009) 547, 576; *ders.* in Reichelt/Rechberger (Hrsg.) Europäisches Erbrecht, 57, 71; in diese Richtung auch *Wilke* RIW 2012, 601, 606.

234 *Rühl* in FS Kropholler, 187, 193 m.w.N.

235 KOM(2005) 82 endgültig, S. 8.

236 *Bonomi*, Explanatory Report, Rn. 129; *ders.* Yb PIL Volume 10 (2008) 333, 354.

gehindert werden, ein Recht mit der Absicht zu wählen, „die berechtigten Erwartungen der Pflichtteilsberechtigten zu vereiteln".[237] Mit den geplanten Beschränkungen im Güterrecht soll sichergestellt werden, dass das gewählte Recht zu der realen Lebenssituation oder der Lebensplanung der Parteien in Beziehung steht.[238]

1. Rom III-VO

Im Scheidungsrecht wird die Rechtswahl in Art. 5 Abs. 1 lit. a und b Rom III-VO an den gewöhnlichen Aufenthalt geknüpft. Nach lit. a können die Ehegatten das Recht des Staates wählen, in dem sie zum Zeitpunkt der Rechtswahl ihren gemeinsamen gewöhnlichen Aufenthalt haben. Nach lit. b können die Ehegatten das Recht des Staates wählen, in dem sie zuletzt ihren gemeinsamen gewöhnlichen Aufenthalt hatten, sofern einer von ihnen zum Zeitpunkt der Rechtswahl dort noch seinen gewöhnlichen Aufenthalt hat. Diese beiden Wahlmöglichkeiten stimmen, abgesehen von der Möglichkeit auch das Recht eines Drittstaates zu wählen[239], mit den Zuständigkeitsanknüpfungen in Art. 3 Abs. 1 lit. a 1. und 2. Spiegelstrich Brüssel IIa-VO überein.[240] Nach Art. 5 Abs. 1 lit. c Rom III-VO können die Ehegatten außerdem das Recht des Staates wählen, dessen Staatsangehörigkeit einer der Ehegatten zum Zeitpunkt der Rechtswahl besitzt. Art. 5 Abs. 1 lit. d Rom III-VO gestattet schließlich auch die Wahl des Rechts des Staates des angerufenen Gerichts. Dies bewirkt eine wesentliche Erweiterung der wählbaren Rechte.[241] Denn nach Art. 3 Abs. 1 lit. a 3. bis 6. Spiegelstrich Brüssel IIa-VO kann die internationale Zuständigkeit auch durch den gewöhnlichen Aufenthalt nur eines Ehegatten begründet werden[242], und zwar ohne dass dies vorher ein gemeinsamer gewöhnlicher Aufenthalt beider Ehegatten gewesen sein muss.

2. EuErbVO

Art. 22 Abs. 1 EuErbVO eröffnet dem Erblasser nur eine Rechtswahl des Heimatrechts. Der Erblasser kann für die Rechtsnachfolge von Todes wegen das Recht des Staates wählen, dem er im Zeitpunkt der Rechtswahl oder im Zeitpunkt des Todes angehört.

---

237 Erwägungsgrund Nr. 38 EuErbVO. Kritisch *Kroll-Ludwigs*, 502, 503.

238 Zum Ehegüterrecht KOM(2011) 126/2 endgültig, S. 8.

239 Vgl. NK-BGB Band 1/*Gruber* Anhang zu Art. 17 EGBGB: Rom III-Verordnung Rn. 10.

240 Vgl. *Gruber* IPRax 2012, 381, 385.

241 *Gruber* IPRax 2012, 381, 386; *Basedow* in Liber Amicorum Walter Pintens, 135, 141.

242 *Gruber* IPRax 2012, 381, 386.

3. *EuUnthVO in Verbindung mit HUntProt*

Die EuUnthVO verweist in ihrem Art. 15 auf das HUntProt und damit auf die beiden, sich grundlegend unterscheidenden[243] Rechtswahlregelungen der Artt. 7 und 8 HUntProt.

Art. 7 HUntProt ermöglicht die Wahl des Rechts der *lex fori* für ein bestimmtes Verfahren.[244] Die Parteien können danach das Recht des angerufenen oder anzurufenden Gerichts für ein konkretes Unterhaltsverfahren vereinbaren[245] (verfahrensbezogene Rechtswahl)[246].

Nicht auf ein bestimmtes Verfahren bezogen ist hingegen die Rechtswahlregelung des Art. 8 HUntProt, die als eigenständige Rechtswahlregelung weitere Wahlmöglichkeiten vorsieht.[247] Danach kann das Recht eines Staates gewählt werden, dem eine der Parteien im Zeitpunkt der Rechtswahl angehört (Art. 8 Abs. 1 lit. a HUntProt). Art. 8 Abs. 1 lit. b HUntProt erlaubt weiter die Wahl des Rechts des Staates, in dem eine der Parteien im Zeitpunkt der Rechtswahl ihren gewöhnlichen Aufenthalt hat. Den Parteien stehen außerdem die Wahl des – gewählten oder tatsächlich angewandten – Güterstatuts und Scheidungsstatuts nach Art. 8 Abs. 1 lit. c und lit. d HUntProt als wählbare Rechte zur Verfügung. Dies ermöglicht eine akzessorische Rechtswahl[248] und soll im Sachrecht bestehende Zusammenhänge wahren.[249]

4. *EuEhegüterVO-Vorschlag*

Für ehegüterrechtliche Sachverhalte sollen den (künftigen) Ehegatten nach Art. 16 EuEhegüterVO-Vorschlag folgende Rechte zur Wahl stehen: das Recht des Staates, in dem die Ehegatten oder künftigen Ehegatten ihren gemeinsamen gewöhnlichen Aufenthalt haben (lit. a); das Recht des Staates, in dem einer von ihnen im Zeitpunkt der Rechtswahl den gewöhnlichen Aufenthalt hat (lit. b); und das Recht des Staates, dessen Staatsangehörigkeit einer der Ehegatten oder künftigen Ehegatten zum Zeitpunkt der Rechtswahl besitzt (lit. c).

---

243 Rauscher/*Andrae*, EuZPR/EuIPR (2010) Vorbem. Art. 7 HUntStProt Rn. 5.

244 *Gruber* in FS Spellenberg, 177, 189; *Janzen* FPR 2008, 218, 220; Palandt/*Thorn* Art. 7 HUntProt Rn. 25; *Hausmann*, IntEuSchR C Art. 7 HUP Rn. 552.

245 *Hausmann*, IntEuSchR C Art. 7 HUP Rn. 553.

246 *Lipp* in Liber Amicorum Walter Pintens, 847, 856.

247 *Hausmann*, IntEuSchR C Art. 8 HUP Rn. 566.

248 Palandt/*Thorn* Art. 8 HUntProt Rn. 30; Rauscher/*Andrae*, EuZPR/EuIPR (2010) Art. 8 HUntStProt Rn. 11.

249 Palandt/*Thorn* Art. 8 HUntProt Rn. 30.

Die Legislative Entschließung des Europäischen Parlaments schlägt vor, Art. 16 lit. a und lit. b wie folgt zusammenzufassen: (lit. a) das Recht des Staates, in dem die Ehegatten oder künftigen Ehegatten oder einer der Ehegatten oder künftigen Ehegatten zum Zeitpunkt der Vereinbarung ihren bzw. seinen gewöhnlichen Aufenthalt haben bzw. hat, oder (lit. b) das Recht eines Staates, dessen Staatsangehörigkeit einer der Ehegatten oder künftigen Ehegatten zum Zeitpunkt der Vereinbarung besitzt.

5. *EuPartGüVO-Vorschlag*

Der EuPartGüVO-Vorschlag sieht keine Rechtswahlregelung vor. Nach der Legislativen Entschließung des Europäischen Parlaments zum EuPartGüVO-Vorschlag sollen den (künftigen) Partnern dagegen folgende Rechte zur Wahl stehen: das Recht des Staates, in dem die Partner oder künftigen Partner oder einer von ihnen zum Zeitpunkt der Vereinbarung seinen gewöhnlichen Aufenthalt haben bzw. hat (Art. 15b Abs. 1 lit. a); das Recht des Staates, dessen Staatsangehörigkeit einer der Partner oder künftigen Partner zum Zeitpunkt der Vereinbarung besitzt (Art. 15b Abs. 1 lit. b); und das Recht eines Staates, in dem die Partnerschaft eingetragen ist (Art. 15b Abs. 1 lit. c).

C. Von der Rechtswahl ausgeschlossene Materien

I. Rechtswahlausschluss in der Rom II-VO

Ausdrücklich ausgeschlossen wird die Rechtswahl in der Rom II-VO zum einen für außervertragliche Schuldverhältnisse aus einer Verletzung von Rechten des geistigen Eigentums (Art. 8 Abs. 3 Rom II-VO für deliktische Ansprüche, Art. 13 in Verbindung mit Art. 8 Abs. 3 Rom II-VO für sämtliche außervertragliche Ansprüche).[250]

Ausdrücklich ausgeschlossen wird die Rechtswahl in Art. 6 Abs. 4 Rom II-VO auch für Schuldverhältnisse aus unlauterem Wettbewerbsverhalten und aus einem den freien Wettbewerb einschränkenden Verhalten.[251] Angemerkt sei, dass im Schrifttum eine enge Auslegung[252] oder teleologische Reduktion[253] des Rechtswahlverbots des Art. 6 Abs. 4 Rom II-VO für rein betriebs- oder

---

250 MüKo/*Junker* Art. 14 Rom II-VO Rn. 12; Palandt/*Thorn* Art. 14 Rom II-VO Rn. 3; *v. Hein* 82 Tul. L. Rev. (2008) 1663, 1694; Rauscher/*Jakob/Picht*, EuZPR/EuIPR (2011) Art. 14 Rom II-VO Rn. 6.

251 *Leible* RIW 2008, 257, 259; *Scholz/Rixen* EuZW 2008, 327; Rauscher/*Jakob/Picht*, EuZPR/EuIPR (2011) Art. 14 Rom II-VO Rn. 7.

252 In diese Richtung wohl *Leible* RIW 2008, 257, 259.

253 *Wagner* IPRax 2008, 1, 8; Palandt/*Thorn* Art. 14 Rom II-VO Rn. 3; NK-BGB Band 6/*Gebauer* Art. 14 Rom II-VO Rn. 40.

individualrechtsbezogene Wettbewerbsverstöße im Sinne des Art. 6 Abs. 2 Rom II-VO erwogen wird.[254] Der Telos des ausdrücklichen Rechtswahlverbots, wonach typischerweise[255] bei unlauteren Wettbewerbshandlungen bestehende Dritt-und Allgemeininteressen[256] geschützt werden sollen, treffe auf diese Wettbewerbsverstöße nicht zu.[257] Auch bestimme sich in den Fällen des Art. 6 Abs. 2 Rom II-VO das anwendbare Recht nach Art. 4 Rom II-VO und nicht, wie nach dem Wortlaut des Art. 6 Abs. 4 Rom II-VO verlangt, nach Art. 6 Rom II-VO.[258]

Für die Bereiche der Umwelthaftung (Art. 7 Rom II-VO) und Arbeitskampfhaftung (Art. 9 Rom II-VO) lässt die Rom II-VO hingegen eine Rechtswahlvereinbarung gemäß Art. 14 Rom II-VO zu. Mit Hinweis auf die in diesen Bereichen berührten überragenden Gemeinwohlinteressen wird vereinzelt im Schrifttum auch insoweit in teleologischer Reduktion des Art. 14 Rom II-VO ein Ausschluss der Rechtswahlfreiheit erwogen.[259]

II. Rechtswahlausschluss im HUntProt

Gemäß Art. 15 EuUnthVO in Verbindung mit Art. 8 Abs. 3 HUntProt ist eine Rechtswahl nach Art. 8 Abs. 1 HUntProt ausgeschlossen, soweit sie Unterhaltspflichten einer Person betrifft, die das 18. Lebensjahr noch nicht vollendet hat, oder eines Erwachsenen, der aufgrund einer Beeinträchtigung oder der Unzulänglichkeit seiner persönlichen Fähigkeiten nicht in der Lage ist, seine Interessen zu schützen.[260] Eine Rechtswahl für ein einzelnes Verfahren nach Art. 15 EuUnthVO in Verbindung mit Art. 7 HUntProt ist hingegen auch in diesen Konstellationen möglich.[261]

---

254 Für eine Rechtswahl im Ergebnis auch Bamberger/Roth/*Spickhoff* Art. 6 Rom II-VO Rn. 8; *Rühl* in FS Kropholler, 187, 202; Rauscher/*Jakob/Picht*, EuZPR/EuIPR (2011) Art. 14 Rom II-VO Rn. 7; *de Boer* Yb PIL Volume 9 (2007) 19, 24, 25; *Garcimartín Alférez* EuLF 2007, I-77, I-82; kritisch dagegen *v. Hein* RabelsZ 73 (2009) 461, 500; *ders.* ZEuP 2009, 6, 23; *ders.* in *Calliess* (Hrsg.) Art. 14 Rom II-VO Rn. 6.

255 Palandt/*Thorn* Art. 6 Rom II-VO Rn. 14.

256 Bamberger/Roth/*Spickhoff* Art. 6 Rom II-VO Rn. 8; siehe auch *Leible* RIW 2008, 257, 259.

257 Vgl. Bamberger/Roth/*Spickhoff* Art. 6 Rom II-VO Rn. 8.

258 *Leible* RIW 2008, 257, 259; Bamberger/Roth/*Spickhoff* Art. 6 Rom II-VO Rn. 8; *Rühl* in FS Kropholler, 187, 202; *Kroll-Ludwigs*, 94 Fn. 659.

259 *de Boer* Yb PIL Volume 9 (2007) 19, 25; siehe auch *Ofner* ZfRV 2008, 13, 20; *Kramer* NIPR 2008, 414, 422. Für einen Überblick dazu siehe Rauscher/*Jakob/Picht*, EuZPR/EuIPR (2011) Art. 14 Rom II-VO Rn. 8.

260 Dazu Rauscher/*Andrae*, EuZPR/EuIPR (2010) Art. 8 HUntStProt Rn. 17; *Levante* in FS Schwander, 729, 744; *Kroll-Ludwigs*, 114, 469. Zu der rechtspolitischen Kritik an Art. 8 Abs. 3 HUntProt, vgl. *Lipp* in Liber Amicorum Walter Pintens, 847, 859.

261 *Hausmann*, IntEuSchR C Art. 8 HUP Rn. 586.

Zweiter Teil: Kohärenz, Vollständigkeit und rechtstechnische Effizienz der Rechtswahlregelungen

§ 3 Zulässigkeit der Rechtswahl

A. Kreis der wählbaren Rechte

I. Überblick

Die Rechtswahlregelungen des Art. 3 Rom I-VO und Art. 14 Rom II-VO gestatten den Parteien eine freie Rechtswahl. Unter den Gesichtspunkten der Kohärenz, Vollständigkeit und rechtstechnischen Effizienz sind diese Rechtswahlregelungen insoweit völlig unproblematisch. Das Augenmerk der Untersuchung richtet sich daher auf die übrigen Kodifikationen, die den Kreis der wählbaren Rechte in unterschiedlicher Art und Weise einschränken. Eine derartige Einschränkung erfolgt in aller Regel auf bestimmte Rechte, mit denen der Regelungsgegenstand bzw. die Parteien verbunden sind. Daher die gebräuchliche Bezeichnung „verbundenes Recht"[262] bzw. „verbundene Rechtsordnungen"[263]. Es liegt auf der Hand, dass die gesetzgeberische Bestimmung der jeweiligen verbundenen Rechte in erster Linie von dem jeweiligen Regelungsgegenstand abhängt.[264] So ist beispielsweise für das Scheidungsrecht teilweise eine andere Verbundenheit maßgebend als für die Rechtsnachfolge von Todes wegen. Auch wenn die immanente Sachgerechtigkeit derartiger regelungsspezifischer, gesetzgeberischer Entscheidungen nicht Untersuchungsgegenstand dieser Arbeit ist, lassen sich die Beschränkungen des Kreises der wählbaren Rechte doch von einer übergeordneten Warte auf Kohärenz, Vollständigkeit und rechtstechnische Effizienz der Rechtswahlregelungen untersuchen. Es gilt insbesondere, die festzustellenden Regelungsunterschiede daraufhin zu überprüfen, ob sie durch den Regelungsgegenstand sachlich bedingt sind oder ob sie lediglich auf einer inkohärenten, lückenhaften oder rechtstechnisch ineffizienten Ausgestaltung der jeweiligen Vorschrift beruhen. Ein Augenmerk wird dabei auch darauf zu richten sein, ob und inwieweit die jeweiligen Vorschriften den Parteien auch die Wahl des ohne Rechtswahl kraft objektiver Anknüpfung anzuwendenden Rechts gestatten. Eine solche Wahlbefugnis ist nicht *per se* deshalb unsinnig,

262 *Rühl* in FS Kropholler, 187, 192.

263 Siehe dazu *Coester-Waltjen/Coester* in Liber Amicorum Klaus Schurig, 33, 37.

264 Vgl. *Mansel* in Leible/Unberath (Hrsg.) 241, 268.

weil das gewählte Recht auch ohne Rechtswahl zur Anwendung käme.[265] Denn eine solche Rechtswahl kann Klarheit und Rechtssicherheit über das anwendbare Recht schaffen.[266] Es versteht sich, dass das beschriebene Untersuchungsprogramm verbunden mit der grundsätzlichen Hinnahme der vom Unionsgesetzgeber getroffenen Grundentscheidungen stellenweise einer Gratwanderung gleicht.

II. Wählbarkeit des Heimatrechts und des Rechts des gewöhnlichen Aufenthalts

1. Grundsätzliche Wählbarkeit

Die Wahl des Heimatrechts (Recht der Staatsangehörigkeit) als verbundenes Recht wird den Parteien von allen Verordnungen des Familien- und Erbrechts gestattet.[267] Auf dem Gebiet des Familienrechts (Rom III-VO und EuUnthVO in Verbindung mit HUntProt) wird den Parteien zusätzlich noch die Wahl des Rechts des gewöhnlichen Aufenthalts gestattet. Entsprechend sehen auch der EuEhegüterVO-Vorschlag und die Legislative Entschließung des Europäischen Parlaments zum EuPartGüVO-Vorschlag die Wahl des Heimatrechts und die Wahl des Rechts des gewöhnlichen Aufenthalts vor.

Eine Wahlmöglichkeit des Rechts des gewöhnlichen Aufenthalts fehlt hingegen in der EuErbVO. Dies wird im Schrifttum damit begründet, dass jede Rechtswahlmöglichkeit zusätzliche Umgehungsmöglichkeiten hinsichtlich der Pflichtteilsrechte schaffe.[268] Der Erblasser könne ansonsten allein für die Zwecke der Rechtswahl seinen gewöhnlichen Aufenthalt in einen anderen Staat verlegen, dessen Recht keine oder nur geringere Pflichtteilsrechte vorsieht.[269] Eine solche Manipulation sei bei der Befugnis zur Wahl des Heimatrechts wesentlich schwieriger.[270]

Im Schrifttum mehren sich jedoch Stimmen, die dem Erblasser auch die Befugnis geben wollen, das Recht des Staates zu wählen, in dem er im Zeitpunkt der

---

265 Siehe dazu *Coester-Waltjen/Coester* in Liber Amicorum Klaus Schurig, 33, 41.

266 *Coester-Waltjen/Coester* in Liber Amicorum Klaus Schurig, 33, 41.

267 Die Rom I- und Rom II-VO sehen eine freie Rechtswahl vor und gestatten damit auch die Wahl des Heimatrechts und des Rechts des gewöhnlichen Aufenthalts.

268 Vgl. *Remde* RNotZ 2012, 65, 74; *Wagner* DNotZ 2010, 506, 515; *Jud* GPR 2005, 133, 139; *Bonomi* in Liber Amicorum Kurt Siehr, 157, 165; *ders.* in Anderson/Amayuelas (Hrsg.) 25, 33. Allgemein *Frantzen* in FS Jayme Band I, 187, 195.

269 Vgl. *Bonomi* in Anderson/Amayuelas (Hrsg.) 25, 33; *ders.* in Liber Amicorum Kurt Siehr, 157, 168.

270 *Bonomi* in Liber Amicorum Kurt Siehr, 157, 168.

Rechtswahl seinen gewöhnlichen Aufenthalt hat.[271] Argumentiert wird, dass hier im Einzelfall ein praktisches Bedürfnis des Erblassers bestehen könne.[272] *Dutta* nennt folgendes Beispiel: Ein österreichischer Kommissionsbeamter, der viele Jahre seines Lebens zusammen mit seiner Familie in Brüssel lebt und sich in Belgien integriert fühlt, möchte seinen Lebensabend auf den balearischen Inseln verbringen; der österreichische Kommissionsbeamte habe ein Interesse daran, das belgische Recht zu wählen.[273] Auch *Coester-Waltjen* und *Coester* werfen die Frage auf: „Warum sollte der Deutsche, der jahrzehntelang in Spanien gelebt und mit einer Spanierin (mit spanischem Güterstand) verheiratet war und nun kurz vor seinem Tod zu einem seiner Kinder in die Schweiz oder in eine Schweizer Sterbeklinik oder in ein günstiges osteuropäisches Pflegeheim zieht, nicht die Möglichkeit haben, spanisches Recht als Erbstatut wählen zu können, statt sich darauf verlassen zu müssen, dass man über Art. 16 II EuErbR-VO-E [entspricht Art. 21 Abs. 2 EuErbVO] zum spanischen Recht kommt?"[274] Die zusätzliche Wahlmöglichkeit würde es dem Erblasser ermöglichen, auszuschließen, dass es bei einem späteren Aufenthaltswechsel zu einem Statutenwechsel kommt.[275] Weitere Vorteile seien die Erleichterung der Nachlassplanung[276],

---

271 Siehe dazu *Wilke* RIW 2012, 601, 606; *Lechner* NJW 2013, 26, 27; *Lehmann* DStR 2012, 2085, 2088; *Nordmeier* GPR 2013, 148, 149 Fn. 39; *Coester-Waltjen/Coester* in Liber Amicorum Klaus Schurig, 33, 41, 47; zuvor bereits *Buschbaum/Kohler* GPR 2010, 106, 112; *Dörner/Hertel/Lagarde/Riering* IPRax 2005, 1, 5; *Mansel* in FS Ansay'a Armağan, 185, 213; *Lorenz* ErbR 2012, 39, 45; *Kindler* IPRax 2010, 44, 49; *ders.* in Liber Amicorum Kurt Siehr, 251, 257; *Dutta* RabelsZ 73 (2009) 547, 576; *ders.* in Reichelt/Rechberger (Hrsg.) Europäisches Erbrecht, 57, 71; *Max-Planck-Institut* RabelsZ 74 (2010) 522, 608; wohl auch *Bonomi* Travaux du Comité français de droit international privé 2008-2010, 263, 268. Auch das Europäische Parlament („zur Wahlfreiheit, die dem Einzelnen zuerkannt werden muss") schlug eine Rechtswahlmöglichkeit zwischen dem Recht der Staatsangehörigkeit und dem Recht des gewöhnlichen Aufenthalts zum Zeitpunkt der Rechtswahl vor, vgl. Entschließung des Europäischen Parlaments mit Empfehlungen an die Kommission zum Erb- und Testamentrecht vom 16. November 2006, Dokument: P6_TA(2006)0496.

272 Siehe dazu *Dutta* in Reichelt/Rechberger (Hrsg.) Europäisches Erbrecht, 57, 72; *Müller-Lukoschek* § 2 Rn. 145.

273 *Dutta* in Reichelt/Rechberger (Hrsg.) Europäisches Erbrecht, 57, 72.

274 *Coester-Waltjen/Coester* in Liber Amicorum Klaus Schurig, 33, 41. Zu der Gefahr des „Demenz-Tourismus" allgemein *Geimer* in Hager (Hrsg.) 9, 35.

275 *Buschbaum/Kohler* GPR 2010, 106, 112; *Dörner/Hertel/Lagarde/Riering* IPRax 2005, 1, 5; *Mansel* in FS Ansay'a Armağan, 185, 213; *Lorenz* ErbR 2012, 39, 45; *Wilke* RIW 2012, 601, 606.

276 *Kindler* IPRax 2010, 44, 49; *Mansel* in FS Ansay'a Armağan, 185, 213; *Wilke* RIW 2012, 601, 606.

eine größere Planungssicherheit[277] und eine Berücksichtigung der Vielfältigkeit möglicher Lebenskonzepte[278]. Aufgrund der praktischen Bedürfnisse und des berechtigten Interesses des Erblassers an Rechtssicherheit für seine Nachlassplanung spricht einiges dafür, dem Erblasser zu gestatten, das Recht des Staates zu wählen, in dem er im Zeitpunkt der Rechtswahl seinen gewöhnlichen Aufenthalt hat. Es lassen sich aber auch Gegenbeispiele finden, in denen die Wahl des gewöhnlichen Aufenthalts im Zeitpunkt der Rechtswahl weniger sachgerecht erscheint, etwa wenn die Rechtswahl in jungen Jahren getroffen worden ist und der Erblasser danach Jahrzehnte in einem anderen Staat gelebt hat.[279] Im Rahmen dieser Arbeit lässt sich diese Frage nicht abschließend entscheiden. Es handelt sich eindeutig um eine ausschließlich rechtsgebietsspezifische Anknüpfungsfrage, bei der es nicht nur – und jedenfalls nur nachrangig – um die rechtsquellenübergreifenden Gesichtspunkte der Kohärenz, Vollständigkeit und rechtstechnischen Effizienz von Rechtswahlregelungen geht.

2. *Unterschiede in den Anforderungen an die Verbundenheit*

Ungeachtet der wählbaren Anknüpfungspunkte, bestehen auch Unterschiede hinsichtlich der Frage, ob die Verbundenheit einer Partei mit dem betreffenden Recht genügt oder ob beide Parteien mit diesem Recht verbunden sein müssen (einseitige Verbundenheit oder beiderseitige Verbundenheit). Unterschiede bestehen auch hinsichtlich des jeweiligen Zeitpunkts, in dem die Verbundenheit vorliegen muss. Auch in Bezug auf eine Regelung im Falle der mehrfachen Staatsangehörigkeit einer Partei weichen die Verordnungen erheblich voneinander ab.

a) Beiderseitige Verbundenheit

Art. 5 Abs. 1 lit. a Rom III-VO sowie Art. 16 lit. a EuEhegüterVO-Vorschlag verlangen jeweils eine beiderseitige Verbundenheit der Ehegatten zu dem wählbaren Recht des gewöhnlichen Aufenthalts. Die (künftigen[280]) Ehegatten können danach nur das Recht des Staates wählen, in dem sie beide ihren gewöhnlichen

277 *Wilke* RIW 2012, 601, 606.

278 *Mansel* in FS Ansay'a Armağan, 185, 213.

279 Siehe auch das Beispiel zu einem tschechischen Staatsbürger, der in London studiert von *Hertel*, Kollision der Erbrechte innerhalb der EU: Hin zu einem Europäischen Erbschein in Forum zur justiziellen Zusammenarbeit in Zivilsachen: Aussprache mit den nationalen Parlamenten, 2. Dezember 2008, Sitzung IV Familienrecht und Erbrecht, abrufbar unter: http://www.europarl.europa.eu/meetdocs/2004_2009/documents/dv/755/755341/755341de.pdf (Stand: 16.01.2014), S. 50, 62.

280 Lediglich der EhegüterVO-Vorschlag verwendet den Begriff der künftigen Ehegatten. Der Normtext der Rom III-VO lässt offen, ab welchem Zeitpunkt frühestens

Aufenthalt haben. Im EuEhegüterVO-Vorschlag wird dies durch die Formulierung „gemeinsamer gewöhnlicher Aufenthalt" klargestellt. Eine entsprechende Formulierung fehlt in der Rom III-VO. Die Aufnahme der Formulierung „gemeinsamen gewöhnlichen Aufenthalts" in Art. 5 Abs. 1 lit. a Rom III-VO würde Klarheit schaffen.[281]

b) Einseitige Verbundenheit

Es versteht sich aufgrund des Regelungsgegenstandes von selbst, dass es in der erbrechtlichen Rechtswahlregelung des Art. 22 EuErbVO nur auf die einseitige Verbundenheit des Erblassers mit dem wählbaren Recht ankommt. Für die Verordnungen zum Familienrecht aber lässt der Unionsgesetzgeber grundsätzlich eine einseitige Verbundenheit[282] genügen, um Parteien, die keine gemeinsame Staatsangehörigkeit und keinen gemeinsamen gewöhnlichen Aufenthalt haben, überhaupt eine Rechtswahlmöglichkeit zu eröffnen,[283] oder um den Parteien einen größeren Gestaltungsspielraum zu geben. Dies ist im Grundsatz zu begrüßen[284], auch wenn man die Gefahr berücksichtigt, dass die einseitige Verbundenheit seitens einer rechtskundigen mit dem eigenen Recht vertrauten Partei ausgenutzt werden kann.[285] Dieser Gefahr lässt sich indes bereits – wenn auch nicht vollumfänglich – mit den im Familienrecht geltenden Formerfordernissen entgegenwirken.[286]

Die Wahl des gewöhnlichen Aufenthalts nur einer Partei wird in der Rom III-VO jedoch unter einen Vorbehalt gestellt. Art. 5 Abs. 1 lit. b Rom III-VO gestattet

---

eine Rechtswahl getroffen werden kann, vgl. *Hausmann*, IntEuSchR A Art. 5 Rom III-VO Rn. 286. Siehe dazu Zweiter Teil § 3 B. II. 2.

281 Nicht gefordert wird, dass ein eheliches Zusammenleben oder gemeinsames Leben an einem Ort stattfindet. Maßgebend ist allein, dass beide Ehegatten ihren gewöhnlichen Aufenthalt in demselben Staat haben, vgl. NK-BGB Band 6/*Hilbig-Lugani* Art. 5 Rom III-VO Rn. 35.

282 Art. 5 Abs. 1 lit. c Rom III-VO (Staatsangehörigkeit eines Ehegatten); Art. 15 EuUnthVO in Verbindung mit Art. 8 Abs. 1 lit. a, b HUntProt (Staatsangehörigkeit oder gewöhnlicher Aufenthalt einer Partei); Art. 16 lit. b, c EhegüterVO-Vorschlag (gewöhnlicher Aufenthalt oder Staatsangehörigkeit eines (künftigen) Ehegatten); Art. 15b Abs. 1 lit. a, b Legislative Entschließung des Europäischen Parlaments zu EuPartGüVO-Vorschlag (gewöhnlicher Aufenthalt oder Staatsangehörigkeit eines (künftigen) Partners).

283 *Coester-Waltjen/Coester* in Liber Amicorum Klaus Schurig, 33, 38.

284 *Coester-Waltjen/Coester* in Liber Amicorum Klaus Schurig, 33, 38, „gewisse Schutzmechanismen vorausgesetzt"; a.A. NK-BGB Band 6/*Gruber* Vor Art. 1 Rom III-VO Rn. 76.

285 Ähnlich *Coester-Waltjen/Coester* in Liber Amicorum Klaus Schurig, 33, 38; NK-BGB Band 6/*Hilbig-Lugani* Art. 5 Rom III-VO Rn. 30.

286 Siehe dazu Zweiter Teil § 4 B. IV.

die Wahl des Rechts des gewöhnlichen Aufenthalts eines Ehegatten nämlich nur unter der Voraussetzung, dass die Ehegatten zuletzt ihren gemeinsamen gewöhnlichen Aufenthalt in dem betreffenden Staat hatten.[287] Mit der Aufnahme des Begriffs „gemeinsamen“ in den Regelungswortlaut würde dies klarer zum Ausdruck gebracht werden.[288] Abweichend zu Art. 5 Abs. 1 lit. b Rom III-VO genügt nach Art. 8 Abs. 1 lit. b HUntProt und nach Art. 16 lit. b EuEhegüterVO-Vorschlag für die Wahl des Rechts des gewöhnlichen Aufenthalts allein der im Zeitpunkt der Rechtswahl bestehende gewöhnliche Aufenthalt eines der beiden (künftigen[289]) Ehegatten.[290] Der Unterschied ist rechtsgebietsspezifisch.[291] Denn die besondere Voraussetzung in Art. 5 Abs. 1 lit. b Rom III-VO harmoniert mit der allgemeinen Zuständigkeitsregelung des Art. 3 Abs. 1 lit. a 2. Spiegelstrich Brüssel IIa-VO.[292]

Nach Art. 16 lit. b EuEhegüterVO-Vorschlag können die (künftigen) Ehegatten auch das Recht des Staates wählen, in dem einer der beiden (künftigen) Ehegatten zum Zeitpunkt der Rechtswahl seinen gewöhnlichen Aufenthalt hat. Die Wahlmöglichkeit des Rechts des vorehelichen gewöhnlichen Aufenthaltes eines künftigen Ehegatten wird in einer Stellungnahme des *Deutschen Notarvereins* als überraschend empfunden.[293] Diese Wahlmöglichkeit harmoniere nicht mit der Begründung der Kommission, dass mit der Maßgeblichkeit verbundener Rechte verhindert werden soll, „dass ein Recht gewählt wird, das mit der realen Lebenssituation des Ehepaars oder seiner Lebensplanung wenig

---

287 Kritisch zur einseitigen Verbundenheit NK-BGB Band 6/*Hilbig-Lugani* Art. 5 Rom III-VO Rn. 43.

288 *Basedow* in FS Posch, 17, 22.

289 Lediglich der EhegüterVO-Vorschlag verwendet den Begriff der künftigen Ehegatten.

290 Zu dem Vergleich mit dem HUntProt vgl. *Harding* Journal of Private International Law 2011, 203, 221. “This means that it is possible to choose one law to govern maintenance, which could not be chosen as the law applicable to the grant of divorce under Rome III, ie the place of one party’s habitual residence.”

291 Eine entsprechende Zuständigkeitsregelung sehen die Bestimmungen der EuUnthVO nicht vor. Im EuEhegüterVO-Vorschlag wird ein solcher Vorbehalt nur für eine Zuständigkeitsregelung bei „Zuständigkeit[en] in anderen Fällen“ (Art. 5 Abs. 1 lit. b) vorgeschlagen.

292 Siehe dazu *Gruber* IPRax 2012, 381, 385.

293 Stellungname des *Deutschen Notarvereins*, Schreiben vom 10. Juni 2011, S. 8, abrufbar unter: http://www.dnotv.de/_files/Dokumente/Stellungnahmen/StellungnahmeGterrechts-VODNotV.pdf (Stand: 16.01.2014); ebenso *Döbereiner* MittBayNot 2011, 463, 465.

zu tun hat".[294] Man muss allerdings sehen, dass der Gesichtspunkt der realen Lebenssituation des Ehepaares hinsichtlich einer Rechtswahl für eine erst noch zu schließende künftige Ehe wenig Gewicht hat. In dieser besonderen Situation kann durchaus ein Interesse der künftigen Ehegatten bestehen, vor der Eheschließung das Recht des gewöhnlichen Aufenthalts eines der zukünftigen Ehegatten zu wählen.

3. *Maßgeblicher Zeitpunkt der Verbundenheit*

a) Grundsatz der Verbundenheit im Zeitpunkt der Rechtswahl

Der Unionsgesetzgeber knüpft das Verbundenheitskriterium grundsätzlich an einen bestimmten Zeitpunkt. Grundregel ist das Vorliegen der Verbundenheit im Zeitpunkt der Rechtswahl: Art. 5 Abs. 1 lit. a-c Rom III-VO; Art. 22 Abs. 1 Var. 1 EuErbVO; Art. 8 Abs. 1 HUntProt; Art. 16 lit. b, c EhegüterVO-Vorschlag; Art. 15b Abs. 1 lit. a, b Legislative Entschließung des Europäischen Parlaments zum EuPartGüVO-Vorschlag. Das Abstellen auf die Verbundenheit im Zeitpunkt der Rechtswahl trägt zur Rechtssicherheit für die Parteien bei.[295]

b) Wahl des künftigen Heimatrechts im Erbrecht

Eine Sonderstellung nimmt die EuErbVO ein. Sie gestattet dem Erblasser außer der Wahl des Heimatrechts im Zeitpunkt der Rechtswahl auch die Wahl eines zukünftigen Heimatrechts im Zeitpunkt des Todes.[296] Dies steht im Einklang mit der Regelung des Art. 5 Abs. 1 S. 2 des Haager Übereinkommens über das auf die Rechtsnachfolge von Todes wegen anzuwendende Recht vom 1. August 1989[297] und auch den nationalen Kollisionsrechten der Mitgliedstaaten Finnland und Niederlande[298].

---

294 KOM(2011) 126/2, S. 8.

295 *Coester-Waltjen/Coester* in Liber Amicorum Klaus Schurig, 33, 38.

296 Befürwortend *Kroll-Ludwigs*, 141, 142; zum Verordnungsvorschlag bereits *Kindler* IPRax 2010, 44, 49; *ders.* in Liber Amicorum Kurt Siehr, 251, 257; *Lorenz* ErbR 2012, 39, 45; zuvor bereits *Mansel* in FS Ansay'a Armağan, 185, 212; *Dörner/Hertel/Lagarde/Riering* IPRax 2005, 1, 5.

297 Abgedruckt bei Staudinger/*Dörner* (2007) Vorbemerkung zu Art. 25 und 26 EGBGB Rn. 120. Siehe dazu *Brandi*, 293.

298 Art. 5 Abs. 1 des niederländischen IPR; Art. 26 § 6 Abs. 2 Nr. 1 des finnischen Erbgesetzes; vgl. *Deutsches Notarinstitut/Dörner/Lagarde*, Rechtsvergleichende Studie der erbrechtlichen Regelungen des Internationalen Verfahrensrechtes und Internationalen Privatrechts der Mitgliedstaaten der Europäischen Union, DNotI, Les Successions Internationales dans l'UE, 18. September/8. November 2002, S. 169,

Im Schrifttum wird kritisch hinterfragt, ob es ein hinreichendes praktisches Bedürfnis für diese zusätzliche Wahlmöglichkeit gibt.[299] *Wilke* weist darauf hin, dass lediglich „seltsame Verwurzelungssituationen“[300] erfasst würden, in denen der Erblasser seine frühere Staatsangehörigkeit künftig verlieren wird und seine Rechtsnachfolge bereits zum jetzigen Zeitpunkt regeln möchte.[301] Selbst wenn der Erblasser mit einem Staatsangehörigkeitswechsel bereits fest rechne, sei die Wahl des zukünftigen Heimatrechts mit dem Risiko seines Todes vor der Änderung der Staatsangehörigkeit belastet.[302] Ein – wenn auch wohl nur geringer – praktischer Nutzen wird der Wahl des Heimatrechts im Zeitpunkt des Todes jedoch zugestanden: Wenn der Erblasser zum Zeitpunkt des Todes über die Staatsangehörigkeit des Staates verfüge, dessen Recht er gewählt habe, müsse ein Gericht nicht die frühere, in zeitlicher Hinsicht eventuell lange zurückliegende Staatsangehörigkeit des Erblassers im Zeitpunkt der Rechtswahl ermitteln.[303]

Wilke ist zuzustimmen, dass die zusätzliche Befugnis zur Wahl des Heimatrechts im Zeitpunkt des Todes kaum relevant werden wird.[304] Mit der zusätzlichen Befugnis zur Wahl des Heimatrechts zum Zeitpunkt des Todes kann jedoch auf das Interesse des Erblassers Rücksicht genommen und der individuellen Lebensplanung Rechnung getragen werden. Das Interesse des Erblassers an Rechts- und Planungssicherheit spricht daher für diese zusätzliche Wahlmöglichkeit.[305]

Der Entscheidung des Unionsgesetzgebers, dem Erblasser für die Rechtsnachfolge von Todes wegen auch die Wahl eines Rechts zu ermöglichen, mit dem er im Zeitpunkt der Rechtswahl noch nicht verbunden ist, das aber im Zeitpunkt seines Todes sein Heimatrecht sein wird, beruht damit auf rechtsgebietsspezifischen Gründen. Folgerungen für andere Rechtsgebiete, in denen der

243-245, abrufbar unter: http://ec.europa.eu/civiljustice/publications/docs/testaments_successions_de.pdf (Stand: 16.01.2014).

299 *Wilke* RIW 2012, 601, 605; *Fischer-Czermak* in Schauer/Scheuba (Hrsg.) 43, 47.

300 *Wilke* RIW 2012, 601, 605.

301 *Wilke* RIW 2012, 601, 605.

302 *Wilke* RIW 2012, 601, 605.

303 *Wilke* RIW 2012, 601, 606.

304 Ebenso im Ergebnis *Fischer-Czermak* in Schauer/Scheuba (Hrsg.) 43, 47. Unklar *Kroll-Ludwigs*, 142, die folgendes anführt: „Praktische Bedeutung kommt der auf diesen Zeitpunkt bezogenen Rechtswahl daher wohl nur in Fällen zu, in denen eine zunächst (unerkannt) nichtige Rechtswahl nachträglich wirksam gemacht wird.“ Fälle, in denen eine Person aber im Zeitpunkt der Rechtswahl keine Gewissheit über ihre Staatsangehörigkeit hat, sind kaum denkbar.

305 *Kroll-Ludwigs*, 142; *Lorenz* ErbR 2012, 39, 45. Für die zusätzliche Wahlmöglichkeit auch *Kindler* IPRax 2010, 44, 49; *Sonnentag* EWS 2012, 457, 467.

Gesichtspunkt der Rechts- und Planungssicherheit regelmäßig nicht nur auf eine Person fokussiert ist, sondern mehrere Personen mit unterschiedlichen Interessen berücksichtigen muss, lassen sich daraus nicht ziehen.

c) Fehlende Benennung eines Zeitpunkts im EuEhegüterVO-Vorschlag

Der Formulierung des Art. 16 lit. a EuEhegüterVO-Vorschlag, wonach die (künftigen) Ehegatten das Recht des Staates wählen können, in dem die (künftigen) Ehegatten ihren gewöhnlichen Aufenthalt haben, lässt sich nicht entnehmen, welcher Zeitpunkt für den gemeinsamen gewöhnlichen Aufenthalt der (künftigen) Ehegatten maßgebend sein soll.[306]

Wenn man – entsprechend der allgemeinen Regel – auf den Zeitpunkt der Rechtswahl abstellt[307], so ist die Regelung des Art. 16 lit. a EuEhegüterVO-Vorschlag lückenhaft[308] und ineffizient[309] und sollte gestrichen werden[310]. Denn der gemeinsame gewöhnliche Aufenthalt im Zeitpunkt der Rechtswahl wäre bereits in der Befugnis nach Art. 16 lit. b EuEhegüterVO-Vorschlag inbegriffen[311], nämlich das Recht des Staates wählen zu können, in dem einer der Ehegatten oder künftigen Ehegatten zum Zeitpunkt der Rechtswahl seinen gewöhnlichen Aufenthalt hat.

Man kann dagegen auch erwägen, dass die Regelung in lit. a eine Wahl eines zukünftigen gemeinsamen gewöhnlichen Aufenthaltsrechts eröffnen soll.[312] Dafür

---

306 *Coester-Waltjen/Coester* in Liber Amicorum Klaus Schurig, 33, 38; *Lurger*, Das anzuwendende Recht auf den Güterstand bei Ehen und registrierten Partnerschaften vom 17. Oktober 2011, S. 3, abrufbar unter: www.notaries-of-europe.eu (Stand: 16.01.2014).

307 So der Berichtsentwurf des Rechtsausschusses des Europäischen Parlaments über den Vorschlag für eine Verordnung des Rates über die Zuständigkeit, das anzuwendende Recht, die Anerkennung und die Vollstreckung von Entscheidungen im Bereich des Ehegüterrechts, (KOM(2011)0126 – C7-0093/2011 – 2011/0059(CNS)) vom 25. Juli 2012, Berichterstatterin: *Alexandra Thein*, Dokument: 2011/0059(CNS), Änderungsantrag 56 Vorschlag für eine Verordnung Artikel 16; wohl auch *Coester-Waltjen/Coester* in Liber Amicorum Klaus Schurig, 33, 41; *Viarengo* Yb PIL Volume 13 (2011) 199, 211 Fn. 30.

308 Von Ungenauigkeit spricht *Coester-Waltjen/Coester* in Liber Amicorum Klaus Schurig, 33, 38.

309 *Viarengo* Yb PIL Volume 13 (2011) 199, 211 Fn. 30 „superfluous".

310 Vgl. *Lurger*, Das anzuwendende Recht auf den Güterstand bei Ehen und registrierten Partnerschaften vom 17. Oktober 2011, S. 4, abrufbar unter: www.notaries-of-europe.eu (Stand: 16.01.2014).

311 Vgl. *Viarengo* Yb PIL Volume 13 (2011) 199, 211 Fn. 30.

312 *Lurger*, Das anzuwendende Recht auf den Güterstand bei Ehen und registrierten Partnerschaften vom 17. Oktober 2011, S. 4, abrufbar unter: www.notaries-of-europe.eu (Stand: 16.01.2014).

spricht die Überlegung, dass der Kommission kaum entgangen sein dürfte, dass die Regelung in lit. a anders als die Regelungen in lit. b und c keinen Zeitpunkt für das Bestehen des gewöhnlichen Aufenthalts festlegt, die Regelung in lit. a wegen der Regelungen in lit. b jedoch unnötig wäre, wenn der gemeinsame gewöhnliche Aufenthalt im Zeitpunkt der Rechtswahl bestehen müsste. Sinnhaft könnte eine solche Regelung vor allem sein, um künftigen Ehegatten die Wahl des Rechts des Staates zu ermöglichen, in dem sie ihren ersten gemeinsamen gewöhnlichen Aufenthalt nehmen, der von ihren bisherigen vorehelichen gewöhnlichen Aufenthalten abweicht. Wenn dies der Regelungswille der Kommission sein sollte, müsste dieser Wille aber hinreichend deutlich zum Ausdruck gebracht werden. Die Legislative Entschließung des Europäischen Parlaments vom 10. September 2013 geht allerdings einen anderen Weg. Nach ihr soll die Regelung des Art. 16 lit. a in die Regelung des Art. 16 lit. b integriert werden, ohne dass eine Rechtswahl eines zukünftigen gemeinsamen gewöhnlichen Aufenthalts eröffnet wird.

4. *Rechtswahl bei mehrfacher Staatsangehörigkeit*

a) **Regelung zur mehrfachen Staatsangehörigkeit in der EuErbVO**

Art. 22 Abs. 1 S. 2 EuErbVO enthält eine ausdrückliche Regelung zur Rechtswahlbefugnis im Falle mehrfacher Staatsangehörigkeit des Erblassers.[313] Danach kann eine Person, die mehrere Staatsangehörigkeiten besitzt, das Recht eines der Staaten wählen, denen sie im Zeitpunkt der Rechtswahl oder im Zeitpunkt ihres Todes angehört. Es besteht folglich keine Beschränkung auf die Wahl der effektiven Staatsangehörigkeit.[314] Die Regelung steht im Einklang mit der Entscheidung des EuGH in der Rechtssache *Hadadi*[315] zum Internationalen Zuständigkeitsrecht.[316] Die Rechtssache betraf zwei in Frankreich lebende

---

313 Vgl. *Nordmeier* GPR 2013, 148, 149; *Khairallah* in Khairallah/Revillard (Hrsg.) 47, 55; *Lagarde* Rev. crit. DIP 101 (2012) 691, 719. Eine Regelung für die Fälle der Mehrfachstaatsangehörigkeit fehlte hingegen zuvor im Verordnungsvorschlag der Kommission. Diese Lücke stieß im Schrifttum auf Kritik vgl. *Kindler* IPRax 2010, 44, 49; *ders.* in Liber Amicorum Kurt Siehr, 251, 257; *Geimer* in Reichelt/Rechberger (Hrsg.) Europäisches Erbrecht, 1, 20; *Buschbaum/Kohler* GPR 2010, 106, 112; *Bonomi* in Bonomi/Schmid (Hrsg.) 23, 39. Die Regelung zur Mehrfachstaatsangehörigkeit in Art. 22 Abs. 1 S. 2 EuErbVO übersieht wohl *Jayme* in Leible/Unberath (Hrsg.) 33, 40.

314 Palandt/*Thorn* Art. 22 EuErbVO Rn. 4.

315 EuGH vom 16.07.2009, Rs. C-168/08, Laszlo Hadadi [Hadady]/Csilla Marta Mesko, EuZW 2009, 619; siehe auch NJW-Spezial 2009, 662.

316 *Coester-Waltjen/Coester* in Liber Amicorum Klaus Schurig, 33, 39.

Ehegatten, die beide die Staatsangehörigkeit der Mitgliedstaaten Ungarn und Frankreich hatten. Die Verbindung der Ehegatten zu Ungarn bestand allein durch die Staatsangehörigkeit.[317] Der EuGH entschied, dass das von dem Ehemann *Hadadi* für die Scheidung angerufene Gericht Ungarns nach Art. 3 Abs. 1 lit. b Brüssel IIa-VO international zuständig ist. Der EuGH führte dazu aus: „Wenn beide Ehegatten die Staatsangehörigkeit derselben zwei Mitgliedstaaten besitzen, steht Art. 3 I lit. b der Verordnung (EG) Nr. 2201/2003 der Ablehnung der Zuständigkeit der Gerichte eines dieser Mitgliedstaaten mit der Begründung, dass der Ast. [Antragssteller] keine weiteren Berührungspunkte mit diesem Staat hat, entgegen. Die Gerichte der Mitgliedstaaten, deren Staatsangehörigkeit die Ehegatten besitzen, sind vielmehr nach dieser Bestimmung zuständig, und den Ehegatten steht die Wahl des Gerichts des Mitgliedstaats, das mit dem Rechtsstreit befasst werden soll, frei."[318] Im Internationalen Zuständigkeitsrecht kann somit nach der Rechtsprechung des EuGH auch eine nicht-effektive gemeinsame Staatsangehörigkeit für die internationale Zuständigkeit maßgebend sein.[319]

b) Die Behandlung der mehrfachen Staatsangehörigkeit in der Rom III-VO

Eine Regelung zur mehrfachen Staatsangehörigkeit fehlt in der Rom III-VO. Ihr Erwägungsgrund Nr. 22 sagt allerdings, dass die Frage, wie im Falle einer mehrfachen Staatsangehörigkeit zu verfahren ist, weiterhin nach innerstaatlichem Recht beurteilt werden solle, „wobei die allgemeinen Grundsätze der europäischen Union uneingeschränkt zu achten sind".[320] Angesprochen ist mit dieser Maßgabe vor allem das Verbot einer Diskriminierung aus Gründen der Staatsangehörigkeit.[321] Erwägungsgrund Nr. 22 Rom III-VO sagt explizit, dass er alle Fälle erfassen will, in denen die Verordnung auf das Recht der Staatsangehörigkeit verweist. Es ist daher anzunehmen, dass sich dieser Erwägungsgrund neben der objektiven Anknüpfung nach Art. 8 lit. c Rom III-VO

---

317 *Boele-Woelki* Yb PIL Volume 12 (2010) 1, 18.

318 EuGH vom 16.07.2009, Rs. C-168/08, Laszlo Hadadi [Hadady]/Csilla Marta Mesko, EuZW 2009, 619.

319 EuGH vom 16.07.2009, Rs. C-168/08, Laszlo Hadadi [Hadady]/Csilla Marta Mesko, EuZW 2009, 619; siehe dazu *Bariatti* Yb PIL Volume 13 (2011) 1, 8; *Basedow* IPRax 2011, 109, 114; *ders.* Rev. crit. DIP 99 (2010) 427, 441; *Boele-Woelki* Yb PIL Volume 12 (2010) 1, 18.

320 Siehe dazu *Helms* FamRZ 2011, 1765, 1770, 1771; Erman BGB/*Hohloch* Anhang zu Art. 17 EGBGB („Rom III") Art. 5 Rom III-VO Rn. 7; *Gruber* IPRax 2012, 381, 385, 386; *Kohler* Recueil des cours 359 (2012) 285, 423.

321 *Basedow* in FS Posch, 17, 27; *ders.* in Liber Amicorum Walter Pintens, 135, 140.

auch auf den Anknüpfungspunkt der Rechtswahl nach Art. 5 Abs. 1 lit. c Rom III-VO bezieht.[322]

Für das deutsche IPR wirft der im Erwägungsgrund Nr. 22 Rom III-VO ausgesprochene Verweis auf das nationale Recht die Frage auf, ob *de lege lata* Art. 5 Abs. 1 S. 1 und 2 EGBGB zur Anwendung kommen sollen.[323] Einigkeit besteht im deutschen Schrifttum zu Recht, dass eine Anwendung des Art. 5 Abs. 1 S. 2 EGBGB, wonach die deutsche Staatsangehörigkeit stets vorgeht, mit den im Erwägungsgrund vorbehaltenen allgemeinen Grundsätzen der europäischen Union nicht vereinbar ist.[324] Umstritten ist dagegen die Anwendung des Art. 5 Abs. 1 S. 1 EGBGB, der die effektive Staatsangehörigkeit als maßgebend beruft. Vereinzelt wird die Maßgeblichkeit der effektiven Staatsangehörigkeit wegen des im Erwägungsgrund enthaltenen Verweises auf das innerstaatliche Recht als zwingend angesehen.[325] Zwar sei ein Gleichlauf zum internationalen Zuständigkeitsrecht wünschenswert, jedoch stehe Erwägungsgrund Nr. 22 Rom III-VO einem solchen Gleichlauf entgegen.[326] Überwiegend wird dagegen die Befugnis zur Wahl einer nicht-effektiven Staatsangehörigkeit befürwortet.[327] Das Abstellen auf die effektive Staatsangehörigkeit

322 Im Ergebnis ebenso *Hausmann*, IntEuSchR A Art. 5 Rom III-VO Rn. 280; Palandt/*Thorn* Art. 5 Rom III-VO Rn. 4; *Basedow* in Liber Amicorum Walter Pintens, 135, 140; *Gruber* IPRax 2012, 381, 386; NK-BGB Band 6/*Hilbig-Lugani* Art. 5 Rom III-VO Rn. 45; *Coester-Waltjen/Coester* in Liber Amicorum Klaus Schurig, 33, 39; *Kohler* Recueil des cours 359 (2012) 285,424; *Hammje* Rev. crit. DIP 100 (2011) 291, 317; offen gelassen von *Andrae* § 4 Rn. 18; Corneloup/*González Beilfuss* Art. 5 Rom III-VO, 551; a.A. *Gade* JuS 2013, 779, 780.

323 Siehe zu dieser Problematik: *Helms* FamRZ 2011, 1765, 1770, 1771; Erman BGB/*Hohloch* Anhang zu Art. 17 EGBGB („Rom III") Art. 5 Rom III-VO Rn. 7; *Gruber* IPRax 2012, 381, 385, 386; Palandt/*Thorn* Art. 5 Rom III-VO Rn. 4; *Rösler* RabelsZ 78 (2014) 155, 182.

324 *Gruber* IPRax 2012, 381, 385, 386; Palandt/*Thorn* Art. 5 Rom III-VO Rn. 4, Bamberger/Roth/*Heiderhoff* zu Art. 5 Rom III-VO unter Art. 17 EGBGB Rn. 51; *Rösler* RabelsZ 78 (2014) 155, 184; im Ergebnis ebenso *Helms* FamRZ 2011, 1765, 1770, 1771; *ders.* in Liber Amicorum Walter Pintens, 681, 694; *Hau* FamRZ 2013, 249, 252; *Coester-Waltjen/Coester* in Liber Amicorum Klaus Schurig, 33, 39; NK-BGB Band 6/*Hilbig-Lugani* Art. 5 Rom III-VO Rn. 45; Rahm/Künkel/*Breuer*, Handbuch Familien- und Familienverfahrensrecht, B. Materielles Recht Rn. 318; *Winkler v. Mohrenfels* ZEuP 2013, 699, 710.

325 *Gruber* IPRax 2012, 381, 385, 386; Bamberger/Roth/*Heiderhoff* zu Art. 5 Rom III-VO unter Art. 17 EGBGB Rn. 51; in diese Richtung auch Rahm/Künkel/*Breuer*, Handbuch Familien- und Familienverfahrensrecht, B. Materielles Recht Rn. 317.

326 Bamberger/Roth/*Heiderhoff* zu Art. 5 Rom III-VO unter Art. 17 EGBGB Rn. 51.

327 Palandt/*Thorn* Art. 5 Rom III-VO Rn. 4; *Helms* FamRZ 2011, 1765, 1770, 1771; *ders.* in Liber Amicorum Walter Pintens, 681, 694; Erman BGB/*Hohloch* Anhang

im Sinne des Art. 5 Abs. 1 S. 1 Rom III-VO stünde im Widerspruch zu dem nach Erwägungsgrund Nr. 10 Rom III-VO angestrebten Gleichklang mit der Brüssel IIa-VO.[328] Auch die Gesichtspunkte der Stärkung der Parteiautonomie sowie der Rechtssicherheit sprächen für eine weite Wahlmöglichkeit in den Fällen der Mehrfachstaatsangehörigkeit.[329] Hingewiesen wird im Schrifttum auch auf die vom EuGH zum Namensrecht erlassene Entscheidung in der Rechtssache *Garcia Avello*[330], in der das Gericht einem Mehrstaater das Recht zusprach, nach dem Recht einer nicht-effektiven Staatsangehörigkeit behandelt zu werden.[331]

Vorzugswürdig erscheint es, auch bei einer Rechtswahl nach der Rom III-VO die Wahl des Rechts einer nicht-effektiven Staatsangehörigkeit zuzulassen. Denn die in Erwägungsgrund Nr. 22 Rom III-VO vorgesehene Lösung führt je nach dem Inhalt des innerstaatlichen Rechts zu unterschiedlichen Lösungen in den Mitgliedstaaten[332] und verhindert damit einen europäischen Entscheidungseinklang[333]. Dies steht im Widerspruch zu den in Erwägungsgrund Nr. 9 Rom III-VO erklärten Zielen, mit der Verordnung einen „klaren, umfassenden Rechtsrahmen" vorzugeben und „in Bezug auf Rechtssicherheit, Berechenbarkeit und Flexibilität sachgerechte Lösungen" zu garantieren.[334] Die Rechtswahl wäre nämlich mit erheblichen Unsicherheiten belastet, wenn im Zeitpunkt der Rechtswahl ermittelt werden müsste, welche von mehreren Staatsangehörigkeiten die effektive Staatsangehörigkeit ist.[335] Gleichzeitig würde das Abstellen nur auf die effektive Staatsangehörigkeit auch die

zu Art. 17 EGBGB („Rom III") Art. 5 Rom III-VO Rn. 7; PWW/*Martiny* Art. 17 Anhang I EGBGB, Rom III-VO, Rn. 12; *Hausmann*, IntEuSchR A Art. 5 Rom III-VO Rn. 281; *Hau* FamRZ 2013, 249, 252; NK-BGB Band 6/*Hilbig-Lugani* Art. 5 Rom III-VO Rn. 45; *Basedow* in Liber Amicorum Walter Pintens, 135, 141; *Winkler v. Mohrenfels* ZEuP 2013, 699, 710; *Rösler* RabelsZ 78 (2014) 155, 183; *Kemper* FamRBint 2013, 12, 13; *Gade* JuS 2013, 779, 781; *Kohler* Recueil des cours 359 (2012) 285, 424; *Devers/Farge*, La Semaine Juridique, Edition Générale 2012, 1277, 1282; allgemein *Jayme* in Leible/Unberath (Hrsg.) 33, 42.

328 Palandt/*Thorn* Art. 5 Rom III-VO Rn. 4.

329 Palandt/*Thorn* Art. 5 Rom III-VO Rn. 4; NK-BGB Band 6/*Hilbig-Lugani* Art. 5 Rom III-VO Rn. 45; ähnlich auch *Hammje* Rev. crit. DIP 100 (2011) 291, 318.

330 EuGH vom 02.10.2003, Rs. C-148/02, Garcia Avello, DNotI-Report 2003, 167.

331 Siehe dazu *Helms* FamRZ 2011, 1765, 1771; *ders.* in Liber Amicorum Walter Pintens, 681, 695; Erman BGB/*Hohloch* Anhang zu Art. 17 EGBGB („Rom III") Art. 5 Rom III-VO Rn. 7; Corneloup/*González Beilfuss* Art. 5 Rom III-VO, 552.

332 *Bariatti* Yb PIL Volume 13 (2011) 1, 10.

333 *Rösler* RabelsZ 78 (2014) 155, 183.

334 Siehe auch Erwägungsgrund Nr. 15 Rom III-VO.

335 Vgl. *Helms* in Liber Amicorum Walter Pintens, 681, 694; *Hausmann*, IntEuSchR Art. 5 Rom III-VO Rn. 281.

Vorhersehbarkeit erheblich beeinträchtigen.[336] Die Zulassung der Wahl einer nichteffektiven Staatsangehörigkeit würde auch nicht die Grundlage des Näheverhältnisses ändern, sondern nur geringfügig die Rechtswahlmöglichkeiten erweitern.[337] Denn eine Verbundenheit der Partei liegt zu all ihren Staatsangehörigkeiten vor.[338] Hinzu kommt, dass die Partei selbst am besten weiß, was für sie sachgerecht ist.

De lege ferenda sollte deshalb auch in der Rom III-VO, in Anlehnung an Art. 22 Abs. 1 S. 2 EuErbVO, eine ergänzende Regelung aufgenommen werden, wonach den Ehegatten im Falle einer Mehrfachstaatsangehörigkeit die Befugnis zur Wahl aller Rechte ihrer Staatsangehörigkeiten eröffnet ist. Wie in Art. 22 Abs. 1 S. 2 EuErbVO sollte auch in der Rom III-VO keine Begrenzung auf Mitgliedstaaten erfolgen.[339]

c) Fehlende Regelungen zur Rechtswahl bei mehrfacher Staatsangehörigkeit

Keinerlei Regelung zur Rechtswahl bei mehrfacher Staatsangehörigkeit der Parteien findet sich in der Rom I- und Rom II-VO, im HUntProt und im EuEhegüterVO-Vorschlag. Auch in der Legislativen Entschließung des Europäischen Parlaments zum EuPartGüVO-Vorschlag, in der eine Rechtswahlregelung für eingetragene Partnerschaften vorgeschlagen wird, fehlt eine solche Regelung.

Für die Rom II-VO ist eine solche Regelung entbehrlich, da sie die Wahl jedes Rechts zulässt. Dies gilt grundsätzlich[340] auch für die Rom I-VO, da auch sie die Rechtswahlbefugnis generell nicht auf verbundene Rechte einschränkt.[341] Relevant

---

336 Vgl. *Hammje* Rev. crit. DIP 100 (2011) 291, 318.

337 Vgl. *Hammje* Rev. crit. DIP 100 (2011) 291, 318.

338 Vgl. *Winkler v. Mohrenfels* ZEuP 2013, 699, 710.

339 Ebenso mit überzeugender Begründung *Bariatti* Yb PIL Volume 13 (2011) 1, 14; a.A. wohl Corneloup/*González Beilfuss* Art. 5 Rom III-VO, 552 „If one or both spouses hold more than one nationality and these are the nationalities of Member States, the most adequate solution seems to be to allow the spouses to choose among any of the EU nationalities they hold."

340 Art. 7 Abs. 3 lit. c Rom I-VO begrenzt die Rechtswahl auf das Recht des Mitgliedstaats, dessen Staatsangehörigkeit der Versicherungsnehmer besitzt. Im Schrifttum wird überwiegend befürwortet, den Parteien die Wahl aller Rechte der Mitgliedstaaten zu gestatten, deren Staatsangehörigkeiten der Versicherungsnehmer besitzt, vgl. Langheid/Wandt/*Looschelders*, Internationales Versicherungsvertragsrecht, Rn. 77; Staudinger/*Armbrüster* (2011) Art. 7 Rom I-VO Rn. 13; Rauscher/*Fricke*, EuZPR/EuIPR (2011) Art. 7 Rom I-VO Rn. 18; *Staudinger* in Ferrari, Int. VertragsR, Art. 7 Rom I-VO Rn. 39; für die Wahl nur des Rechts der effektiven Staatsangehörigkeit dagegen Palandt/*Thorn* Art. 7 Rom I-VO Rn. 7.

341 Die Wahl nur verbundener Rechte in der Rom I-VO sehen hingegen Art. 5 Abs. 2 Unterabsatz 2 lit. a-e Rom I-VO bzw. Art. 7 Abs. 3 S. 1 lit. a-e Rom I-VO vor.

wird die Problematik der mehrfachen Staatsangehörigkeit hingegen im HUntProt und in den Verordnungsentwürfen zum Güterrecht, die im Rahmen des Kreises der wählbaren Rechte die Wahl des Rechts der Staatsangehörigkeit eröffnen (Art. 8 Abs. 1 lit. a HUntProt; Art. 16 lit. c EuEhegüterVO-Vorschlag; Art. 15b Abs. 1 lit. b Legislative Entschließung des Europäischen Parlaments zum EuPartGüVO-Vorschlag).

Sowohl für das HUntProt[342] wie für den EuEhegüterVO-Vorschlag[343] wird befürwortet, den Parteien aus Gründen der Rechtssicherheit die Wahl aller Heimatrechte zu eröffnen. Gleiches sollte künftig auch für das Güterrecht eingetragener Partnerschaften gelten.

De lege ferenda sollten die festgestellten Regelungslücken in Anlehnung an Art. 22 Abs. 1 S. 2 EuErbVO geschlossen werden. Den Parteien sollte im Falle einer mehrfachen Staatsangehörigkeit die Befugnis eingeräumt werden, jedes Recht der Staatsangehörigkeit (auch das einer nicht-effektiven Staatsangehörigkeit) zu wählen.[344] Dabei sollte auch im Rahmen des HUntProt und den geplanten Verordnungen im Güterrecht wie nach der EuErbVO auch die Wahl des Rechts eines Drittstaates, der Staatsangehörigkeitsstaat ist, eröffnet werden.[345]

III. Wählbarkeit der *lex fori*

1. Eröffnung der Wahl der lex fori

Die Wahl der *lex fori*[346] wird im Scheidungsrecht[347] und im Unterhaltsrecht[348] ermöglicht.

---

342 *Bonomi*, Explanatory Report, Rn. 131; Palandt/*Thorn* Art. 8 HUntProt Rn. 30; PWW/*Martiny* Artikel 18 Anhang II EGBGB, Haager Protokoll über das auf Unterhaltspflichten anzuwendende Recht, Rn. 21; Rauscher/*Andrae*, EuZPR/EuIPR (2010) Art. 8 HuntStProt Rn. 8; Erman BGB/*Hohloch* Art. 18 EGBGB Rn. 26; *Hausmann*, IntEuSchR C Art. 8 HUP Rn. 577.

343 *Martiny* IPRax 2011, 437, 449.

344 *Wilke* GPR 2012, 334, 337; *Kroll-Ludwigs*, 378; *Bariatti* Yb PIL Volume 13 (2011) 1, 18 unter (7) (a) und (b); Kodifikationsvorschlag der *Europäischen Gruppe für Internationales Privatrecht (GEDIP)*, Section 3. Loi applicable Art. 9-11, abgedruckt IPRax 2014, 90-91.

345 Allgemein *Bariatti* Yb PIL Volume 13 (2011) 1, 14.

346 Die Rom I- und Rom II-VO sehen eine freie Rechtswahl vor und gestatten damit auch die Wahl der *lex fori*.

347 Siehe dazu *Hammje* Rev. crit. DIP 100 (2011) 291, 319.

348 Die Rechtswahlmöglichkeit der *lex fori* nach Art. 7 HUntProt übersehen *Coester-Waltjen/Coester* in Liber Amicorum Klaus Schurig, 33, 40 („Dass auch für das Unterhaltsstatut keine direkte Wahl der *lex fori* vorgesehen ist, erklärt sich u.a.

Für das Unterhaltsrecht gestattet Art. 15 EuUnthVO in Verbindung mit Art. 7 HUntProt den Parteien die Wahl der *lex fori* für ein einzelnes Verfahren in einem bestimmten Staat.[349] Den Parteien wird, wie Art. 7 Abs. 2 HUntProt verdeutlicht, die Rechtswahl bereits vor Einleitung eines Unterhaltsverfahrens gestattet.[350] Erfolgt die Rechtswahl zeitlich vor der Einleitung eines Unterhaltsverfahrens, so genügt es nicht, dass die Parteien die *lex fori* nur abstrakt wählen.[351] Die Parteien müssen vielmehr das Recht eines bestimmten Staates als Recht des Forums bestimmen (Bestimmtheitserfordernis).[352] In dem Erläuternden Bericht von *Bonomi* heißt es dazu: „By contrast, it will not be sufficient for the parties to designate 'the law of the forum' in general fashion since, until an authority has been seized, the 'forum' has not been determined. Such a choice made blindly does not provide an assurance that the parties have been informed, and are aware, of the object of their choice."[353]

Weniger eindeutig und insoweit nicht geglückt ist der Wortlaut der deutschen Sprachfassung des Art. 5 Abs. 1 lit. d Rom III-VO über die Wählbarkeit der *lex fori*, der lautet: „das Recht des Staates des angerufenen Gerichts". Die Formulierung lässt unklar, ob den Ehegatten die Wahl der *lex fori* bereits vor der Anrufung des Gerichts eröffnet ist. Sie deutet eher darauf hin, dass die Parteien die *lex fori* erst nach der Anrufung des Gerichts wählen können.[354] Der deutsche Wortlaut dieser Regelung wird im Schrifttum jedoch zu Recht als zu eng geraten bewertet.[355] Entgegen dem Wortlaut soll den Ehegatten eine Wahl der *lex*

---

daraus, dass das die Wahl eröffnende HUPr seinerseits keine Zuständigkeitsvorschriften vorsieht.").

349 *Hausmann*, IntEuSchR C Art. 7 HUP Rn. 552; siehe dazu auch *Gruber* in FS Spellenberg, 177, 189.

350 *Hausmann*, IntEuSchR C Art. 7 HUP Rn. 557.

351 *Hausmann*, IntEuSchR C Art. 7 HUP Rn. 557; *Andrae* § 8 Rn. 152.

352 *Andrae* § 8 Rn. 152.

353 *Bonomi*, Explanatory Report, Rn. 120.

354 *Gruber* IPRax 2012, 381, 386; *Basedow* in FS Posch, 17, 22; NK-BGB Band 6/*Hilbig-Lugani* Art. 5 Rom III-VO Rn. 49; *Helms* FamRZ 2011, 1765, 1767, der insoweit auch auf die niederländische Sprachfassung hinweist, in der Art. 5 Abs. 1 lit. d Rom III-VO wie folgt formuliert ist: „het recht van de staat waar de zaak aanhangig wordt gemaakt". *Basedow* in Liber Amicorum Walter Pintens, 135, 142 bewertet die niederländische Sprachfassung als „ambiguous": „It refers to the law of the state „waar de zaak aanhangig wordt gemaakt"; the use of the present tense at least does not presuppose that the court has already been seized."

355 *Hausmann*, IntEuSchR A Art. 5 Rom III-VO Rn. 284; Palandt/*Thorn* Art. 5 Rom III-VO Rn. 5.

fori generell bereits vor Anrufung des Gerichts gestattet sein.[356] Dafür sprechen die anderen Sprachfassungen dieser Regelung[357], wie beispielsweise die englische („*law of the forum*") und die französische („*la loi du for*"), nach denen das Recht des Gerichts ohne eine zeitliche Einschränkung bezeichnet ist.[358] Dafür sprechen auch die Regelungen zum Zeitpunkt der Rechtswahl in Art. 5 Abs. 2, 3 Rom III-VO.[359] Anderenfalls würden die Regelungen in Art. 5 Abs. 1 lit. d Rom III-VO und Art. 5 Abs. 3 Rom III-VO nicht miteinander harmonieren.[360] Würde die Wahl des „Rechts des Staates des angerufenen Gerichts" erst nach der Anrufung des Gerichts eröffnet sein, so würde die Zulässigkeit dieser Rechtswahloption gemäß Art. 5 Abs. 3 S. 1 Rom III-VO vollständig vom autonomen nationalen Recht des Gerichtsstaates abhängen.[361] Denn für die Zulässigkeit einer Rechtswahl im laufenden Verfahren kommt es maßgebend darauf an, ob das Recht des Staates des angerufenen Gerichts dies vorsieht.[362] Art. 5 Abs. 1 lit. d Rom III-VO soll aber unabhängig vom Standpunkt des autonomen nationalen Rechts des Gerichtsstaats eine Rechtswahloption eröffnen. Der Gerichtsstaat soll nach seinem nationalen Recht lediglich darüber befinden, ob die nach Art. 5 Abs. 1 lit. d Rom III-VO zulässige Rechtswahl auch noch im laufenden Verfahren vor Gericht ausgeübt werden kann.

Dies wirft die weitere Frage auf, ob den Parteien damit eine vorherige Wahl einer noch unbestimmten *lex fori* eröffnet wird[363] oder ob es, wie gemäß Art. 7 HUntProt,

---

356 Palandt/*Thorn* Art. 5 Rom III-VO Rn. 5; Erman BGB/*Hohloch* Anhang zu Art. 17 EGBGB („ Rom III") Art. 5 Rom III-VO Rn. 9; *Gruber* IPRax 2012, 381, 386; *Hausmann*, IntEuSchR A Art. 5 Rom III-VO Rn. 284; *Röthel* Jahrbuch für Italenisches Recht 25 (2012) 3, 11; *Basedow* in FS Posch, 17, 22; *ders.* in Liber Amicorum Walter Pintens, 135, 142; NK-BGB Band 6/*Hilbig-Lugani* Art. 5 Rom III-VO Rn. 49; PWW/*Martiny* Art. 17 Anhang I EGBGB, Rom III-VO, Rn. 13; *Makowsky* GPR 2012, 266, 269; Rahm/Künkel/*Breuer*, Handbuch Familien- und Familienverfahrensrecht, B. Materielles Recht Rn. 324; *Gade* JuS 2013, 779, 781.

357 Palandt/*Thorn* Art. 5 Rom III-VO Rn. 5; *Gruber* IPRax 2012, 381, 386; *Helms* FamRZ 2011, 1765, 1767.

358 *Basedow* in FS Posch, 17, 22. Vgl. auch, ausführlich auf die verschiedenen Sprachfassungen eingehend NK-BGB Band 6/*Hilbig-Lugani* Art. 5 Rom III-VO Rn. 49.

359 Palandt/*Thorn* Art. 5 Rom III-VO Rn. 5.

360 Vgl. *Basedow* in FS Posch, 17, 22; *Helms* FamRZ 2011, 1765, 1767.

361 Ähnlich *Helms* FamRZ 2011, 1765, 1767.

362 *Basedow* in FS Posch, 17, 22.

363 *Basedow* in FS Posch, 17, 23 Fn. 28 „Eine solche Klausel könnte zB lauten: 'Für den Fall eines späteren Scheidungsverfahrens vereinbaren die Ehegatten, dass das dann angerufene Gericht sein eigenes Recht auf die Eheschließung anwendet.'"

der Wahl einer bestimmten *lex fori* bedarf.[364] Auch wenn Manipulationsmöglichkeiten wegen des nach der Brüssel IIa-VO eingeschränkten Kreises von Gerichtsständen eher gering seien werden[365], deutet insbesondere Erwägungsgrund Nr. 18 Rom III-VO auf ein Bestimmtheitserfordernis[366] und damit auf eine restriktive Auslegung hin[367]. Dieser Erwägungsgrund bestimmt als einen „wesentlichen Grundsatz“[368] der Verordnung, dass beide Ehegatten ihre Rechtswahl in voller Sachkenntnis treffen. Eine informierte Rechtswahl über das anwendbare Recht ist jedoch bei der Wahl einer unbestimmten *lex fori* nur schwierig zu erreichen. Anders ist dies hingegen bei der Wahl einer bestimmten *lex fori*, bei der sich die Parteien vorab zu vertretbaren Aufwand und Kosten über das anwendbare Recht informieren und die jeweiligen Konsequenzen abwägen können.[369] Für eine restriktive Auslegung im Sinne eines Bestimmtheitserfordernisses spricht auch der Aspekt der Rechtssicherheit.[370]

De lege ferenda sollte die deutsche Sprachfassung von Art. 5 Abs. 1 lit. d Rom III-VO klarstellend korrigiert werden. Als Formulierung bietet sich an, *„das Recht eines bestimmten Staates, dessen Gericht angerufen ist oder angerufen wird.“*

2. Keine Eröffnung der Wahl der lex fori

Im Erbrecht und im EuEhegüterVO-Vorschlag ist die Wahl der *lex fori* dagegen nicht vorgesehen. Im Erbrecht drängt sich die Wahlmöglichkeit bereits kraft

364 Anders als eine Rechtswahl nach dem EuUnthVO in Verbindung mit HUntProt kann eine Rechtswahl nach der Rom III-VO jedoch nicht mit einer Gerichtsstandsvereinbarung kombiniert werden. Vgl. zur fehlenden Möglichkeit einer Gerichtsstandsvereinbarung in der Brüssel IIa-VO NK-BGB Band 6/*Hilbig-Lugani* Vor Art. 1 Rom III-VO Rn. 86.

365 Vgl. NK-BGB Band 6/*Hilbig-Lugani* Art. 5 Rom III-VO Rn. 49.

366 *Helms* FamRZ 2011, 1765, 1768; *Andrae* § 4 Rn. 16.

367 *Gruber* IPRax 2012, 381, 386. Im Ergebnis ebenso *Helms* FamRZ 2011, 1765, 1768; Palandt/*Thorn* Art. 5 Rom III-VO Rn. 5; PWW/*Martiny* Art. 17 Anhang I EGBGB, Rom III-VO, Rn. 13; *Hausmann*, IntEuSchR A Art. 5 Rom III-VO Rn. 284; *Andrae* § 4 Rn. 16; *Röthel* Jahrbuch für Italenisches Recht 25 (2012) 3, 11; Rahm/Künkel/*Breuer*, Handbuch Familien- und Familienverfahrensrecht, B. Materielles Recht Rn. 325; *Gade* JuS 2013, 779, 781. Eine vermittelnde Ansicht vertritt *Rösler* RabelsZ 78 (2014) 155, 169, der auch eine Rechtswahl zulassen will, die sich auf mehrere potenzielle Forumstaaten bezieht, sofern eine hinreichende Eingrenzung und Information erfolgt sei. Eine Umsetzung dieser vermittelnden Ansicht dürfte in der Rechtspraxis auf Schwierigkeiten stoßen.

368 Erwägungsgrund Nr. 18 Rom III-VO.

369 Ähnlich *Andrae* § 4 Rn. 16.

370 Vgl. NK-BGB Band 6/*Hilbig-Lugani* Art. 5 Rom III-VO Rn. 49.

Natur der Sache nicht auf, da der Erblasser die Rechtswahl vor seinem Tod treffen muss. Eine Rechtswahl durch die (vermeintlichen) Erben kommt nicht in Betracht.

Auch für das Güterrecht erscheint die Nichteröffnung der Wahl der *lex fori* sachgerecht.[371] Der eheliche Güterstand soll nämlich sowohl „Aspekte, die mit der Verwaltung des Vermögens der Eheleute im Alltag zusammenhängen, als auch die Aspekte, die bei der güterrechtlichen Auseinandersetzung infolge der Trennung des Paares oder des Todes eines Ehegatten zum Tragen kommen" umfassen.[372] Entsprechendes soll auch für den Güterstand eingetragener Partnerschaften gelten.[373] Güterrechtliche Transaktionen und Verträge sind vielfach auf die Zukunft ausgerichtet.[374] Anders als im Scheidungsrecht kann im Ehegüterrecht daher die Wahl des auf den Ehegüterstand anzuwendenden Rechts unabhängig von einem Gerichtsverfahren erforderlich sein.[375] Gleiches gilt auch für das Güterrecht eingetragener Partnerschaften. Ein Gerichtsverfahren begründet daher für das Güterrecht keine sinnvolle Verbindung, um die Wählbarkeit der *lex fori* zu eröffnen.[376] Anders wäre dies allenfalls, wenn der Wahl der *lex fori* Rückwirkung zukäme.[377] Eine Rückwirkung der Rechtswahl ist jedoch problematisch.[378] Denn der Wechsel des anwendbaren Rechts ist häufig mit weitreichenden Folgen verbunden.[379] Neben der Änderung der Zuordnung von Vermögensgegenständen kann dies, je nach Rechtsordnung, auch einen Verlust oder Gewinn von Ausgleichansprüchen zur Folge haben.[380] Auch kann die Änderung des Güterstatuts

---

371 *Martiny* IPRax 2011, 437, 449; ebenso *Coester-Waltjen/Coester* in Liber Amicorum Klaus Schurig, 33, 40.

372 KOM(2011) 126/2, S. 6.

373 KOM(2011) 127/2, S. 6.

374 *Martiny* FPR 2008, 206, 208.

375 Vgl. *Lurger*, Das anzuwendende Recht auf den Güterstand bei Ehen und registrierten Partnerschaften vom 17. Oktober 2011, S. 3, abrufbar unter: www.notaries-of-europe.eu (Stand: 06.12.13).

376 Siehe dazu *Martiny* FPR 2008, 206, 208.

377 Vgl. *Coester-Waltjen/Coester* in Liber Amicorum Klaus Schurig, 33, 39, 40.

378 *Coester-Waltjen/Coester* in Liber Amicorum Klaus Schurig, 33, 39, 40.

379 Stellungnahme der Regierung der Bundesrepublik Deutschland zum Grünbuch der Kommission der Europäischen Gemeinschaften zu den Kollisionsnormen im Güterrecht unter besonderer Berücksichtigung der gerichtlichen Zuständigkeit und der gegenseitigen Anerkennung, S. 4, abrufbar unter: http://ec.europa.eu (Stand: 20.01.2014).

380 Stellungnahme der Regierung der Bundesrepublik Deutschland zum Grünbuch der Kommission der Europäischen Gemeinschaften zu den Kollisionsnormen im

unter Umständen eine Abwicklung des bisherigen Güterstandes erforderlich machen.[381] Problematisch wird dies, wenn nach dem neuen Recht die Abwicklung nicht bzw. nur in beschränktem Umfang möglich ist.[382] Anders als andere Verordnungen sehen der EuEhegüterVO-Vorschlag und auch die Legislative Entschließung des Europäischen Parlaments zum EuPartGüVO-Vorschlag deshalb ausdrücklich vor, dass einer Rechtswahl grundsätzlich nur Wirkung für die Zukunft zukommt und eine Rückwirkung von den Ehegatten bzw. Partnern vereinbart werden muss.[383]

IV. Wählbarkeit des Scheidungs- und Güterstatuts

Das HUntProt eröffnet den Parteien nicht nur die bereits behandelte Wahl des Rechts des gewöhnlichen Aufenthalts, des Heimatrechts und der *lex fori*, sondern auch die Befugnis, das gewählte oder tatsächlich angewandte Scheidungs- oder Güterstatut zu wählen. Dies ermöglicht den Parteien, andere in Ehesachen getroffene Rechtswahlen zu berücksichtigen.[384] Diese Wahlmöglichkeit stellt eine rechtsgebietsspezifische Besonderheit dar.[385] Eine entsprechende Regelung für das Scheidungs- und Güterrecht, also die Möglichkeit, als Scheidungs- oder Ehegüterstatut das gewählte oder tatsächlich angewandte Unterhaltsstatut zu wählen, gibt es dagegen nicht. Das Scheidungsstatut oder Ehegüterstatut an das Unterhaltsstatut anzuknüpfen, wird zu Recht als fernliegend bezeichnet, „weil das Zweite zwar leicht dem Ersteren zu folgen geeignet ist, nicht aber umgekehrt."[386]

Güterrecht unter besonderer Berücksichtigung der gerichtlichen Zuständigkeit und der gegenseitigen Anerkennung, S. 4, abrufbar unter: http://ec.europa.eu (Stand: 20.01.2014); zur Problematik der Rückwirkung der Rechtswahl, vgl. Staudinger/*Mankowski* (2011) Art. 15 EGBGB Rn. 116.

381 *Deutscher Notarverein*, Stellungnahme vom 10. Juni 2011, S. 12, abrufbar unter: http://www.dnotv.de/_files/Dokumente/Stellungnahmen/StellungnahmeGterrechts-VODNotV.pdf (Stand: 30.11.2013).

382 *Deutscher Notarverein*, Stellungnahme vom 10. Juni 2011, S. 12, abrufbar unter: http://www.dnotv.de/_files/Dokumente/Stellungnahmen/StellungnahmeGterrechts-VODNotV.pdf (Stand: 30.11.2013).

383 Art. 18 EhegüterVO-Vorschlag; Art. 15b Abs. 4 Legislative Entschließung des Europäischen Parlaments zum EuPartGüVO-Vorschlag.

384 *Coester-Waltjen* FamRZ 2013, 170, 175.

385 *Coester-Waltjen/Coester* in Liber Amicorum Klaus Schurig, 33, 40.

386 *Coester-Waltjen/Coester* in Liber Amicorum Klaus Schurig, 33, 40.

V. Wählbarkeit der bei objektiver Anknüpfung maßgebenden Rechte

1. Überblick

Unter den Gesichtspunkten der Kohärenz, Vollständigkeit und rechtstechnischen Effizienz ist auch von Interesse, inwieweit eine Rechtswahl für diejenigen Rechte eröffnet wird, die bei einer objektiven Anknüpfung mangels Rechtswahl zur Anwendung kämen. Wiederum ist dies kein Problem der allgemeinen Rechtswahlregelungen der Rom I-VO und Rom II-VO, da sie den Kreis der wählbaren Rechte nicht beschränken.[387] Für die anderen Rechtsgebiete kann man sich zwar die Frage stellen, weshalb zu dem begrenzten Kreis von wählbaren verbundenen Rechten auch das Recht des Staates gehören sollte, das mangels Rechtswahl ohnehin kraft objektiver Anknüpfung zur Anwendung kommt. Die Parteien können jedoch ein Interesse daran haben, durch ihre Rechtswahl Rechtssicherheit hinsichtlich des anwendbaren Rechts zu schaffen.[388] Es ist für eine rechtsunkundige Partei häufig auch nicht einfach, den Inhalt der objektiven Anknüpfung rechtssicher zu bestimmen.[389]

Wenn man den Parteien aus Gründen der Rechtssicherheit erlaubt, auch die mangels Rechtswahl kraft objektiver Anknüpfung maßgebenden Rechte zu wählen, dann versteht sich von selbst, dass diese Rechtswahlbefugnis nicht auch das Recht des Staates umfassen kann, das im Wege einer objektiven Ausweichanknüpfung abstrakt als Recht der engsten Verbindung im Einzelfall berufen ist.[390]

2. (Beschränkte) Kongruenz

Vergleicht man den Kreis der wählbaren Rechte mit denen nach objektiver Anknüpfung maßgebenden Rechten, so ist festzustellen, dass die Rom III-VO und das HUntProt den Parteien – im Rahmen der Rom III-VO zumindest

387 Ausnahmen zu dem Grundsatz der freien Rechtswahl bestehen jedoch in Art. 5 Abs. 2 Rom I-VO (Beförderungsverträge) und Art. 7 Abs. 3 Rom I-VO (Versicherungsverträge). Danach ist den Parteien nur eine verbundene Rechtswahl gestattet. Die Untersuchung der diesbezüglichen Kongruenz ist nicht Gegenstand dieser Arbeit.

388 *Coester-Waltjen/Coester* in Liber Amicorum Klaus Schurig, 33, 41; zur EuErbVO *Lagarde* Rev. crit. DIP 101 (2012) 691, 720.

389 Siehe zur EuErbVO *Lagarde* Rev. crit. DIP 101 (2012) 691, 720.

390 Unter Bedenken offen gelassen von *Coester-Waltjen/Coester* in Liber Amicorum Klaus Schurig, 33, 41 „Ob man daneben auch die Wahl eines Rechts zulässt, mit dem die Ehegatten die stärkste Verbindung haben, erscheint angesichts der Offenheit und Unbestimmtheit dieses Begriffs problematisch, obwohl auch diese Öffnung gewisse Vorteile hätte.“

zum Zeitpunkt der Anrufung des Gerichts – auch die Wahl der kraft objektiver Anknüpfung anwendbaren Rechte eröffnen.[391] Im Scheidungs- und Unterhaltsrecht kann folglich von einer „beschränkten Kongruenz“[392] gesprochen werden.[393]

Eine „beschränkte Kongruenz“ liegt auch im EuEhegüterVO-Vorschlag und in der Legislativen Entschließung des Europäischen Parlaments zum EuPartGüVO vor. Nach dem EuEhegüterVO-Vorschlag ist das im Zeitpunkt der Eheschließung kraft objektiver Anknüpfung anwendbare Recht des ersten gemeinsamen gewöhnlichen Aufenthalts zumindest ab dem Zeitpunkt der Eheschließung wählbar. Wenn *Coester-Waltjen* und *Coester* eine (beschränkte) Kongruenz von Rechtswahlregelung und objektiver Anknüpfung im EuEhegüterVO-Vorschlag verneinen[394], dann betrifft dies nur – abhängig von der Auslegung des Art. 16 lit. a EuEhegüterVO-Vorschlag – die Frage, ob auch ein zukünftiger gemeinsamer gewöhnlicher Aufenthalt gewählt werden kann[395].

3. *Fehlende Kongruenz in der EuErbVO*

Eine Kongruenz fehlt hingegen im Erbrecht.[396] Die objektive Anknüpfung im Erbrecht führt – vorbehaltlich einer ausnahmsweisen engeren Verbindung zu einem anderen Staat (Art. 21 Abs. 2 EuErbVO) – zum Recht des Staates, in dem der Erblasser im Zeitpunkt seines Todes seinen gewöhnlichen Aufenthalt hatte (Art. 21 Abs. 1 EuErbVO). Das Recht des gewöhnlichen Aufenthalts im Zeitpunkt des Todes steht dem Erblasser nach Art. 22 Abs. 1 EuErbVO hingegen nicht als wählbares Recht zur Verfügung.

Man mag in der Tat zweifeln, ob es ein Bedürfnis des Erblassers gibt, durch Rechtswahl das Recht des Staates seines letzten gewöhnlichen Aufenthalts zu wählen. Ein Bedürfnis für eine solche Rechtswahlbefugnis kann aber bestehen,

---

391 Siehe zur beschränkten Kongruenz Art. 8 lit. a-d Rom III-VO (objektive Anknüpfung) und im Zeitpunkt der Anrufung des Gerichts Art. 5 lit. a-d Rom III-VO (Rechtswahl); Art. 3 Abs. 1, Abs. 2 HUntProt, Art. 4 Abs. 2-4 HUntProt (objektive Anknüpfung) und Art. 8 lit. a-b HUntProt (Rechtswahl).

392 Begriff nach *Coester-Waltjen/Coester* in Liber Amicorum Klaus Schurig, 33, 41 Fn. 60.

393 Siehe dazu *Coester-Waltjen/Coester* in Liber Amicorum Klaus Schurig, 33, 41; zur Rom III-VO auch *Kohler* Recueil des cours 359 (2012) 285, 423.

394 *Coester-Waltjen/Coester* in Liber Amicorum Klaus Schurig, 33, 41 Fn. 60.

395 Siehe dazu Zweiter Teil § 3 A. II. 3. c).

396 *Coester-Waltjen/Coester* in Liber Amicorum Klaus Schurig, 33, 41 Fn. 60.

wenn der letzte gewöhnliche Aufenthalt unsicher ist[397] oder wenn der Erblasser damit rechnen muss, dass die objektive Anknüpfung wegen besonderer Umstände des Einzelfalles ausnahmsweise gemäß der Ausnahmeregelung des Art. 21 Abs. 2 EuErbVO erfolgt. Die Rechts- und Planungssicherheit spricht also für die Zulassung einer entsprechenden Rechtswahlmöglichkeit.[398]

De lege ferenda sollte dem Erblasser daher auch die Wahl des Rechts des gewöhnlichen Aufenthalts im Zeitpunkt des Todes eröffnet werden.

VI. Ergebnisse

1. *Wählbare Rechte*

Die Wahl des Heimatrechts wird in allen Verordnungen und Verordnungsentwürfen des Familien- und Erbrechts eröffnet. Mit Ausnahme der EuErbVO eröffnen alle Verordnungen und Verordnungsentwürfe auch die Wahl des Rechts des gewöhnlichen Aufenthalts. Die Wahl der *lex fori* wird sachgerecht nur im Unterhaltsrecht und im Scheidungsrecht eröffnet. Rechtsgebietsspezifische Besonderheiten bestehen im Unterhaltsrecht für die Wählbarkeit des gewählten oder tatsächlich angewandten Scheidungs- und Güterstatuts und nach der Legislativen Entschließung des Europäischen Parlaments zum EuPartGüVO-Vorschlag für die Wählbarkeit des Rechts des Staates, in dem die Partnerschaft eingetragen ist.

Anders als andere Sprachfassungen ist der Wortlaut der deutschen Sprachfassung des Art. 5 Abs. 1 lit. d Rom III-VO sprachlich zu unbestimmt, wonach „das Recht des Staates des angerufenen Gerichts" gewählt werden kann. Deutlicher ist insoweit Art. 7 HUntProt, der „für die Zwecke eines einzelnen Verfahrens in einem bestimmten Staat ausdrücklich das Recht dieses Staates als das auf eine Unterhaltspflicht anzuwendende Recht" für wählbar erklärt. Es spricht viel dafür, den Ehegatten auch im Rahmen von Art. 5 Abs. 1 lit. d Rom III-VO bereits vor Anrufung des Gerichts eine Wahl der *lex fori* zu gestatten. *De lege ferenda* sollte der Wortlaut in der deutschen Sprachfassung des Art. 5 Abs. 1 lit. d Rom III-VO daher korrigierend abstrakt formuliert werden: *das Recht eines bestimmten Staates, dessen Gericht angerufen ist oder angerufen wird.*

---

397 *Lagarde* Rev. crit. DIP 101 (2012) 691, 720. Siehe zu den Unklarheiten, die in Bezug auf Art. 21 Abs. 2 EuErbVO bestehen, *Vollmer* ZErb 2012, 227, 231. Danach bleibe unklar, welche Ausnahmesituationen von Art. 21 Abs. 2 EuErbVO erfasst werden sollen.

398 Auf die Möglichkeit, dass der gewählte letzte gewöhnliche Aufenthalt jedoch von den Erben bestritten werden könnte, weist *Lagarde* Rev. crit. DIP 101 (2012) 691, 720 hin.

2. *Anforderungen an die Verbundenheit*

Grundsätzlich genügt eine einseitige Verbundenheit einer Partei zu dem wählbaren Recht. Die Verbundenheit muss allgemein im Zeitpunkt der Rechtswahl vorliegen. Sachliche bzw. rechtsgebietsspezifische Ausnahmen von dem Grundsatz der Verbundenheit im Zeitpunkt der Rechtswahl bestehen in der EuErbVO bei der Wahlmöglichkeit des zukünftigen Heimatrechts des Erblassers im Zeitpunkt des Todes sowie nach der Rom III-VO und der EuUnthVO in Verbindung mit dem HUntProt bei der Wahlmöglichkeit der künftigen *lex fori*.

Lückenhaft ist die Regelung des Art. 16 lit. a EuEhegüterVO-Vorschlag, da sie nicht bestimmt, welcher Zeitpunkt für die Wahl des Rechts des gemeinsamen gewöhnlichen Aufenthalts maßgebend sein soll. Das Europäische Parlament hat dies in seiner Legislativen Entschließung erkannt und klargestellt, dass auch hier der Zeitpunkt der Rechtswahl maßgebend sein soll.

3. *Mehrfache Staatsangehörigkeit*

Die Behandlung der mehrfachen Staatsangehörigkeit der Parteien erfolgt inkohärent. Explizit geregelt wird die Rechtswahl bei mehrfacher Staatsangehörigkeit in der Rechtswahlregelung des Art. 22 EuErbVO. Nach Art. 22 Abs. 1 S. 2 EuErbVO kann der Erblasser, der mehrere Staatsangehörigkeiten besitzt, zwischen den Rechten der verschiedenen Staatsangehörigkeitsstaaten frei wählen. In der Rom III-VO wird die Frage, welche Rechtswahlmöglichkeiten im Falle einer mehrfachen Staatsangehörigkeit eröffnet sind, in Erwägungsgrund Nr. 22 Rom III-VO angesprochen. Danach soll die Frage, wie in den Fällen der mehrfachen Staatsangehörigkeit zu verfahren ist, weiterhin nach innerstaatlichem Recht beurteilt werden. Das HUntProt und die Verordnungsentwürfe zum Güterrecht treffen keine Regelung. Der Unionsgesetzgeber sollte hier für Kohärenz sorgen.

De lege ferenda sollten den Parteien im Falle einer mehrfachen Staatsangehörigkeit auch im Familienrecht die Befugnis eingeräumt werden, jedes Recht ihrer Staatsangehörigkeit (auch das einer nicht-effektiven Staatsangehörigkeit) zu wählen. Sofern auf die gemeinsame Staatsangehörigkeit abgestellt wird und die Parteien mehrere gemeinsame Staatsangehörigkeiten besitzen, sollte das Recht jeder dieser gemeinsamen Staatsangehörigkeiten gewählt werden können. Diese Wahlmöglichkeiten sollten grundsätzlich für mitgliedstaatliche wie auch für nicht-mitgliedstaatliche Staatsangehörigkeiten gelten.

4. *Wählbarkeit der bei objektiver Anknüpfung maßgebenden Rechte*

Auch das Verhältnis zwischen den wählbaren Rechten und den kraft objektiver Anknüpfung maßgebenden Rechten ist nicht durchgehend einheitlich geregelt. An einer Kongruenz der wählbaren Rechte mit dem Recht, das als objektiv bestimmtes Statut maßgebend ist, fehlt es in der EuErbVO. Der Gesichtspunkt der Rechtssicherheit spricht jedoch auch hier dafür, *de lege ferenda* dem Erblasser auch die Wahl des Rechts des gewöhnlichen Aufenthalts im Zeitpunkt des Todes zu eröffnen.

B. Zeitliche Begrenzungen der Rechtswahl

I. Überblick

Die Parteien können nach der Rom I-VO, der EuErbVO und der EuUnthVO in Verbindung mit HUntProt jederzeit, d.h. zu jedem beliebigen Zeitpunkt, eine Rechtswahlvereinbarung treffen (Art. 3 Rom I-VO, Art. 22 EuErbVO, Art. 15 EuUnthVO in Verbindung mit Artt. 7, 8 HUntProt). Auch die Verordnungsentwürfe zum Güterrecht sehen keine zeitlichen Einschränkungen vor.

Zeitliche Begrenzungen sehen dagegen die Rom II-VO und die Rom III-VO vor.[399] Die Rom II-VO erlaubt eine Rechtswahl vor Eintritt des schadensbegründenden Ereignisses nur zwischen kommerziell tätigen Personen (Art. 14 Abs. 1 S. 1 lit. b Rom II-VO). Nicht kommerziell tätigen Personen ist eine anfängliche Rechtswahl ausnahmslos versagt. Die Rom III-VO gestattet eine Rechtswahl grundsätzlich nur bis zum Zeitpunkt der Anrufung des Gerichts. Für die Zulässigkeit einer Rechtswahl nach Anrufung des Gerichts wird auf das Recht des angerufenen Gerichts verwiesen (Art. 5 Abs. 2, Abs. 3 S. 1 Rom III-VO).

II. Rom II-VO

1. *Normative Ausgangslage*

Art. 14 Abs. 1 S. 1 Rom II-VO unterscheidet zwischen einer nachträglichen Rechtswahl (lit. a; auch Rechtswahl *ex post* bzw. *post eventum* genannt[400]) und einer anfänglichen Rechtswahl (lit. b; auch Rechtswahl *ex ante*[401], *ante eventum* bzw. *ante delictum*[402] genannt). Differenzierungskriterium zwischen der

399 *Mansel* in Leible/Unberath (Hrsg.) 241, 270.

400 MüKo/*Junker* Art. 14 Rom II-VO Rn. 16.

401 Rauscher/*Jakob/Picht*, EuZPR/EuIPR (2011) Art. 14 Rom II-VO Rn. 9.

402 MüKo/*Junker* Art. 14 Rom II-VO Rn. 16.

anfänglichen und der nachträglichen Rechtswahl ist der Zeitpunkt des Eintritts des schadensbegründenden Ereignisses.

Die nachträgliche Rechtswahl wird den Parteien in Art. 14 Abs. 1 S. 1 lit. a Rom II-VO eröffnet. Es wird weder der rechtswahlbefugte Personenkreis eingeschränkt noch werden besondere Anforderungen an das Zustandekommen der Rechtswahl gestellt.[403] Dies wird als entbehrlich angesehen, da die Rechtswahlvereinbarung nach Schadenseintritt erfolgt und die Parteien deshalb im Bewusstsein des Erfordernisses der Schadensregulierung handeln.[404]

Die anfängliche Rechtswahl gestattet Art. 14 Abs. 1 S. 1 lit. b Rom II-VO dagegen nur einem begrenzten Personenkreis und auch diesem nur unter besonderen Anforderungen an das Zustandekommen der Rechtswahl. Eröffnet ist die anfängliche Rechtswahl nämlich nur, wenn alle Parteien einer „kommerziellen Tätigkeit" nachgehen und die Parteien die Rechtswahl durch eine „frei ausgehandelte Vereinbarung" treffen. Mit dieser Regelung geht der Unionsgesetzgeber einen Mittelweg zwischen der in autonomen Kollisionsrechtsordnungen der Mitgliedstaaten weit verbreitenden ausnahmslosen Ablehnung einer anfänglichen Rechtswahl und der selten zu findenden uneingeschränkten Zulassung einer anfänglichen Rechtswahl[405].[406] Mit der Begrenzung auf kommerziell tätige Personen sollen Parteien, die keiner kommerziellen Tätigkeit nachgehen, als schwächere Parteien geschützt werden (vgl. Erwägungsgrund Nr. 31 S. 4 Rom II-VO[407]).[408] Es soll Informationsasymmetrien entgegengewirkt[409] und ausgeschlossen werden, dass insbesondere Verbraucher und Arbeitnehmer unüberlegt eine Rechtswahl treffen[410], deren Bedeutung ihnen vor Eintritt eines schädigenden Ereignisses typischerweise nicht bewusst ist bzw. die sie nicht überschauen. Die Parteien wissen vor dem Eintritt des schadensbegründenden

---

403 Vgl. Rauscher/*Jakob/Picht*, EuZPR/EuIPR (2011) Art. 14 Rom II-VO Rn. 13.

404 Vgl. *Sendmeyer* Contratto e impresa/Europa 2009, 792, 803.

405 Siehe zu der Zulassung der anfänglichen Rechtswahl *Rühl*, 614, die auf Art. 39 Abs. 1 des liechtensteinischen IPRG eingeht; siehe auch *Bertoli* Rivista di diritto internazionale (2009) 697, 703 Fn. 23 zu der (früheren) Rechtslage in Österreich und den Niederlanden.

406 Vgl. *Rühl*, 614.

407 Erwägungsgrund Nr. 31 S. 4 Rom II-VO: „Die Möglichkeit der Rechtswahl sollte zum Schutz der schwächeren Partei mit bestimmten Bedingungen versehen werden."

408 Siehe auch Bamberger/Roth/*Spickhoff* Art. 14 Rom II-VO Rn. 5; *Bertoli* Il Diritto dell'Unione Europea 2/2009, 231, 245.

409 *Rühl*, 605.

410 KOM(2006) 83 endgültig, S. 3; siehe auch *Francq* European Journal of Consumer Law (2007-2008) 319, 334.

Ereignisses nicht, welche Partei bei einem möglichen späteren außervertraglichen Schuldverhältnis die geschädigte Partei sein wird, und sie können die Art und die Schwere des potentiellen Schadens nur bedingt voraussehen.[411]

2. Gesetzeshistorie

Die Begriffe „kommerzielle Tätigkeit" und „frei ausgehandelte Vereinbarung" werden in der deutschen Sprachfassung der Rom II-VO ausschließlich in Art. 14 Abs. 1 S. 1 lit. b verwendet. Diese Begriffe finden auch in den anderen Europäischen IPR-Verordnungen keine Verwendung. Die Auslegung dieser zentralen Regelungsbestandteile von Art. 14 Abs. 1 S. 1 lit. b Rom II-VO ist daher verständlicherweise sehr umstritten. Dies macht es notwendig, die Entstehungsgeschichte der Vorschrift genauer in den Blick zu nehmen.

Der Vorentwurf der Kommission vom 3. Mai 2002[412] hatte die Rechtswahl noch zeitlich uneingeschränkt zugelassen.[413] Der folgende, das Gesetzgebungsverfahren einleitende Kommissionsvorschlag vom 22. Juli 2003 war wesentlich restriktiver und ließ eine Rechtswahl erst nach Eintritt des Ereignisses zu, durch das ein außervertragliches Schuldverhältnis entstanden ist (Art. 10 Abs. 1 S. 1).[414]

Das Europäische Parlament schlug in seiner Legislativen Entschließung vom 6. Juli 2005[415] dagegen vor, auch eine anfängliche Rechtswahl zuzulassen,

---

411 Vgl. *Symeonides* Yb PIL Volume 9 (2007) 149, 171.

412 Art. 11 Vorentwurf eines Vorschlags für eine Verordnung des Rates über das auf außervertragliche Schuldverhältnisse anzuwendende Recht, abgedruckt in *Hamburg Group for Private International Law* RabelsZ 67 (2003) 1, 34. Vorangegangen war ein sog. Entwurf der *Europäischen Gruppe für Internationales Privatrecht (GEDIP)* vom 27. September 1998, der lediglich eine Rechtswahl nach Entstehung einer Streitigkeit vorsah. Vgl. Art. 8 GEDIP-Vorschlag, *Groupe europóen de droit international privé*, Proposition pour une convention européenne sur la loi applicable aux obligations non contractuelles, abgedruckt bei Fallon/Kinsch/Kohler (Hrsg.) 191 ff.; abgedruckt auch bei Staudinger/*v. Hoffmann* (2002) Vorbemerkungen zu Art. 38-42 EGBGB Rn. 19. Näher dazu *Kreuzer* in Reichelt/Rechberger (Hrsg.) Europäisches Kollisionsrecht,13, 21.

413 MüKo/*Junker* Art. 14 Rom II-VO Rn. 2.

414 KOM(2003) 427 endgültig. Art. 10 Abs. 1 S. 1 des Vorschlags lautet: „Außer bei außervertraglichen Schuldverhältnissen, für die Artikel 8 maßgebend ist, können die Parteien nach Eintritt des Ereignisses, durch das ein außervertragliches Schuldverhältnis entstanden ist, das Recht wählen, dem es unterliegen soll."

415 Legislative Entschließung des Europäischen Parlaments zu dem Vorschlag für eine Verordnung des Europäischen Parlaments und des Rates über das auf außervertragliche Schuldverhältnisse anzuwendende Recht („Rom II")

jedoch nur unter den Voraussetzungen, dass zwischen „Gewerbetreibenden mit vergleichbar starken Verhandlungspositionen“ vor dem Ereignis „eine unabhängige Geschäftsbeziehung“ besteht und die Rechtswahl mittels einer „frei ausgehandelten Vereinbarung“ erfolgt.[416] In der Begründung des Europäischen Parlaments heißt es: „Darüber hinaus ist kein Grund ersichtlich, warum Parteien einer unabhängigen Geschäftsbeziehung verwehrt werden sollte, sich auf das auf Ansprüche aufgrund unerlaubter Handlung anwendbare Recht zu einigen, bevor solche Ansprüche entstehen. Dies mag für Unternehmen interessant sein, die alle möglichen Aspekte ihrer Geschäftsbeziehungen von Anfang an regeln wollen. Allerdings sollen durch die Formulierung dieser Änderung Verbraucherverträge und nicht frei ausgehandelte Vereinbarungen (so wie Standard- und Formularverträge) ausgeschlossen werden, bei denen die Vertragspartner keine vergleichbar starke Verhandlungsposition haben (z.B. Versicherungs-, Franchise- und Lizenzverträge).“[417]

Im weiteren Gesetzgebungsverfahren wurden das Erfordernis einer „unabhängigen Geschäftsbeziehung“ und das Erfordernis der „vergleichbar starken Verhandlungspositionen“ der Parteien wieder fallengelassen.[418] Das Kriterium „frei ausgehandelt“ wurde dagegen beibehalten.[419] Im geänderten Vorschlag der Kommission vom 21. Februar 2006 lautete die freie Rechtswahlregelung in Art. 4 Abs. 2: „Üben alle Parteien eine gewerbliche Tätigkeit aus, kann eine solche Rechtswahl auch Bestandteil eines vor Eintritt des schädigenden

(KOM(2003)0427 – C5-0338/2003 – 2003/0168(COD)), Dokument: P6_TA(2005)0284. Art. 3 Abs. 1 S. 1 und 2 des Vorschlags lautet: „Die Parteien können nach Eintritt des Ereignisses, durch das ein außervertragliches Schuldverhältnis entstanden ist, das Recht wählen, dem es unterliegen soll. Bestand vor Eintritt des Ereignisses eine unabhängige Geschäftsbeziehung, so ist dies zwischen Gewerbetreibenden mit vergleichbar starken Verhandlungspositionen auch vor Eintritt eines solchen Ereignisses mittels einer frei ausgehandelten Vereinbarung möglich.“

416 Dazu *Kadner Graziano* RabelsZ 73 (2009) 1, 8 Fn. 25; *Rushworth/Scott* LMCLQ 2008, 274, 293; *Dickinson*, Chapter 13 Rn. 13.38; *Nehne*, 245.

417 Auszug aus der Begründung zu Änderungsantrag 25, Bericht über den Vorschlag für eine Verordnung des Europäischen Parlaments und des Rates über das auf außervertragliche Schuldverhältnisse anzuwendende Recht („Rom II“) (KOM(2003)0427 – C5 0338/2003 – 2003/0168(COD)), Berichterstatterin: *Diana Wallis*, Dokument: A6-0211/2005 vom 27. Juni 2005.

418 Vgl. *Kadner Graziano* RabelsZ 73 (2009) 1, 8 Fn. 25; *Rushworth/Scott* LMCLQ 2008, 274, 293; *v. Hein* VersR 2007, 440, 445; *Rugullis* IPRax 2008, 319, 322; *Nehne*, 246; *Hahn*, Travaux du Comité français de droit international privé 2006-2008, 187, 193.

419 *Nehne*, 246.

Ereignisses frei zwischen ihnen ausgehandelten Vertrags sein."[420] In der Begründung heißt es: „Mit Abänderung 25 soll für bestimmte Parteien, die bereits in einem Vertragsverhältnis stehen, die Möglichkeit geschaffen werden, das auf ihr außervertragliches Schuldverhältnis anwendbare Recht vor Schadenseintritt zu wählen. Die Kommission kann dem Prinzip einer vorherigen Rechtswahl zustimmen und teilt die Auffassung, dass an eine solche Rechtswahl strenge Anforderungen zu stellen sind, um vor allem die schwächere Partei zu schützen. Dabei kommt es jedoch darauf an, dass diese Anforderungen einfach und klar formuliert sind. Wenn diese rechtlich nicht hinreichend präzise gefasst sind, könnte dies zu Rechtsstreitigkeiten zwischen den Parteien führen, was das Verfahren im Hinblick auf Zeit und Kosten belasten und der Zielsetzung der Verordnung zuwiderlaufen würde. Mit der von der Kommission vorgeschlagenen Formulierung können Verbraucher und Arbeitnehmer vor einer unüberlegten Rechtswahl geschützt werden; gleichzeitig wird die Möglichkeit ausgeschlossen, dass eine solche Rechtswahl in einem Vertrag festgeschrieben wird."[421] Anders als die deutsche Sprachfassung mit dem Begriff „Vertrag" bringt die englische Fassung mit dem Begriff „standard contracts"[422] deutlich zum Ausdruck, dass eine anfängliche Rechtswahl nicht generell in Verträgen, sondern nur in Standardverträgen ausgeschlossen sein soll.[423]

Am 25. September 2006 verabschiedete der Rat, basierend auf den Beschlüssen der Ratsarbeitsgruppe, den sog. Gemeinsamen Standpunkt.[424] Dieser enthielt die in Art. 14 Abs. 1 S. 1 lit. b Rom II-VO Gesetz gewordene Formulierung: „wenn alle Parteien einer kommerziellen Tätigkeit nachgehen, auch durch eine vor Eintritt des schadensbegründenden Ereignisses frei ausgehandelte Vereinbarung."

---

420 KOM(2006) 83 endgültig.

421 KOM(2006) 83 endgültig, S. 3 zu Änderungsantrag 25.

422 In der englischen Sprachfassung heißt es: "exclude the possibility of such choices being imposed in standard contracts".

423 Vgl. NK-BGB Band 6/*Gebauer* Art. 14 Rom II-VO Rn. 36 Fn. 92 „Während die Begründung hier freilich in der deutschen Fassung kaum verständlich ist, weil offenbar ein Wort fehlt, wird sie in der englischen Version klar [...]. Was in der deutschen Fassung unverständlich ‚Vertrag' heißt, lautet in der englischen Version ‚standard contracts'."

424 Gemeinsamer Standpunkt (EG) Nr. 22/2006 vom 25. September 2006, vom Rat festgelegt gemäß dem Verfahren des Artikels 251 des Vertrags zur Gründung der Europäischen Gemeinschaft im Hinblick auf die Annahme einer Verordnung des Europäischen Parlaments und des Rates über das auf außervertragliche Schuldverhältnisse anzuwendende Recht (ROM II), ABl. Nr. C 289E/68 vom 25. September 2006; vgl. dazu MüKo/*Junker* Art. 14 Rom II-VO Rn. 20.

In der Begründung des Rates heißt es: „Abänderung 25 ist grundsätzlich annehmbar. Allerdings müssten die Bedingungen, unter denen eine Rechtswahl ex ante erfolgen kann, nach Ansicht des Rates klar und eindeutig festgelegt werden.“[425] Aus den vorbereitenden Ratsdokumenten wird deutlich, dass mit dem Begriff „kommerzielle Tätigkeit“ Geschäftsleute erfasst werden sollten, die für gewerbliche oder berufliche Zwecke handeln.[426]

3. *Zeitliche Differenzierung und ihrer Kriterien*

a) „alle Parteien“

Art. 14 Abs. 1 S. 1 lit. b Rom II-VO verlangt für die anfängliche Rechtswahl, dass „alle Parteien einer kommerziellen Tätigkeit nachgehen“. Die Formulierung „alle Parteien“ weicht von der Formulierung „die Parteien“ im Eingangshalbsatz von Art. 14 Abs. 1 S. 1 Rom II-VO ab.[427] Es ist jedoch nicht ersichtlich, dass damit ein sachlicher Unterschied zum Ausdruck gebracht werden soll.[428] Vielmehr ist davon auszugehen, dass der Unionsgesetzgeber mit der Formulierung „alle Parteien“ lediglich verdeutlichen wollte, dass jede Partei einer kommerziellen Tätigkeit nachgehen muss.[429] Die Formulierung „alle Parteien“ ist jedoch mit Blick auf die mögliche Beteiligung von mehr als zwei Personen, wie beispielsweise Gläubiger und mehrere Gesamtschuldner, nicht sinnvoll gewählt. Denn auch bei außervertraglichen Rechtsverhältnissen gilt der Grundsatz der Relativität des Schuldverhältnisses, so dass eine Rechtswahl zwischen den Parteien des jeweiligen Schuldverhältnisses geschlossen wird[430]. Außerdem umfasst

425 Gemeinsamer Standpunkt (EG) Nr. 22/2006 vom 25. September 2006, vom Rat festgelegt gemäß dem Verfahren des Artikels 251 des Vertrags zur Gründung der Europäischen Gemeinschaft im Hinblick auf die Annahme einer Verordnung des Europäischen Parlaments und des Rates über das auf außervertragliche Schuldverhältnisse anzuwendende Recht (ROM II), ABl. Nr. C 289E/68 vom 25. September 2006.

426 Vermerk des Vorsitzes, Brüssel, den 10. Februar 2006 (15.02), Dokument: 6165/06, S. 9 zu Art. 3a, Nr. 26: „Vereinbarungen vor Eintritt des Ereignisses, durch das ein außervertragliches Schuldverhältnis entstanden ist, sollten nur zwischen Geschäftsleuten in Situationen zulässig sein, bei denen davon ausgegangen werden kann, dass alle Parteien für gewerbliche oder berufliche Zwecke handeln. Dies würde bedeuten, dass Verträge, die von Verbrauchern bzw. Arbeitnehmern geschlossen werden, nicht darunter fallen.“

427 *Junker* RIW 2010, 257, 267, der dies als einen Schönheitsfehler bezeichnet.

428 MüKo/*Junker* Art. 14 Rom II-VO Rn. 21.

429 MüKo/*Junker* Art. 14 Rom II-VO Rn. 21; *ders.* RIW 2010, 257, 267; *Vogeler*, 248.

430 Vgl. *v. Hein* in Calliess (Hrsg.) Art. 14 Rom II-VO Rn. 20.

die Formulierung „die Parteien" stets die Bedeutung von „allen Parteien". Dieser Formulierung kommt somit keine weitergehende Bedeutung zu als der Formulierung „die Parteien". Es handelt sich vielmehr um eine „ermahnungsartige Verstärkung"[431], die in einem Rechtsakt fehl am Platz ist[432] und die deshalb *de lege ferenda* beseitigt werden sollte.

b) Erfordernis einer „kommerziellen Tätigkeit" der Parteien

aa) Neuer Begriff „kommerzielle Tätigkeit"

Eine Definition oder Erläuterung des Begriffs „kommerzielle Tätigkeit" enthält die Rom II-VO nicht.[433] Es bleibt daher unklar, wie der Begriff „kommerzielle Tätigkeit" einzuordnen ist.[434] Dieser Begriff wird in der deutschen Sprachfassung auch weder in der Rom I-VO noch in der EuGVVO verwendet, wenn es darum geht, die Anwendbarkeit einer Regelung auf einen bestimmten Personenkreis zu begrenzen.[435] Art. 6 Rom I-VO über Verbraucherverträge verwendet als Gegenpol zu dem Begriff „Verbraucher" den Begriff „Unternehmer", der legal definiert ist als eine Person, die in Ausübung ihrer beruflichen oder gewerblichen Tätigkeit handelt. Betreffend Versicherungsverträge umschreibt Artikel 7 Abs. 3 lit. e Rom I-VO den Versicherungsnehmer, der kein Verbraucher ist, als jemanden, der eine gewerbliche oder industrielle Tätigkeit ausübt oder freiberuflich tätig ist. Art. 15 EuGVVO über die Zuständigkeit bei Verbrauchersachen bezeichnet den Gegenpol des Verbrauchers als „anderen Vertragspartner", der eine berufliche oder gewerbliche Tätigkeit ausübt.

Das Schrifttum steht der Einführung des Begriffs „kommerzielle Tätigkeit" und der damit erfolgenden Abweichung von dem ansonsten bezüglich Schuldverhältnissen verwendeten Begriff des „Unternehmers" überwiegend kritisch gegenüber.[436] Sachliche Gründe für eine neue Kategorie der kommerziellen Tätigkeit

---

431 *Junker* RIW 2010, 257, 267 „ermahnungsartigen Verstärkungen".

432 *Junker* RIW 2010, 257, 267.

433 *Mankowski* IPRax 2010, 389, 400; *Wagner* IPRax 2008, 1, 13; *v. Hein* in Calliess (Hrsg.) Art. 14 Rom II-VO Rn. 19; *Francq* European Journal of Consumer Law (2007-2008) 319, 335.

434 NK-BGB Band 6/*Gebauer* Art. 14 Rom II-VO Rn. 34.

435 Vgl. *Vogeler*, 249.

436 Siehe dazu Huber/*Bach* Art. 14 Rom II-VO Rn. 23; *Junker* RIW 2010, 257, 267; *Sujecki* EWS 2009, 310, 313; *Wagner* IPRax 2008, 1, 13; Rauscher/*Jakob/Picht*, EuZPR/EuIPR (2011) Art. 14 Rom II-VO Rn. 20; *Nehne*, 239; *v. Hein* RabelsZ 73 (2009) 461, 489, 490; jurisPK-BGB Band 6/*Wurmnest* Art. 14 Rom II-VO Rn. 14; *Ofner* ZfRV 2008, 13, 21; *Dutoit* in Liber Fausto Pocar – Vol. II, 309, 313. *Junker* verweist auch auf eine fehlende Abstimmung mit Art. 23 Abs. 1 Rom II-VO (gemeint ist Art. 23

seien nicht ersichtlich.[437] Als Konsequenz daraus wird entweder von vornherein eine Bedeutungsidentität mit dem Unternehmerbegriff im Sinne des Art. 6 Abs. 1 Rom I-VO angenommen[438] oder der Begriff der kommerziellen Tätigkeit wird – entsprechend dem Gebot einheitlicher Auslegung von Rom I-und Rom II-VO[439] – im Sinne des Unternehmerbegriffs der Rom I-VO berichtigend ausgelegt[440].

Ein Teil des Schrifttums verteidigt das Kriterium der kommerziellen Tätigkeit hingegen mit dem Argument, eine unerlaubte Handlung werde nicht „als Verbraucher" oder „als Unternehmer" begangen.[441] Dieser Einwand ist jedoch

---

Abs. 2 Rom II-VO) hin, in dem von „der Ausübung ihrer beruflichen Tätigkeit" gesprochen wird, vgl. MüKo/*Junker* Art. 14 Rom II-VO Rn. 5.

437 Vgl. *Wagner* IPRax 2008, 1, 13; *Mankowski* IPRax 2010, 389, 400; MüKo/*Junker* Art. 14 Rom II-VO Rn. 23.

438 Bamberger/Roth/*Spickhoff* Art. 14 Rom II-VO Rn. 5 („Unternehmer in etwa iSv § 14 BGB bzw der Verbraucherrichtlinien der EG/EU"); Palandt/*Thorn* Art. 14 Rom II-VO Rn. 8 („Inhaltl dürfte die Wendg mit dem in den verbraucherschützenden RL sowie der ROM I-VO verwendeten situativen UnternBegriff übereinstimmen"); Hk-BGB/*Dörner* Art. 14 Rom II-VO Rn. 3 („Damit werden Unternehmer [...]"); Erman BGB/*Hohloch* Art. 14 Rom II-VO Rn. 9 („wenn die Parteien der Vereinbarung unternehmerisch tätig sind (vgl § 14 BGB)").

439 Vgl. Erwägungsgrund Nr. 7 der Rom I- und II-VO. Siehe dazu *Hauser*, 49.

440 Müko/*Junker* Art. 14 Rom II-VO Rn. 23; *ders.* RIW 2010, 257, 267; jurisPK-BGB Band 6/*Wurmnest* Art. 14 Rom II-VO Rn. 14; *v. Hein* ZEuP 2009, 6, 20; NK-BGB Band 6/*Gebauer* Art. 14 Rom II-VO Rn. 34; in diese Richtung auch Huber/*Bach* Art. 14 Rom II-VO Rn. 24; *Mankowski* IPRax 2010, 389, 400; ähnlich jedoch ohne Bezugnahme auf Art. 6 Rom I-VO im Ergebnis auch *Ofner* ZfRV 2008, 13, 22; *Sujecki* EWS 2009, 310, 313; PWW/*Schaub* Art. 14 Rom II-VO Rn. 4 („Kommerzielle Tätigkeit ist ähnl zu verstehen wie die Tätigkeit von Unternehmern in den materiellrechtlichen Verbraucherschutzrichtlinien und umfasst Aktivitäten im Zusammenhang mit einer gewerblichen oder beruflichen Tätigkeit"); *Rushworth/Scott* LMCLQ 2008, 274, 293 ("Guidance may be found in the Rome Convention and in the Brussels I Regulation, which define a consumer as a person acting outside his trade or profession. Nonetheless, the legislature also intended to exclude employees' activities from the category of 'commerical activity'."); *Staudinger/Steinrötter* JA 2011, 241, 245 („Trotz der unüblichen Bezeichnung ist hinsichtlich der kommerziellen Tätigkeit ein Rückgriff auf den unionsrechtlich entwickelten Unternehmerbegriff angezeigt, so dass die Beteiligten durch eine selbstständige gewerbliche oder berufliche Tätigkeit unternehmerisch am Markt agieren müssen."); anders *Leible* RIW 2008, 257, 260 („Zurückgreifen lässt sich hier im Wege der systematischen Auslegung auf die Richtlinie 2005/29/EG vom 11.5.2005 über unlautere Geschäftspraktiken").

441 Siehe *Leible* RIW 2008, 257, 260; in diese Richtung wohl auch Rauscher/*Jakob/Picht*, EuZPR/EuIPR (2011) Art. 14 Rom II-VO Rn. 21; *Rauscher* Rn. 1360; *Hahn*, Travaux du Comité français de droit international privé 2006-2008, 187, 192.

nicht stichhaltig.[442] Delikte können durchaus in der Eigenschaft als Unternehmer begangen werden, etwa in den Bereichen der Umwelthaftung, der Produkthaftung sowie dem unlauteren Wettbewerb.[443] Auch kommt es entscheidend auf die Unternehmereigenschaft bei Abschluss der Rechtswahlvereinbarung an.[444] Der Rechtswahlvertrag selbst kann in der Eigenschaft als Unternehmer geschlossen werden.[445]

Die Einführung des neuen Rechtsbegriffs der kommerziellen Tätigkeit wird auch mit der Begründung verteidigt, es bestünden Abweichungen zum Unternehmerbegriff.[446] Diese Abweichungen werden wie folgt beschrieben: Im Gegensatz zu Art. 15 EuGVVO und Art. 6 Rom I-VO seien Arbeitnehmer vom Schutzbereich des Art. 14 Abs. 1 S. 1 lit. b Rom II-VO erfasst.[447] Eine Gewinnerzielungsabsicht oder Entgeltlichkeit sei für die kommerzielle Tätigkeit entgegen des alltagssprachlichen Gebrauchs nicht obligatorisch.[448] Dem Begriff des kommerziell Tätigen liege ein „rollensoziologisches Verständnis"[449] zugrunde: Der nicht-kommerziell Tätige gelte als geschäftlich unerfahren. Deshalb hätte der Unionsgesetzgeber in den einheitlichen Kernbereich des europäischen Unternehmer- und Verbraucherbegriffs eingegriffen, wenn er in Art. 14 Abs. 1 S. 1 lit. b Rom II-VO auf den Unternehmerbegriff abgestellt hätte.[450]

Diese Begründungen, die sich nicht allein auf den Unternehmerbegriff beschränken, sondern – teilweise verwirrend – auch den Verbraucherbegriff einbeziehen, vermögen nicht zu überzeugen. Missverständlich und nicht stichhaltig ist zunächst das Argument, Arbeitnehmer seien vom Schutzbereich des Art. 14 Abs. 1 S. 1 lit. b Rom II-VO erfasst, während sie aus dem Schutzbereich von Art. 15 EuGVVO und Art. 6 Rom I-VO herausfielen.[451] In Art. 14 Abs. 1 S. 1 lit. b Rom II-VO soll mit dem Begriff der kommerziellen Tätigkeit derjenige Personenkreis beschrieben werden, der wegen seiner Geschäftserfahrung nicht vor den Risiken einer anfänglichen Rechtswahl geschützt werden soll. Der Vergleich

442 Zustimmend MüKo/*Junker* Art. 14 Rom II-VO Rn. 23; *Mankowski* IPRax 2010, 389, 400.
443 *Mankowski* IPRax 2010, 389, 400.
444 Vgl. NK-BGB Band 6/*Gebauer* Art. 14 Rom II-VO Rn. 34.
445 MüKo/*Junker* Art. 14 Rom II-VO Rn. 23.
446 *Vogeler*, 269.
447 *Vogeler*, 269.
448 *Vogeler*, 269.
449 *Vogeler*, 269.
450 *Vogeler*, 269.
451 *Vogeler*, 269.

mit Art. 15 EuGVVO und Art. 6 Rom I-VO ist deshalb auf den Unternehmerbegriff zu konzentrieren. Im Übrigen werden Arbeitnehmer von Art. 15 EuGVVO und Art. 6 Rom I-VO nur deshalb nicht erfasst, weil es für sie besondere Parallelvorschriften zu den Verbrauchervorschriften gibt. Zum zweiten im Rahmen der Begründung angeführten Unterschied, dass für den Begriff der kommerziellen Tätigkeit entgegen des alltagssprachlichen Gebrauchs eine Gewinnerzielungsabsicht oder Entgeltlichkeit nicht obligatorisch sei[452], ist zu sagen: Abgesehen von der empirisch nicht für den gesamten Sprachraum der Mitgliedstaaten nachgewiesenen Aussage zum alltagssprachlichen Gebrauch, erscheint es sehr zweifelhaft, den Begriff kommerzielle Tätigkeit so auszulegen, dass auch (planmäßiges und dauerhaftes) unentgeltliches Handeln darunter zu verstehen ist[453]. Soweit es hingegen um die Gewinnerzielungsabsicht geht, lässt sich hieraus kein Unterschied zum Unternehmerbegriff ableiten. Denn auch der Unternehmerbegriff verlangt in autonom europäischer Auslegung keine Gewinnerzielungsabsicht.[454] Auch der Hinweis auf ein rollensoziologisches Verständnis vermag keinen Unterschied zwischen dem Begriff der kommerziell Tätigen und dem Unternehmerbegriff zu begründen. Denn typischerweise ist beiden Begriffen die Geschäftserfahrenheit immanent.

Gegen die These, der Unionsgesetzgeber habe dem Begriff der kommerziellen Tätigkeit bewusst einen anderen Bedeutungsinhalt als dem Unternehmerbegriff von Rom I-VO und EuGVVO gegeben, spricht im Übrigen, dass Art. 14 Abs. 1 S. 1 lit. b Rom II-VO – wohl nur infolge des sehr kontrovers abgelaufenen Gesetzgebungsverfahrens – terminologisch nicht auf andere, inhaltlich zumindest teilweise gleichlaufender Vorschriften der Rom-Verordnungen abgestimmt worden ist. Bei der Auslegung des deutschen Normtextes sind außerdem die anderen Sprachfassungen mit in den Blick zu nehmen. Insoweit ist festzustellen, dass in der englischen Sprachfassung des Art. 6 Abs. 1 lit. a Rom I-VO[455] und Art. 15 Abs. 1 lit. c EuGVVO[456] – anders als in der deutschen Sprachfassung – sehr wohl eine Parallelität zu Art. 14 Abs. 1 lit. b Rom II-VO[457] besteht. In allen

452 *Vogeler*, 269.

453 Vgl. Rauscher/*Jakob/Picht*, EuZPR/EuIPR (2011) Art. 14 Rom II-VO Rn. 20: („‚Kommerziell' ist nur das auf entgeltliche Transaktion am Markt (im weitesten Sinne) gerichtete Verhalten").

454 Erman BGB/*Hohloch* Art. 6 Rom I-VO Rn. 10. So auch von *Vogeler* an anderer Stelle nachgewiesen vgl. *Vogeler*, 253 m.w.N. Fn. 1017.

455 "pursues his commercial or professional activities [...]".

456 "[...] pursues commercial or professional activities [...]".

457 "[...] pursuing a commercial activity [...]"

genannten Vorschriften wird nämlich von „commercial activity" bzw. „commercial activities" gesprochen.[458] In der französischen Sprachfassung von Art. 6 Abs. 1 lit. a Rom I-VO wird zwar für den Unternehmerbegriff nur von „activité professionnelle" gesprochen. In dem dazugehörigen Erwägungsgrund Nr. 25 Rom I-VO heißt es dann aber wiederum „activités commerciales ou professionnelles". Insgesamt ist daher festzuhalten, dass bei der Auslegung des Begriffs der kommerziellen Tätigkeit in Art. 14 Abs. 1 lit. b Rom II-VO weniger auf den Wortlaut (der deutschen Sprachfassung) als auf den Zweck der Regelung abzustellen ist.

Vom Zweck der Regelung her ist aber eindeutig, dass keine sachlichen Gründe zu erkennen sind, die es rechtfertigen würden, in Art. 14 Abs. 1 S. 1 lit. b Rom II-VO abweichend von dem der Rom I-VO und in der EuGVVO verwendeten Unternehmerbegriff eine neue Kategorie der kommerziellen Tätigkeit einzuführen. Der überwiegenden Ansicht des Schrifttums ist daher zuzustimmen, dass dieser Begriff *de lege lata* entsprechend dem Unternehmerbegriff des Art. 6 Abs. 1 Rom I-VO auszulegen ist.

bb) Ungeschriebenes Zusammenhangserfordernis

Der Wortlaut des Art. 14 Abs. 1 lit. b Rom II-VO macht nicht hinreichend deutlich, ob ein Zusammenhang zwischen der Rechtswahl und der kommerziellen Tätigkeit bestehen muss. Es wird lediglich verlangt, dass „alle Parteien einer kommerziellen Tätigkeit nachgehen".[459] Bei einer rein wortlautgetreuen Anwendung wäre danach den kommerziell Tätigen eine anfängliche Rechtswahl auch bezüglich privater Rechtsbeziehungen gestattet.[460] Es ist jedoch zweifelhaft, ob ein solches Verständnis mit dem Regelungswillen des Unionsgesetzgebers vereinbar ist, nämlich durch die begrenzte Zulassung der anfänglichen Rechtswahl schwächere Parteien vor einer solchen Rechtswahl zu schützen.[461] Die Zweifel beruhen auf der Erkenntnis, dass einer kommerziell tätigen Person im Privatbereich, insbesondere wenn die Rechtswahlvereinbarung für das (potentielle) außervertragliche Schuldverhältnis keinerlei inhaltliche Berührung zu dem Geschäftsfeld des Betreffenden hat, ebenso die Sachkenntnis und Verhandlungsstärke fehlen kann wie einer

458 Abweichend zu Art. 6 Abs. 1 lit. a Rom I-VO und Art. 15 Abs. 1 lit. c EuGVVO spricht Art. 14 Abs. 1 S. 1 lit. b Rom II-VO jedoch nicht von „professional activities".

459 *Vogeler*, 270.

460 MüKo/*Junker* Art. 14 Rom II-VO Rn. 22; *ders.* RIW 2010, 257, 267; Rauscher/*Jakob/Picht*, EuZPR/EuIPR (2011) Art. 14 Rom II-VO Rn. 21.

461 Siehe dazu Rauscher/*Jakob/Picht*, EuZPR/EuIPR (2011) Art. 14 Rom II-VO Rn. 21; *Vogeler*, 270.

nicht kommerziell tätigen Person.[462] Es spricht daher viel dafür, Art. 14 Abs. 1 S. 1 lit. b Rom II-VO berichtigend in der Weise auszulegen, dass ein Zusammenhang zwischen der Ausübung der kommerziellen Tätigkeit und der Rechtswahlvereinbarung bestehen muss.[463] Dies deckt sich im Ergebnis auch mit der Ansicht im Schrifttum, die einen Zusammenhang zwischen dem Delikt bzw. dem gesetzlichen Schuldverhältnis und der Ausübung der kommerziellen Tätigkeit fordert[464]. Denn die Rechtswahlvereinbarung ist nur dann und insoweit in Ausübung der kommerziellen Tätigkeit getroffen, als sie sich auf ein (potentielles) außervertragliches Schuldverhältnis in Ausübung der kommerziellen Tätigkeit bezieht.

cc) Überlegungen *de lege ferenda*

De lege ferenda sollte eine Korrektur des Regelungswortlauts des Art. 14 Abs. 1 S. 1 lit. b Rom II-VO erfolgen und der Begriff der kommerziellen Tätigkeit durch den Unternehmerbegriff des Art. 6 Abs. 1 Rom I-VO ersetzt werden.[465]

---

462 Vgl. Rauscher/*Jakob/Picht*, EuZPR/EuIPR (2011) Art. 14 Rom II-VO Rn. 21.

463 Im Ergebnis ebenso MüKo/*Junker* Art. 14 Rom II-VO Rn. 23; *Wagner* IPRax 2008, 1, 13; *Ofner* ZfRV 2008, 13, 22; *v. Hein* in Calliess (Hrsg.) Art. 14 Rom II-VO Rn. 19; PWW/*Schaub* Art. 14 Rom II-VO Rn. 4; Palandt/*Thorn* Art. 14 Rom II-VO Rn. 8; *Francq* European Journal of Consumer Law (2007-2008) 319, 334; etwas anders *Leible* RIW 2008, 257, 259, nach dem es darauf ankommt, ob der Vertrag, in der sich die Rechtswahlklausel befindet, in Ausübung einer kommerziellen Tätigkeit geschlossen wurde; unklar differenzierend *Kroll-Ludwigs*, 91 die zwischen einer isolierten Rechtswahl für ein außervertragliches Schuldverhältnis und einer einheitlichen Rechtswahl für das vertragliche und außervertragliche Schuldverhältnis unterscheidet. Bei einer einheitlichen Rechtswahl soll es danach darauf ankommen, dass der schuldrechtliche Hauptvertrag, in dem sich die Rechtswahl befinde, in Ausübung einer kommerziellen Tätigkeit geschlossen werde. Insofern kommt *Kroll-Ludwigs* zu dem nicht nachvollziehbaren Ergebnis, dass vorherige Rechtswahlklauseln bei einer einheitlichen Rechtswahl zwischen zwei Privatpersonen möglich bleiben sollen.

464 Rauscher/*Jakob/Picht*, EuZPR/EuIPR (2011) Art. 14 Rom II-VO Rn. 21, die darauf abstellen, ob das von der Rechtswahl betroffene Schuldverhältnis im inhaltlichen Zusammenhang mit der kommerziellen Tätigkeit steht; Bamberger/Roth/*Spickhoff* Art. 14 Rom II-VO Rn. 5; *Kadner Graziano* in Ahern/Binchy (Hrsg.) 113, 121.

465 Siehe dazu *Junker* RIW 2010, 257, 267; ähnlich auch *Dutoit* in Liber Fausto Pocar – Vol. II, 309, 313. Dabei sollte auch Klarheit über die Einbeziehung von Freiberuflern geschaffen werden; siehe zu dieser Problematik: *Francq* European Journal of Consumer Law (2007-2008) 319, 335; *Hahn*, Travaux du Comité français de droit international privé 2006-2008, 187, 192; wohl auch *Dutoit* in Liber Fausto Pocar – Vol. II, 309, 313; *Loquin* in Corneloup/Joubert (Hrsg.) 35, 52.

Dies trägt zu der – insbesondere nach den Erwägungsgründen beider Verordnungen – gewünschten Kohärenz zwischen der Rom I- und Rom II-VO bei.

Auch sollte im Regelungswortlaut klargestellt werden, dass die anfängliche Rechtswahl in Ausübung der beruflichen oder gewerblichen Tätigkeit der Parteien getroffen werden muss (Zusammenhangserfordernis).

c) Erfordernis einer „frei ausgehandelten Vereinbarung"

aa) Anwendungsbereich

Überwiegend wird im Schrifttum die Ansicht vertreten, dass sich die Formulierung frei ausgehandelt nur auf die anfängliche Rechtswahl (lit. b) beziehe.[466] Denn das Kriterium des freien Aushandelns finde bei der nachträglichen Rechtswahl (lit. a) keine Erwähnung.[467] Vereinzelt wird im Schrifttum die Formulierung frei ausgehandelt dagegen auch auf die nachträgliche Rechtswahl (lit. a) bezogen.[468] *Junker* stützt dies auf den Wortlaut des Art. 14 Abs. 1 S. 1 Rom II-VO sowie auf teleologische Gründe.[469] Würde sich die Formulierung frei ausgehandelt nur auf die nachträgliche Rechtswahl beziehen, so hätte es nach seiner Ansicht nahegelegen, lit. b wie folgt zu formulieren: „vor Eintritt des schadensbegründenden Ereignisses auch durch eine frei ausgehandelte Vereinbarung".[470] Auch sei es wenig verständlich, wenn eine Rechtswahl zwischen nicht kommerziell tätigen Personen, beispielsweise Verbrauchern, anders als eine Rechtswahl zwischen kommerziell tätigen Personen nicht frei ausgehandelt sein müsse.[471]

Junker ist zuzustimmen, dass die Satzstellung hinsichtlich der Formulierung frei ausgehandelt nicht überzeugend gewählt wurde. Die systematische Untergliederung in lit. a und lit. b und die Entstehungsgeschichte sprechen jedoch eindeutig dafür, dass sich die Formulierung frei ausgehandelt nur auf die nachträgliche Rechtswahl in lit. b beziehen soll.[472] Auch fehlt bei einer nachträglichen

466 Siehe dazu *Leible* RIW 2008, 257, 260; Rauscher/*Jakob*/*Picht*, EuZPR/EuIPR (2011) Art. 14 Rom II-VO Rn. 23; *Rugullis* IPRax 2008, 319, 322; NK-BGB Band 6/*Gebauer* Art. 14 Rom II-VO Rn. 19; *Mansel* in Leible/Unberath (Hrsg.) 241, 280; in diese Richtung auch *Heiss/Loacker* JBl 2007, 613, 623 „wohl".

467 *Leible* RIW 2008, 257, 260; *Heiss/Loacker* JBl 2007, 613, 623.

468 MüKo/*Junker* Art. 14 Rom II-VO Rn. 34; *Symeonides*, Tul. L. Rev. 82 (2008) 1741, 1771 Fn. 170.

469 MüKo/*Junker* Art. 14 Rom II-VO Rn. 34.

470 MüKo/*Junker* Art. 14 Rom II-VO Rn. 34.

471 Vgl. MüKo/*Junker* Art. 14 Rom II-VO Rn. 34 „wenn es [die Formulierung] denn überhaupt eine rechtliche Bedeutung hat".

472 Vgl. *Mansel* in Leible/Unberath (Hrsg.) 241, 280.

Rechtswahlvereinbarung eine vergleichbare „Überrumpelungssituation“[473], vor der durch das Kriterium geschützt werden soll. Nach Eintritt des schadensbegründenden Ereignisses steht die Regulierung eines konkreten Schadens im Vordergrund. Der Geschädigte hat Kenntnis von dem Schaden[474], so dass davon auszugehen ist, dass er sich nicht unüberlegt auf eine Rechtswahlvereinbarung einlassen wird.[475] Für die nach Eintritt des schadensbegründenden Ereignisses getroffene Rechtswahl ist die Verwendung einer AGB-Rechtswahlklausel für die Parteien eines internationalen Sachverhalts auch kaum praktisch.[476] Anders stellt sich die Situation dagegen bei der anfänglichen Rechtswahl dar. Insbesondere in Fällen, in denen die Festlegung von sonstigen Vertragsbedingungen im Vordergrund steht, kann einer in den vertraglichen Bedingungen aufgenommenen Rechtswahlklausel ein wesentlich größerer Überraschungseffekt zukommen.

De lege ferenda sollte in der deutschen Sprachfassung eine Korrektur der Satzstellung hinsichtlich der Formulierung frei ausgehandelt vorgenommen werden. Dabei sollte dem „Vorschlag“ von *Junker* gefolgt werden und die folgende Formulierung gewählt werden: *„vor Eintritt des schadensbegründenden Ereignisses auch durch eine frei ausgehandelte Vereinbarung“*[477].

bb) Immanentes AGB-Verwendungsverbot?

Im Schrifttum hat sich zu der Frage, ob das Erfordernis einer „frei ausgehandelten Vereinbarung“ zu einem AGB-Verwendungsverbot für die Parteien einer anfänglichen Rechtswahlvereinbarung führt, ein facettenreicher Meinungsstand herausgebildet.

(1) Bejahung eines AGB-Verwendungsverbots

Verbreitet wird die Auffassung vertreten, dass mit dem Kriterium frei ausgehandelt ein AGB-Verwendungsverbot einhergehe.[478] Eine anfängliche Rechtswahl

---

473 *Vogeler*, 173.

474 Dazu *Rühl*, 605.

475 Vgl. *Cheshire/North/Fawcett*, Chapter 19, 839.

476 Vgl. *Vogeler*, 173.

477 MüKo/*Junker* Art. 14 Rom II-VO Rn. 34.

478 *Leible* RIW 2008, 257, 260; *Heiss/Loacker* JBl 2007, 613, 623; *Rugullis* IPRax 2008, 319, 322; *v. Hein* ZEuP 2009, 6, 20; *ders.* RabelsZ 73 (2009) 461, 487; PWW/*Schaub* Art. 14 Rom II-VO Rn. 4; *dies.* Riesenhuber/Karakostas (Hrsg.) 195, 208; *Sujecki* EWS 2009, 310, 313; *Rühl*, 615, 618; *Mansel* in Leible/Unberath (Hrsg.) 241, 279; *Vogeler*, 278; *Rushworth/Scott* LMCLQ 2008, 274, 293; *Garcimartín Alférez* EuLF 2007, I-77, I-82; *Harder* Journal of Private International Law (2011), 649, 659; *Dutoit* in Liber Fausto Pocar – Vol. II, 309, 313; *de Lima Pinheiro* Riv. dir. int. priv.

mittels AGB sei bereits *qua definitionem* nicht „ausgehandelt", sondern „gestellt".[479] Eine ähnliche Formulierung verwende die europäische Klausel-Richtlinie.[480] Zwar gelte die Klausel-Richtlinie[481] nur im Verhältnis von Gewerbetreibenden zu Verbrauchen.[482] Der in der Klausel-Richtlinie enthaltene Grundgedanke könne jedoch verallgemeinert werden, so dass im Voraus abgefasste Klauseln grundsätzlich als nicht frei ausgehandelt zu betrachten seien.[483] Der divergierende Wortlaut von Art. 14 Abs. 1 S. 1 lit. b Rom II-VO und Art. 3 Abs. 2 der Klausel-Richtlinie sei darauf zurückzuführen, dass AGB bereits *per definitionem* im Plural stünden, hingegen es bei einer Rechtswahlklausel naturgemäß nur um eine einzelne Klausel gehe.[484] Entscheidend sei folglich auch im Rahmen der anfänglichen Rechtswahl für außervertragliche Schuldverhältnisse die Möglichkeit der inhaltlichen Einwirkung auf die Vertragsklausel.[485] Insoweit gebe das Europäische Recht auch keine Anhaltspunkte, dass im unternehmerischen Geschäftsverkehr niedrigere Standards an das Aushandeln anzusetzen seien.[486] Zwar sei ein AGB-Verwendungsverbot im internationalen Handelsverkehr unpraktisch und unüblich, *de lege lata* aber hinzunehmen.[487]

(2) Ablehnung eines AGB-Verwendungsverbots

Nach anderer Ansicht soll eine anfängliche Rechtswahl dagegen grundsätzlich auch in AGB zulässig sein.[488] Der Wortlaut des Abs. 14 Abs. 1 S. 1 lit. b

proc. 44 (2008) 5, 12; *Francq* European Journal of Consumer Law (2007-2008) 319, 334; *Hahn* in Comité Français de Droit International Privé (Hrsg.) Droit International Privé Année 2006-2008 (2009) 187, 193; *Loquin* in Corneloup/Joubert (Hrsg.) 35, 52; differenzierender *Mankowski* IPRax 2010, 389, 400; *Dickinson*, Chapter 13 Rn. 13.37 ff.; offen gelassen *Hay* EuLF 2007, I-137, I- 151.

479 *Leible* RIW 2008, 257, 260.

480 Vgl. *Leible* RIW 2008, 257, 260.

481 Richtlinie 93/13/EWG des Rates vom 5. April 1993 über missbräuchliche Klauseln in Verbraucherverträgen, ABl. Nr. L 95/29 vom 21.April 1993.

482 Siehe dazu PWW/*Schaub* Art. 14 Rom II-VO Rn. 4; *Mankowski*, 37.

483 *Schaub* in Riesenhuber/Karakostas (Hrsg.) 195, 208.

484 *Vogeler*, 276.

485 *Leible* RIW 2008, 257, 260.

486 *Schaub* in Riesenhuber/Karakostas (Hrsg.) 195, 208.

487 PWW/*Schaub* Art. 14 Rom II-VO Rn. 4.

488 Rauscher/*Jakob*/*Picht*, EuZPR/EuIPR (2011) Art. 14 Rom II-VO Rn. 23; MüKo/*Junker* Art. 14 Rom II-VO Rn. 34; Gebauer/Wiedmann/*Staudinger* Art. 14 Rom II-VO Rn. 74; Palandt/*Thorn* Art. 14 Rom II-VO Rn. 9; *Wagner* IPRax 2008, 1, 14; *Kroll-Ludwigs*, 91; Erman BGB/*Hohloch* Art. 14 Rom II-VO Rn. 9; Bamberger/Roth/*Spickhoff* Art. 14 Rom II-VO Rn. 5; *Nehne*, 250; *Sendmeyer* Contratto e

Rom II-VO stehe dem nicht entgegen[489], da die Formulierung frei ausgehandelt von der Formulierung in Art. 3 der Klausel-Richtlinie „nicht im Einzelnen ausgehandelt" abweiche.[490] Die Annahme eines AGB-Verwendungsverbots würde der anfänglichen Rechtswahl in vielen Bereichen ihre praktische Bedeutung berauben.[491] Denn die Verwendung von AGB sei im nationalen und internationalen Handelsverkehr üblich.[492] Es liege daher der Rückschluss nahe, dass eine solche Einschränkung nicht dem Willen des Unionsgesetzgebers entspreche.[493] Für diese Sichtweise spreche auch ein Vergleich mit der nachträglichen Rechtswahlregelung in Art. 14 Abs. 1 S. 1 lit. a Rom II-VO.[494] Es würde seltsam anmuten, dass eine nachträgliche Rechtswahl zwischen schutzwürdigeren Verbrauchern anders als eine anfängliche Rechtswahl zwischen kommerziell tätigen Personen in AGB erfolgen könne.[495] Im Übrigen sei zu berücksichtigen, dass „mittelbar" eine Rechtswahl – selbst bei Annahme eines AGB-Verwendungsverbots – auch über eine AGB-Rechtswahlklausel im Wege der akzessorischen Anknüpfung möglich sei.[496] Für diese Sichtweise könne auch auf die Kommissionsbegründungen verwiesen werden, aus denen zu entnehmen sei, dass die Formulierung frei ausgehandelt allein dem Schutz von Verbrauchern und Arbeitnehmern dienen solle.[497]

Ob der Formulierung frei ausgehandelt bei der angenommenen Zulässigkeit einer AGB-Rechtswahlklausel eine rechtliche Bedeutung verbleibt, wird unterschiedlich gesehen. Nach einer Ansicht verlangt dieses Kriterium die Vornahme einer Einzelfallprüfung: Die in AGB enthaltene anfängliche Rechtswahlvereinbarung sei nur dann frei ausgehandelt, wenn es sich nicht um eine überraschende

---

impresa/Europa 2009, 792, 801; einschränkend auch *Dicey/Morris/Collins* Rn. 34-045, sofern jede Partei eine echte Möglichkeit hat den Inhalt der Rechtswahlvereinbarung zu beeinflussen.

489 Vgl. Rauscher/*Jakob/Picht*, EuZPR/EuIPR (2011) Art. 14 Rom II-VO Rn. 23.

490 Rauscher/*Jakob/Picht*, EuZPR/EuIPR (2011) Art. 14 Rom II-VO Rn. 23.

491 Siehe dazu MüKo/*Junker* Art. 14 Rom II-VO Rn. 36; *Rühl*, 619; *Wagner* IPRax 2008, 1, 14; mit Verweis auf die Erleichterung der Praxis auch Rauscher/*Jakob/Picht*, EuZPR/EuIPR (2011) Art. 14 Rom II-VO Rn. 23; *Kroll-Ludwigs*, 91.

492 *Wagner* IPRax 2008, 1, 14; siehe auch Gebauer/Wiedmann/*Staudinger* Art. 14 Rom II-VO Rn. 74; Palandt/*Thorn* Art. 14 Rom II-VO Rn. 9.

493 Vgl. Gebauer/Wiedmann/*Staudinger* Art. 14 Rom II-VO Rn. 74.

494 Rauscher/*Jakob/Picht*, EuZPR/EuIPR (2011) Art. 14 Rom II-VO Rn. 23; *Junker* RIW 2010, 257, 267.

495 Vgl. Rauscher/*Jakob/Picht*, EuZPR/EuIPR (2011) Art. 14 Rom II-VO Rn. 23.

496 Vgl. Rauscher/*Jakob/Picht*, EuZPR/EuIPR (2011) Art. 14 Rom II-VO Rn. 23.

497 *Nehne*, 248.

Rechtswahl[498] und nicht durch Täuschung[499] zustande gekommene Klausel handele.[500] Eine andere Ansicht spricht sich gegen jegliche rechtliche Bedeutung der Formulierung frei ausgehandelt aus.[501] Fälle von arglistiger Täuschung und anderen Willensmängeln seien nämlich schon vom Rechtswahlstatut erfasst.[502] Die Formulierung frei ausgehandelt wird als „Wortgeklingel ohne eigenständige Bedeutung"[503] bzw. als „deklaratorische Hervorhebung der Rechtswahlfreiheit"[504] bezeichnet.

(3) Vermittelnde Ansicht

Nach *Kadner Graziano* soll die Verwendung von AGB nur ausgeschlossen sein, wenn sie ohne eine gesonderte individuelle Bestätigung erfolge.[505] Damit könne berücksichtigt werden, dass Rechtswahlvereinbarungen in der Praxis nur in wenigen Fällen individuell ausgearbeitet werden.[506] Dem Erfordernis einer frei ausgehandelten Vereinbarung werde genügt, wenn eine vorformulierte Rechtswahlvereinbarung von der anderen Partei gesondert abgezeichnet werde.[507] Andernfalls käme es entgegen der Intention des Unionsgesetzgebers zu einer praktischen Entwertung der anfänglichen Rechtswahl.[508] Erfolge die Rechtswahl der Parteien durch die Verwendung übereinstimmender AGB-Rechtswahlklauseln, so stehe auch in diesen Fällen das Erfordernis einer frei ausgehandelten Vereinbarung der Wirksamkeit der Rechtswahlvereinbarung nicht entgegen.[509]

In die gleiche Richtung geht die Ansicht von *Landbrecht* und *Wurmnest*, nach der ein Abzeichnen der vorformulierten Rechtswahlklausel ausreichen soll, wenn das „Ob" einer Rechtswahl der anderen Partei ernsthaft zur Disposition

---

498 Siehe dazu Erman BGB/*Hohloch* Art. 14 Rom II-VO Rn. 9; Palandt/*Thorn* Art. 14 Rom II-VO Rn. 9.

499 Siehe dazu *Kroll-Ludwigs*, 92; Palandt/*Thorn* Art. 14 Rom II-VO Rn. 9; *Sendmeyer* Contratto e impresa/Europa 2009, 792, 801.

500 Vgl. Gebauer/Wiedmann/*Staudinger* Art. 14 Rom II-VO Rn. 74; Palandt/*Thorn* Art. 14 Rom II-VO Rn. 9; *Wagner* IPRax 2008, 1, 14; für eine reine Missbrauchskontrolle auch *Kroll-Ludwigs*, 476.

501 MüKo/*Junker* Art. 14 Rom II-VO Rn. 36; *Nehne*, 250.

502 MüKo/*Junker* Art. 14 Rom II-VO Rn. 36.

503 MüKo/*Junker* Art. 14 Rom II-VO Rn. 36.

504 *Nehne*, 249.

505 *Kadner Graziano* RabelsZ 73 (2009) 1, 8.

506 *Kadner Graziano* RabelsZ 73 (2009) 1, 8.

507 *Kadner Graziano* RabelsZ 73 (2009) 1, 8.

508 *Kadner Graziano* RabelsZ 73 (2009) 1, 8.

509 *Kadner Graziano* RabelsZ 73 (2009) 1, 8.

gestellt wurde.[510] In diesen Fällen erfolge eine Verhandlung der Parteien über die Aufnahme der AGB-Rechtswahlklausel in den Vertrag.[511]

Auch nach *Bertoli* spreche viel dafür, das Kriterium frei ausgehandelt weniger strikt zu verstehen und es ausreichen zu lassen, dass der Vertrag an sich, allgemein betrachtet, frei ausgehandelt sei und eine Rechtswahlabsicht der Parteien erkennen lasse, auch wenn sich dieser auf eine vorab entworfene Rechtswahlklausel in AGB beziehe.[512]

(4) Kritische Würdigung des Meinungsstandes und Stellungnahme

Das Erfordernis einer frei ausgehandelten Vereinbarung bringt – wie der facettenreiche Meinungsstand im Schrifttum verdeutlicht – erhebliche Rechtsunsicherheiten mit sich. Als Begriff des Europäischen Kollisionsrechts ist der Begriff „frei ausgehandelte Vereinbarung" autonom auszulegen.[513] Zwar weicht der Unionsgesetzgeber mit der Formulierung frei ausgehandelt bewusst[514] von dem Wortlaut der Klausel-Richtlinie „im Einzelnen ausgehandelt" ab.[515] Wie von *Vogeler* jedoch treffend herausgearbeitet, lassen sich die Unterschiede bei den Begrifflichkeiten bereits aus der Verwendung des Begriffs Rechtswahlklausel im Singular und des Begriffs AGB im Plural zurückführen. Bezugspunkt des freien Aushandelns ist richtigerweise allein die Rechtswahlvereinbarung, nicht der gesamte Vertrag.[516]

Für diese Sichtweise lässt sich auch der bereits aufgezeigte gesetzgeberische Hintergrund[517] anführen.[518] Aus den Stellungnahmen des Europäischen Parlaments[519] sowie der Europäischen Kommission[520] im Rahmen der Vorarbeiten zur

---

510 *Landbrecht* RIW 2010, 783, 785; jurisPK-BGB Band 6/*Wurmnest* Art. 14 Rom II-VO Rn. 16.

511 jurisPK-BGB Band 6/*Wurmnest* Art. 14 Rom II-VO Rn. 16.

512 *Bertoli* Rivista di diritto internazionale (2009) 697, 710.

513 Zur autonomen Auslegung vgl. *Vogeler*, 47 ff.

514 *Dickinson*, Chapter 13 Rn. 13.40; *Vogeler*, 276.

515 *Vogeler*, 276.

516 *Vogeler*, 276; so aber *Landbrecht* RIW 2010, 783, 784.

517 Siehe oben Zweiter Teil § 3 B. I. 1. b).

518 Vgl. hierzu insb. auch NK-BGB Band 6/*Gebauer* Art. 14 Rom II-VO Rn. 36.

519 Europäisches Parlament, Bericht über den Vorschlag für eine Verordnung des Europäischen Parlaments und des Rates über das auf außervertragliche Schuldverhältnisse anzuwendende Recht („Rom II") (KOM(2003)0427 – C5 0338/2003 – 2003/0168(COD)), Berichterstatterin: *Diana Wallis*, Dokument: A6-0211/2005 vom 27. Juni 2005.

520 KOM(2006) 83 endgültig, S. 3.

Rom II-VO wird deutlich, dass mit dem Begriff frei ausgehandelt eine Rechtswahlvereinbarung in Standard- und Formularverträgen ausgeschlossen werden sollte. Soweit im Schrifttum argumentiert wird, aus den Kommissionsbegründungen ergebe sich, dass die Formulierung frei ausgehandelt allein dem Schutz von Verbrauchern und Arbeitnehmern dienen solle[521], überzeugt dies nicht. Zwar heißt es in der Begründung der Kommission: „Mit der von der Kommission vorgeschlagenen Formulierung können Verbraucher und Arbeitnehmer vor einer unüberlegten Rechtswahl geschützt werden; gleichzeitig wird die Möglichkeit ausgeschlossen, dass eine solche Rechtswahl in einem Vertrag festgeschrieben wird.“[522] Der Kontext spricht jedoch dafür, dass mit der Formulierung „eine *solche* Rechtswahl“ eine vorherige Rechtswahl, sprich eine anfängliche Rechtswahl, gemeint ist und nicht eine Rechtswahl unter Beteiligung von Verbrauchern und Arbeitnehmern[523]. Auch aus der Begründung des Europäischen Parlaments, wonach „Verbraucherverträge und nicht frei ausgehandelte Vereinbarungen (so wie Standard- und Formularverträge) ausgeschlossen werden [sollen], bei denen die Vertragspartner keine vergleichbar starke Verhandlungsposition haben (z.B. Versicherungs-, Franchise- und Lizenzverträge)“[524], ergibt sich nichts Gegenteiliges. Denn der im Standpunkt des Europäischen Parlaments vorgeschlagene Artikel 3 verknüpfte gerade das Erfordernis einer „frei ausgehandelten Vereinbarung“ mit einer anfänglichen Rechtswahl zwischen „Gewerbetreibenden mit vergleichbar starken Verhandlungspositionen“[525].

Ein weiteres Argument für ein AGB-Verwendungsverbot kann, wie im Schrifttum überzeugend dargelegt, aus der Vorschrift des Art. 23 EuGVVO gewonnen werden.[526] Nach Art. 23 Abs. 1 S. 3 EuGVVO muss eine Gerichtsstandsvereinbarung „a) schriftlich oder mündlich mit schriftlicher Bestätigung,

521 *Nehne*, 248.

522 KOM(2006) 83 endgültig, S. 3 zu Änderungsantrag 25.

523 So aber *Nehne*, 248.

524 Auszug aus der Begründung zu Änderungsantrag 25, Europäisches Parlament, Bericht über den Vorschlag für eine Verordnung des Europäischen Parlaments und des Rates über das auf außervertragliche Schuldverhältnisse anzuwendende Recht („Rom II“) (KOM(2003)0427 – C5 0338/2003 – 2003/0168(COD)), Berichterstatterin: *Diana Wallis*, Dokument: A6-0211/2005 vom 27. Juni 2005.

525 Europäisches Parlament, Legislative Entschließung des Europäischen Parlaments zu dem Vorschlag für eine Verordnung des Europäischen Parlaments und des Rates über das auf außervertragliche Schuldverhältnisse anzuwendende Recht („Rom II“) (KOM(2003)0427 – C5-0338/2003 – 2003/0168(COD)), Dokument: P6_TA(2005)0284.

526 *Vogeler*, 277.

b) in einer Form, welche den Gepflogenheiten entspricht, die zwischen den Parteien entstanden sind, oder c) im internationalen Handel in einer Form, die einem Handelsbrauch entspricht, den die Parteien kannten oder kennen mussten und den Parteien von Verträgen dieser Art in dem betreffenden Geschäftszweig allgemein kennen und regelmäßig beachten" geschlossen werden. Diese Vorschrift begründet kein AGB-Verwendungsverbot. Sogar das in Art. 23 Abs. 1 S. 3 EuGVVO statuierte Schriftformerfordernis steht der Verwendung von AGB in Gerichtsstandsvereinbarungen grundsätzlich nicht entgegen.[527] Wenn der Unionsgesetzgeber in Kenntnis der Regelung des Art. 23 Abs. 1 S. 3 EuGVVO bewusst auf eine entsprechende Regelung in der Rom II-VO verzichtet hat, legt dies den Umkehrschluss auf ein AGB-Verwendungsverbot in Art. 14 Abs. 1 S. 1 lit. b Rom II-VO nahe.[528]

Gegen ein AGB-Verwendungsverbot lässt sich auch nicht anführen, der Formulierung frei ausgehandelt komme eine eigenständige Bedeutung in Bezug auf eine europäische Missbrauchskontrolle zu.[529] Denn die Fälle der arglistigen Täuschung und anderer Willensmängel werden bereits durch das Rechtswahlvereinbarungsstatut erfasst.[530] Auch der Vergleich mit der Rom I-VO spricht gegen diese Ansicht.[531] Wenn der Unionsgesetzgeber mit der Begrifflichkeit frei ausgehandelte Vereinbarung eine Einzelfallprüfung in Bezug auf Fälle von Täuschung oder Überraschung bezweckt hätte, so wäre es wenig einleuchtend, weshalb dieses Kriterium nicht auch im Verordnungstext der Rom I-VO aufgenommen wurde.[532]

Eine Rechtswahlvereinbarung in „reinen"[533] AGB ist im Ergebnis somit *de lege lata* ausgeschlossen.[534]

---

527 *Vogeler*, 277; MüKo-ZPO/*Gottwald* EuGVO Art. 23 Rn. 27; Hk-ZPO/*Dörner* EuGVVO Art. 23 Rn. 32.

528 *Vogeler*, 277.

529 Ebenso MüKo/*Junker* Art. 14 Rom II-VO Rn. 36; *Dickinson*, Chapter 13 Rn. 13.39; *Vogeler*, 277.

530 MüKo/*Junker* Art. 14 Rom II-VO Rn. 36; ähnlich auch *Dickinson*, Chapter 13 Rn. 13.39.

531 *Vogeler*, 277.

532 *Vogeler*, 277.

533 Siehe zu dem Begriff „‚reinen' AGB" *Landbrecht* RIW 2010, 784, 785.

534 Bei Beibehaltung des Erfordernisses einer „frei ausgehandelten Vereinbarung",– dies sei vorweg gesagt in dieser Arbeit und auch letztlich von *Mankowski* nicht befürwortet wird –, sieht *Mankowski* IPRax 2010, 389, 401 Korrekturbedarf im Wortlaut: Die Formulierung „frei ausgehandelte Vereinbarung" sei mit der Formulierung der Klausel-Richtlinie abzustimmen und daher durch die Formulierung „im einzelnen

Ob der Unionsgesetzgeber jedoch so weit gehen wollte, dass eine Rechtswahlvereinbarung in AGB ausnahmslos ausgeschlossen werden sollte, erscheint mit Blick auf den rechtswahlbefugten Personenkreis der kommerziell Tätigen sehr fraglich. Deshalb spricht einiges für die Ansicht, ein Abzeichen einer vorformulierten Rechtswahlklausel ausreichen zu lassen. Dem steht nicht entgegen, dass ein bloßes Abzeichnen dem Erfordernis in Art. 3 Abs. 2 der Klausel-Richtlinie nicht genügen würde.[535] Für diese Regelung der Klausel-Richtlinie ist nämlich anerkannt, dass eine Vertragsklausel immer dann als nicht im Einzelnen ausgehandelt zu betrachten ist, wenn sie im Voraus abgefasst wurde und der Verbraucher deshalb, insbesondere im Rahmen eines vorformulierten Standardvertrags, keinen Einfluss auf ihren Inhalt nehmen konnte. Allein mit einem gesonderten Abzeichen kann jedoch kein Einfluss auf den Inhalt ausgeübt werden.[536] Eine strenge Übertragung dieses Rechtsgedankens der Klausel-Richtlinie auf die Rechtswahlregelung des Art. 14 Rom II-VO würde jedoch die Besonderheiten des rechtswahlbefugten Personenkreises kommerziell tätiger Personen zu wenig beachten. Bereits mit dem Erfordernis eines Abzeichnens lässt sich die mit einer AGB-Rechtswahlklausel einhergehende Überraschungsgefahr ausschließen. Es spricht daher viel dafür, im Rahmen der Auslegung des Begriffs „frei ausgehandelte Vereinbarung" ein gesondertes Abzeichnen der vorformulierten Rechtswahlklausel ausreichen zu lassen.

(5) Überlegungen *de lege ferenda*

De lege ferenda ist die Formulierung „frei ausgehandelte Vereinbarung" kritisch zu hinterfragen.[537] Die mit einem solchen grundsätzlichen AGB-Verwendungsverbot einhergehende Einschränkung wird den Anforderungen und Bedürfnissen des internationalen Handelsverkehrs nicht gerecht. Ein AGB-Verwendungsverbot ist für den internationalen Handelsverkehr unüblich und

---

ausgehandelte Vereinbarung" zu ersetzen. Gegen einen solchen Korrekturbedarf spricht jedoch, dass in einem schuldrechtlichen Vertrag in der Regel eine Vielzahl von Vertragsklauseln enthalten sind und mit der Formulierung „im einzelnen ausgehandelt" der Klausel-Richtlinie daher deutlich gemacht werden soll, dass es dabei auf jede einzelne Vertragsklausel ankommt. Anders ist es hingegen bei einer Rechtswahlvereinbarung, bei der es nur eine in sich geschlossene Vereinbarung gibt.

535 Dazu *Landbrecht* RIW 2010, 784, 785.

536 *Landbrecht* RIW 2010, 784, 785.

537 Siehe zu rechtspolitischen Überlegungen *Rühl*, 618, 619; *Mankowski* IPRax 2010, 389, 401; jurisPK-BGB Band 6/*Wurmnest* Art. 14 Rom II-VO Rn. 16; *Vogeler*, 278. Bedenken äußern auch *Wagner* IPRax 2008, 1, 14; *Rushworth/Scott* LMCLQ 2008, 274, 293.

unpraktisch.[538] Denn Rechtswahlvereinbarungen werden nur selten individuell vereinbart.[539] Gerade mit Blick auf den wachsenden elektronischen Geschäftsverkehr ist ein AGB-Verwendungsverbot für die anfängliche Rechtswahl auch nicht zeitgemäß.[540] Auch ein gesondertes Abzeichnen der Rechtswahlklausel ist in der Praxis hinderlich und umständlich. Informationsasymmetrien[541], die durch die Verwendung von AGB-Klauseln ausgenutzt werden können, sowie mögliche Überraschungseffekte können eine derartige starke Einschränkung der Gestaltungsfreiheit von kommerziell tätigen Personen nicht rechtfertigen.[542] Ein solches Erfordernis ist der Rom I-VO deshalb aus gutem Grund fremd. Die Streichung des Erfordernisses einer frei ausgehandelten Vereinbarung würde folglich auch zu der gewünschten Kohärenz zwischen der Rom I- und Rom II- VO beitragen. Den kommerziell tätigen Parteien würde damit ermöglicht, einheitlich eine Rechtswahl für ihr vertragliches Schuldverhältnis und für ein mögliches künftiges außervertragliches Schuldverhältnis in einer AGB-Rechtswahlklausel zu treffen.[543]

De lege ferenda sollte die Formulierung „frei ausgehandelt" daher ersatzlos gestrichen werden.[544]

4. *Zulassung der anfänglichen Rechtswahl auch für nicht kommerziell tätige Personen?*

Die Begrenzung des rechtswahlbefugten Personenkreises auf kommerziell tätige Personen, anders ausgedrückt die vollständige Versagung einer anfänglichen Rechtswahl für nicht kommerziell tätige Parteien, wird im Schrifttum kritisiert.[545] Eine solche Verknüpfung von zeitlichen und persönlichen Grenzen der Rechtswahl ist den anderen Verordnungen und Verordnungsentwürfen fremd.

---

538 PWW/*Schaub* Art. 14 Rom II-VO Rn. 4.

539 *Kadner Graziano* in Ahern/Binchy (Hrsg.) 121.

540 *Vogeler*, 278.

541 Siehe dazu *Rühl*, 618.

542 Im Ergebnis ebenso *Rühl*, 618, 619.

543 Zu diesem Bedürfnis siehe *Mankowski* IPRax 2010, 389, 401.

544 Im Ergebnis ebenso jurisPK-BGB Band 6/*Wurmnest* Art. 14 Rom II-VO Rn. 16; *Junker* RIW 2010, 257, 267; *Vogeler*, 279; *Mankowski* IPRax 2010, 389, 402.

545 Rauscher/*Jakob/Picht*, EuZPR/EuIPR (2011) Art. 14 Rom II-VO Rn. 25; Rauscher/*Unberath/Cziupka*, EuZPR/EuIPR (2011) Art. 4 Rom II-VO Rn. 98; *Rühl*, 618; Huber/*Bach* Art. 14 Rom II-VO Rn. 29, 30; *de Boer* Yb PIL Volume 9 (2007) 19, 27; *Leible* RIW 2008, 257, 258; *ders.* in Reichelt (Hrsg.) 31, 45; *Mankowski* IPRax 2010, 389, 402; *Coester-Waltjen/Coester* in Liber Amicorum Klaus Schurig, 33, 42 Fn. 63,

a) Interesse an einer anfänglichen Rechtswahl

Auch eine nicht kommerziell tätige Person kann ein berechtigtes Interesse daran haben, eine Rechtswahlvereinbarung für ein erst zukünftig entstehendes außervertragliches Schuldverhältnis zu treffen. Dies gilt ungeachtet der Möglichkeit einer vertragsakzessorischen Anknüpfung zwischen vertraglich verbundenen Parteien.[546] Denn eine vertragsakzessorische Anknüpfung der außervertraglichen Ansprüche muss nicht zwangsläufig dem Interesse der Parteien entsprechen. Eine anfängliche Rechtswahl ermöglicht den vertraglich verbundenen Parteien im Gegenteil, einen Gleichlauf des Deliktsstatuts mit dem Vertragsstatuts auszuschließen.[547] Auch schafft die anfängliche Rechtswahl Rechtssicherheit in Fällen, in denen die Parteien einen Gleichlauf des Deliktsstatuts mit dem Vertragsstatuts herbeiführen wollen.[548] Die Anwendung des Art. 4 Abs. 3 S. 2 Rom II-VO ist abhängig von der richterlichen Würdigung; eine vertragsakzessorische Anknüpfung ist den Parteien damit „keineswegs garantiert“[549]. Relevant wird der Aspekt der Rechtssicherheit auch bei Qualifikationsfragen, die Ansprüche im unscharfen Grenzbereich zwischen Vertrag und Delikt betreffen, wie beispielsweise im „Rahmen von Vertragsanbahnungen, bei reinen Vermögensschäden oder bei der Einbeziehung vertragsfremder Dritter als Gläubiger oder Schuldner eines Schadensersatzanspruchs“[550]. Auch hier kann es für die Parteien aus Gründen der Rechtssicherheit sinnvoll sein, speziell für das künftige außervertragliche Schuldverhältnis eine anfängliche Rechtswahl zu treffen.[551]

Auch kommen Fälle in Betracht, in denen eine vertragliche Beziehung zwischen den Parteien fehlt und deshalb eine vertragsakzessorische Anknüpfung über Art. 4 Abs. 3 S. 2 Rom II-VO[552] von vornherein ausscheidet, aber gleichwohl

64; a.A. *de Lima Pinheiro* Riv. dir. int. priv. proc. 44 (2008) 5, 12 („the limitation is justified…“); wohl auch *Hahn,* Travaux du Comité français de droit international privé 2006-2008, 187, 192; gegen die anfängliche Rechtswahl generell *Symeonides* Yb PIL Volume 9 (2007) 149, 171.

546 Näher dazu *Rühl,* 621; Rauscher/*Jakob*/*Picht,* EuZPR/EuIPR (2011) Art. 14 Rom II-VO Rn. 18; *Leible* RIW 2009, 257, 258; NK-BGB Band 6/*Gebauer* Art. 14 Rom II-VO Rn. 10; *Hahn,* Travaux du Comité français de droit international privé 2006-2008, 187, 192.

547 Allgemein zu einem Bedürfnis an einer anfänglichen Rechtswahl, vgl. *Sonnentag* ZVglRWiss 105 (2006) 256, 275; Palandt/*Thorn* Art. 14 Rom II-VO Rn. 7.

548 Vgl. *Leible* in Reichelt (Hrsg.) 31, 45.

549 NK-BGB Band 6/*Gebauer* Art. 14 Rom II-VO Rn. 10.

550 NK-BGB Band 6/*Gebauer* Art. 14 Rom II-VO Rn. 11.

551 NK-BGB Band 6/*Gebauer* Art. 14 Rom II-VO Rn. 11.

552 Siehe zur vertragsakzessorischen Anknüpfung MüKo/*Junker* Art. 4 Rom II-VO Rn. 50. Die Regelung des Art. 5 Abs. 2 S. 2 Rom II-VO entspricht der wortgleichen

ein praktisches Bedürfnis für eine anfängliche Rechtswahl unter Beteiligung einer nicht kommerziell tätigen Partei besteht.[553] In der Literatur werden beispielhaft genannt: reine Gefälligkeitsverhältnisse[554] sowie Sportwettkämpfe[555].

b) Rechtswahl zwischen zwei Privatpersonen

Mit der Versagung der anfänglichen Rechtswahl soll der Schutz der schwächeren Partei sichergestellt werden.[556] Die in Art. 14 Abs. 1 S. 1 lit. b Rom II-VO vorgesehene Begrenzung auf kommerziell tätige Personen führt jedoch auch dazu, dass zwischen zwei Privatpersonen eine anfängliche Rechtswahl versagt ist. Treffend führt *Rühl* aus, dass bei einer Rechtswahl zwischen zwei Privatpersonen, die ein einheitliches Recht für ihre Beziehungen wählen wollen, ein aus ökonomischer Sicht gefährliches Informationsgefälle typischerweise gerade nicht besteht.[557] Die Versagung der anfänglichen Rechtswahl zwischen zwei nicht kommerziell tätigen Personen geht daher zu weit, wenn es nur um den Schutz vor Übervorteilung geht.

c) Stärkere Einschränkung als in der Rom I-VO

Auch führt die vollständige Versagung der anfänglichen Rechtswahl in der Rom II-VO dazu, dass Verbrauchern und Arbeitnehmern jegliche Möglichkeit genommen wird, vorab ein für sie im Einzelfall besser schützendes Recht wählen zu können.[558] Bemerkenswert ist, dass durch diese Begrenzung des rechtswahlbefugten Personenkreises die Rechtswahlfreiheit in der Rom II-VO stärker eingeschränkt wird als die Rechtswahlfreiheit im Verbrauchervertragsrecht der Rom I-VO.[559] Nach dem im Verbrauchervertragsrecht geltenden Günstigkeitsvergleich ist eine Rechtswahl nicht an sich unwirksam.[560] Vielmehr

---

Regelung des Art. 4 Abs. 3 S. 2 Rom II-VO. Siehe auch Art. 10 Abs. 1 Rom II-VO, Art. 11 Abs. 1 Rom II-VO, Art. 12 Abs. 1 Rom II-VO. Aus Gründen der besseren Übersichtlichkeit wird im Folgenden nur Art. 4 Abs. 3 S. 2 Rom II-VO zitiert.

553 Allgemein zu einem Bedürfnis an einer anfänglichen Rechtswahl vgl. *Leible/Engel* EuZW 2004, 7, 15; *Leible* in Reichelt (Hrsg.) 31, 45.

554 *Kadner Graziano*, 185; *Sonnentag* ZVglRWiss 105 (2006) 256, 277; Staudinger/*v. Hoffmann* (2001) Art. 42 EGBGB Rn. 4.

555 Palandt/*Thorn* Art. 14 Rom II-VO Rn. 7; NK-BGB Band 6/*Gebauer* Art. 14 Rom II-VO Rn. 8.

556 Vgl. *Lein* Yb PIL Volume 10 (2008) 177, 187; *Leible* RIW 2008, 257, 258.

557 *Rühl*, 618.

558 *Rühl*, 618; im Ergebnis auch *Kroll-Ludwigs*, 455.

559 Vgl. *Rühl*, 618, 620; *Kroll-Ludwigs*, 455.

560 MüKo/*Martiny* Art. 6 Rom I-VO Rn. 46.

ist die Rechtswahl zulässig und wird lediglich in ihrer Wirkung beschränkt: Das Recht des Aufenthaltsstaates des Verbrauchers legt das Minium des zu gewährenden Schutzes fest; bietet im Einzelfall das gewählte Recht einen besseren Schutz, so setzt sich das gewählte Recht durch.[561]

d) Vertragsakzessorische Anknüpfung

Weitere Bedenken gegen die Unzulässigkeit einer anfänglichen Rechtswahl unter Beteiligung einer nicht kommerziell tätigen Person folgen aus dem Nebeneinander zwischen der Begrenzung der anfänglichen Rechtswahl auf kommerziell tätige Personen in Art. 14 Abs. 1 S. 1 lit. b Rom II-VO und der vertragsakzessorischen Anknüpfung des Art. 4 Abs. 3 S. 1, 2 Rom II-VO.[562] Argumentiert wird, dass das vom Unionsgesetzgeber „angestrebte harmonische Ineinandergreifen von Rom I-VO und Rom II-VO nicht in vorbildlicher Weise verwirklicht“[563] wurde. Die Regelung des Art. 14 Abs. 1 S. 1 lit. b Rom II-VO verbietet weitgehend das, „was die Rom I-VO iVm der akzessorischen Anknüpfung aus der Rom II-VO oftmals unproblematisch“[564] zulasse. Denn liegt einem Verbrauchervertrag eine wirksame Rechtswahlvereinbarung nach Artt. 3 Abs. 1, 6 Abs. 2 Rom I-VO für das vertragliche Schuldverhältnis zugrunde, so kommt trotz des Ausschlusses einer anfänglichen Rechtswahl im Sinne des Art. 14 Abs. 1 S. 1 lit. b Rom II-VO im Wege der vertragsakzessorischen Anknüpfung nach Art. 4 Abs. 3 S. 1, 2 Rom II-VO *de facto* eine „indirekte“ Rechtswahl[565] für das außervertragliche Schuldverhältnis in Betracht.[566] Insoweit wirken sich die Begrenzungen des Art. 14 Abs. 1 S. 1 lit. b Rom II-VO nicht aus. Im Schrifttum wird deshalb Korrekturbedarf gesehen.[567] Vereinzelte Stimmen versuchen die „Wertungswidersprüche“

561 MüKo/*Martiny* Art. 6 Rom I-VO Rn. 46.

562 Vgl. Rauscher/*Unberath/Cziupka*, EuZPR/EuIPR (2011) Art. 4 Rom II-VO Rn. 98; Rauscher/*Jakob/Picht*, EuZPR/EuIPR (2011) Art. 14 Rom II-VO Rn. 25; *Cheshire/North/Fawcett*, Chapter 19, 838.

563 Rauscher/*Jakob/Picht*, EuZPR/EuIPR (2011) Art. 14 Rom II-VO Rn. 25.

564 Rauscher/*Jakob/Picht*, EuZPR/EuIPR (2011) Art. 14 Rom II-VO Rn. 25.

565 *Heiss/Loacker* JBl 2007, 613, 622.

566 Vgl. *v. Hein* ZEuP 2009, 6, 21; MüKo/*Junker* Art. 14 Rom II-VO Rn. 10; *Kroll-Ludwigs*, 456, 457; *de Boer* NILR 2009, 295, 326; *ders.* Yb PIL Volume 9 (2007) 19, 27; *Mankowski* IPRax 2010, 389, 402; näher dazu auch *Rushworth/Scott* LMCLQ 2008, 274, 280.

567 *Kadner Graziano* 73 (2009) 1, 24; *v. Hein* ZEuP 2009, 6, 21; *Mankowski* IPRax 2010, 389, 402; NK-BGB Band 6/*Gebauer* Art. 14 Rom II-VO Rn. 38; *Vogeler*, 291; a.A. MüKo/*Junker* Art. 14 Rom II-VO Rn. 10, wonach der Wertungswiderspruch vom Verordnungsgeber in Kauf genommen wurde.

de lege lata zu beseitigen, indem sie die akzessorische Anknüpfung modifizieren wollen.[568] Die in dieser Arbeit vorrangige Frage ist jedoch, ob die Beschränkung des Personenkreises für die anfängliche Rechtswahl in Art. 14 Abs. 1 S. 1 lit. b Rom II-VO nicht *de lege ferenda* insgesamt aufgehoben werden sollte.

e) Schutzmöglichkeiten bei Zulassung der anfänglichen Rechtswahl

Wie bereits beschrieben, soll die Begrenzung der anfänglichen Rechtswahl auf kommerziell tätige Personen den Schutz der schwächeren Partei sicherstellen (Erwägungsgrund Nr. 31 S. 4 Rom II-VO). Für das Deliktsrecht lässt sich argumentieren, dass typischerweise der Geschädigte – „ähnlich wie der Verbraucher, der Arbeitnehmer oder der Versicherungsnehmer“[569] – die schwächere Partei ist.[570] Es stellt sich daher die Frage, ob der Schutz der schwächeren Partei *de lege ferenda* auf einem milderen Weg als durch eine vollständige Versagung der anfänglichen Rechtswahl gewährleistet werden kann. Dies würde dem Einwand im Schrifttum Rechnung tragen, dass der Unionsgesetzgeber mit der Regelung in Art. 14 Abs. 1 S. 1 Rom II-VO ökonomisch über das Ziel hinausgeschossen sei und unnötig die innere Kohärenz und Stringenz des Europäischen Kollisionsrechts aufgegeben habe.[571]

---

568 *Kadner Graziano* 73 (2009) 1, 24, schlägt vor, die Wertungen des Art. 14 Abs. 1 S. 1 lit. b Rom II-VO auf die Auslegung der Ausweichklausel des Art. 4 Abs. 3 Rom II-VO zu übertragen: Danach sei bei Schädigung eines Verbrauchers grundsätzlich eine akzessorische Anknüpfung an den Verbrauchervertrag ausgeschlossen. Eine Ausnahme gelte allein für die Fälle, in denen der Schutz des Verbrauchers bzw. Arbeitnehmers bereits über Art. 6 Abs. 2 Rom I-VO sichergestellt sei oder die akzessorische Anknüpfung zu einem der schutzwürdigen Partei näherstehenden Recht führe. Nach dem Lösungsvorschlag von *v. Hein* ZEuP 2009, 6, 21, soll das Gericht im Rahmen des Ermessens des Art. 4 Abs. 3 Rom II-VO die in Bezug auf eine anfängliche Rechtswahl bestehende Schutzbedürftigkeit der schwächeren Partei und den Telos der Versagung der anfänglichen Rechtswahl für nicht kommerziell tätige Personen berücksichtigen. Ein dritter Lösungsansatz will das vertragsrechtliche Günstigkeitsprinzip auch bei der akzessorischen Anknüpfung außervertraglicher Ansprüche zur Anwendung kommen lassen, vgl. *Mankowski* IPRax 2010, 389, 402; NK-BGB Band 6/*Gebauer* Art. 14 Rom II-VO Rn. 38. Ähnlich auch der Lösungsvorschlag von *Vogeler*, 291, der zur Korrektur der akzessorischen Anknüpfung auf Art. 6 Abs. 1 Rom I-VO zurückgreifen will.

569 *Rühl*, 604.

570 *Rühl*, 604.

571 *Rühl*, 620.

aa) Rechtsgedanke des Art. 17 Nr. 2 EuGVVO

Vereinzelt wird zum Schutz der schwächeren Partei eine Anlehnung an die Regelung des Art. 17 Nr. 2 EuGVVO[572] erwogen.[573] Diese Regelung sieht vor, dass eine Gerichtsstandsvereinbarung in Verbrauchersachen vor Entstehung der Streitigkeit nur zulässig ist, wenn sie dem Verbraucher die Befugnis einräumt, zusätzlich andere als die in Art. 8 bis 11 angeführten Gerichte anzurufen.[574] Überträgt man den Regelungsgedanken des Art. 17 Nr. 2 EuGVVO auf die Rechtswahl in Art. 14 Rom II-VO, so würde den Parteien eine anfängliche Rechtswahl gestattet werden, „wenn die Vereinbarung einem Verbraucher oder Arbeitnehmer die Befugnis einräumt, sich auf ein anderes als das nach den Vorschriften der Kapitel II und III anwendbare Recht zu berufen“[575]. Die Eröffnung eines alternativen Gerichtsstandes ist mit der Befugnis nur einer Partei eines außervertraglichen Schuldverhältnisses zu einer einseitigen optionellen Bestimmung des anwendbaren Rechts jedoch nicht vergleichbar. Die einseitige Befugnis, alternativ ein anderes Statut für ein außervertragliches Schuldverhältnis zu wählen, entspricht nicht den kollisionsrechtlichen Interessen beider Parteien. Auch würde bei einem solchen Ansatz die schwächere Partei weniger geschützt, als wenn man dem in der Rom I-VO anerkannten Günstigkeitsprinzip folgen würde. Denn die Informationslast hinsichtlich des günstigeren Rechts würde bei der schwächeren Partei liegen. Auch in systematischer Hinsicht wäre eine Anlehnung an das Günstigkeitsprinzips der Rom I-VO näherliegend.[576]

bb) Günstigkeitsprinzip

Zum Schutz der schwächeren Partei wird daher als milderer Eingriff im Vergleich zu einer vollständigen Versagung der anfänglichen Rechtswahl für nicht kommerziell tätige Personen eine Anlehnung an das Günstigkeitsprinzips der

572 Entspricht Art. 13 Nr. 2 EuGVVO für Versicherungssachen.

573 *Mankowski* IPRax 2010, 389, 402, der jedoch letztlich das Günstigkeitsprinzip als vorzugswürdig erachtet; auch auf die Zulassung anfänglicher Gerichtsstandsvereinbarungen der EuGVVO bezugnehmend *de Boer* Yb PIL Volume 9 (2007) 19, 27, 28.

574 Siehe dazu Hk-ZPO/*Dörner* EuGVVO Art. 17 Rn. 2. Dabei muss es sich um eine Gerichtsstandsvereinbarung zugunsten des Verbrauchers handeln, vgl. Musielak/*Stadler* VO (EG) 44/2001 Art. 13 EuGVVO Rn. 3.

575 *Mankowski* IPRax 2010, 389, 402; ähnlich wohl auch *de Boer* Yb PIL Volume 9 (2007) 19, 27, 28.

576 Siehe *Mankowski* IPRax 2010, 389, 402.

Rom I-VO (Artt. 6 Abs. 2[577], 8 Abs. 1 Rom I-VO) vorgeschlagen.[578] Danach würde die anfängliche Rechtswahl allen Parteien offen stehen. Die anfängliche Rechtswahl wäre lediglich in ihrer Wirkung beschränkt, wenn das gewählte Recht für die schutzwürdige Partei weniger Schutz bietet als das objektiv anwendbare Recht.[579] Anders als der bisherige Ausschluss der anfänglichen Rechtswahl für nicht kommerziell Tätige würde die Anwendung des Günstigkeitsprinzips weniger einschneidend in die Gestaltungsfreiheit der Parteien eingreifen.[580]

Der wünschenswerten konzeptionellen Kohärenz sind jedoch die Schwierigkeiten der Durchführung eines Günstigkeitsvergleichs im Bereich des außervertraglichen Schuldrechts abwägend gegenüberzustellen. Auf mögliche Schwierigkeiten weist *Mankowski* mit der Frage hin: „Denn was ist günstiger: schneller zu erfüllende Haftungsvoraussetzungen oder höhere Haftungssummen, jeweils bei der Haftung des Unternehmers?“[581] Zu beachten ist auch, dass ein solcher Günstigkeitsvergleich – ebenso wie auch im Rahmen der Rom I-VO – eine Rechtswahl zwischen einem Unternehmer und einer Privatperson voraussetzt.[582] Allein in einem solchen Verhältnis ließe sich nämlich eine typischerweise schwächere Partei bestimmen. Im Verhältnis zwischen zwei Privatpersonen kann die schwächere Partei im Zeitpunkt der anfänglichen Rechtswahl dagegen typischerweise noch nicht festgestellt werden. Denn beide Privatpersonen kommen zu diesem Zeitpunkt als potentieller Schädiger bzw. Geschädigter in Betracht.

577 Näher dazu *Maultzsch* RabelsZ 75 (2011) 60, 73 ff.

578 *Mankowski* IPRax 2010, 389, 402; auf Art. 6 Rom I-VO bezugnehmend: *Rühl*, 620; *Leible* RIW 2008, 257, 258; zum Entwurf der Rom II-VO: *Wagner* IPRax 2006, 372, 387; *Sonnentag* ZVglRWiss 105 (2006) 256, 277. Siehe auch den Vorschlag von *Mankowski* für die Ergänzung der Rechtswahlregelung des Art. 14 Abs. 1 S. 1 lit. b Rom II-VO, IPRax 2010, 389, 402.

579 *Rühl*, 620; anders *de Boer* NILR 2009, 295, 326 Fn. 86, der auf die wenigen im Deliktsrecht bestehenden Verbraucherschutzvorschriften abstellt: „[…] substantive tort law may contain few provisions specifically meant to protect consumers or employees, which will make it difficult to compare the levels of protection of the law (indirectly) chosen by the parties and the law that would apply on other grounds.“

580 *Rühl*, 620.

581 *Mankowski* IPRax 2010, 389, 401; siehe auch *Kroll-Ludwigs*, 456.

582 *Mankowski* IPRax 2010, 389, 402.

f) Fazit

Die Zulassung der anfänglichen Rechtswahl auch für nicht kommerziell tätige Personen bei gleichzeitiger Aufnahme des Günstigkeitsprinzips würde zur konzeptionellen Kohärenz beitragen. Umsetzen ließe sich der Günstigkeitsvergleich jedoch – ebenso wie auch im Vertragsrecht – nur im Verhältnis zwischen einem Unternehmer und einer Privatperson.[583]

Jenseits der Fälle der vertragsakzessorischen Anknüpfung gibt es aber nur wenige Konstellationen, in denen eine anfängliche Rechtswahlmöglichkeit unter Beteiligung einer nicht kommerziell tätigen Partei praktisch relevant wird.[584] Es bestehen daher berechtigte Bedenken, ob diese wenigen Fälle die komplizierte Differenzierung unter Einbindung des Günstigkeitsprinzips im Deliktsrecht im Ergebnis rechtfertigen. Die persönliche Begrenzung der anfänglichen Rechtswahl nach Art. 14 Abs. 1 S. 1 lit. b Rom II-VO kann daher als eine rechtsgebietsspezifische Besonderheit der Rom II-VO angesehen werden.[585] Mit Blick auf das Hin und Her während des Gesetzgebungsverfahrens der Rom II-VO erscheint es im Übrigen sehr zweifelhaft, dass sich der Unionsgesetzgeber *de lege ferenda* zu einer anfänglichen Rechtswahl auch für nicht kommerziell tätige Parteien durchringen wird.

5. Formulierungsvorschlag *de lege ferenda*

Im Schrifttum werden Formulierungsvorschläge zur Korrektur des Begriffs der „kommerziellen Tätigkeit“ und zur Streichung des Erfordernisses einer „frei

---

583 Siehe dazu den Formulierungsvorschlag von *Mankowski* IPRax 2010, 389, 402 „b) wenn alle Parteien im Rahmen einer gewerblichen oder beruflichen Tätigkeit handeln, auch durch eine vor Eintritt des schädigenden Ereignisses getroffene Vereinbarung oder c) zwischen einem Gewerbetreibenden und einem Verbraucher oder einem Arbeitgeber und einem Arbeitnehmer auch durch eine vor Eintritt des schädigenden Ereignisses im einzelnen ausgehandelte Vereinbarung; diese Vereinbarung darf jedoch nicht dazu führen, dass dem Verbraucher oder dem Arbeitnehmer der Schutz entzogen wird, der ihm durch diejenigen Bestimmungen gewährt wird, von denen nach dem Recht, das mangels einer Rechtswahl anzuwenden wäre, nicht durch Vereinbarung abgewichen werden darf.“

584 Vgl. *Rühl*, 621; siehe auch *de Boer* Yb PIL Volume 9 (2007) 19, 27, der aber wohl daraus einen anderen Schluss ziehen will: “The remaining cases – those in which the parties have entered into an agreement on the law applicable to a future tort while they are not bound by a pre-existing relationship – will be so rare that they hardly warrant the elaborate distinction between anterior amd posterior agreements formulated in Article 14(1)(a) and (b).”

585 Vgl. *Kieninger* in FS v. Hoffmann, 184, 191.

ausgehandelten Vereinbarung" in Art. 14 Abs. 1 S. 1 lit. b Rom II-VO unterbreitet.[586] *Junker* schlägt diese Formulierung vor: „durch eine Vereinbarung vor Eintritt des schadensbegründenden Ereignisses, welche die Parteien in Ausübung ihrer beruflichen oder gewerblichen Tätigkeit schließen."[587] *Mankowski* formuliert: „wenn alle Parteien im Rahmen einer gewerblichen oder beruflichen Tätigkeit handeln, auch durch eine vor Eintritt des schädigenden Ereignisses getroffene Vereinbarung".[588]

Die Formulierungsvorschläge von *Junker* und *Mankowski* unterscheiden sich in den hier angesprochenen Punkten nur marginal.[589] Anders als *Mankowski* korrigiert *Junker* den Begriff „alle Parteien". Außerdem orientiert sich *Junker* stärker an dem Wortlaut des Art. 6 Abs. 1 Rom I-VO[590]. Sein Formulierungsvorschlag ist daher vorzuziehen.

III. Rom III-VO

1. Rechtswahl nach Anrufung des Gerichts

a) Normative Ausgangslage

Art. 5 Abs. 2 Rom III-VO sieht als Grundregel vor, dass eine Rechtswahlvereinbarung „jederzeit, spätestens jedoch zum Zeitpunkt der Anrufung des Gerichts, geschlossen oder geändert werden" kann. Eine Definition des Begriffs „Anrufung des Gerichts" fehlt in der Rom III-VO.[591] Der Zeitpunkt der Anrufung des

586 Siehe auch den Formulierungsvorschlag von *Vogeler*, 415, der den Begriff der „kommerziellen Tätigkeit" jedoch nicht korrigiert und daher im Ergebnis abzulehnen ist. Der Vorschlag von *Vogeler* lautet: „wenn die Parteien einer kommerziellen Tätigkeit nachgehen, auch durch eine Vereinbarung vor Eintritt des schädigenden Ereignisses".

587 *Junker* RIW 2010, 257, 267.

588 *Mankowski* IPRax 2010, 389, 402.

589 Unterschiede zwischen den beiden Formulierungsvorschlägen bestehen auch in Bezug auf das Kriterium „Eintritt des schadensbegründenden Ereignisses". *Junker* hält daran fest; *Mankowski* wählt die Formulierung „Eintritt des schädigenden Ereignisses". Zu der Kritik im Schrifttum an dem Begriff „Eintritt des schadensbegründenden Ereignisses", vgl. *Vogeler*, 244 ff.; Rauscher/*Jakob/Picht*, EuZPR/EuIPR (2011) Art. 14 Rom II-VO Rn. 9; NK-BGB Band 6/*Gebauer* Art. 14 Rom II-VO Rn. 4. Diese Problematik ist ausschließlich rechtsgebietsspezifisch und liegt daher außerhalb der Zielsetzung dieser Arbeit.

590 Art. 6 Abs. 1 Rom I-VO „[...], die in Ausübung ihrer beruflichen oder gewerblichen Tätigkeit handelt („Unternehmer"), [...]".

591 *Hausmann*, IntEuSchR A Art. 5 Rn. 286; *Devers/Farge*, La Semaine Juridique, Edition Générale 2012, 1277, 1283.

Gerichts wird ausweislich des Erwägungsgrundes Nr. 13 S. 2 Rom III-VO nach Art. 16 Brüssel IIa-VO[592] zu bestimmen sein.[593]

Ergänzend zu der Grundregel in Art. 5 Abs. 2 Rom III-VO wird den an der Rom III-VO teilnehmenden Mitgliedstaaten[594] in der Öffnungsklausel des Art. 5 Abs. 3 S. 1 Rom III-VO die Rechtsetzungsbefugnis eingeräumt, den Ehegatten eine Rechtswahl auch nach Anrufung des Gerichts, d.h. noch während eines laufenden Verfahrens vor Gericht, zu eröffnen. Die Zulässigkeit einer Rechtswahlvereinbarung nach Anrufung des Gerichts ist damit von dem Recht des angerufenen mitgliedstaatlichen Gerichts abhängig.[595]

Deutschland hat von dieser Rechtsetzungsbefugnis Gebrauch gemacht.[596] In Art. 46d Abs. 2 EGBGB, der deutschen Begleitregelung zu Art. 5 Abs. 3 Rom III-VO, heißt es: „Die Ehegatten können die Rechtswahl nach Absatz 1[597] auch noch bis zum Schluss der mündlichen Verhandlung im ersten Rechtszug vornehmen.

---

592 Art. 16 [Anrufung eines Gerichts]: „1) Ein Gericht gilt als angerufen a) zu dem Zeitpunkt, zu dem das verfahrenseinleitende Schriftstück oder ein gleichwertiges Schriftstück bei Gericht eingereicht wurde, vorausgesetzt, dass der Antragsteller es in der Folge nicht versäumt hat, die ihm obliegenden Maßnahmen zu treffen, um die Zustellung des Schriftstücks an den Antragsgegner zu bewirken, oder b) falls die Zustellung an den Antragsgegner vor Einreichung des Schriftstücks bei Gericht zu bewirken ist, zu dem Zeitpunkt, zu dem die für die Zustellung verantwortliche Stelle das Schriftstück erhalten hat, vorausgesetzt, dass der Antragsteller es in der Folge nicht versäumt hat, die ihm obliegenden Maßnahmen zu treffen, um das Schriftstück bei Gericht einzureichen."

593 *Hausmann*, IntEuSchR A Art. 5 Rn. 286; NK-BGB Band 6/*Hilbig-Lugani* Art. 5 Rom III-VO Rn. 53; *Gruber* IPRax 2012, 381, 386; Palandt/*Thorn* Art. 5 Rom III-VO Rn. 6; a.A. wohl *Devers/Farge*, La Semaine Juridique, Edition Générale 2012, 1277, 1283. Der Wortlaut der deutschen Sprachfassung des Erwägungsgrundes Nr. 13 S. 2 Rom III-VO „Soweit zweckmäßig" ist insoweit verwirrend, vgl. NK-BGB Band 6/*Hilbig-Lugani* Art. 5 Rom III-VO Rn. 53 unter der Bezugnahme auf andere Sprachfassungen. Mit „Soweit zweckmäßig" ist vielmehr, wie *Hilbig-Lugani* zu Recht feststellt, „Wo erforderlich" gemeint.

594 Siehe dazu Erster Teil § 1 B. II. 2. d).

595 Nach Art. 3 Nr. 2 Rom III-VO bezeichnet der Begriff „Gericht" in der Rom III-VO „alle Behörden der teilnehmenden Mitgliedstaaten, die für Rechtssachen zuständig sind, die in den Anwendungsbereich dieser Verordnung fallen."

596 Gesetz zur Anpassung der Vorschriften des Internationalen Privatrechts an die Verordnung (EU) Nr. 1259/2010 und zur Änderung anderer Vorschriften des Internationalen Privatrechts vom 23.01.2013 (BGBl. I, 101).

597 Art. 46d Abs. 1 EGBGB: „Eine Rechtswahlvereinbarung nach Artikel 5 der Verordnung (EU) Nr. 1259/2010 ist notariell zu beurkunden."

§ 127a des Bürgerlichen Gesetzbuchs gilt entsprechend."[598] In der Begründung weist die Bundesregierung darauf hin, dass den Ehegatten in vielen Fällen erst nach der Anrufung des Gerichts bewusst werde, welches Scheidungsstatut im Wege der objektiven Anknüpfung anwendbar sei.[599] Auch könne sich ein praktisches Bedürfnis für eine Änderung der Rechtswahl erst im Verfahren ergeben, beispielsweise wenn die Ehegatten mittels einer scheidungsfreundlichen Rechtsordnung schneller geschieden werden wollen oder wenn ein einheitliches anwendbares Recht für die Scheidung und die Scheidungsfolgen sinnvoll erscheine.[600]

b) Kritische Analyse und Stellungnahme

aa) Konzeption des Art. 5 Abs. 2, 3 Rom III-VO

Die Rom III-VO überlässt es „fragwürdigerweise"[601] dem Recht des teilnehmenden Staates des angerufenen Gerichts, ob eine Rechtswahl auch nach Anrufung des Gerichts getroffen werden kann.[602] Diese Regelung weicht von den anderen Rechtswahlregelungen des Europäischen Kollisionsrechts ab.[603] Explizit wird eine Rechtswahl nach Einleitung des Verfahrens ansonsten nur in Art. 15 EuUnthVO in Verbindung mit Art. 7 HUntProt geregelt.[604] Im Vertragsrecht leitet die herrschende Lehre die Zulässigkeit einer Rechtswahl nach Anrufung des Gerichts unmittelbar aus Art. 3 Abs. 2 Rom I-VO Rom I-VO („jederzeit") und nicht aus dem Verfahrensrecht der *lex fori* ab.[605] Das nationale Verfahrensrecht

598 BR-Drucks. 468/12. Die zeitliche Begrenzung auf den ersten Rechtszug hinterfragend *Hau* FamRZ 2013, 249, 253.

599 BR-Drucks. 468/12, S. 13.

600 BR-Drucks. 468/12, S. 13.

601 *Hau* FamRZ 2013, 249, 252.

602 *Hau* FamRZ 2013, 249, 252.

603 Auf die Rom I- und Rom II-VO bezugnehmend *Hau* FamRZ 2013, 249, 252 Fn. 48. *Kieninger* in Leible/Unberath (Hrsg.) 479, 493 will die Rom I- und II-VO zur Vermeidung von Auslegungsdivergenzen nach dem Vorbild der Rom III-VO dahingehend präzisieren, „dass eine Rechtswahl auch im Prozess möglich ist, ohne dass das anwendbare Verfahrensrecht weitere Voraussetzungen aufstellen darf."

604 *Kieninger* in Leible/Unberath (Hrsg.) 479, 489.

605 NK-BGB Band 6/*Leible* Art. 3 Rom I-VO Rn. 65; *Kieninger* in Leible/Unberath (Hrsg.) 479, 488; *Ferrari* in Ferrari, Int. VertragsR, Art. 3 Rom I-VO Rn. 43; Erman BGB/*Hohloch* Art. 3 Rom I-VO Rn. 1. Siehe aber zu Art. 3 EVÜ *Giuliano/Lagarde*, Bericht über das Übereinkommen über das auf vertragliche Schuldverhältnisse anzuwendende Recht, BT-Drucks. 10/503, 33, 50: „Erfolgt die Wahl oder die Änderung der Wahl des anzuwendenden Rechts während des Verfahrens, stellt sich die Frage, wie weit diese Wahl oder diese Änderung der Wahl vernünftigerweise geht. Diese Frage fällt in den Bereich des nationalen Verfahrensrechts und kann daher nur im Einklang mit diesem Recht beantwortet werden".

der *lex fori* bestimmt lediglich, unter welchen Voraussetzungen und bis zu welchem Zeitpunkt eine nachträgliche Rechtswahl in einen laufenden Prozess eingeführt werden kann.[606] Auch die Rom II-VO gestattet den Parteien in Art. 14 Abs. 1 lit. a Rom I-VO eine Rechtswahlvereinbarung „nach Eintritt des schadensbegründenden Ereignisses" und damit auch eine Rechtswahl nach Anrufung des Gerichts.[607] Von Art. 22 EuErbVO wird eine Rechtswahl nach Anrufung des Gerichts logischerweise nicht geregelt, da es um die Rechtswahl durch den Erblasser geht und es vor dem Erbfall an einer Prozesssituation fehlt.[608]

Der Konzeption der Regelung des Art. 5 Abs. 2, 3 Rom III-VO scheinen unterschiedliche Aspekte zu Grunde zu liegen[609]: zum einen der Aspekt der Förderung der Parteiautonomie, der eine jederzeitige, in zeitlicher Hinsicht nicht begrenzte Rechtswahl verlangt[610]; zum anderen die Aspekte der Prozessökonomie und Rechtssicherheit, die beide verlangen, dass nach der Anrufung des Gerichts grundsätzlich keine Änderungen des anwendbaren Rechts vorgenommen werden[611]. Die Übertragung der Entscheidung über die Zulassung einer Rechtswahl nach Anrufung des Gerichts auf die an der Rom III-VO teilnehmenden Mitgliedstaaten hat jedoch zur Folge, dass diese praktisch wichtige Frage auf Unionsebene für die an der Verstärkten Zusammenarbeit teilnehmenden Mitgliedstaaten nicht einheitlich entschieden und geregelt wird.[612] Die Unterschiede in der Zulassung einer Rechtswahl im Scheidungsverfahren können unter Umständen auch die Wahl eines internationalen Gerichtsstandes nach Art. 3 Brüssel IIa-VO beeinflussen.[613]

bb) Gründe gegen die Zulassung einer Rechtswahl nach Anrufung des Gerichts?

Stichhaltige Gründe gegen die Zulassung einer Rechtswahl nach Anrufung des Gerichts sind nicht ersichtlich.[614] Verfahrensökonomische Gründe, die auch

---

606 *Ferrari* in Ferrari, Int. VertragsR, Art. 3 Rom I-VO Rn. 43; NK-BGB Band 6/*Leible* Art. 3 Rom I-VO Rn. 65.

607 Im Ergebnis auch *Kieninger* in Leible/Unberath (Hrsg.) 479, 493; siehe statt aller auch Erman BGB/*Hohloch* Art. 14 Rom II-VO Rn. 7; MüKo/*Junker* Art. 14 Rom II-VO Rn. 32.

608 *Kieninger* in Leible/Unberath (Hrsg.) 479, 489.

609 Vgl. *Franzina* Cuadernos de Derecho Transnacional (2011) 85, 113.

610 *Franzina* Cuadernos de Derecho Transnacional (2011) 85, 113.

611 *Franzina* Cuadernos de Derecho Transnacional (2011) 85, 113.

612 *Franzina* Cuadernos de Derecho Transnacional (2011) 85, 113.

613 NK-BGB Band 6/*Hilbig-Lugani* Art. 5 Rom III-VO Rn. 54; *Kemper* FamRBint 2012, 63, 65.

614 Ähnlich zu den Kommissionsvorschlägen *Rühl* in FS Kropholler, 187, 200; *Lazic* Eur. J.L. Reform 10 (2008) 75, 92; im Ergebnis für eine Zulassung einer Rechtswahl

den deutschen Gesetzgeber bei der Bestimmung des Scheidungsstatuts zu dem maßgeblichen Anknüpfungszeitpunkt der Rechtshängigkeit in Art. 17 Abs. 1 S. 1 EGBGB a.F. bewegten[615], erscheinen „angesichts der weitgehenden Abkoppelung der Folgesachenanknüpfung nicht mehr begründet“[616]. Verfahrensverzögerungen und unnötige Verfahrensschritte, die durch eine Rechtswahl nach Einleitung eines gerichtlichen Verfahrens hervorgerufen werden, sind auch kein spezifisches Problem des Scheidungsrechts, sondern können, unabhängig vom jeweiligen Rechtsgebiet, Folge einer jeden im Verfahren getroffenen Rechtswahlvereinbarung sein. Zu bedenken ist auch, dass umgekehrt auch die Versagung einer Rechtswahl nach Anrufung des Gerichts zu unnötigen Verfahrensschritten führen kann. Denn die Ehegatten können sich veranlasst sehen, ihren bereits bei Gericht rechtshängigen Scheidungsantrag zurückzunehmen und einen entsprechenden Antrag nach erfolgter Rechtswahlvereinbarung erneut zu stellen.[617] Eine höhere Belastung der Gerichte, erhöhte Gerichtskosten und zeitlichen Verzögerungen wären die Folge.

Die Unzulässigkeit einer Rechtswahl nach Anrufung des Gerichts würde auch dem praktischen Interesse der Ehegatten widersprechen.[618] Denn den Parteien wäre ansonsten jegliche Möglichkeit genommen auf Hinweise des Gerichts[619] zu reagieren.[620] Dies ist insbesondere misslich, wenn sich die Ehegatten – wie

---

im deutschen Scheidungsverfahren *Hau* FamRZ 2013, 249, 252; *Kohler/Pintens*, FamRZ 2011, 1433, 1434; *Helms* FamRZ 2011, 1765, 1768; NK-BGB Band 6/*Hilbig-Lugani* Art. 5 Rom III-VO Rn. 57; *Schurig* in FS v. Hoffmann, 405, 408.

615 BT-Drucks. 10/504, S. 60: „Die Parteien sollen während des Verfahrens keinen Einfluss mehr darauf haben, welches Recht Anwendung findet. Würde man auf den Schluss der mündlichen Verhandlung abstellen, so könnte das anzuwendende Recht noch wechseln, wenn schon zahlreiche Verfahrenshandlungen unter anderen Voraussetzungen vorgenommen worden sind; eine so lange Ungewissheit über die maßgebliche Rechtsordnung kann auch nicht allgemein hingenommen werden, um in einigen Fällen bei Statutenwechsel ein zweites Scheidungsverfahren zu vermeiden.“ Siehe dazu MüKo/*Winkler v. Mohrenfels* Art. 17 EGBGB Rn. 40; *Kropholler*, 363.

616 *Helms* FamRZ 2011, 1765, 1768 Fn. 36.

617 Vgl. *Schurig* in FS v. Hoffmann, 405, 408; *Helms* FamRZ 2011, 1765, 1768 Fn. 36.

618 Im Ergebnis ähnlich *Schurig* in FS v. Hoffmann, 405, 408; *Devers/Farge*, La Semaine Juridique, Edition Générale 2012, 1277, 1283; *Kohler* Recueil des cours 359 (2012) 285, 428.

619 Wie beispielsweise auf den Hinweis die „Vereinbarung sei unzulässig, unzweckmäßig oder vielleicht sogar gefährlich und nicht überdacht“, *Finger* FamFR 2011,433, 435.

620 Siehe auch BR-Drucks. 184/10, S. 4; ähnlich auch *Kohler* in FS v. Hoffmann, 208, 213.

häufig – erst im Verfahren des Inhalts des anwendbaren Rechts bewusst werden.[621] Die Zulassung einer Rechtswahl im Scheidungsverfahren hätte auch den Vorteil, dass die Parteien zu diesem Zeitpunkt in der Regel rechtlich beraten sind und damit „nicht so sehr der Gefahr einer Übervorteilung ausgesetzt"[622] sind.

Es ist daher zu begrüßen, dass der deutsche Gesetzgeber von der Rechtsetzungsbefugnis durch den Erlass der Begleitregelung des Art. 46d Abs. 2 EGBGB Gebrauch gemacht hat.[623]

cc) Überlegungen de lege ferenda

De lege ferenda sollte die zeitliche Begrenzung in Art. 5 Abs. 2, 3 Rom III-VO aufgehoben werden. Die Frage, ob eine Rechtswahl im Prozess zulässig ist, sollte unmittelbar und für alle an der Rom III-VO teilnehmenden Mitgliedstaaten auf Unionsebene verbindlich geregelt werden. Allein die Beurteilung, bis zu welchem konkreten Zeitpunkt eine Rechtswahl getroffen werden kann, damit sie noch Wirkung auf die Entscheidung des Gerichts entfaltet, sollte – wie auch sonst – dem Verfahrensrecht der *lex fori* überlassen werden.

2. Rechtswahl vor der Eheschließung

Unklar bleibt nach dem Regelungswortlaut von Art. 5 Rom III-VO, ob darin – im Gegensatz zu dem EuEhegüterVO-Vorschlag – eine zeitliche Grenze für die früheste Möglichkeit der Vereinbarung einer Rechtswahlvereinbarung festgelegt ist. Art. 5 Abs. 1 Rom III-VO verwendet die Wortwahl „die Ehegatten" und unterscheidet sich damit von dem EuEhegüterVO-Vorschlag, der explizit von „Ehegatten oder künftigen Ehegatten" spricht.[624] Der Begriff „Ehegatten" in Art. 5 Abs. 1 Rom III-VO deutet darauf hin, dass eine Rechtswahl frühestens nach der Eheschließung vereinbart werden kann.[625] Ein solches Verständnis kann jedoch nicht überzeugen. Eine Scheidungsrechtswahl ist typischerweise Bestandteil

621 *Kohler/Pintens*, FamRZ 2011, 1433, 1434.

622 *Schurig* in FS v. Hoffmann, 405, 408.

623 Es bleibt zu hoffen, dass auch die anderen Mitgliedstaaten von dieser Rechtsetzungsbefugnis Gebrauch machen werden, vgl. *Kohler* in FS Hoffmann, 208, 213. Frankreich hat von der Rechtsetzungsbefugnis bislang keinen Gebrauch gemacht, vgl. NK-BGB Band 6/*Hilbig-Lugani* Art. 5 Rom III-VO Rn. 59; *Devers/Farge*, La Semaine Juridique, Edition Générale 2012, 1277, 1283. Dies wird bedauert, vgl. *Devers/Farge*, La Semaine Juridique, Edition Générale 2012, 1277, 1283.

624 NK-BGB Band 6/*Hilbig-Lugani* Art. 5 Rom III-VO Rn. 51; jurisPK-BGB Band 6/*Ludwig* Art. 5 Rom III-VO Rn. 17.

625 Vgl. NK-BGB Band 6/*Hilbig-Lugani* Art. 5 Rom III-VO Rn. 51.

eines Ehevertrages (vgl. Erwägungsgrund Nr. 19 Rom III-VO). Eheverträge werden jedoch regelmäßig bereits vor der Eheschließung geschlossen.[626] Auch würde es wenig einleuchten und wäre gar unangemessen, zwar eine Rechtswahl für die Scheidungsfolgen wie Unterhalt und Güterrecht bereits vor der Eheschließung zu gestatten, die Ehegatten für die Scheidungsrechtswahl aber auf den Zeitpunkt nach der Eheschließung zu verweisen.[627] Entgegen dem Wortlaut von Art. 5 Abs. 1 Rom III-VO ist daher bereits vor Eheschließung eine Rechtswahl als zulässig anzusehen.[628]

De lege ferenda sollte im Wortlaut des Art. 5 Abs. 1 Rom III-VO, entsprechend dem EuEhegüterVO-Vorschlag, die Formulierung *„oder künftigen Ehegatten"* aufgenommen werden.

IV. Ergebnisse

Die Parteien können nach der Rom I-VO, der EuErbVO und der EuUnthVO in Verbindung mit dem HUntProt jederzeit, d.h. zu einem beliebigen Zeitpunkt, eine Rechtswahlvereinbarung treffen. Entsprechendes gilt auch nach den Verordnungsentwürfen zum Güterrecht. Zeitliche Begrenzungen sind dagegen in der Rom II-VO und der Rom III-VO statuiert. Die Unterschiede lassen sich nur teilweise durch rechtsgebietsspezifische sachliche Besonderheiten rechtfertigen.

1. Ergebnisse zur Rom II-VO

a) Begrenzung der anfänglichen Rechtswahl auf kommerziell tätige Personen

Mit der Begrenzung der anfängliche Rechtswahl auf kommerziell tätige Personen weicht die Rom II-VO von der Rom I-VO ab, die die Rechtswahlfreiheit uneingeschränkt für alle Personen eröffnet und nur die Wirkungen einer Rechtswahl unter Beteiligung eines Verbrauchers oder eines Arbeitnehmers durch einen Günstigkeitsvergleich inhaltlich beschränkt (Artt. 6 Abs. 2, 8 Abs. 2 Rom I-VO).

---

626 jurisPK-BGB Band 6/*Ludwig* Art. 5 Rom III-VO Rn. 17 unter Hinweis, dass dies auch von den meisten Rechtsordnungen gestattet wird.

627 NK-BGB Band 6/*Hilbig-Lugani* Art. 5 Rom III-VO Rn. 51.

628 Vgl. NK-BGB Band 6/*Hilbig-Lugani* Art. 5 Rom III-VO Rn. 51; Erman BGB/*Hohloch*, Anhang zu Art. 17 EGBGB („ Rom III") Art. 5 Rom III-VO Rn. 10; jurisPK-BGB Band 6/*Ludwig* Art. 5 Rom III-VO Rn. 17, der jedoch aus nicht nachvollziehbaren Gründen nur eine Wahl nach Art. 5 lit. a-c Rom III-VO gestatten will; Rahm/Künkel/*Breuer*, Handbuch Familien- und Familienverfahrensrecht, B. Materielles Recht Rn. 284.

De lege lata sind keine sachlichen Gründe zu erkennen, die es rechtfertigen würden, in Art. 14 Abs. 1 S. 1 lit. b Rom II-VO abweichend von dem in Art. 6 Abs. 1 Rom I-VO verwendeten Unternehmerbegriff eine neue Kategorie der „kommerziellen Tätigkeit" einzuführen. Der überwiegenden Ansicht des Schrifttums ist daher zuzustimmen, dass dieser Begriff entsprechend dem Unternehmerbegriff des Art. 6 Abs. 1 Rom I-VO auszulegen ist.

Im Regelungswortlaut des Art. 14 Abs. 1 S. 1 lit. b Rom II-VO fehlt die Klarstellung, dass eine anfängliche Rechtswahl in Ausübung der beruflichen oder gewerblichen Tätigkeit der Parteien getroffen werden muss (Zusammenhangserfordernis).

De lege ferenda sollte der Regelungswortlaut des Art. 14 Abs. 1 S. 1 lit. b Rom II-VO an die Formulierung des Art. 6 Abs. 1 Rom I-VO angeglichen werden. Außerdem sollte auf die „ermahnungsartige Verstärkung"[629] durch den Begriff „alle" Parteien verzichtet werden.

Dagegen ist die persönliche Begrenzung der anfänglichen Rechtswahl auf Unternehmer als eine rechtsgebietsspezifische Besonderheit der Rom II-VO beizubehalten. Bei einer Aufhebung der persönlichen Begrenzung d.h. bei Zulassung einer anfänglichen Rechtswahl auch für nicht kommerziell tätige Personen (Verbraucher und Arbeitnehmer) wäre aus Schutzgründen andernfalls auch im Deliktsrecht die Aufnahme eines Günstigkeitsprinzips zu fordern. Damit würde eine konzeptionelle Kohärenz zwischen der Rom I-VO und der Rom II-VO erreicht werden. Es bestehen im Ergebnis jedoch durchschlagende Bedenken, dass die wenigen Fälle jenseits der vertragsakzessorischen Anknüpfung, in denen bei Beteiligung einer nicht kommerziell tätigen Partei eine anfängliche Rechtswahlmöglichkeit praktisch relevant wird, die komplizierte Differenzierung nach Personenkreisen und einen komplizierten Günstigkeitsvergleich für Verbraucher oder Arbeitnehmer rechtfertigen würden.

b) Kriterium „frei ausgehandelte Vereinbarung"

Art. 14 Abs. 1 S. 1 lit. b Rom II-VO verlangt, dass die kommerziell tätigen Parteien die anfängliche Rechtswahl durch eine „frei ausgehandelte Vereinbarung" treffen. Das Kriterium einer frei ausgehandelten Rechtswahl bezieht sich nach überwiegender Ansicht nur auf die anfängliche Rechtswahl. Um Unklarheiten auszuräumen sollte – sofern das Kriterium der frei ausgehandelten Vereinbarung entgegen der Ansicht in dieser Arbeit auch bei einer Novellierung der Rom II-VO beibehalten werden soll – die Satzstellung in der deutschen Sprachfassung

629 *Junker* RIW 2010, 257, 267 „ermahnungsartigen Verstärkungen".

des Art. 14 Abs. 1 S. 1 lit. b Rom II-VO klarstellend korrigiert werden. Folgende Formulierung erscheint vorzugswürdig: *„vor Eintritt des schadensbegründenden Ereignisses auch durch eine frei ausgehandelte Vereinbarung“*[630].

Das Erfordernis einer frei ausgehandelten Vereinbarung ist dem sonstigen Europäischen Kollisionsrecht fremd. Es bringt – wie der facettenreiche Meinungsstand im Schrifttum zeigt – eine erhebliche Rechtsunsicherheit mit sich. Die Auslegung ergibt, dass eine Rechtswahlvereinbarung in AGB grundsätzlich unzulässig ist. Ein Abzeichnen einer vorformulierten Rechtswahlklausel sollte jedoch als ausreichend angesehen werden, da hierdurch die vom Unionsgesetzgeber intendierte Eindeutigkeit des Konsenses über die Rechtswahl ausreichend sichergestellt wird.

De lege ferenda sollte die Formulierung frei ausgehandelt ersatzlos gestrichen werden. Für eine Streichung dieses Erfordernisses sprechen neben der Schaffung von Kohärenz vor allem praktische Gesichtspunkte des internationalen Handelsverkehrs. Denn ein grundsätzliches AGB-Verwendungsverbot wird den Anforderungen und den Bedürfnissen des internationalen Handelsverkehrs nicht gerecht.

c) Formulierungsvorschlag *de lege ferenda*

Bei einer Novellierung des Art. 14 Abs. 1 S. 1 lit. b Rom II-VO bietet sich *de lege ferenda* folgende von *Junker* vorgeschlagene Formulierung an: *„durch eine Vereinbarung vor Eintritt des schadensbegründenden Ereignisses, welche die Parteien in Ausübung ihrer beruflichen oder gewerblichen Tätigkeit schließen.“*[631]

2. Ergebnisse zur Rom III-VO

a) Rechtswahl nach Anrufung des Gerichts

Die Rom III-VO überlässt es dem Recht des an der Verordnung teilnehmenden Mitgliedstaates, dessen Gerichte angerufen sind, darüber zu entscheiden, ob eine Rechtswahl auch nach Anrufung des Gerichts getroffen werden kann. Damit weicht die Rom III-VO von den anderen Verordnungen des Europäischen Kollisionsrechts ab, die unmittelbar eine Rechtswahl auch nach Anrufung des Gerichts zulassen. Stichhaltige Gründe, die dagegen sprechen, die Zulässigkeit der Rechtswahl auch in der Rom III-VO unmittelbar im Unionsrecht zu regeln, sind nicht ersichtlich.

De lege ferenda sollte die zeitliche Begrenzung in Art. 5 Abs. 2, 3 Rom III-VO aufgehoben werden. Die Frage, ob eine Rechtswahl im Prozess zulässig ist, sollte für die an der Rom III-VO teilnehmenden Mitgliedstaaten verbindlich auf der Ebene des Unionsrechts geregelt werden. Allein die Beurteilung, bis zu welchem

---

630 MüKo/*Junker* Art. 14 Rom II-VO Rn. 34.

631 *Junker* RIW 2010, 257, 267.

konkreten Zeitpunkt eine Rechtswahl getroffen werden kann, damit sie noch Wirkung auf die Entscheidung des Gerichts entfaltet, sollte – wie auch sonst – dem Verfahrensrecht der *lex fori* überlassen werden.

b) Rechtswahl vor der Eheschließung

Anders als der EuEhegüterVO-Vorschlag, der ausdrücklich auch „künftigen Ehegatten" die Rechtswahl eröffnet, spricht Art. 5 Abs. 1 Rom III-VO lediglich von „Ehegatten". Entgegen dem Wortlaut ist aber auch hier eine vor der Eheschließung getroffene Rechtswahl als zulässig anzusehen. Es wäre nicht überzeugend, wenn die zukünftigen Ehegatten in einem vor der Eheschließung geschlossenen Ehevertrag zwar eine Rechtswahl für die Scheidungsfolgen, nicht aber eine Scheidungsrechtswahl vereinbaren könnten.

De lege ferenda sollte die Zulässigkeit einer Rechtswahl bereits vor der Eheschließung im Wortlaut des Art. 5 Abs. 1 Rom III-VO durch die ergänzende Formulierung *„oder künftigen Ehegatten"* klargestellt werden.

C. Änderbarkeit der Rechtswahl

I. Normative Ausgangslage

Die Änderung einer getroffenen Rechtswahl wird ausdrücklich in den Rechtswahlregelungen des Art. 3 Abs. 2 S. 1 Rom I-VO, Art. 5 Abs. 2 Rom III-VO und Art. 22 Abs. 4 EuErbVO für zulässig erklärt. Auch der EuEhegüterVO-Vorschlag und die Legislative Entschließung des Europäischen Parlaments zum EuPartGüVO-Vorschlag sehen die Änderbarkeit der Rechtswahl vor. Die Rom II-VO und das HUntProt schweigen dagegen.

II. Regelungen zur Änderbarkeit der Rechtswahl

1. Überblick

Die Regelungen zur Änderbarkeit der Rechtswahl in Art. 3 Abs. 2 S. 1 Rom I-VO und in Art. 15b Abs. 1 der Legislativen Entschließung des Europäischen Parlaments zum EuPartGüVO-Vorschlag sind nicht zu beanstanden. Korrekturbedarf besteht jedoch bei den Regelungen der Rom III-VO, der EuErbVO und des EuEhegüterVO-Vorschlags.

2. Rom III-VO

Die Änderung einer Rechtswahlvereinbarung ist nach Art. 5 Abs. 2 Rom III-VO „unbeschadet des Absatzes 3 [...] jederzeit, spätestens jedoch zum Zeitpunkt der

Anrufung des Gerichts" möglich. Art. 5 Abs. 3 Rom III-VO, der eine Rechtswahl auch nach Anrufung des Gerichts, abhängig von dem Recht des Staates des angerufenen Gerichts, zulässt, sagt nicht ausdrücklich, dass auch eine Änderung einer Rechtswahl nach Anrufung des Gerichts erfolgen kann.[632] Die Vorschrift spricht nämlich lediglich davon, dass die Ehegatten eine Rechtswahl im Laufe des Verfahrens „vornehmen" können. Gegenüber der Formulierung „geschlossen oder geändert werden" in Art. 5 Abs. 2 Rom III-VO ist dieser Begriff weniger präzise.[633] Es sind jedoch keine vernünftigen Gründe ersichtlich, den Parteien – sofern das Recht des Staates des angerufenen Gerichts eine Rechtswahl auch nach Anrufung des Gerichts zulässt – eine Änderung der Rechtswahl nach Anrufung des Gerichts zu verweigern.[634] Der Begriff „vornehmen" ist daher so zu verstehen, dass das „Ändern" einer Rechtswahlvereinbarung miterfasst wird.[635] Für diese Sichtweise spricht auch Erwägungsgrund Nr. 20 Rom III-VO, in dem es heißt, eine Rechtswahlvereinbarung „sollte spätestens bei Anrufung des Gerichts geschlossen und geändert werden können sowie gegebenenfalls sogar im Laufe des Verfahrens, wenn das Recht des Staates des angerufenen Gerichts dies vorsieht."[636] Im Schrifttum wird ergänzend argumentiert, dass bei der Nichtzulassung der Änderbarkeit einer Rechtswahl nach Anrufung des Gerichts der (begünstigte) Ehegatte zu einer früheren Stellung des Scheidungsantrags gedrängt werden würde, um die für ihn günstige Rechtswahlvereinbarung zu fixieren.[637] Diese Argumentation überzeugt jedoch nur bedingt. Denn ein Ehepartner, der eine getroffene Rechtswahlvereinbarung durch zügige Anrufung des Gerichts unveränderbar machen will, wird sich regelmäßig auch nicht auf eine Änderung der Rechtswahl im Scheidungsverfahren einlassen.

De lege ferenda sollte der unbestimmte Begriff „vornehmen" in der deutschen Sprachfassung des Art. 5 Abs. 3 Rom III-VO durch die Formulierung *„geschlossen oder geändert werden"* ersetzt werden.

3. *EuErbVO*

Nach Art. 22 Abs. 4 EuErbVO muss eine Änderung oder ein Widerruf der Rechtswahl den Formvorschriften für die Änderung oder den Widerruf einer

632 NK-BGB Band 6/*Hilbig-Lugani* Art. 5 Rom III-VO Rn. 56.
633 Vgl. NK-BGB Band 6/*Hilbig-Lugani* Art. 5 Rom III-VO Rn. 56.
634 NK-BGB Band 6/*Hilbig-Lugani* Art. 5 Rom III-VO Rn. 56.
635 NK-BGB Band 6/*Hilbig-Lugani* Art. 5 Rom III-VO Rn. 56.
636 Ebenso NK-BGB Band 6/*Hilbig-Lugani* Art. 5 Rom III-VO Rn. 56.
637 So aber NK-BGB Band 6/*Hilbig-Lugani* Art. 5 Rom III-VO Rn. 56.

Verfügung von Todes wegen entsprechen.[638] Diese Regelung ist unvollständig[639], da eine Bezugnahme auf die Regelungen des Art. 22 Abs. 2 (zur ausdrücklichen und konkludenten Rechtswahl) und des Art. 22 Abs. 3 EuErbVO (zum Rechtswahlstatut) fehlt. Deshalb ist nicht normiert, dass auch die Änderung oder der Widerruf der Rechtswahl durch eine konkludente Erklärung des Erblassers erfolgen kann[640] und sich die materielle Wirksamkeit der Änderung und des Widerrufs nach dem gewählten Recht bestimmt[641]. Wenn der Unionsgesetzgeber es für notwendig erachtet, in Art. 22 Abs. 4 EuErbVO speziell die Form einer Änderung einer Rechtswahl zu regeln, so sollte – um verfehlte Umkehrschlüsse auszuschließen – auch klargestellt werden, dass die Änderung der Rechtswahl denselben übrigen Anforderungen unterliegt wie eine erstmalige Rechtwahl.

De lege ferenda sollte der Unionsgesetzgeber die Regelung des Art. 22 Abs. 4 EuErbVO über die Formbedürftigkeit dahingehend klarstellend ergänzen, dass Art. 22 Abs. 2 und Abs. 3 EuErbVO auf einen Widerruf oder eine Änderung der Rechtswahl entsprechend Anwendung finden.[642]

4. *EuEhegüterVO-Vorschlag*

Im Allgemeinen sind die Regelungen zur Änderbarkeit der Rechtswahl in die allgemeinen Rechtswahlregelungen integriert. Die Kommission schlägt für das Ehegüterrecht dagegen vor, neben und getrennt von der allgemeinen Rechtswahlregelung in Art. 16 EuEhegüterVO-Vorschlag eine eigenständige Regelung zum „Wechsel des anzuwendenden Rechts" aufzunehmen (Art. 18 S. 1 EuEhegüterVO-Vorschlag). Systematisch wäre danach zwischen der allgemeinen Rechtswahlregelung in Art. 16 EuEhegüterVO-Vorschlag (Überschrift: Rechtswahl), der objektiven Anknüpfungsregelung in Art. 17 EuEhegüterVO-Vorschlag (Überschrift: Mangels Rechtswahl anzuwendendes Recht) und der Regelung zur Änderung der Rechtswahl in Art. 18 EuEhegüterVO-Vorschlag (Wechsel des

---

638 Kritisch bereits zum Verordnungsvorschlag *Dutta* in Reichelt/Rechberger (Hrsg.) Europäisches Erbrecht, 57, 77.

639 *Dutta* FamRZ 2013, 4, 8; *Müller-Lukoschek* § 2 Rn. 153; *Nordmeier* GPR 2013, 148, 154; Palandt/*Thorn* Art. 22 EuErbVO Rn. 5.

640 Siehe dazu *Fischer-Czermak* in Schauer/Scheuba (Hrsg.) 43, 48; *Leitzen* ZEV 2013, 128, 129; *Dutta* FamRZ 2013, 4, 8; Palandt/*Thorn* Art. 22 EuErbVO Rn. 5.

641 *Müller-Lukoschek* § 2 Rn. 153; *Dutta* FamRZ 2013, 4, 8; Palandt/*Thorn* Art. 22 EuErbVO Rn. 5; *Revillard* in Permanent Bureau of the Hague Conference on Private International Law (Hrsg.) 487, 499.

642 Vgl. dem Vorschlag von *Dutta* zum Verordnungsvorschlag in Reichelt/Rechberger (Hrsg.) Europäisches Erbrecht, 57, 77.

anzuwendenden Rechts) zu unterscheiden. Diese Abweichung in der Regelungssystematik ist im Schrifttum zu Recht auf Kritik gestoßen.[643] Denn die Frage der Änderung der Rechtswahl hängt mit der Frage der Zulassung der Rechtswahl eng zusammen, so dass es in systematischer Hinsicht überzeugender wäre, die Regelung des Art. 18 des EuEhegüterVO-Vorschlags mit der Regelung des Art. 16 EuEhegüterVO-Vorschlags in einer Regelung zusammenzufassen.[644] Die Legislative Entschließung des Europäischen Parlaments zum EuEhegüterVO-Vorschlag geht den richtigen Weg.[645] Danach soll die Regelung zur Änderbarkeit der Rechtswahl in die geplante allgemeine Rechtswahlregelung integriert werden und innerhalb der allgemeinen Rechtswahlregelung des Art. 16 Abs. 1 der Begriff „bestimmen" durch die Formulierung „oder ändern" ergänzt werden.[646]

III. Keine explizite Regelung zur Änderbarkeit der Rechtswahl

1. Rom II-VO

Die Rom II-VO schweigt zu der Frage der Änderbarkeit einer Rechtswahlvereinbarung.[647] Im Schrifttum besteht jedoch Einigkeit, dass die Parteien auch im Rahmen der Rom II-VO eine getroffene Rechtswahl ändern können.[648] Die Begründungen

---

643 *Viarengo* Yb PIL Volume 13 (2011) 199, 211; *Helms* in Liber Amicorum Walter Pintens, 681, 685; *Deutscher Notarverein* Stellungnahme vom 10. Juni 2011, S. 11, abrufbar unter: http://www.dnotv.de/_files/Dokumente/Stellungnahmen/StellungnahmeGterrechts-VODNotV.pdf (Stand: 30.11.2013).

644 *Viarengo* Yb PIL Volume 13 (2011) 199, 211.

645 Siehe auch die Begründung zur Rechtswahl in dem Bericht über den Vorschlag für eine Verordnung des Rates über die Zuständigkeit, das anzuwendende Recht, die Anerkennung und die Vollstreckung von Entscheidungen im Bereich des Ehegüterrechts (COM(2011)0126 – C7-0093/2011 – 2011/0059(CNS)), Dokument: A7-0253/2013. „Die Änderungsanträge zur Rechtswahlvereinbarung zielen auf eine Zusammenfassung der Artikel 16 und 18, um die strukturellen und systematischen Schwächen des Kommissionsvorschlags zu beheben."

646 Dabei sollte jedoch auch die systematische Stellung des Art. 17 (Mangels Rechtswahl anzuwendendes Recht) geändert werden. Die Regelungen zur Rechtswahl (allgemeine Regelung zur Rechtswahl und Regelung zur Form der Rechtswahl) sollten – wie in der Rom III-VO – zusammenhängend vor der objektiven Anknüpfungsregelung gebündelt werden.

647 NK-BGB Band 6/*Gebauer* Art. 14 Rom II-VO Rn. 31.

648 Palandt/*Thorn* Art. 14 Rom II-VO Rn. 11; Müko/*Junker* Art. 14 Rom II-VO Rn. 24; PWW/*Schaub* Art. 14 Rom II-VO Rn. 4; Bamberger/Roth/*Spickhoff* Art. 14 Rom II-VO Rn. 4; *Vogeler*, 339; Hk-BGB/*Dörner* Art. 14 Rom II-VO Rn. 5; jurisPK-BGB/Band 6/*Wurmnest* Art. 14 Rom II-VO Rn. 7; *v. Hein* in Calliess (Hrsg.) Art. 14

variieren. Überwiegend wird eine Analogie zu Art. 3 Abs. 2 Rom I-VO befürwortet.[649] Teilweise wird die Änderbarkeit aus der Eröffnung einer nachträglichen Rechtswahl[650] oder aus dem Prinzip der freien Rechtswahl hergeleitet[651].

Für die Zulassung der Änderbarkeit des gewählten Rechts in der Rom II-VO spricht insbesondere die weite Parteiautonomie, die den Parteien mit der Rechtswahlregelung des Art. 14 Abs. 1 Rom II-VO eingeräumt wird. Den Parteien wird darin sowohl eine nachträgliche, als auch unter bestimmten Voraussetzungen eine anfängliche Rechtswahl gestattet. Auch bei einem außervertraglichen Schuldverhältnis kann sich aus verschiedenen Gründen ein Interesse an der Änderung einer bereits getroffenen Rechtswahlvereinbarung ergeben, beispielsweise bei einer Änderung des Sachrechts oder anderer für die Rechtswahlentscheidung erheblicher Umstände. Gründe, die gegen die Zulässigkeit der Änderbarkeit der Rechtswahl sprechen, sind nicht ersichtlich. Der mögliche Einwand, es könne zu einer unerwünschten zeitlichen Spaltung des Schuldverhältnisses kommen, hat geringes Gewicht. Denn die Parteien können der geänderten Rechtswahl Rückwirkung beimessen, wenn sie dies für sachdienlich erachten.[652] Aus dem Fehlen einer Regelung zur Änderbarkeit in Art. 14 Rom II-VO und der Zulassung der Änderbarkeit in Art. 3 Abs. 2 Rom II-VO können auch keine Rückschlüsse auf eine bewusste Ablehnung der Änderbarkeit der Rechtswahl in der Rom II-VO gezogen werden.[653] Denn der Unionsgesetzgeber schweigt auch zu anderen wichtigen, im EVÜ geregelten Fragen, wie dem Rechtswahlstatut, der Form und der Teilrechtswahl. Auch Erwägungsgrund Nr. 7 Rom II-VO, der die einheitliche Auslegung und Anwendung mit der Rom I-VO als Ziel erklärt, spricht für die Zulassung der Änderbarkeit der Rechtswahl für ein außervertragliches Schuldverhältnis.[654]

De lege ferenda sollte die Lücke geschlossen werden. In die Rechtswahlregelung des Art. 14 Abs. 1 Rom II-VO könnte folgende Formulierung aufgenommen werden: *Die Parteien können vereinbaren, dass das außervertragliche*

Rom II-VO Rn. 37; Huber/*Bach* Art. 14 Rom II-VO Rn. 21; *Dickinson*, Chapter 13 Rn. 13.36.

649 MüKo/*Junker* Art. 14 Rom II-VO Rn. 24; Bamberger/Roth/*Spickhoff* Art. 14 Rom II-VO Rn. 4.

650 PWW/*Schaub* Art. 14 Rom II-VO Rn. 4

651 *Vogeler*, 339.

652 Siehe dazu Zweiter Teil § 5 A. III.

653 Im Ergebnis ebenso MüKo/*Junker* Art. 14 Rom II-VO Rn. 24; *Vogeler*, 339.

654 Im Ergebnis ebenso MüKo/*Junker* Art. 14 Rom II-VO Rn. 24; *Vogeler*, 339; Bamberger/Roth/*Spickhoff* Art. 14 Rom II-VO Rn. 4.

Schuldverhältnis nach einem anderen Recht zu beurteilen ist als dem, das zuvor aufgrund einer früheren Rechtswahl nach diesem Artikel maßgebend war.

2. *HUntProt*

Auch im Unterhaltsrecht fehlt eine explizite Regelung zur Änderung der Rechtswahl. Nach allgemeiner Meinung ist den Parteien jedoch auch in Artt. 7 und 8 Abs. 1 HUntProt eine jederzeitige Änderung der Rechtswahl eröffnet.[655] Dafür spricht die eingeräumte weite Parteiautonomie.

De lege ferenda sollte die Änderbarkeit der Rechtswahl explizit im Protokolltext klargestellt werden. Es bietet sich die Aufnahme folgender Ergänzung an: *Die Parteien können vereinbaren, dass die Unterhaltspflicht nach einem anderen Recht zu beurteilen ist als dem, das zuvor aufgrund einer früheren Rechtswahl nach diesem Artikel maßgebend war.*

IV. Ergebnisse

1. *Grundlagen und Lückenschließung*

Die Zulässigkeit der Änderbarkeit einer Rechtswahl geht grundsätzlich mit der Einräumung der Parteiautonomie im Europäischen Kollisionsrecht einher. Es überrascht daher, dass die Änderbarkeit der Rechtswahl in der Rom II-VO und dem HUntProt nicht explizit geregelt wird.

De lege ferenda sollten diese Lücken geschlossen werden. Folgende Formulierung bietet sich an: *Die Parteien können vereinbaren, dass das außervertragliche Schuldverhältnis [bzw. die Unterhaltspflicht] nach einem anderen Recht zu beurteilen ist als dem, das zuvor aufgrund einer früheren Rechtswahl nach diesem Artikel maßgebend war.*

2. *Korrektur der Rechtswahlregelungen über eine Änderbarkeit der Rechtswahl*

Korrekturbedürftig sind auch Art. 5 Abs. 3 Rom III-VO, Art. 22 Abs. 4 EuErbVO und Artt. 16, 18 EuEhegüterVO-Vorschlag. Bei Art. 5 Abs. 3 Rom III-VO bleibt aufgrund des weiten Begriffs „vornehmen" unklar, ob – abhängig vom Recht des

---

655 *Mansel* in Leible/Unberath (Hrsg.) 241, 270; im Ergebnis ebenso zu Art. 7 HUntProt *Hausmann*, IntEuSchR C Art. 7 HUP Rn. 565; ebenso zu Art. 8 HUntProt auch PWW/*Martiny* Anhang II zu Art. 18 EGBGB, Haager Protokoll über das auf Unterhaltspflichten anzuwendende Recht, Rn. 23; Rauscher/*Andrae*, EuZPR/EuIPR (2010) Art. 8 HuntStProt Rn. 4; *dies.* § 8 Rn. 158; jurisPK-BGB Band 6/*Ludwig* Art. 8 UntProt Rn. 11; Erman BGB/*Hohloch* Art. 18 EGBGB Rn. 25; *Hausmann*, IntEuSchR C Art. 8 HUP Rn. 5675; *Bonomi* Yb PIL Volume 10 (2008) 333, 353.

Staates des angerufenen Gerichts – auch eine Änderung einer Rechtswahl nach Anrufung des Gerichts erfolgen kann. Richtigerweise ist der Begriff „vornehmen“ so zu verstehen, dass er das „Ändern“ einer bereits getroffenen Rechtswahl mitumfasst. *De lege ferenda* sollte zur Klarstellung der unbestimmte Begriff „vornehmen“ durch die Formulierung „geschlossen oder geändert werden“ ersetzt werden.

Für die Änderung und den Widerruf der Rechtswahl enthält Art. 22 Abs. 4 EuErbVO lediglich eine Regelung hinsichtlich der Form. Es fehlt hingegen eine Regelung über die Art und Weise der Erklärung der Änderung und des Widerrufs der Rechtswahl sowie über das Statut betreffend die materielle Wirksamkeit. *De lege ferenda* sollte Art. 22 Abs. 4 EuErbVO, um einen verfehlten Umkehrschluss aus der lückenhaften Regelung auszuschließen, ergänzend klarstellen, dass auch die Änderung oder der Widerruf einer Rechtswahl denselben Anforderungen unterliegt wie die erstmalige Rechtswahlerklärung und auf diese folglich auch Art. 22 Abs. 2 und Abs. 3 EuErbVO anzuwenden sind.

Der EuEhegüterVO-Vorschlag ist nicht geglückt, soweit neben der allgemeinen Rechtswahlregelung in Art. 16 EuEhegüterVO-Vorschlag eine eigenständige Regelung zum „Wechsel des anzuwendenden Rechts“ in Art. 18 S. 1 EuEhegüterVO-Vorschlag vorgesehen ist. In systematischer Hinsicht gehören die Regelungen zur Änderbarkeit der Rechtswahl des Art. 18 EuEhegüterVO-Vorschlag in die allgemeine Rechtswahlregelung des Art. 16 EuEhegüterVO-Vorschlag integriert. Dies hat das Europäische Parlament in seiner Legislativen Entschließung erkannt und überzeugend korrigiert.

D. Teilrechtswahl

I. Normative Ausgangslage

Eine positive Regelung zur Teilrechtswahl findet sich einzig in der Rom I-VO.[656] Art. 3 Abs. 1 S. 3 Rom I-VO bestimmt, dass die Parteien die Rechtswahl „für ihren ganzen Vertrag oder nur für einen Teil desselben treffen“ können.

In der EuErbVO[657] und im EuEhegüterVO-Vorschlag[658] wird eine Teilrechtswahl explizit ausgeschlossen.[659] Nach Art. 23 Abs. 1 EuErbVO unterliegt „die

656 *Aubart*, 221; dazu *Mankowski* in FS Spellenberg, 261, 263; Reithmann/*Martiny* 1. Teil Rn. 94.

657 Kritisch dazu *Mansel* in Leible/Unberath (Hrsg.) 241, 282; *Kohler/Pintens* FamRZ 2010, 1481, 1484; *Max-Planck-Institut* RabelsZ 74 (2010) 522, 609.

658 *Kroll-Ludwigs*, 126; *Pfeiffer* FamRBint 2012, 45, 47; *Viarengo* Yb PIL Volume 13 (2011) 199, 212; *Dethloff* in FS v. Hoffmann, 73, 78; *Martiny* IPRax 2011, 437, 450; *Aubart*, 202.

659 Vgl. *Mansel* in Leible/Unberath (Hrsg.) 241, 282.

gesamte Rechtsnachfolge von Todes wegen" dem objektiv anwendbaren oder subjektiv gewählten Recht. Es gilt der Grundsatz der kollisionsrechtlichen Nachlasseinheit.[660] Dies verdeutlicht auch Erwägungsgrund Nr. 37 S. 4 EuErbVO, in dem es heißt: „Aus Gründen der Rechtssicherheit und um eine Nachlassspaltung zu vermeiden, sollte der gesamte Nachlass, d. h. das gesamte zum Nachlass gehörende Vermögen diesem Recht unterliegen, unabhängig von der Art der Vermögenswerte und unabhängig davon, ob diese in einem anderen Mitgliedstaat oder in einem Drittstaat belegen sind." Auch Art. 15 EuEhegüterVO-Vorschlag sieht vor, dass „das gesamte Vermögen der Ehegatten" dem objektiv anwendbaren oder subjektiv gewählten Recht unterliegt. Die Einheit des Güterstandes soll auch nach Ansicht des Europäischen Parlaments beibehalten werden; es soll lediglich klarstellend ergänzt werden, dass es nicht auf den Lageort der Vermögensgegenstände ankommt.[661] Entsprechendes soll nach der Legislativen Entschließung des Europäischen Parlaments zum EuPartGüVO-Vorschlag auch für das Güterrecht eingetragener Partnerschaften gelten (Art. 15 Abs. 1).

Keine Erwähnung – weder positiv noch negativ – findet die Teilrechtswahl hingegen in der Rom II-VO[662] und der Rom III-VO[663].[664] Auch das HUntProt schweigt zu dieser Frage.[665]

II. Keine explizite Regelung zur Teilrechtswahl

1. Rom II-VO

a) Meinungsstand

Im Schrifttum wird diskutiert, ob den Parteien auch nach der Rom II-VO eine Teilrechtswahl gestattet ist.[666] Einige Autoren ziehen aus dem Regelungswortlaut des Art. 14 Rom II-VO den Schluss, dass eine Teilrechtswahl für

660 *Dutta* FamRZ 2013, 4, 9; *Wilke* RIW 2012, 601, 607.

661 Abänderung 57 Art. 15 Abs. 1: „Sämtliche unter den ehelichen Güterstand fallenden Vermögensgegenstände unterliegen, unabhängig davon, wo sie sich befinden, dem nach den Artikeln 16 und 17 auf den ehelichen Güterstand anzuwendenden Recht."

662 Vgl. *v. Hein* in Calliess (Hrsg.) Art. 14 Rom II-VO Rn. 35; Huber/*Bach* Art. 14 Rom II-VO Rn. 10; *Jayme* in Jud/Rechberger/Reichelt, 63, 74; *Mansel* in Leible/Unberath (Hrsg.) 241, 282.

663 *Aubart*, 192.

664 *Mansel* in Leible/Unberath (Hrsg.) 241, 282.

665 *Mansel* in Leible/Unberath (Hrsg.) 241, 282.

666 Offen gelassen von PWW/*Schaub* Art. 14 Rom II-VO Rn. 2; Huber/*Bach* Art. 14 Rom II-VO Rn. 10.

außervertragliche Schuldverhältnisse ausgeschlossen sei.[667] Vereinzelt wird eine Regelungslücke bejaht, eine Lückenfüllung durch Zulassung der Teilrechtswahl aber aufgrund möglicher Wechselwirkungen im außervertraglichen Schuldrecht abgelehnt.[668] Überwiegend wird dagegen angenommen, dass Art. 14 Rom II-VO eine Teilrechtswahl grundsätzlich gestatte.[669] Begründet wird dies teilweise mit einer Analogie zu Art. 3 Abs. 1 S. 3 Rom I-VO[670], teilweise mit der gesetzlich eingeräumten (umfassenden) Rechtswahlfreiheit[671].

b) Stellungnahme

Auf den ersten Blick legt der Vergleich zu der positiven Teilrechtswahlregelung in Art. 3 Abs. 1 S. 3 Rom I-VO den Schluss nahe, dass der Unionsgesetzgeber in Art. 14 Rom II-VO bewusst von einer solchen Regelung Abstand genommen hat.[672] Argumentiert wird, es sei eher unwahrscheinlich, dass der Unionsgesetzgeber die Frage der Teilrechtswahl in der Rom II-VO übersehen haben könnte[673], da Art. 14 Rom II-VO in verschiedenen Aspekten den Regelungen des Art. 3

667 *v. Hein* in Calliess (Hrsg.) Art. 14 Rom II-VO Rn. 35; *Mansel* in Leible/Unberath (Hrsg.) 241, 282; Hk-BGB/*Dörner* Art. 14 Rom II-VO Rn. 5; *Kramer* NIPR 2008, 414, 423; *Dickinson*, Chapter 13 Rn. 13.20; wohl auch *de Lima Pinheiro* Riv. dir. int. priv. proc. 44 (2008) 5, 13, jedoch mit rechtspolitischer Kritik.

668 So *Nehne*, 238.

669 *Heiss/Loacker* JBl 2007, 612, 623; *Leible* RIW 2008, 257, 260; Rauscher/*Jakob/Picht*, EuZPR/EuIPR (2011) Art. 14 Rom II-VO Rn. 34; *Kroll-Ludwigs*, 93; MüKo/*Junker* Art. 14 Rom II-VO Rn. 37; jurisPK-BGB Band 6/*Wurmnest* Art. 14 Rom II-VO Rn. 6; Erman BGB/*Hohloch* Art. 14 Rom II-VO Rn. 7; Bamberger/Roth/*Spickhoff* Art. 14 Rom II-VO Rn. 2; *Köthe*, 87; *Vogeler*, 328; *Aubart*, 153; NK-BGB Band 6/*Gebauer* Art. 14 Rom II-VO Rn. 31; *Symeonides* Am. J. Comp. L. 56 (2008) 173, 186; *Bertoli* Rivista di diritto internazionale (2009) 697, 705; einschränkend da nur für bestimmte außervertragliche Ansprüche Palandt/*Thorn* Art. 14 Rom II-VO Rn. 4.

670 Bamberger/Roth/*Spickhoff* Art. 14 Rom II-VO Rn. 2; jurisPK-BGB Band 6/*Wurmnest* Art. 14 Rom II-VO Rn. 6; ebenso *Kroll-Ludwigs*, 93 und MüKo/*Junker* Art. 14 Rom II-VO Rn. 37, die beide irrtümlicherweise jedoch von Art. 3 Abs. 1 S. 2 Rom I-VO sprechen, richtigerweise aber Art. 3 Abs. 1 S. 3 Rom I-VO meinen.

671 *Köthe*, 87; *Leible* RIW 2008, 257, 260; *Heiss/Loacker* JBl 2007, 612, 623; im Ergebnis wohl ebenso Erman BGB/*Hohloch* Art. 14 Rom II-VO Rn. 7; *Vogeler*, 327, 328; *Bertoli* Rivista di diritto internazionale (2009) 697, 705.

672 Ähnlich Huber/*Bach* Art. 14 Rom II-VO Rn. 10; Palandt/*Thorn* Art. 14 Rom II-VO Rn. 4; *Dickinson*, Chapter 13 Rn. 13.20.

673 *v. Hein* in Calliess (Hrsg.) Art. 14 Rom II-VO Rn. 35.

EVÜ und des Art. 42 EGBGB nachgebildet wurde.[674] Diese Argumentation verliert allerdings an Überzeugungskraft, wenn man berücksichtigt, dass der Unionsgesetzgeber, auch zu den Fragen der Änderbarkeit der Rechtswahl und dem Rechtswahlstatut in der Rom II-VO keine Regelungen getroffen hat, obwohl diese Fragen in der Vorgängerregelung zur Rom I-VO (Art. 3 EVÜ) geregelt sind.[675] Das Fehlen der Regelungen zur Änderbarkeit und zum Rechtswahlstatut wird im Schrifttum jedoch unstreitig nicht als eine bewusste negative Regelung, sondern als eine lückenhafte Ausgestaltung der Rechtswahlregelung des Art. 14 Rom II-VO eingeordnet.[676] Grund für das Fehlen einer Teilrechtswahlregelung in der Rom II-VO mag auch sein, dass eine Teilrechtswahl bei außervertraglichen Schuldverhältnissen in der Praxis kaum relevant werden wird. Aus dem Fehlen einer Teilrechtswahlregelung in der Rom II-VO in Verbindung mit den positiven Regelungen zur Teilrechtswahl im EVÜ und in der Rom I-VO können somit keine zwingenden Rückschlüsse auf den Willen des Unionsgesetzgebers gezogen werden.

Die Unzulässigkeit einer Teilrechtswahl in der Rom II-VO wird vereinzelt auch mit den Gesetzesmaterialien begründet.[677] Denn das Europäische Parlament hatte in der zweiten Lesung[678] folgende im Original kursiv fettgedruckte ergänzende Formulierung für Erwägungsgrund Nr. 32 (heutigen Erwägungsgrund Nr. 31 Rom II-VO) vorgeschlagen: „To respect the intentions of the parties and to enhance legal certainty, the parties should be allowed to make an express choice as to the law applicable to a non-contractual obligation. Protection should be given to weaker parties by imposing certain conditions on the choice. *Furthermore, it is necessary to respect the intentions of the parties where a choice as to the law applicable to an issue in tort/delict may reasonably be inferred by the*

674 *v. Hein* in Calliess (Hrsg.) Art. 14 Rom II-VO Rn. 35. Auch unter der Geltung des Art. 42 EGBGB war die Frage der Zulässigkeit einer Teilrechtswahl bereits höchst strittig, vgl. Nachweise bei *v. Hein* in Calliess (Hrsg.) Art. 14 Rom II-VO Rn. 35 Fn. 115, 116; *Köthe*, 81 Fn. 263; MüKo/*Junker* Art. 14 Rom II-VO Rn. 37 Fn. 85.

675 Ebenso *Aubart*, 152. Auf die Lücken in der Rechtswahlregelung der Rom II-VO generell bezugnehmend Palandt/*Thorn* Art. 14 Rom II-VO Rn. 4.

676 Siehe dazu Zweiter Teil § 3 C. III 1; Zweiter Teil § 4 C I. 2. a).

677 *v. Hein* in Calliess (Hrsg.) Art. 14 Rom II-VO Rn. 35; *Dickinson*, Chapter 13 Rn. 13.20.

678 Erwägungsgrund Nr. 32, Position of the European Parliament adopted at second reading on 18 January 2007 with a view to the adoption of Regulation (EC) No.../2007 of the European Parliament and of the Council on the law applicable to non-contractual obligations („ROME II"), Dokument: P6_TC2-COD(2003)0168.

court."[679] Diese Formulierung wurde letztlich aber nicht in Erwägungsgrund Nr. 31 Rom II-VO aufgenommen. Die Ablehnung dieser vorgeschlagenen Formulierung spricht jedoch nicht zwingend für eine Ablehnung einer Teilrechtswahl. In der Stellungnahme der Kommission zu diesem Änderungsantrag heißt es: „The Commission cannot accept amendment 10, which makes provision for cases where the parties have not made an express choice of law and the court is empowered to have regard to other factors to infer a choice. The proposed form of words is not compatible with the legal certainty objective, which requires certainty as to the existence of a choice by the parties."[680] Diese Stellungnahme der Kommission deutet vielmehr daraufhin, dass eine Ablehnung nicht in Bezug auf die Formulierung „issue" erfolgte, sondern weil ausgeschlossen werden sollte, dass ein Gericht eine Rechtswahl auch bei Unsicherheit über den Parteiwillen bejaht.

Auch die Ausführungen von *v. Hein* bezüglich einer generellen Feindseligkeit der Rom II-VO gegenüber einem „issue splitting"[681] erscheinen in Bezug auf die Frage einer Teilrechtswahl nicht durchschlagend. Sie beziehen sich nämlich nicht auf die Rechtswahl, sondern auf die Grundregel zur objektiven Anknüpfung sowie auf die besonderen Regelungen für Umweltschädigungen, unlauteren Wettbewerb und Verletzungen von Rechten des geistigen Eigentums.[682] Diese speziellen Regelungen sind für die Frage der allgemeinen Zulässigkeit einer Teilrechtswahl jedoch nicht aussagekräftig. Auch ist der Rechtswahlregelung des Art. 14 Rom II-VO, wie die Regelungen in Abs. 2 und Abs. 3 dieser Vorschrift zeigen, eine Spaltung des anwendbaren Rechts nicht unbekannt.[683]

Eine Ablehnung der Teilrechtswahl in der Rom II-VO kann auch nicht daraus hergeleitet werden, dass Art. 14 Abs. 1 Rom I-VO sowie Erwägungsgrund Nr. 31 Rom II-VO den Begriff „Recht" im Singular verwenden.[684] Denn auch Art. 3

679 *v. Hein* in Calliess (Hrsg.) Art. 14 Rom II-VO Rn. 35; *Dickinson*, Chapter 13 Rn. 13.20.

680 KOM(2007) 126 endgültig, S. 5: „Die Kommission kann Abänderung 10, die es einem Gericht bei einer nicht ausdrücklich erfolgten Rechtswahl der Parteien erlaubt, anhand anderer Anhaltspunkte eine Rechtswahl anzunehmen, nicht übernehmen. Die vorgeschlagene Formulierung erscheint nicht vereinbar mit dem angestrebten Ziel der Rechtssicherheit, das Gewissheit darüber verlangt, ob die Parteien eine Rechtswahl getroffen haben oder nicht."

681 *v. Hein* in Calliess (Hrsg.) Art. 14 Rom II-VO Rn. 35.

682 Siehe dazu *v. Hein* in Calliess (Hrsg.) Art. 14 Rom II-VO Rn. 35.

683 *Vogeler*, 328.

684 So aber *Dickinson*, Chapter 13 Rn. 13.20.

Abs. 1 S. 1 Rom I-VO, der eine Teilrechtswahl in Satz 3 gestattet, spricht nur von dem gewählten „Recht".[685]

Demgegenüber erscheint es überzeugend, die Zulässigkeit einer Teilrechtswahl auch bei außervertraglichen Schuldverhältnissen aus dem „Prinzip der freien Rechtswahl"[686] abzuleiten. Die Zulassung der Teilrechtswahl trägt zur Verwirklichung der Parteiautonomie bei.[687] Auch im Rahmen eines außervertraglichen Schuldverhältnisses können die Parteien ein Interesse an der Vornahme einer Teilrechtswahl haben.[688] Zu denken ist beispielsweise an die Wahl unterschiedlicher Rechte für den Anspruchsgrund und für den Anspruchsumfang zum Zwecke der Schadensregulierung.[689] Auch eine Rechtswahl allein für den Ersatz des immateriellen Schadens käme in Betracht.[690] Es spricht daher viel dafür, Art. 3 Abs. 1 S. 3 Rom I-VO als Ausdruck eines allgemeines Prinzips der Zulässigkeit der Teilrechtswahl zu sehen.[691] Bei dieser Grundlegung ist es zutreffend, die Teilrechtswahlregelung des Art. 3 Abs. 1 S. 3 Rom I-VO mit *Vogeler* nur als einen klarstellenden Hinweis der umfassenden Parteiautonomie zu verstehen.[692] Für eine Zulassung der Teilrechtswahl in der Rom II-VO spricht letztlich auch der in Erwägungsgrund Nr. 7 Rom II-VO angestrebte Gleichlauf der Rom I- und Rom II-VO.[693] Möglichen Wechselwirkungen im materiellen Recht, die gegen die Zulässigkeit einer Teilrechtswahl sprechen könnten, wird mit den immanenten Grenzen der Teilrechtswahl, die den immanenten Beschränkungen der Teilrechtswahl gemäß Art. 3 Abs. 1 S. 3 Rom I-VO zu entsprechen haben[694], ausreichend entgegengewirkt.

c) Überlegungen *de lege ferenda*

De lege ferenda wäre es vorstellbar, vorbehaltlich einer bewusst gegenteiligen Entscheidung des Unionsgesetzgebers, in die Rechtswahlregelung des Art. 14

685 *Nehne*, 235.
686 *Heiss/Loacker* JBl 2007, 612, 623; *Leible* RIW 2008, 257, 260; ähnlich *Köthe*, 84; *Vogeler*, 327.
687 Staudinger/*v. Hoffmann* (2001) Art. 42 EGBGB Rn. 8.
688 *Kramer* NIPR 2008, 414, 423; *Köthe*, 84; *de Lima Pinheiro* Riv. dir. int. priv. proc. 44 (2008) 5, 13.
689 *Hohloch* NZV 1988, 161, 165.
690 *Junker* JZ 2000, 477, 479.
691 Siehe dazu Huber/*Bach* Art. 14 Rom II-VO Rn. 10, der die Frage der Teilrechtswahl jedoch offen lässt.
692 *Vogeler*, 328, der versehentlich von Art. 3 Abs. 1 S. 2 Rom I-VO spricht.
693 Vgl. *Vogeler*, 328; NK-BGB Band 6/*Gebauer* Art. 14 Rom II-VO Rn. 31.
694 Bamberger/Roth/*Spickhoff* Art. 14 Rom II-VO Rn. 2.

Abs. 1 Rom II-VO entsprechend der positiven Regelung in Art. 3 Abs. 1 S. 3 Rom I-VO folgende Regelung zur Teilrechtswahl aufzunehmen: *Die Parteien können die Rechtswahl für ihr außervertragliches Schuldverhältnis oder nur für einen Teil desselben treffen.*

Trotz der festgestellten Lücke im Normtext des Art. 14 Rom II-VO sprechen hier ausnahmsweise jedoch gute Gründe gegen eine Normierung der Zulässigkeit der Teilrechtswahl. Denn eine Teilrechtswahl für ein außervertragliches Schuldverhältnis entspricht typischerweise nicht den Interessen der Beteiligten, insbesondere weil sie die Rechtslage regelmäßig komplizierter gestaltet. Sie ist daher in der Praxis kaum relevant.[695] Auch wäre es ein durchaus berechtigtes Anliegen, von einer Normierung der Teilrechtswahl abzusehen, um die Parteien nicht auf die Möglichkeit einer Teilrechtswahl zu stoßen[696] und so zu einem regelmäßig nicht interessengerechten Gebrauch zu motivieren.

2. *Rom III-VO*

Das Fehlen einer Teilrechtswahlregelung in der Rom III-VO beruht auf dem Anknüpfungsgegenstand (Ehescheidung). Die Frage nach der Zulässigkeit einer Teilrechtswahl stellt sich nicht[697], da es an von der Scheidung abspaltbaren Rechtsfragen fehlt.[698] Die Auslegung von Art. 5 Rom III-VO ergibt deshalb, dass eine Teilrechtswahl in der Rom III-VO ausgeschlossen ist.[699] Eine Lücke liegt nicht vor.

3. *HUntProt*

Eine Teilrechtswahl für eine Rechtswahl für ein einzelnes Verfahren ist in Art. 7 HUntProt nicht vorgesehen. Dies lässt sich damit erklären, dass eine solche

---

695 Vgl. *Mansel* in Leible/Unberath (Hrsg.) 241, 282.

696 *Aubart*, 153. Siehe auch die parallelen Überlegungen im Vertragsrecht der Arbeisgruppe bei der Ausarbeitung des EVÜ, dazu *Dicey/Morris/Collins* Rn. 32-027 "Prior to the Rome Convention, the Working Group took the view that while there was no reason in principle why the parties should be prohibited from applying different laws to different parts of the contract, there were no reasons for encouraging it."

697 NK-BGB Band 6/*Hilbig-Lugani* Art. 5 Rom III-VO Rn. 12.

698 NK-BGB Band 6/*Hilbig-Lugani* Art. 5 Rom III-VO Rn. 12; *Mansel* in Leible/Unberath (Hrsg.) 241, 282 („dürfte an abspaltbaren Rechtsfragen fehlen").

699 *Hammje* Rev. crit. DIP 100 (2011) 291, 315; NK-BGB Band 6/*Hilbig-Lugani* Art. 5 Rom III-VO Rn. 12; im Ergebnis auch *Aubart*, 193. Eine davon jedoch zu trennende Frage ist es, ob verschiedene Rechte für das Ehescheidungs- und Ehetrennungsstatut gewählt werden dürfen, dazu *Aubart*, 193 ff.

Rechtswahl von vornherein nicht alle Unterhaltsbeziehungen zwischen den Parteien erfasst, sondern nur den Streitgegenstand eines bestimmten Verfahrens.[700]

Bei einer über ein einzelnes Verfahren hinausgehenden Rechtswahl nach Art. 8 HUntProt kann hingegen nicht von vornherein davon ausgegangen werden, dass das Schweigen im Regelungswortlaut des Art. 8 HUntProt auf einer bewussten Entscheidung gegen deren Zulässigkeit beruht.[701] Eine Teilrechtswahl in Bezug auf einzelne in Art. 11 HUntProt enumerativ aufgezählten Bereiche erscheint durchaus vorstellbar.[702] Denkbar ist auch, dass die Parteien ein Interesse daran haben, das auf das Unterhaltsrecht anwendbare Recht für unterschiedliche Zeiträume abhängig von den Umständen des Einzelfalls unterschiedlich zu bestimmen.

De lege ferenda erscheint eine Lückenschließung bei Art. 8 HUntProt durch Normierung der Zulässigkeit der Teilrechtswahl aufgrund der geringen Praxisrelevanz – vergleichbar der Situation im außervertraglichen Schuldrecht[703] – nicht angezeigt.

III. Ergebnisse

Soweit die Teilrechtswahl in den Verordnungen ausdrücklich zugelassen oder eindeutig ausgeschlossen wird, lassen sich die Unterschiede auf die Besonderheiten der verschiedenen Anknüpfungsgegenstände zurückführen (Vertrag: Rom I-VO; Rechtsnachfolge von Todes wegen: EuErbVO, Ehegüterrecht: EuEhegüterVO-Vorschlag; Güterrecht eingetragener Partnerschaften: Legislative Entschließung des Europäischen Parlaments zum EuPartGüVO-Vorschlag).

Die Rom II-VO, Rom III-VO und das HUntProt schweigen zu der Frage der Zulässigkeit einer Teilrechtswahl. Im Wege der Auslegung ergibt sich für Art. 5 Rom III-VO und Art. 7 HUntProt, dass eine Teilrechtswahl in diesen Rechtsgebieten mit Blick auf die Anknüpfungsgegenstände ausgeschlossen ist. Für Art. 14

700 *Andrae* § 8 Rn. 152.

701 Art. 8 Abs. 4 HUntProt normiert eine spezielle Regelung für den Unterhaltsverzicht, vgl. *Mansel* in Leible/Unberath (Hrsg.) 241, 282. Danach können die Parteien ihre Unterhaltsbeziehungen einem bestimmten Recht unterstellen, und beispielsweise für den nachehelichen Unterhalt einen Unterhaltsverzicht vereinbaren, siehe das Beispiel 24 bei *Andrae* § 8 Rn. 162. Ob ein solcher Verzicht zulässig und wirksam ist, bestimmt sich gemäß Art. 8 Abs. 4 HUntProt nach dem Recht des Staates, in dem die unterhaltsberechtigte Person im Zeitpunkt der Rechtswahl ihren gewöhnlichen Aufenthalt hat.

702 *Aubart*, 209, die die Zulässigkeit der Teilrechtswahl aber letztlich ablehnt.

703 Siehe dazu Zweiter Teil § 3 D. II. 1. c).

Rom II-VO und Art. 8 HUntProt ist im Wege der (ergänzenden) Auslegung zwar die grundsätzliche Zulässigkeit einer Teilrechtswahl zu bejahen. Insbesondere die geringe Praxisrelevanz der Teilrechtswahl spricht jedoch dafür, von einer ausdrücklichen Regelung im Normtext ausnahmsweise abzusehen. Es besteht daher keine durch künftige Normierung zu schließende Lücke.

§ 4 Ausübung und Wirksamkeit der Rechtswahl

A. Art und Weise der Erklärung der Rechtswahl

I. Ausdrückliche Rechtswahl

Eine Rechtswahl kann stets ausdrücklich erklärt werden.[704] Durch die Wortwahl „ausdrücklich" wird dies explizit in den Rechtswahlregelungen des Art. 3 Abs. 1 S. 2 Rom I-VO, Art. 14 Abs. 1 S. 2 Rom II-VO[705], Art. 22 Abs. 2 EuErbVO und des Art. 7 Abs. 1 HUntProt klargestellt. Weniger eindeutig sind insoweit die Normtexte der Rechtswahlregelungen des Art. 5 Abs. 1 Rom III-VO sowie des Art. 8 Abs. 1 HUntProt, die den Begriff „ausdrücklich" nicht verwenden. Aber auch hier bestehen keinerlei Zweifel, dass eine Rechtswahl ausdrücklich erklärt werden kann.

Im Ehegüterrecht soll nach dem Vorschlag der Kommission die Rechtswahl „zumindest ausdrücklich"[706] erfolgen (Art. 19 Abs. 2 Hs. 1 des EuEhegüterVO-Vorschlag).[707] Dem Begriff „zumindest" kann jedoch keine eigenständige Bedeutung

---

704 Vgl. *Rühl* in FS Kropholler, 187, 197.

705 Nach dem im Amtsblatt veröffentlichen Text der Rom II-VO sind die Anforderungen an die Art und Weise der Erklärung der Rechtswahl in Art. 14 Abs. 1 S. 2 Rom II-VO normiert, vgl. ABl. Nr. L 199/46 vom 31. Juli 2007. Siehe auszugsweise:
(1) Die Parteien können das Recht wählen, dem das außervertragliche Schuldverhältnis unterliegen soll:
a) durch eine Vereinbarung nach Eintritt des schadensbegründenden Ereignisses; oder
b) wenn alle Parteien einer kommerziellen Tätigkeit nachgehen, auch durch eine vor Eintritt des schadensbegründenden Ereignisses frei ausgehandelte Vereinbarung.
Die Rechtswahl muss ausdrücklich erfolgen oder sich mit hinreichender Sicherheit aus den Umständen des Falles ergeben und lässt Rechte Dritter unberührt.
Dagegen wird in der Textausgabe von *Jayme/Hausmann*, 334 der Satz „Die Rechtswahl muss ausdrücklich erfolgen oder sich mit hinreichender Sicherheit aus den Umständen des Falles ergeben und lässt Rechte Dritter unberührt" als S. 2 des Art. 14 Abs. 1 lit. b Rom II-VO wiedergegeben.

706 Englische Sprachfassung: „at least be made expressly"; französische Sprachfassung: „au moins exprès".

707 Siehe dazu *Martiny* IPRax 2011, 437, 449; *Buschbaum/Simon* GPR 2011, 262, 265; *Dethloff* in FS v. Hoffmann, 73, 77.

zukommen. Denn eine Steigerung des Begriffs „ausdrücklich“ ist nicht möglich.[708] Der Zusatz ist daher überflüssig[709] und sollte im weiteren Gesetzgebungsverfahren gestrichen werden. Die Legislative Entschließung des Europäischen Parlaments sieht das Erfordernis einer „zumindest ausdrücklichen“ Rechtswahl der Parteien bereits nicht mehr vor.

II. Konkludente Rechtswahl

1. Explizite Eröffnung der konkludenten Rechtswahl

Die Frage der Zulässigkeit einer konkludenten Rechtswahl lässt sich regelmäßig bereits aus dem Wortlaut der Rechtswahlregelungen beantworten. Art. 3 Abs. 1 S. 2 Rom I-VO[710], Art. 14 Abs. 1 S. 2 Rom II-VO[711] sowie Art. 22 Abs. 2 EuErbVO[712] stellen – wenn auch durch unterschiedliche Formulierungen – ausdrücklich klar, dass den Parteien auf dem Gebiet des Schuldrechts und des Erbrechts eine konkludente Rechtswahl eröffnet wird: Im Vertragsrecht muss sich die konkludente Rechtswahl „eindeutig aus den Bestimmungen des Vertrags oder aus den Umständen des Falles ergeben“ (Art. 3 Abs. 1 S. 2 Rom I-VO); im außervertraglichen Schuldrecht verlangt Art. 14 Abs. 1 S. 2 Rom II-VO, dass sich die konkludente Rechtswahl „mit hinreichender Sicherheit aus den Umständen des Falles“ ergibt; im Erbrecht muss sich die konkludente Rechtswahl „aus den Bestimmungen einer solchen Verfügung [gemeint ist eine Verfügung von Todes wegen] ergeben“ (Art. 22 Abs. 2 EuErbVO).

---

708 Vgl. *Deutscher Notarverein*, Stellungnahme vom 10. Juni 2011, S. 13, abrufbar unter: http://www.dnotv.de/_files/Dokumente/Stellungnahmen/StellungnahmeGterrechts-VODNotV.pdf (Stand: 30.11.2013).

709 *Döbereiner* MittBayNot 2011, 463, 466.

710 Staudinger/*Magnus* (2011) Art. 3 Rom I-VO Rn. 70 ff.; MüKo/*Martiny* Art. 3 Rom I-VO Rn. 45; *Moss* in FS Thue, 367, 374.

711 MüKo/*Junker* Art. 14 Rom II-VO Rn. 29; *v. Hein* in Calliess (Hrsg.) Art. 14 Rom II-VO Rn. 24; *Rühl*, 610; *Dickinson*, Chapter 13 Rn. 13.21.

712 *Lorenz* ErbR 2012, 39, 45, 46; *Max-Planck-Institut* RabelsZ 74 (2010) 522, 613; *Dutta* in Reichelt/Rechberger (Hrsg.) Europäisches Erbrecht, 57, 75; *ders.* in FamRZ 2013, 4, 8; *Coester-Waltjen/Coester* in Liber Amicorum Klaus Schurig, 33, 44; *Nordmeier* GPR 2013, 148, 149; *Azzi*, Travaux du Comité français de droit international privé 2010-2012, 147, 168. Die gesetzliche Zulassung der konkludenten Rechtswahl übersieht *Kroll-Ludwigs*, 142. Der Verordnungsvorschlag zur EuErbVO sah dagegen nur eine ausdrückliche Rechtswahl vor; dieser Ausschluss der konkludenten Rechtswahl stieß im Schrifttum jedoch auf Kritik, siehe hierzu Rauscher/*Rauscher*, EuZPR/EuIPR (2010) Einf EG-EuErbVO-E Rn. 58; *Dutta* in Boele-Woelki/Miles/Scherpe (Hrsg.) 341, 354.

a) Anforderungen an eine konkludente Rechtswahl im Schuldrecht

aa) „Bestimmungen des Vertrages" und „Umstände des Falles"

Sowohl die Rom I-VO wie auch die Rom II-VO beziehen sich bei der konkludenten Rechtswahl auf die „Umstände des Falles". In der Rom I-VO erfolgt daneben noch eine Bezugnahme auf die „Bestimmungen des Vertrags" (Art. 3 Abs. 1 S. 2 Rom I-VO). Eine solche Bezugnahme fehlt in Art. 14 Abs. 1 S. 2 Rom II-VO. Nach *Kieninger* ist diese Abweichung sachlich „durch den Unterschied zwischen vertraglichen und außervertraglichen Schuldverhältnissen"[713] zu rechtfertigen.[714] Dem ist im Ergebnis zuzustimmen. Allerdings können Parteien eines außervertraglichen Schuldverhältnisses zugleich auch Parteien eines zwischen ihnen bestehenden schuldrechtlichen Vertrages sein; dieser Vertrag kann eine Rechtswahl sowohl für das vertragliche Schuldrecht als auch – vorausschauend – für ein mögliches künftiges außervertragliches Schuldverhältnis vorsehen. Diese Konstellation ist aber bei einem außervertraglichen Schuldverhältnis nicht der Regelfall. Es wäre daher regelungstechnisch verfehlt, diesen Ausnahmefall im Regelungswortlaut des Art. 14 Rom II-VO widerspiegeln zu wollen. Der diesbezügliche Unterschied zwischen Art. 3 Abs. 1 S. 2 Rom I-VO und Art. 14 Abs. 1 S. 2 Rom II-VO ist folglich rechtsgebietsspezifisch.

bb) „Eindeutig" und „mit hinreichender Sicherheit"

(1) Normative Ausgangslage

Art. 14 Abs. 1 S. 2 Rom II-VO verlangt in der deutschen Sprachfassung, dass sich die konkludente Rechtswahl „mit hinreichender Sicherheit" ergeben muss.[715] Die Formulierung „mit hinreichender Sicherheit" findet sich auch in der deutschen Sprachfassung des Art. 3 Abs. 1 S. 2 EVÜ.[716] Im EVÜ sollte mit dieser Formulierung sichergestellt werden, dass der „Richter in keiner Weise ermächtigt [ist], eine Rechtswahl durch die Parteien zu unterstellen, sofern diese nicht die bestimmte Absicht der Vornahme einer solchen Rechtswahl hatten"[717].[718]

713 *Kieninger* in FS v. Hoffmann, 184, 191.

714 *Kieninger* in FS v. Hoffmann, 184, 191.

715 Die englische Sprachfassung verlangt „reasonable certainty by the circumstances of the case".

716 *v. Hein* in Calliess (Hrsg.) Art. 3 Rom I-VO Rn. 14; *Cheshire/North/Fawcett*, Chapter 19, 839; *Jayme* in Jud/Rechberger/Reichelt (Hrsg.) 63, 70; ähnlich auch *Dickinson*, Chapter 13 Rn. 13.21.

717 *Giuliano/Lagarde*, Bericht über das Übereinkommen über das auf vertragliche Schuldverhältnisse anzuwendende Recht, BT-Drucks. 10/503, 33, 49.

718 Staudinger/*Magnus* (2011) Art. 3 Rom I-VO Rn. 71.

Die zeitlich nach der Rom II-VO verabschiedete Rom I-VO verlangt in der deutschen Sprachfassung des Art. 3 Abs. 1 S. 2 hingegen Eindeutigkeit. Der ursprüngliche Vorschlag der Kommission für die Rom I-VO[719] sah noch die Formulierung „mit hinreichender Sicherheit" vor.[720] Im Laufe des Gesetzgebungsverfahrens hat der Unionsgesetzgeber von dieser Formulierung jedoch Abstand genommen und sie durch die Formulierung „eindeutig" („clearly demonstrated") ersetzt.[721] Es hatte sich nämlich gezeigt, dass die Formulierung „mit hinreichender Sicherheit" bereits im EVÜ zu Auslegungsdivergenzen in den Mitgliedstaaten geführt hat[722], nicht zuletzt auch wegen der unterschiedlichen mitgliedstaatlichen Sprachfassungen[723] („résulte de façon certaine"; „demonstrated with reasonable certainty", „mit hinreichende Sicherheit").[724] Der Versuch, die verschiedenen Sprachfassungen im Bedeutungsgehalt anzugleichen, scheiterte.[725] Am Ende verständigte sich der Rat auf den neuen Begriff „clearly demonstrated" im englischen Ausgangstext der Rom I-VO (in der deutschen Sprachfassung: „eindeutig").[726] Damit erfolgte eine Annäherung an den französischen Wortlaut („résulte de façon certaine").[727] Dies soll zur Schaffung

---

719 Art. 3 Abs. 1 S. 2, KOM(2005) 650 endgültig.

720 *Leible* in Ferrari/Leible (Hrsg.) 2007, 41, 43.

721 Siehe dazu auch Zusammenfassung der Legislativen Entschließung des Europäischen Parlaments vom 29. November 2007, 2005/0261(COD) - 29/11/2007 Text adopted by Parliament, 1st reading/single reading: "Choice of proper law (Article 3): Parliament stipulated that the choice shall be made expressly or clearly demonstrated by the terms of the contract or the circumstances of the case, rather than 'demonstrated with reasonable certainty' as the Commission had proposed."

722 *Jayme* in Jud/Rechberger/Reichelt (Hrsg.) 63, 70; siehe auch *Rühl*, 469; *Azzi*, Travaux du Comité français de droit international privé 2010-2012, 147, 158, 159.

723 *Leible* in Ferrari/Leible (Hrsg.) 2007, 41, 43; *Mankowski* in Leible (Hrsg.) Grünbuch, 63, 84; *Wagner* IPRax 2008, 377, 379; Gebauer/Wiedmann/*Nordmeier* Kapitel 37 Art. 3 Rom I-VO Rn. 26; *Francq* Clunet 2009, 41, 53; *Sánchez Lorenzo* Yb PIL Volume 12 (2010) 67, 80; *Lagarde* in Reichelt (Hrsg.) 13, 17.

724 Näher Rauscher/*v. Hein*, EuZPR/EuIPR (2011) Art. 3 Rom I-VO Rn. 13; *Leible* in Ferrari/Leible (Hrsg.) 2007, 41, 43; *ders.* in Cashin Ritaine/Bonomi (Hrsg.) 61, 63; *Leible/Lehmann* RIW 2008, 528, 532; *Rühl*, 611; *Wagner* IPRax 2008, 377, 379.

725 *Wagner* IPRax 2008, 377, 379.

726 *Wagner* IPRax 2008, 377, 379.

727 Vgl. Palandt/*Thorn* Art. 3 Rom I-VO Rn. 6; *Lagarde/Tenenbaum* Rev. crit. DIP 97 (2008) 727, 736.

von Rechtssicherheit beitragen[728] und einem Heimwärtsstreben der Gerichte entgegenwirken.[729]

Unbeantwortet lässt die Rom I-VO allerdings die Frage, welche Anforderungen an eine „eindeutige" Rechtswahl zu stellen sind.[730] Erwägungsgrund Nr. 12 Rom I-VO erläutert zwar, dass bei der Feststellung des Vorliegens einer „eindeutigen Rechtswahl" eine Gerichtsstandsvereinbarung „einer der zu berücksichtigenden Faktoren" sein soll.[731] Zu anderen zu berücksichtigenden Faktoren wird jedoch nichts gesagt.

(2) Verschärfung des Prüfungsmaßstabs in der Rom I-VO gegenüber dem EVÜ

Der Begriff „eindeutig" in Art. 3 Abs. 1 S. 2 Rom I-VO wirft die Frage auf, ob damit im Vergleich zu der Formulierung „mit hinreichender Sicherheit" der deutschen Sprachfassung des EVÜ strengere Anforderungen gestellt werden.[732] Im Schrifttum herrscht diesbezüglich Uneinigkeit. Einige Stimmen verneinen eine Verschärfung gegenüber dem EVÜ[733]; andere bejahen sie[734].

Richtigerweise kann die Aufnahme des Begriffs „eindeutig" nicht nur als eine Beseitigung redaktioneller Diskrepanzen[735] angesehen werden.[736] Mit der

728 *Kroll-Ludwigs*, 49; *Leible* in Cashin Ritaine/Bonomi (Hrsg.) 61, 64; *Leible/Lehmann* RIW 2008, 530, 532; näher *Kessedjian* in Basedow/Baum/Nishitani (Hrsg.) 105, 110.

729 *Leible* in Cashin Ritaine/Bonomi (Hrsg.) 61, 64; *Leible/Lehmann* RIW 2008, 530, 532; PWW/*Brödermann/Wegen* Art. 3 Rom I-VO Rn. 8; *Ferrari* in Ferrari, Int. VertragsR, Art. 3 Rom I-VO Rn. 27; in diese Richtung auch *Pfeiffer* EuZW 2008, 622, 624.

730 *Kroll-Ludwigs*, 50; *Mankowski*, 26; *Azzi*, Travaux du Comité français de droit international privé 2010-2012, 147, 159.

731 Im Schrifttum wird kritisiert, dass Erwägungsgrund Nr. 12 Rom I-VO sich nur auf Gerichtsstandsvereinbarungen zugunsten mitgliedstaatlicher Gerichte bezieht, vgl. statt aller Gebauer/Wiedmann/*Nordmeier* Art. 3 Rom I-VO Rn. 28.

732 Rauscher/*v. Hein*, EuZPR/EuIPR (2011) Art. 3 Rom I-VO Rn. 14; offen gelassen Gebauer/Wiedmann/*Nordmeier* Art. 3 Rom I-VO Rn. 26; *Cheshire/North/Fawcett*, Chapter 18, 706; *Stone*, 304.

733 *Plender/Wilderspin* Rn. 6-024; *Garcimartín Alférez* EuLF 2008, I-61, I-66; *Ferrari* in Ferrari, Int. VertragsR, Art. 3 Rom I-VO Rn. 27; wohl auch *Heiss* in Ferrari/Leible (Hrsg.) 2009, 1.

734 Rauscher/*v. Hein*, EuZPR/EuIPR (2011) Art. 3 Rom I-VO Rn. 14; *Magnus* IPRax 2010, 27, 33; *Rühl*, 469, 611; *v. Hein* in Calliess (Hrsg.) Art. 14 Rom II-VO Rn. 24; *Lando/Nielsen* CMLRev 45 (2008) 1687, 1698.

735 So aber *Garcimartín Alférez* EuLF 2008, I-61, I-66.

736 Rauscher/*v. Hein*, EuZPR/EuIPR (2011) Art. 3 Rom I-VO Rn. 14.

redaktionellen Harmonisierung ist vielmehr, bezogen auf die deutsche Sprachfassung, auch eine inhaltliche Verschärfung verbunden.[737] Die grammatikalische Auslegung[738] ergibt, dass eine „eindeutige" konkludente Rechtswahl eine größere richterliche Überzeugung verlangt als eine „mit hinreichender Sicherheit" erfolgte konkludente Rechtswahl.[739] Auch die Entstehungsgeschichte der Norm spricht dafür, dass eine entsprechende inhaltliche Verschärfung gewollt ist.[740] Die Anforderungen im Prüfungsmaßstab sind damit im Vergleich zu Art. 3 Abs. 1 S. 2 EVÜ höher.[741]

(3) *Keine Rechtfertigung der unterschiedlichen Formulierungen in der Rom I- und Rom II-VO*

Die unterschiedlichen Formulierungen für eine konkludente Rechtswahl in der Rom I- und Rom II-VO sind sachlich nicht zu rechtfertigen.[742] Sie beruhen darauf, dass die Rom I-VO zeitlich erst nach der Rom II-VO erlassen wurde.[743] Bei dem Erlass der Rom II-VO lehnte sich der Unionsgesetzgeber noch an die Formulierung „mit hinreichender Sicherheit" des EVÜ[744] und des Verordnungsvorschlags der Kommission zur Rom I-VO an. Erst nach dem Erlass der Rom II-VO erfolgte seitens des Europäischen Parlaments in dessen Legislativen Entschließung zur Rom I-VO der Änderungsantrag, die Formulierung "demonstrated with reasonable certainty" durch den Begriff „clearly" zu ersetzen.[745] Die

737 Rauscher/*v. Hein*, EuZPR/EuIPR (2011) Art. 3 Rom I-VO Rn. 14; *Vogeler*, 196.

738 Rauscher/*v. Hein*, EuZPR/EuIPR (2011) Art. 3 Rom I-VO Rn. 14.

739 *v. Hein* in Calliess (Hrsg.) Art. 14 Rom II-VO Rn. 24.

740 Rauscher/*v. Hein*, EuZPR/EuIPR (2011) Art. 3 Rom I-VO Rn. 14.

741 *Rühl*, 469; *Magnus* IPRax 2010, 27, 33. Fraglich ist, ob dies auch für die Anforderungen an eine konkludente Rechtswahl in der Rom II-VO gilt. Im Schrifttum wird erwogen, im Wege der Auslegung den Prüfungsmaßstab des Art. 14 Abs. 1 S. 2 Rom II-VO *de lege lata* an den Prüfungungsmaßstab der jüngeren Rom I-VO anzupassen, vgl. Rauscher/*v. Hein*, EuZPR/EuIPR (2011) Art. 3 Rom I-VO Rn. 14; *Vogeler*, 96; NK-BGB Band 6/*Gebauer* Art. 14 Rom II-VO Rn. 20. Offen gelassen von MüKo/*Junker* Art. 14 Rom II-VO Rn. 29.

742 Vgl. *Jayme* in Jud/Rechberger/Reichelt (Hrsg.) 63, 70; *Kieninger* in FS v. Hoffmann, 184, 191.

743 *Kieninger* in FS v. Hoffmann, 184, 191.

744 Vgl. *Junker* NJW 2007, 3675, 3677; *Rühl*, 611.

745 Siehe dazu auch Zusammenfassung der Legislativen Entschließung des Europäischen Parlaments vom 29. November 2007, 2005/0261(COD) - 29/11/2007 Text adopted by Parliament, 1st reading/single reading: "Choice of proper law (Article 3): Parliament stipulated that the choice shall be made expressly or clearly

Festlegung auf den Begriff „eindeutig“ erfolgte in der Rom I-VO folglich erst im Laufe des Gesetzgebungsverfahrens. Die Absicht des Unionsgesetzgebers, die Rom II-VO möglichst im Einklang mit der Rom I-VO zu regeln, schlug daher in diesem speziellen Punkt fehl.

Es sind keine stichhaltigen Anhaltspunkte ersichtlich, dass der Unionsgesetzgeber aufgrund der Unterschiede der Anknüpfungsgegenstände, nämlich vertragliche bzw. außervertragliche Schuldverhältnisse, unterschiedliche Anforderungen an eine konkludente Rechtswahl in der Rom I- und II-VO stellen wollte.[746] Im Schrifttum wird angeführt, ein möglicher Grund für den Unterschied könne eventuell darin gesehen werden, dass die Parteien eines Vertrages notwendigerweise vor Eintritt eines Schadens im gegenseitigen Kontakt stünden und daher typischerweise die Möglichkeit hätten, die Rechtswahl eindeutig zu vereinbaren; hingegen spiele bei typischerweise nicht geplanten Unfällen die konkludente Rechtswahl im Prozess in der Gerichtspraxis eine stärkere Rolle als eine anfängliche Rechtswahl.[747] In einem typischen Vertragskonflikt könne eine strikte *ex ante*-Anforderung die Parteien dazu bewegen, sich eindeutig auszudrücken und damit zur Reduzierung von Rechtsunsicherheit sowie von Kosten des Rechtsstreites beizutragen, wohingegen in einem typischen Deliktsstreit Großzügigkeit in Bezug auf eine nach dem Eintritt des schädigenden Ereignisses erklärte konkludente Rechtswahl häufig zu dem Recht der *lex fori* und damit zu einer Reduzierung der Kosten des Rechtsstreites führe.[748] Diesen Überlegungen ist zwar einzuräumen, dass die „großzügige“ Annahme einer konkludenten Rechtswahl für die Rechtspraxis erleichternd wirken kann. Gegen diese Überlegungen spricht jedoch, dass auch in der Rom II-VO, wie ihr Erwägungsgrund Nr. 31 S. 3 klarstellt, das Gericht bei der Prüfung, ob eine konkludente Rechtswahl vorliegt, den Willen der Parteien zu achten hat.[749] Treffend wird daher im Schrifttum festgestellt, dass der Unionsgesetzgeber mit Erwägungsgrund Nr. 31 S. 3 Rom II-VO verdeutlichen wollte, „dass eine konkludente Rechtswahl nicht vom Gericht unterstellt werden darf (Absage an eine Anknüpfung an den sog. „hypothetischen Parteiwillen“), sondern tatsächliche Anhaltspunkte für einen Rechtswahlwillen der Parteien, insbesondere für

demonstrated by the terms of the contract or the circumstances of the case, rather than 'demonstrated with reasonable certainty' as the Commission had proposed."

746 Ähnlich *Kieninger* in FS v. Hoffmann, 184, 191; *Mansel* in Leible/Unberath (Hrsg.) 241, 275; im Ergebnis ebenso *Rühl* in FS Kropholler, 187, 197 Fn. 46; *dies.*, 611.

747 *v. Hein* in Calliess (Hrsg.) Art. 14 Rom II-VO Rn. 24.

748 *v. Hein* in Calliess (Hrsg.) Art. 14 Rom II-VO Rn. 24.

749 Darauf bezugnehmend NK-BGB Band 6/*Gebauer* Art. 14 Rom II-VO Rn. 20.

das Erklärungsbewusstsein beider Parteien, vorhanden sein müssen"[750]. Deshalb erscheint es sachgerecht, gerade für eine konkludente Rechtswahl im Prozess generell Eindeutigkeit zu verlangen. Dadurch werden die Parteien auch davor geschützt, nicht durch den Inhalt des Urteils überrascht zu werden. Für eine einheitliche Formulierung und damit einen einheitlichen Prüfungsmaßstab in der Rom I- und II-VO spricht auch das in Erwägungsgrund Nr. 7 der Rom I- und II-VO erklärte Ziel des Unionsgesetzgebers, dass die Bestimmungen dieser beiden Verordnungen in Einklang stehen sollten.[751] Die Anforderungen beider Verordnungen sollten daher identisch ausgestaltet sein.[752]

(4) Überlegungen *de lege ferenda*

De lege ferenda sollte die Formulierung „mit hinreichender Sicherheit" in Art. 14 Abs. 1 S. 2 Rom II-VO durch den Begriff „eindeutig" des Art. 3 Abs. 1 S. 2 Rom I-VO ersetzt werden.[753]

b) Anforderungen an eine konkludente Rechtswahl im Erbrecht

In der EuErbVO werden im Gegensatz zu der Rom I- und II-VO keine Anforderungen an eine konkludente Rechtswahlerklärung des Erblassers gestellt. Der Unionsgesetzgeber folgte im Ergebnis nicht dem Ratsentwurf vom 10. Januar 2012[754], der noch den Begriff „eindeutig" benutzte.[755] In Erwägungsgrund Nr. 39 S. 2 EuErbVO heißt es hierzu lediglich: „Eine Rechtswahl könnte als sich durch eine Verfügung von Todes wegen ergebend angesehen werden, wenn z. B. der Erblasser in seiner Verfügung Bezug auf spezifische Bestimmungen des Rechts des Staates, dem er angehört, genommen hat oder das Recht dieses Staates in anderer Weise erwähnt hat."

---

750 MüKo/*Junker* Art. 14 Rom II-VO Rn. 29.

751 *v. Hein* in Calliess (Hrsg.) Art. 14 Rom II-VO Rn. 24; NK-BGB Band 6/*Gebauer* Art. 14 Rom II-VO Rn. 20.

752 Im Ergebnis ebenso *Rühl*, 612; *Vogeler*, 409; in diese Richtung auch *v. Hein* in Calliess (Hrsg.) Art. 14 Rom II-VO Rn. 24; NK-BGB Band 6/*Gebauer* Art. 14 Rom II-VO Rn. 20; *Kodek* in Verschraegen (Hrsg.), 85, 98.

753 *Jayme* in Jud/Rechberger/Reichelt (Hrsg.) 63, 70; *Kieninger* in Leible/Unberath (Hrsg.) 479, 493; *Bertoli* Rivista di diritto internazionale (2009) 697, 707.

754 Rat der Europäischen Union, Ratsentwurf, 2009/0157 (COD) vom 10. Januar 2012, Dokument: 18475/11 ADD 1 REV 3 (de), Art. 17 Abs. 2: „Die Rechtswahl muss ausdrücklich in der Form einer Verfügung von Todes wegen erklärt werden oder sich eindeutig aus den Bestimmungen einer solchen Verfügung ergeben."

755 *Hess/Jayme/Pfeiffer*, Stellungnahme zum Vorschlag für eine Europäische Erbrechtsverordnung Version 2009/157 (COD) vom 16.1.2012, 2012, Dokument: PE 462.430, S. 21.

De lege ferenda stellt sich die Frage, ob der Begriff „eindeutig" – wie er in der Rom I-VO enthalten ist und *de lege ferenda* auch für die Rom II-VO zu fordern ist – als Anforderung für eine konkludente Rechtswahl auch in die Rechtswahlregelung des Art. 22 EuErbVO aufgenommen werden sollte. Im Schrifttum wird die Ansicht vertreten, der Begriff „eindeutig" würde keine größere Klarheit bringen.[756] Mit Blick auf den erbrechtlichen Grundsatz des *favor testamenti* werden außerdem berechtigte Zweifel geäußert, ob an eine konkludente Rechtswahl im Erbrecht und im Schuldrecht überhaupt einheitliche Anforderungen gestellt werden sollten.[757] Bei dem Grundsatz des *favor testamenti* handelt es sich um ein „eigenes, originär erbrechtliches Prinzip"[758]. Danach soll der Wille eines Erblassers möglichst Geltung haben.[759] Es spricht vieles dafür, dem Rechtsgedanken des *favor testamenti* auch kollisionsrechtlich im Rahmen der Rechtswahl Wirkung beizumessen.[760] Die erwogene Aufnahme des Erfordernisses einer „eindeutigen" konkludenten Rechtswahl in den Normtext des Art. 22 Abs. 2 EuErbVO ist daher mit Blick auf den Rechtsgedanken des *favor testamenti* abzulehnen.

---

756 *Hess/Jayme/Pfeiffer*, Stellungnahme zum Vorschlag für eine Europäische Erbrechtsverordnung Version 2009/157 (COD) vom 16.1.2012, 2012, Dokument: PE 462.430, S. 25.

757 *Hess/Jayme/Pfeiffer*, Stellungnahme zum Vorschlag für eine Europäische Erbrechtsverordnung Version 2009/157 (COD) vom 16.1.2012, 2012, Dokument: PE 462.430, S. 25.

758 *Hess/Jayme/Pfeiffer*, Stellungnahme zum Vorschlag für eine Europäische Erbrechtsverordnung Version 2009/157 (COD) vom 16.1.2012, 2012, Dokument: PE 462.430, S. 25.

759 Entwurfsbericht des Rechtsausschusses des Europäischen Parlaments vom 23. Februar 2011, Berichterstatter: *Kurt Lechner*, Begründung zu Änderungsantrag Nr. 56, S. 32, Dokument: PR\858633DE.doc „In der Gesetzesformulierung sollte das Wort ‚ausdrücklich' (Artikel 17 Absatz 2) gestrichen werden. Die Vornahme einer Rechtswahl ist eine Willenserklärung, auf welche die allgemein anerkannten Auslegungskriterien Anwendung finden sollten. Es ist ein allgemeiner Grundsatz des Erbrechts, dass der Wille eines Erblassers möglichst Geltung haben soll (favor testamenti)."

760 Nach MüKo/*Birk* Art. 25 EGBGB Rn. 44 erfordere die Anwendung des Rechtsgedankens des *favor testamenti* eine Unklarheit über das Vorliegen bzw. über den Inhalt der Rechtswahl. Bei einer Unklarheit über das Vorliegen einer Rechtswahl, solle der Rechtsgedanke des *favor testamenti* zum Zuge kommen, wenn „die letztwillige Verfügung im Falle der Bejahung der Rechtswahl wirksam und bei ihrem Verneinen unwirksam ist". Siehe auch Staudinger/*Dörner* Art. 25 EGBGB Rn. 536; *Jayme* Yb PIL Volume 11 (2009) 1, 7; Entwurfsbericht des Rechtsausschusses des Europäischen Parlaments vom 23. Februar 2011, Berichterstatter: *Kurt Lechner*, Begründung zu Änderungsantrag Nr. 56, S. 32, Dokument: PR\858633DE.doc.

Den kollisionsrechtlichen *favor testamenti* erachtet auch *Mansel* als einen möglichen Grund für das Fehlen von Anforderungen im Normtext der EuErbVO.[761] Er plädiert allerdings auch in der EuErbVO dafür, Klarheit zu schaffen[762], lässt aber offen, in welcher Weise dies geschehen sollte.[763] Eine explizite Formulierung des Rechtsgedanken des *favor testamenti* in einer Rechtswahlregelung ist mit Blick auf die gewünschte Rechtsklarheit des Regelungswortlauts abzulehnen. Vorzugwürdig erscheint es, den kollisionsrechtlichen Rechtsgedanken des *favor testamenti* in Erwägungsgrund Nr. 39 EuErbVO näher zu erläutern.

2. *Expliziter Ausschluss einer konkludenten Rechtswahl*

a) Rechtswahl nach Art. 7 HUntProt

Art. 7 Abs. 1 HUntProt verlangt explizit eine Rechtswahl mittels einer ausdrücklichen Erklärung.[764] Eine Gerichtsstandsvereinbarung kann folglich eine Rechtswahl nicht indizieren. Im Schrifttum wird angenommen, das strengere Erfordernis einer ausdrücklichen Rechtswahl solle sicherstellen, dass ein tatsächlicher Rechtswahlwille beider Parteien vorliege und die Parteien sich über die Bedeutung der Rechtswahl bewusst seien.[765] Spezifischer als diese allgemeine, nicht speziell auf das Unterhaltsrecht bezogene Erwägung ist jedoch eine Argumentation mit dem Gegenstand der Rechtswahl und dem Regelungsgedanken des Art. 7 HUntProt. Nach Art. 7 HUntProt können die Parteien das Recht der *lex fori* „allein für die Zwecke eines einzelnen Verfahrens in einem bestimmten Staat" wählen. Die Parteien müssen ihre Rechtswahl danach konkret auf ein bestimmtes Recht beziehen (sog. Bestimmtheitsgrundsatz[766] bzw.

---

761 *Mansel* in Leible/Unberath (Hrsg.) 241, 276.

762 *Mansel* in Leible/Unberath (Hrsg.) 241, 276.

763 Für eine Generalnorm zur Parteiautonomie in einem Allgemeinen Teil schlägt *Mansel* hingegen vor, die Auslegungsregeln der Art. 3 Abs. 1 S. 2 Rom I-VO/Art. 14 Abs. 1 S. 1 lit. b) Rom II-VO [gemeint ist Art. 14 Abs. 1 S. 2 Rom II-VO] für alle Rechtswahlvereinbarungen zu verallgemeinern, vgl. *Mansel* in Leible/Unberath (Hrsg.) 241, 276.

764 *Henrich*, 48; *Lipp* in Liber Amicorum Walter Pintens, 847, 855; Rauscher/*Andrae*, EuZPR/EuIPR (2010) Art. 7 HUntStProt Rn. 6; *dies.* FPR 2008, 196, 199; *dies.* § 8 Rn. 153; NK-BGB Band 1/*Gruber* Anhang zu Art. 18: Haager Unterhaltsprotokoll, Art. 7 Rn. 6; Palandt/*Thorn* Art. 7 HUntProt Rn. 26.

765 Rauscher/*Andrae*, EuZPR/EuIPR (2010) Art. 7 HUntStProt Rn. 6; zu der Tragweite der Rechtswahl auch *Hausmann*, IntEuSchR C Art. 7 HUP Rn. 556.

766 Rauscher/*Andrae*, EuZPR/EuIPR (2010) Art. 7 HUntStProt Rn. 7 ff.; *dies.* § 8 Rn. 152.

-erfordernis[767]).[768] Eine abstrakte Wahl der *lex fori* reicht nicht aus.[769] Die Rechtswahl dient der Beschleunigung des Unterhaltsverfahrens. Dem Gericht soll die Prozessführung durch die Anwendung des eigenen materiellen Unterhaltsrechts erleichtert werden, wenn „dieser Gleichlauf nicht schon wie nach Art. 4 Abs 2 und Abs 3 – aufgrund der objektiven Anknüpfungen des Protokolls besteht"[770]. Mit dem Bestimmtheitsgrundsatz und dem Interesse der Verfahrensökonomie[771] wäre die Zulassung einer konkludenten Rechtswahl kaum zu vereinbaren. Denn das Gericht wäre bei der Behauptung einer vorprozessualen konkludenten Rechtswahl gehalten, zunächst in eine umfangreiche Beweisaufnahme einzutreten.

b) Rechtswahl nach dem EuEhegüterVO-Vorschlag

Auch im Ehegüterrecht soll den (künftigen) Ehegatten nach dem EuEhegüterVO-Vorschlag nur eine ausdrückliche Rechtswahl gestattet werden.[772] Dies folgt aus der vorgeschlagenen Formulierung „zumindest ausdrücklich" in Art. 19 Abs. 2 Hs. 1 EuEhegüterVO-Vorschlag.[773] Die Legislative Entschließung des Europäischen Parlaments hat das Erfordernis „zumindest ausdrücklich" jedoch – zutreffend[774] – nicht übernommen. Sie spricht nur noch von „bestimmen". Dies kann nur dahin gedeutet werden, dass den Ehegatten – zumindest nach der Ansicht des Europäischen Parlaments – nun doch eine konkludente Rechtswahl gestattet werden soll. Dies fordert auch der *Deutsche Rat für Internationales Privatrecht.*[775] Nach ihm soll die Rechtswahl ausdrücklich erfolgen oder „sich mit

---

767 *Hausmann*, IntEuSchR C Art. 7 HUP Rn. 557.

768 Rauscher/*Andrae*, EuZPR/EuIPR (2010) Art. 7 HUntStProt Rn. 7; Palandt/*Thorn* Art. 7 HUntProt Rn. 26.

769 Palandt/*Thorn* Art. 7 HUntProt Rn. 26.

770 *Hausmann*, IntEuSchR C Art. 7 HUP Rn. 552.

771 Palandt/*Thorn* Art. 7 HUntProt Rn. 26.

772 *Pintens* in FS Hahne, 99, 106. *Pintens* spricht sich zwar für eine Beschränkung auf eine ausdrückliche Rechtswahl aus, geht jedoch offensichtlich von einem anderen Verständnis der Einordnung einer ausdrücklichen bzw. konkludenten Erklärung aus. Nach *Pintens* könne eine ausdrückliche Rechtswahl auch noch angenommen werden, „wenn spanische Ehegatten die französische Errungenschaftsgemeinschaft gewählt haben und an die Artikel des Code civil referiert haben, sie sogar wörtlich übernommen haben".

773 Vgl. *Pintens* in FS Hahne, 99, 106; *Dethloff* in FS v. Hoffmann, 73, 77.

774 Siehe oben Zweiter Teil § 4 A. I.

775 Frage 6, S. 5; Stellungnahme der 1. Kommission des Deutschen Rats für IPR zum Grünbuch der Kommission zu den Kollisionsnormen im Güterrecht unter

hinreichender Sicherheit aus den Umständen des Falles (insbesondere der Wahl eines bestimmten nationalen Güterstandes)"[776] ergeben.

Es sind – ungeachtet der im Ehegüterrecht geplanten Formerfordernisse – keine Gründe ersichtlich, weshalb eine konkludente Rechtswahl selbst dann ausgeschlossen sein soll, wenn sie sich (eindeutig) aus der formgerechten Vereinbarung ergibt. Eine konkludente Rechtswahl, die sich nicht aus einer schriftlichen Vereinbarung ableiten lässt, verträgt sich dagegen nicht mit den vorgesehenen Formerfordernissen und ist abzulehnen.

3. *Fehlen einer expliziten Regelung zur konkludenten Rechtswahl*

Art. 5 Abs. 1 Rom III-VO[777] und Art. 8 Abs. 1 HUntProt[778] gestatten es den Parteien, das anwendbare Recht durch Vereinbarung zu „bestimmen". Diese Formulierung lässt offen, ob den Parteien auch in diesen Rechtsgebieten eine konkludente Rechtswahl gestattet ist.[779]

a) **Konkludente Rechtswahl nach Art. 5 Rom III-VO**

aa) Meinungsstand

Die Zulässigkeit einer konkludenten Rechtswahl in der Rom III-VO ist höchst strittig. Eine Entscheidung des OLG Hamm[780] und ein Teil des Schrifttums

besonderer Berücksichtigung der gerichtlichen Zuständigkeit und der gegenseitigen Anerkennung (KOM(2006) 400 endgültig) vom 17. Juli 2006, abrufbar unter: http://ec.europa.eu/justice/news/consulting_public/matrimonial_property/contributions/others/dripr_de.pdf (Stand: 12.01.2014). Siehe dazu *Pintens* in FS Hahne, 99, 106.

776 Frage 6, S. 5; Stellungnahme der 1. Kommission des Deutschen Rats für IPR zum Grünbuch der Kommission zu den Kollisionsnormen im Güterrecht unter besonderer Berücksichtigung der gerichtlichen Zuständigkeit und der gegenseitigen Anerkennung (KOM(2006) 400 endgültig) vom 17. Juli 2006, abrufbar unter: http://ec.europa.eu/justice/news/consulting_public/matrimonial_property/contributions/others/dripr_de.pdf (Stand: 12.01.2014).

777 Siehe *Kohler* in FS v. Hoffmann, 208, 215; *Mansel* in Leible/Unberath (Hrsg.) 241, 275; NK-BGB Band 6/*Hilbig-Lugani* Art. 5 Rom III-VO Rn. 11.

778 *Jayme* Yb PIL Volume 11 (2009) 1, 8.

779 Vgl. *Azzi*, Travaux du Comité français de droit international privé 2010-2012, 147, 165.

780 Vgl. OLG Hamm, Beschluss vom 07. Mai 2013 – II-3 UF 267/12, 3 UF 267/12 –, juris Rn. 51 (allerdings zu einer Rechtswahl vor dem 21. Juni 2012, vgl. Art. 18 Abs. 1 Unterabsatz 2 Rom III-VO): „Die unter den Buchstaben A und B der Heiratsurkunde ‚bei der Eheschließung vereinbarten Bedingungen' zu den Voraussetzungen, unter denen die Antragstellerin als Ehefrau die Ehescheidung als Bevollmächtigte

bejahen die grundsätzliche Zulässigkeit.[781] Art. 5 Rom III-VO schreibe nicht vor, dass es einer ausdrücklichen Rechtswahl bedürfe.[782] Das Schweigen müsse als Zulassung der konkludenten Rechtswahl gedeutet werden.[783] Dafür spreche auch Art. 6 Abs. 2 Rom III-VO.[784] Diese Regelung gehe offenkundig von der Möglichkeit einer konkludenten Rechtswahl aus, da sie einen Ehegatten davor schützen wolle, dass sein „Verhalten" als Zustimmung qualifiziert werde.[785] In Betracht käme eine konkludente Rechtswahl beispielsweise in Fällen, in denen die Ehegatten einer notariellen Scheidungs(folgen)vereinbarung offenkundig eine bestimmte Rechtsordnung zugrunde legen, diese Vereinbarung selbst aber keine auf die Scheidung bezogene Rechtswahlklausel enthalte.[786]

---

ihres Ehemannes, des Antragsgegners, beantragen kann, entsprechen inhaltlich sinngemäß, teils fast wörtlich, den Regelungen des iranischen Ehescheidungsrechts in den Art. 1133, 1134, 1138 iran. ZGB in Verbindung mit § 8 Ziffer 1. bis 14. des iranischen Gesetzes zum Schutze der Familie. Da die Beteiligten eine Vollmacht des Antragsgegners zugunsten der Antragstellerin vereinbart haben, die dieser die Geltendmachung der Scheidung gerade in für das iranische Eherecht typischen Fallkonstellationen erlaubt, liegt in dem Inhalt der Heiratsurkunde ein deutliches Indiz für die Wahl des iranischen Scheidungsrechts im Sinne der Art. 5 Abs. 1 a), 7 Abs. 1 Rom-III-Verordnung."

781 *Hausmann*, IntEuSchR A Art. 5 Rom III-VO Rn. 273, der eine stillschweigende Rechtswahl bei Einhaltung der Form des Art. 7 Rom III-VO zulassen will, wenn sich diese eindeutig aus dem Inhalt der getroffenen Vereinbarung oder aus den Umständen des Falles ergibt, sofern die Form nach Art. 7 gewahrt ist; *Andrae* § 4 Rn. 21; NK-BGB Band 6/*Hilbig-Lugani* Art. 5 Rom III-VO Rn. 11; *Gruber* IPRax 2012, 381, 387 „wohl"; *ders.* IPRax 2014, 53, 56; *Martiny* IPRax 2011, 437, 449 Fn. 203 „wohl"; *Dutta* in Reichelt/Rechberger (Hrsg.) Europäisches Erbrecht, 57, 76 Fn. 91; *Devers/Farge*, La Semaine Juridique, Edition Générale 2012, 1277, 1283; in diese Richtung auch *Rösler* RabelsZ 78 (2014) 155, 179, nach dem aber „eine konkludente Rechtswahl wegen der Formerfordernisse des Art. 7 Rom III-VO, der jedenfalls die Einhaltung der Schriftform fordert, zumeist ausgeschlossen" ist.

782 *Hausmann*, IntEuSchR A Art. 5 Rom III-VO Rn. 273; *Andrae* § 4 Rn. 21; *Gruber* IPRax 2014, 53, 56; *Rösler* RabelsZ 78 (2014) 155, 179 Fn. 149, die sich beide versehentlich auf Art. 8 Rom III-VO beziehen.

783 *Dutta* in Reichelt/Rechberger (Hrsg.) Europäisches Erbrecht, 57, 76 Fn. 91.

784 *Gruber* IPRax 2012, 381, 387; ähnlich mit Art. 6 Abs. 2 Rom III-VO argumentierend auch NK-BGB Band 6/*Hilbig-Lugani* Art. 5 Rom III-VO Rn. 11.

785 *Gruber* IPRax 2012, 381, 387 Fn. 83.

786 Vgl. *Gruber* IPRax 2012, 381, 387 Fn. 83.

Dagegen lehnt ein anderer Teil des Schrifttums eine konkludente Rechtswahl im Scheidungsrecht ab.[787] Hingewiesen wird auf das Mindestformerfordernis des Art. 7 Abs. 1 Rom III-VO, nach dem eine Rechtswahlvereinbarung Schriftform, Datierung sowie Unterzeichnung durch beide Ehegatten verlange.[788] Das Erfordernis der Ausdrücklichkeit würde regelmäßig den gleichen Zweck verfolgen wie das Erfordernis einer bestimmten Form.[789] Argumentiert wird auch mit dem Umkehrschluss[790] zu Art. 3 Abs. 1 S. 2 Rom I-VO und Art. 14 Abs. 1 S. 2 Rom II-VO sowie den Erwägungsgründen[791] Nr. 17–19 der Rom III-VO. Für einen gewollten Ausschluss der konkludenten Rechtswahl spreche auch die Begründung der Kommission zur Änderung der Verordnung (EG) Nr. 2201/2003[792], wonach sich die Ehegatten „der Tragweite ihrer Entscheidungen bewusst" sein sollen.[793]

bb) Kritische Analyse und Stellungnahme

Bei der Frage nach der Zulässigkeit einer konkludenten Scheidungsrechtswahl ist wegen den unterschiedlichen Formanforderungen (Art. 7 Rom III-VO: Formerfordernisse bei einer vor Anrufung des Gerichts getroffenen Rechtswahl; Art. 5 Abs. 3 S. 2 Rom III-VO: Formerfordernisse bei einer nach Anrufung des Gerichts getroffenen Rechtswahl) zwischen der Vornahme einer Rechtswahl vor und nach Anrufung des Gerichts zu differenzieren.[794]

Für eine Rechtswahl vor Anrufung des Gerichts verlangt Art. 7 Abs. 1 Rom III-VO als Mindestformerfordernis Schriftform, Datierung sowie Unterzeichnung durch beide Ehegatten. Über die Öffnungsklauseln des Art. 7 Abs. 2–4

---

787 *Henrich*, 25; *Helms* FamRZ 2011, 1765, 1768, *Pfütze* ZEuS 2011, 35, 52; Rahm/Künkel/*Breuer*, Handbuch Familien- und Familienverfahrensrecht, B. Materielles Recht Rn. 282; Palandt/*Thorn* Art. 6 Rom III-VO Rn. 2, wonach die konkludente Rechtswahl faktisch durch die Formerfordernisse des Art. 7 Rom III-VO ausgeschlossen sei; wohl auch *Basedow* in FS Posch, 17, 24 „[...] ist die Rechtswahl hier doch gemäß Artikel 7 an besondere Formerfordernisse, nämlich mindestens der Schriftform gebunden; sie muss also ausdrücklich sein."; zum Verordnungsvorschlag der Kommission von 2006 „wohl" auch *Rühl* in FS Kropholler, 187, 197; zweifelnd auch *Azzi*, Travaux du Comité français de droit international privé 2010-2012, 147, 165.

788 *Henrich*, 25; Palandt/*Thorn* Art. 6 Rom III-VO Rn. 2.

789 *Rühl* in FS Kropholler, 187, 198.

790 Vgl. *Helms* FamRZ 2011, 1765, 1768, der von Gegenschluss spricht.

791 *Helms* FamRZ 2011, 1765, 1768 Fn. 34.

792 KOM(2006) 399 endgültig, S. 11.

793 *Pfütze* ZEuS 2011, 35, 52.

794 Ebenso *Mansel* in Leible/Unberath (Hrsg.) 241, 275; *Hausmann*, IntEuSchR A Art. 5 Rom III-VO Rn. 273.

Rom III-VO wird den an der Rom III-VO teilnehmenden Mitgliedstaaten allerdings ermöglicht, zusätzliche Formvorschriften zu statuieren. Deutschland hat von dieser Befugnis Gebrauch gemacht und verlangt als strengere Form eine notarielle Beurkundung (Art. 46d Abs. 1 EGBGB).

Eine Rechtswahl nach Anrufung des Gerichts – sofern sie durch das Recht des Staates des angerufenen Gerichts zugelassen wird (Art. 5 Abs. 3 S. 1 Rom III-VO) – muss zu Protokoll des Gerichts genommen werden (Art. 5 Abs. 3 S. 2 Rom III-VO).

(1) Rechtswahl nach Anrufung des Gerichts

Eine konkludente Rechtswahlvereinbarung im Laufe des Scheidungsverfahrens scheidet aufgrund des Protokollierungserfordernisses des Art. 5 Abs. 3 S. 2 Rom III-VO aus.[795] Die Protokollierung der Rechtswahlvereinbarung durch den Richter führt im Ergebnis – auch über die richterliche Hinweispflicht oder über das Rechtsgespräch mit den Parteien[796] – stets zu einer ausdrücklichen Rechtswahlvereinbarung der Parteien.

(2) Rechtswahl vor Anrufung des Gerichts

(a) Konkludenz aufgrund von Umständen außerhalb der formgerechten Vereinbarung

Der Zulässigkeit einer konkludenten Rechtswahl, die sich nur aus Umständen außerhalb einer formgerechten Vereinbarung ergibt, stehen die Formerfordernisse des Art. 7 Rom III-VO entgegen. Es würde dem Sinn und Zweck der Formerfordernisse nicht gerecht werden, wenn auf außerhalb der formgerechten Vereinbarung liegende Umstände als Indiz für die Annahme einer konkludenten Rechtswahl abgestellt werden würde. Nach Erwägungsgrund Nr. 19 S. 2 Rom III-VO sollen die Formerfordernisse sicherstellen, „dass sich die Ehegatten der Tragweite ihrer Rechtswahl bewusst sind“. Dies wäre aber nicht gewährleistet, wenn auch nicht in der Vereinbarung angedeutete Umstände maßgebend sein könnten. Die Ableitung einer konkludenten Rechtswahl aus Umständen außerhalb der schriftlichen Vereinbarung lässt sich auch nicht mit Art. 6 Abs. 2 Rom III-VO begründen, dessen Anwendungsbereich sich wegen der Formerfordernisse nicht auf die konkludente Rechtswahl erstrecken kann. Die Formvorschriften der Rom III-VO dienen nämlich – wie allgemein[797] – der Beweiserleichterung, dem Übereilungs- und Warnschutz sowie der

795 Vgl. *Hausmann*, IntEuSchR A Art. 5 Rom III-VO Rn. 273; ähnlich *Hau* FamRZ 2013, 249, 253 Fn. 53; *Mansel* in Leible/Unberath (Hrsg.) 241, 275 „regelmäßig“.

796 Vgl. allgemein zu den Pflichten des Gerichts im Prozess *Schack* NJW 1984, 2736, 2739.

797 *Mansel* in Leible/Unberath (Hrsg.) 241, 283.

Schaffung von Rechtsklarheit. Damit verträgt es sich nicht, wenn ein außerhalb der schriftlichen Vereinbarung liegendes bloßes „Verhalten" der Parteien berücksichtigt wird.[798]

(b) Konkludenz aufgrund von Umständen innerhalb der formgerechten Vereinbarung

Zulässig erscheint dagegen eine vorprozessuale konkludente Rechtswahl, wenn sie sich aus der formgerechten Vereinbarung selbst ergibt. Bei Geltung des Erfordernisses der notariellen Beurkundung (in Deutschland gemäß Art. 46d EGBGB unter den Voraussetzungen des Art. 7 Abs. 2–4 Rom III-VO) wird sich die Frage der Zulässigkeit einer solchen konkludenten Rechtswahl zwar kaum stellen.[799] Denn der Notar wird regelmäßig sicherstellen, dass der Parteiwille hinreichend deutlich zum Ausdruck gebracht wird. Es mag aber auch bei einer Beurkundung durch einen Notar durchaus Einzelfälle geben, in denen ein notariell beurkundeter Ehevertrag keine ausdrückliche Rechtswahl enthält und sich die Frage der konkludenten Rechtswahl stellt.[800] Relevant ist die Frage jedenfalls unter Geltung der Mindestformerfordernisse des Art. 7 Abs. 1 Rom III-VO.[801] Es ist kein stichhaltiger Grund ersichtlich, der bei Einhaltung der Formerfordernisse gegen die Zulässigkeit einer solchen konkludenten Rechtswahl sprechen könnte.[802] Wie *Mansel* in einem anderen Kontext treffend feststellt, besteht durchaus die Möglichkeit, „für die Umstände, aus denen auf den konkludenten Erklärungsinhalt geschlossen wird, eine bestimmte Form zu verlangen".[803] Auch im Erbrecht wird dem Erblasser eine konkludente Rechtswahl eröffnet, sofern sich diese aus den Bestimmungen einer (bei Geltung des Art. 27 Abs. 1 EuErbVO schriftlichen) Verfügung von Todes wegen ergibt (Art. 22 Abs. 2 EuErbVO). Auch der Zweck der Formvorschriften der Rom III-VO steht der Zulässigkeit einer konkludenten Rechtswahl vor Anrufung des Gerichts nicht entgegen. Nach Erwägungsgrund Nr. 19 Rom III-VO soll mit

---

798 Zu dem beschränkten Bedeutungsgehalt von Art. 6 Abs. 2 Rom III-VO siehe Zweiter Teil § 4 C II. 1. b).

799 *Mansel* in Leible/Unberath (Hrsg.) 241, 276.

800 *Gruber* IPRax 2014, 53, 54.

801 Vgl. *Mansel* in Leible/Unberath (Hrsg.) 241, 276.

802 Vgl. NK-BGB Band 6/*Hilbig-Lugani* Art. 5 Rom III-VO Rn. 11.

803 Zur Form in der Rom I-VO *Mansel* in Leible/Unberath (Hrsg.) 241, 284. Auch im Unterhaltsrecht wird im Schrifttum trotz bestehendem Schriftformerfordernis überwiegend eine konkludente Rechtswahl befürwortet, vgl. Rauscher/*Andrae*, EuZPR/EuIPR (2010) Art. 8 HUntProt Rn. 6; *dies.* GPR 2010, 196, 201; Palandt/*Thorn* Art. 8 HUntProt Rn. 31; PWW/*Martiny* Anhang II zu Art. 18 EGBGB, Haager Protokoll über das auf Unterhaltspflichten anzuwendende Recht, Rn. 23; *Gruber* IPRax 2014, 53, 56.

den Formerfordernissen sichergestellt werden, „dass sich die Ehegatten der Tragweite ihrer Entscheidung bewusst sind". Wenn für die Feststellung der konkludenten Erklärung nur Umstände herangezogen werden, die sich unmittelbar aus der schriftlichen Vereinbarung ergeben oder die zumindest in dieser angedeutet sind, besteht eine relativ hohe Gewähr dafür, dass ein entsprechendes Erklärungsbewusstsein der Parteien tatsächlich gegeben ist. Für die Zulässigkeit einer derartig eingeschränkten konkludenten Rechtswahl sprechen letztlich auch die Erwartungen der Parteien, wenn sie nicht anwaltlich beraten sind. Erfolgt keine anwaltliche oder notarielle Beratung (was nach den Mindestformerfordernissen nicht erforderlich ist), so könnte es für die Parteien nämlich aufgrund des weiten Begriffs „bestimmen" in Art. 5 Abs. 1 Rom III-VO durchaus überraschend sein, wenn ein in ihrer schriftlichen Erklärung selbst zum Ausdruck kommender Parteiwille unbeachtet bliebe.

Angemerkt sei, dass allein eine Rechtswahlvereinbarung hinsichtlich einer bloßen Scheidungsfolge, wie Unterhalt, Versorgungsausgleich und der güterrechtlichen Auseinandersetzung[804], kein ausreichendes Indiz für eine konkludente Rechtswahl des Scheidungsstatuts sein kann.[805] Denn es gibt keine Anhaltspunkte dafür, dass die Parteien die ausdrückliche Rechtswahl für eine bloße Scheidungsfolge stillschweigend auf die Scheidung erstrecken wollen. Die ausdrückliche Begrenzung der Rechtswahlvereinbarung auf die Scheidungsfolge spricht vielmehr für das Gegenteil. Indiz für eine aus der formgerechten Vereinbarung selbst abgeleitete konkludente Rechtswahl kann hingegen die Bezugnahme eines Ehevertrages auf scheidungsrechtliche Normen sein, beispielsweise wenn die Ehegatten ihre Vereinbarung ausdrücklich an den gesetzlichen Regelungen eines ausländischen Zivilgesetzbuches ausrichten und diese in der schriftlichen Vereinbarung referieren.[806]

cc) Überlegungen *de lege ferenda*

Sofern die Zulässigkeit der konkludenten Rechtswahl dem Regelungswillen des Verordnungsgebers entspricht[807], sollten im Normtext des Art. 5 Abs. 1

---

804 *Hausmann*, IntEuSchR A Art. 5 Rom III-VO Rn. 273.

805 Dazu *Hau* FamRZ 2013, 249, 253; *Hausmann*, IntEuSchR A Art. 5 Rom III-VO Rn. 273; *Andrae* § 4 Rn. 21; a.A. NK-BGB Band 6/*Hilbig-Lugani* Art. 5 Rom III-VO Rn. 11.

806 Zu denken ist an ein in Spanien lebendes Ehepaar mit deutscher Staatsangehörigkeit, das die schriftliche Vereinbarung trifft: „Die einjährige Trennungszeit im Sinne des § 1565 BGB sehen wir ab dem Auszug am 15.03.2013 als gewahrt an." Siehe zu der im deutschen Recht grundsätzlich geltenden einjährigen Trennungszeit des § 1565 BGB Staudinger/*Rauscher* (2010) § 1565 BGB Rn. 6.

807 Sollte hingegen nach dem Regelungswillen des Verordnungsgebers eine konkludente Rechtswahl entgegen der Ansicht dieser Arbeit nicht zulässig sein, so sollte

Rom III-VO die Anforderungen an eine Erklärung einer konkludenten Scheidungsrechtswahl *de lege ferenda* explizit geregelt werden. Im Einklang mit der Rom I-VO und den Erkenntnissen zur Rom II-VO sollte Eindeutigkeit verlangt werden[808], wobei (nur) in der formgerechten Vereinbarung angedeutete Umstände berücksichtigt werden sollten. Art. 5 Abs. 1 S. 2 Rom III-VO könnte wie folgt lauten: *Die Rechtswahl muss ausdrücklich erfolgen oder sich eindeutig aus den Bestimmungen einer schriftlichen Vereinbarung ergeben.*

b) Konkludente Rechtswahl in Art. 8 HUntProt

aa) Meinungsstand und Stellungnahme

Bei der Rechtswahl nach Art. 8 HUntProt spricht sich das Schrifttum – anders als bei der Scheidungsrechtswahl nach Art. 5 Rom III-VO – nahezu einheitlich für die Zulässigkeit einer konkludenten Rechtswahl aus.[809] Dieser Konsens überrascht; sieht doch Art. 8 Abs. 2 HUntProt ebenso wie Art. 7 Abs. 1 Rom III-VO ein Schriftformerfordernis vor.

Als zulässig anzusehen ist auch hier eine konkludente Rechtswahl, die sich unmittelbar aus der schriftlichen Vereinbarung ableitet.[810] Eine solche Rechtswahl erscheint mit dem Sinn und Zweck des Schriftformerfordernisses[811] des Art. 8 Abs. 2 HUntProt vereinbar. Für die Zulässigkeit einer solchen konkludenten Rechtswahl spricht auch die weite Formulierung „bestimmen" in Art. 8

---

dies im Normtext des Art. 5 Abs. 1 Rom III-VO durch den Begriff „ausdrücklich" klargestellt werden.

808 Im Ergebnis auch *Hausmann*, IntEuSchR A Art. 5 Rom III-VO Rn. 273.

809 Rauscher/*Andrae*, EuZPR/EuIPR (2010) Art. 8 HUntProt Rn. 6; *dies.* GPR 2010, 196, 201; *dies.* § 8 Rn. 159; Palandt/*Thorn* Art. 8 HUntProt Rn. 31; PWW/*Martiny* Anhang II zu Art. 18 EGBGB, Haager Protokoll über das auf Unterhaltspflichten anzuwendende Recht, Rn. 23; jurisPK-BGB Band 6/*Ludwig* Art. 8 UntProt Rn. 24; Bamberger/Roth/*Heiderhoff* zu Art. 8 HUntProt 2007 unter Art. 18 EGBGB Rn. 84; *Hausmann*, IntEuSchR C Art. 8 HUP Rn. 569; *Gruber* IPRax 2014, 53, 56; a.A. *Prinz*, 246 unter Verweis auf die Schriftformerfordernisse.

810 Im Ergebnis auch Bamberger/Roth/*Heiderhoff* zu Art. 8 HUntProt 2007 unter Art. 18 EGBGB Rn. 84; jurisPK-BGB Band 6/*Ludwig* Art. 8 UntProt Rn. 24; *Hausmann*, IntEuSchR C Art. 8 HUP Rn. 569, wonach der Wille zur Rechtswahl in der schriftlichen Urkunde zumindest angedeutet sein muss.

811 Zu der Funktion des Schriftformerfordernisses *Bonomi* Yb PIL Volume 10 (2008) 333, 355: "Without even mentioning its evidential advantages, the requirement of writing serves to draw the creditor's attention to the importane of the choice and to shelter him/her from the consequences of a headless choice".

Abs. 1 HUntProt sowie der Umkehrschluss zu der Regelung in Art. 7 HUntProt, in der explizit die Ausdrücklichkeit der Rechtswahl verlangt wird[812].

Mit dem Schriftformerfordernis nicht vereinbar erscheint dagegen eine konkludente Rechtswahl, die sich nur unter Heranziehung außerhalb der schriftlichen Vereinbarung liegenden Umständen ergibt. Das Berücksichtigen von Umständen, die von den Parteien in der schriftlichen Vereinbarung nicht einmal angedeutet wurden, verträgt sich nicht mit den Funktionen des Schriftformerfordernisses.

bb) Überlegungen *de lege ferenda*

De lege ferenda sollten die Anforderungen an eine Erklärung einer konkludenten Rechtswahl explizit geregelt werden.[813] Auch hier sollte Eindeutigkeit verlangt werden, wobei (nur) in der schriftlichen Vereinbarung angedeutete Umstände berücksichtigt werden sollten. Der Normtext Art. 8 Abs. 1 HUntProt könnte wie folgt ergänzt werden: *Die Rechtswahl muss ausdrücklich erfolgen oder sich eindeutig aus den Bestimmungen einer schriftlichen Vereinbarung ergeben.*

III. Ergebnisse

1. Ausdrückliche Rechtswahl

Eine ausdrückliche Rechtswahl ist in allen Rechtsgebieten zulässig. Dies wird durch den Begriff „ausdrücklich“ in den Rechtswahlregelungen des Art. 3 Abs. 1 S. 2 Rom I-VO, Art. 14 Abs. 1 S. 2 Rom II-VO, Art. 22 Abs. 2 EuErbVO und des Art. 7 Abs. 1 HUntProt explizit gesagt.

De lege ferenda sollte auch in die Rechtswahlregelung des Art. 5 Abs. 1 Rom III-VO und des Art. 8 Abs. 1 HUntProt der Begriff „ausdrücklich“ aufgenommen und dadurch der Unterschied zur ebenfalls zulässigen konkludenten Rechtswahl verdeutlicht werden.

2. Konkludente Rechtswahl

a) Zulässigkeit der konkludenten Rechtswahl

Bei Art. 3 Abs. 1 S. 2 Rom I-VO, Art. 14 Abs. 1 S. 2 Rom II-VO sowie Art. 22 Abs. 2 EuErbVO ergibt sich die Zulässigkeit der konkludenten Rechtswahl explizit aus dem jeweiligen Regelungswortlaut. Art. 7 Abs. 1 HUntProt schließt die

---

812 Vgl. Rauscher/*Andrae*, EuZPR/EuIPR (2010) Art. 8 HUntProt Rn. 6; *dies*. GPR 2010, 196, 201; im Ergebnis ebenso *Hausmann*, IntEuSchR C Art. 8 HUP Rn. 569.

813 Sollte eine konkludente Rechtswahl, entgegen der Ansicht dieser Arbeit, nach dem Regelungswillen ausgeschlossen sein, so sollte dies im Normtext des Art. 8 Abs. 1 HUntProt durch den Begriff „ausdrücklich“ klargestellt werden.

konkludente Rechtswahl für die Zwecke eines einzelnen Verfahrens dagegen explizit aus. Dies leuchtet mit Blick auf den dort geltenden Bestimmtheitsgrundsatz und der mit der Rechtswahlregelung des Art. 7 Abs. 1 HUntProt bezweckten Verfahrensökonomie ein. Ausgeschlossen ist die konkludente Rechtswahl auch im EuEhegüterVO-Vorschlag, wonach die Rechtswahl „zumindest ausdrücklich" erfolgen muss (Art. 19 Abs. 2 Hs. 1). Es sind indes – ungeachtet der besonderen Formerfordernisse – keine Gründe ersichtlich, weshalb eine konkludente Rechtswahl selbst dann ausgeschlossen sein soll, wenn sie sich (eindeutig) aus der formgerechten Vereinbarung ergibt. Der Legislativen Entschließung des Europäischen Parlaments folgend sollte der Zusatz „zumindest ausdrücklich" im weiteren Gesetzgebungsverfahren gestrichen werden. Im weiteren Gesetzgebungsverfahren sollte die Klarstellung erfolgen, dass die Rechtswahl ausdrücklich erfolgen oder sich eindeutig aus den schriftlichen Bestimmungen einer solchen Vereinbarung ergeben muss. Entsprechend sollte auch im weiteren Gesetzgebungsverfahren zu der künftigen EuPartGüVO verfahren werden.

Art. 5 Abs. 1 Rom III-VO und Art. 8 Abs. 1 HUntProt lassen unklar, ob eine konkludente Rechtswahl zulässig ist. Auch dort spricht jedoch – ungeachtet der Formerfordernisse für die Rechtswahl – viel dafür, eine konkludente Rechtswahl als zulässig anzusehen, sofern sie sich aus der formgerechten Vereinbarung ableiten lässt. Eine konkludente Rechtswahl vor Gericht im Laufe eines Scheidungsverfahrens scheidet hingegen wegen des Formerfordernisses der gerichtlichen Protokollierung in Art. 5 Abs. 3 S. 2 Rom III-VO aus.

De lege ferenda sollten in Art. 5 Abs. 1 Rom III-VO und Art. 8 Abs. 1 HUntProt klargestellt werden, dass die konkludente Rechtswahl zulässig ist, sofern sie sich (eindeutig) aus der schriftlichen Vereinbarung ergibt.

b) Vereinheitlichung der Anforderungen an eine konkludente Rechtswahl

aa) Eindeutigkeit der konkludenten Rechtswahl

Die Rom I-VO und die Rom II-VO stellen unterschiedliche Anforderungen an die Erklärung der konkludenten Rechtswahl. Art. 3 Abs. 1 Satz 2 Rom I-VO verlangt Eindeutigkeit der konkludenten Rechtswahl. Art. 14 Abs. 1 Satz 2 Rom II-VO lässt „mit hinreichender Sicherheit" genügen. Diese Unterschiede sind nicht sachlich bedingt, sondern eine Folge des zeitlich früheren Erlasses der Rom II-VO vor der Rom I-VO.

De lege ferenda sollte auch Art. 14 Abs. 1 Satz 2 Rom II-VO das Kriterium der Eindeutigkeit verwenden. Folgende Formulierung bietet sich an: *Die Rechtswahl muss ausdrücklich erfolgen oder sich eindeutig aus den Umständen des Falles ergeben.*

De lege ferenda sollte das Erfordernis der Eindeutigkeit der konkludenten Rechtswahl angepasst an die besonderen Formerfordernisse außerdem in die Normtexte des Art. 5 Abs. 1 Rom III-VO und des Art. 8 Abs. 1 HUntProt aufgenommen werden. Folgende Formulierung bietet sich an: *Die Rechtswahl muss ausdrücklich erfolgen oder sich eindeutig aus den Bestimmungen einer schriftlichen Vereinbarung ergeben.*

bb) Sonderstellung der EuErbVO

Die EuErbVO verlangt keine Eindeutigkeit. Das Fehlen des Erfordernisses der Eindeutigkeit ist sachlich durch den speziellen Rechtsgedanken des kollisionsrechtlichen *favor testamenti* gerechtfertigt. Eine planwidrige Regelungslücke liegt insoweit nicht vor.

De lege ferenda bietet es sich jedoch an, in Erwägungsgrund Nr. 39 EuErbVO auf den kollisionsrechtlichen *favor testamenti* einzugehen und diesen Grundsatz zu erläutern.

B. Form der Rechtswahl

I. Überblick

Eigenständige Formerfordernisse speziell für die Rechtswahl finden sich im Scheidungsrecht (Art. 5 Abs. 3 S. 2 und Art. 7 Rom III-VO), im Erbrecht (Art. 22 Abs. 2, 4 EuErbVO), im Unterhaltsrecht (Art. 15 EuUnthVO in Verbindung mit Art. 7 Abs. 2, Art. 8 Abs. 2 HUntProt) und im Güterrecht (Art. 19 EuEhegüterVO-Vorschlag und Art. 16a der Legislativen Entschließung des Europäischen Parlaments zum EuPartGüVO-Vorschlag). Die Rom I- und Rom II-VO statuieren dagegen keine eigenständigen Formerfordernisse speziell für die Rechtswahl.[814] Art. 3 Abs. 5 Rom I-VO verweist lediglich auf die allgemeine Formvorschrift des Art. 11 Rom I-VO. In der Rom II-VO fehlt jegliche Regelung.

Den Formvorschriften kommen vor allem Warnfunktion zwecks Übereilungsschutz und Beweisfunktion zwecks Schaffung von Rechtsklarheit zu.[815] Diese Funktionen haben je nach Anknüpfungsgegenstand ein unterschiedliches Gewicht.[816] Hieraus folgen – jedenfalls teilweise – Unterschiede in den Formerfordernissen der Verordnungen.[817] Insbesondere für das Personenrecht wird der

814 *Kroll-Ludwigs*, 481 Fn. 1155.
815 Vgl. *Mansel* in Leible/Unberath (Hrsg.) 241, 283.
816 *Mansel* in Leible/Unberath (Hrsg.) 241, 283.
817 *Mansel* in Leible/Unberath (Hrsg.) 241, 283.

Warnfunktion eine wichtige Bedeutung beigemessen.[818] Über die Formerfordernisse sollen hier Information, Belehrung und Bewusstsein für die Bedeutung der Rechtswahlvereinbarung erreicht werden.

II. Rom I-VO

Die Form der Rechtswahlvereinbarung für einen Schuldvertrag unterliegt nach Art. 3 Abs. 5 Rom I-VO der allgemeinen Formvorschrift des Art. 11 Rom I-VO.[819] Danach bedarf die Rechtswahlvereinbarung nicht der Form des Hauptvertrages.[820] Befinden sich die Parteien im Zeitpunkt der Rechtswahlvereinbarung in demselben Staat, so ist für die Form der Rechtswahlvereinbarung die *lex causae* oder alternativ die *lex loci actus* maßgebend (Art. 11 Abs. 1 Rom I-VO).[821] Befinden sich die Parteien im Zeitpunkt der Rechtswahlvereinbarung in verschiedenen Staaten, bestimmt sich die Form nach den in Art. 11 Abs. 2 Rom II-VO vorgesehenen drei alternativen Anknüpfungen, nämlich nach der *lex causae*, dem Ortsrecht eines der beiden Parteien oder dem Recht des gewöhnlichen Aufenthalts eines der beiden Parteien.[822] Besondere Formvorschriften gelten für Rechtswahlvereinbarungen bei Verbraucherverträgen im Sinne von Art. 6 Rom I-VO.[823] Nach Art. 11 Abs. 4 S. 2 Rom I-VO ist für die Form der Rechtswahlvereinbarung für einen Verbrauchervertrag das Recht des Staates maßgebend, in dem der Verbraucher seinen gewöhnlichen Aufenthalt hat.

Einige Autoren vertreten die Ansicht, Art. 3 Abs. 1 Rom I-VO normiere als Sachvorschrift die Formfreiheit der Rechtswahlvereinbarung.[824] Es wird angeführt, der Verweis in Art. 3 Abs. 5 Rom I-VO auf Art. 11 Rom I-VO erscheine

---

818 Erwägungsgrund Nr. 19 Rom III-VO; *Bonomi*, Explanatory Report, Rn. 116; Erwägungsgrund Nr. 24 EuEhegüterVO-Vorschlag.

819 *Mansel* in Leible/Unberath (Hrsg.) 241, 283; Staudinger/*Magnus* Art. 3 Rom I-VO Rn. 179; *Ferrari* in Ferrari, Int. VertragsR, Art. 3 Rom I-VO Rn. 11; *Loacker* in Calliess (Hrsg.) Art. 11 Rom I-VO Rn. 31; *Plender/Wilderspin* Rn. 6-020. Kritisch zu der Ausgestaltung als Verweisungsnorm *Jayme* in Jud/Rechberger/Reichelt (Hrsg.) 63, 70, wonach das Nebeneinander zweier Methoden, Entscheidungsnormen und Verweisungsnormen, zu Verwirrung führe.

820 MüKo/*Martiny* Art. 3 Rom I-VO Rn. 109.

821 Rauscher/*v. Hein*, EuZPR/EuIPR (2011) Art. 11 Rom I-VO Rn. 18.

822 Hk-BGB/*Staudinger* Art. 3 Rom I-VO Rn. 3.

823 Siehe dazu *Kroll-Ludwigs*, 54.

824 Staudinger/*Magnus* Art. 3 Rom I-VO Rn. 180; im Ergebnis ebenso *Coester-Waltjen/Coester* in Liber Amicorum Klaus Schurig, 33, 44; *Calliess* in Calliess (Hrsg.) Art. 3 Rom I-VO Rn. 30.

durch die Regelung des Art. 3 Abs. 1 S. 2 Rom I-VO weitgehend verdrängt, wonach die Rechtswahl ausdrücklich zu vereinbaren ist oder sich eindeutig aus den Bestimmungen des Vertrags oder aus den Umständen des Falles ergeben muss.[825] Formerfordernisse im Recht eines Mitgliedstaats stünden im Widerspruch zur Formlosigkeit des Art. 3 Abs. 1 S. 2 Rom I-VO und kämen daher wegen des Vorranges des Europäischen Rechts nicht zum Zuge.[826]

Dieser Argumentation ist entgegenzuhalten, dass die in Art. 3 Abs. 1 S. 2 Rom I-VO vorgegebene Möglichkeit die Rechtswahl ausdrücklich oder konkludent zu erklären, (weiteren) Formerfordernissen nicht entgegensteht. Dies versteht sich für eine ausdrückliche Erklärung von selbst. Aber auch für die konkludente Rechtswahl wird zutreffend darauf hingewiesen, dass es durchaus möglich ist „für die Umstände, aus denen auf den konkludenten Erklärungsinhalt geschlossen wird, eine bestimmte Form zu verlangen“[827]. Dass zwischen den Anforderungen des Art. 3 Abs. 1 S. 2 Rom I-VO an die Art und Weise der Erklärung der Rechtswahl („ausdrücklich [...] oder sich eindeutig aus den Bestimmungen des Vertrags oder aus den Umständen des Falles“) und den Anforderungen an die (sonstige) Form zu unterscheiden ist, zeigt auch das Nebeneinander von Art. 3 Abs. 1 S. 2 Rom I-VO und Art. 11 Abs. 4 Rom I-VO für Verbraucherverträge. Die regelmäßig bestehende Formfreiheit der Rechtswahlvereinbarung für einen Schuldvertrag beruht also nicht auf Art. 3 Abs. 1 S. 2 Rom I-VO, sondern – wie *Mansel* zutreffend ausführt – darauf, dass das autonome deutsche Recht bzw. das Recht der Mitgliedstaaten der Rom I-VO regelmäßig keine besonderen Formerfordernisse für die Rechtswahl statuieren.[828]

III. Rom II-VO

1. Normative Ausgangslage

Anders als in der Rom I-VO fehlt in der Rom II-VO eine Regelung zur Form der Rechtswahl. Die Formvorschrift des Art. 21 Rom II-VO erfasst nur einseitige Rechtshandlungen. Auf die Rechtswahlvereinbarung, bei der es sich um ein zweiseitiges Rechtsgeschäft handelt[829], ist diese Vorschrift daher nicht anwendbar[830]. Die Rom II-VO ist insoweit lückenhaft.

---

825 *Calliess* in Calliess (Hrsg.) Art. 3 Rom I-VO Rn. 30.
826 *Calliess* in Calliess (Hrsg.) Art. 3 Rom I-VO Rn. 30.
827 *Mansel* in Leible/Unberath (Hrsg.) 241, 284.
828 *Mansel* in Leible/Unberath (Hrsg.) 241, 284.
829 *Mansel* in Leible/Unberath (Hrsg.) 241, 284.
830 Erman BGB/*Hohloch* Art. 21 Rom II-VO Rn. 10; *Mansel* in Leible/Unberath (Hrsg.) 241, 284; in diese Richtung auch Palandt/*Thorn* Art. 14 Rom II-VO Rn. 11.

2. *Meinungsstand*

Die überwiegende Ansicht im Schrifttum will das Formstatut mittels Art. 11 Rom I-VO bestimmen.[831] Zur Begründung wird eine Analogie zu Art. 3 Abs. 5 Rom I-VO befürwortet[832] und insoweit auf Erwägungsgrund Nr. 7 Rom II-VO verwiesen.[833] Vereinzelt wird die Anwendung des Art. 11 Rom I-VO auch damit begründet, dass es sich bei der Rechtswahlvereinbarung nach Art. 14 Abs. 1 Rom II-VO um ein vertragliches Schuldverhältnis im Sinne der Rom I-VO handle.[834] Denn die Parteien würden sich freiwillig und im Einvernehmen verpflichten, eine bestimmte Rechtsordnung auf ihr außervertragliches Schuldverhältnis anzuwenden.[835]

Eine andere Ansicht hält die Anwendung der *lex fori* für vorzugswürdig.[836] Eine dritte Ansicht will die Kollisionsnorm des autonomen nationalen Rechts, in Deutschland also des Art. 11 EGBGB, heranziehen.[837]

3. *Stellungnahme*

Eine Lückenschließung durch die Anwendung der *lex fori* ist abzulehnen. Dies liefe dem Ziel zuwider, „ein einheitliches System gesamteuropäischer Kollisionsregeln zu begründen“[838]. Auch die mit einer Rechtswahl angestrebte Rechtssicherheit spricht gegen die Anwendung der *lex fori*. Um eine formgültige Rechtswahl zu

---

831 *Mansel* in Leible/Unberath (Hrsg.) 21, 284; Rauscher/*Jakob/Picht*, EuZPR/EuIPR (2011) Art. 14 Rom II-VO Rn. 27; Bamberger/Roth/*Spickhoff* Art. 14 Rom II-VO Rn. 3; Huber/*Bach* Art. 14 Rom II-VO Rn. 20; Erman BGB/*Hohloch* Art. 14 Rom II-VO Rn. 10; Hk-BGB/*Dörner* Art. 14 Rom II-VO Rn. 5; *Pfütze* ZEuS 2011, 35, 52; offen gelassen von Gebauer/Wiedmann/*Staudinger* Art. 14 Rom II-VO Rn. 79; unklar PWW/*Schaub* Art. 14 Rom II-VO Rn. 3, wonach die *lex fori* mit Art. 11 Rom I-VO gleichgesetzt werden soll. *Jayme* in Jud/Rechberger/Reichelt (Hrsg.) 63, 70 hält es dagegen für vernünftig, dass die Rom II-VO eine Verweisung auf das Formstatut unterlässt.

832 Erman BGB/*Hohloch* Art. 14 Rom II-VO Rn. 10; Rauscher/*Jakob/Picht*, EuZPR/EuIPR (2011) Art. 14 Rom II-VO Rn. 27; *Vogeler*, 226; Hk-BGB/*Dörner* Art. 14 Rom II-VO Rn. 5; *Mansel* in Leible/Unberath (Hrsg.) 241, 284.

833 Rauscher/*Jakob/Picht*, EuZPR/EuIPR (2011) Art. 14 Rom II-VO Rn. 27.

834 Erman BGB/*Hohloch* Art. 14 Rom II-VO Rn. 10; *Nehne*, 257 ff.

835 *Nehne*, 257.

836 MüKo/*Junker* Art. 14 Rom II-VO Rn. 26, der sich insgesamt gegen „eine Analogie zu Art. 3 Abs. 5 iVm. Art. 10, 11 und 13 Rom I-VO“ ausspricht.

837 Palandt/*Thorn* Art. 14 Rom II-VO Rn. 11; jurisPK-BGB Band 6/*Wurmnest* Art. 14 Rom II-VO Rn. 19; *Vogeler*, 226.

838 Dazu Rauscher/*Jakob/Picht*, EuZPR/EuIPR (2011) Art. 14 Rom II-VO Rn. 27.

vereinbaren, müssen die Parteien bereits bei Abschluss der Rechtswahlvereinbarung die für sie konkret geltenden Formerfordernisse kennen. Soweit zum Zeitpunkt des Abschlusses der Rechtswahlvereinbarung keine Gerichtsstandsvereinbarung vorliegt und damit auch die *lex fori* nicht feststeht, würde die Anwendung der *lex fori* die Rechtswahl mit erheblichen Rechtsunsicherheiten belasten.

Nicht zu folgen ist auch der im Schrifttum vereinzelt vertretenen Ansicht, dass sich die Form einer Rechtswahlvereinbarung im Sinne des Art. 14 Rom II-VO nach dem autonomen nationalen Kollisionsrecht, in Deutschland also nach Art. 11 EGBGB, bestimmen soll. Ein Rückgriff auf das autonome nationale Kollisionsrecht sollte zur Füllung von Regelungslücken im Unionskollisionsrecht allenfalls als *ultima ratio* erfolgen, also nur dann, wenn eine sachgerechte Lückenfüllung durch Heranziehen von Regelungen bzw. Grundsätzen des Unionskollisionsrechts nicht möglich ist.

Vorzugswürdiger ist es deshalb, die Lücke über die analoge Anwendung von Art. 3 Abs. 5 Rom I-VO in Verbindung mit Art. 11 Rom I-VO zu schließen. Dies trägt zur kohärenten Ausgestaltung der Rechtswahlregelungen bei. Abzulehnen ist allerdings die vereinzelt vertretene Begründung, es handle sich bei einer Rechtswahlvereinbarung um ein vertragliches Schuldverhältnis im Sinne der Rom I-VO. Ein solches vertragliches Schuldverhältnis stellt nach dem maßgeblichen unionsrechtlichen Verständnis eine freiwillige Verpflichtung dar, aus der eine rechtsgeschäftliche Sonderverbindung zwischen den Parteien entsteht.[839] Eine Rechtswahlvereinbarung begründet jedoch keine Verpflichtung im schuldrechtlichen Sinne.[840] Es handelt sich vielmehr um einen kollisionsrechtlichen Verweisungsvertrag.[841] Die Rechtswahlvereinbarung hat verfügende Wirkung.[842] Denn die Rechtswahlabrede gestaltet die Rechtslage, indem sie ein anderes Recht als das kraft objektiver Anknüpfung maßgebliche Recht für anwendbar bestimmt.[843]

4. *Überlegungen de lege ferenda*

De lege ferenda sollte der Unionsgesetzgeber die Regelungslücke hinsichtlich des Formstatuts schließen. In Art. 14 Rom II-VO sollte in Anlehnung an Art. 11 Abs. 1 und Abs. 2 der Rom I-VO eine Regelung für die Form der

---

839 MüKo/*Martiny* Art. 1 Rom I-VO Rn. 7 m.w.N. zur EuGH-Rechtsprechung in Fn 5.

840 Vgl. *Vogeler*, 142.

841 NK-BGB Band 6/*Gebauer* Art. 14 Rom II-VO Rn. 27.

842 *Mansel* in Leible/Unberath (Hrsg.) 241, 246 Fn. 125; *Basedow* RabelsZ 75 (2011) 32, 53.

843 *Mansel* in Leible/Unberath (Hrsg.) 241, 246; *Vogeler*, 142.

Rechtswahlvereinbarung aufgenommen werden. Dagegen empfiehlt es sich nicht, lediglich auf die Vorschriften der Rom I-VO zu verweisen.[844] Denn die Rom II-VO sollte ohne Bezugnahme auf die Rom I-VO in sich schlüssig und verständlich sein.[845]

IV. Rom III-VO

Als ein wesentliches Regelungsziel der Rom III-VO bestimmt Erwägungsgrund Nr. 18 S. 1, 2 Rom III-VO, „dass beide Ehegatten ihre Rechtswahl in voller Sachkenntnis treffen. Jeder Ehegatte sollte sich genau über die rechtlichen und sozialen Folgen der Rechtswahl im Klaren sein." Speziell zu den Formerfordernissen im Scheidungsrecht heißt es in Erwägungsgrund Nr. 19 S. 1, 2 Rom III-VO: „Regeln zur materiellen Wirksamkeit und zur Formgültigkeit sollten festgelegt werden, so dass die von den Ehegatten in voller Sachkenntnis zu treffende Rechtswahl erleichtert und das Einvernehmen der Ehegatten geachtet wird, damit Rechtssicherheit sowie ein besserer Zugang zur Justiz gewährleistet werden. Was die Formgültigkeit anbelangt, sollten bestimmte Schutzvorkehrungen getroffen werden, um sicherzustellen, dass sich die Ehegatten der Tragweite ihrer Rechtswahl bewusst sind."

Die Rom III-VO statuiert mit Art. 7 und Art. 5 Abs. 3 S. 2 zwei verschiedene Formvorschriften für eine Scheidungsrechtswahl. Art. 7 Rom III-VO regelt die Form einer Rechtswahlvereinbarung, die vor dem Zeitpunkt der Anrufung des Gerichts geschlossen wird (Rechtswahl vor Anrufung eines Gerichts). Art. 5 Abs. 3 S. 2 Rom III-VO bestimmt die Form einer Rechtswahlvereinbarung, die vor Gericht im Laufe des Verfahrens geschlossen wird (Rechtswahl nach Anrufung eines Gerichts).

1. Rechtswahl vor Anrufung des Gerichts

a) Normative Ausgangslage

aa) Art. 7 Rom III-VO

Als verordnungsautonome Mindestformerfordernisse verlangt Art. 7 Abs. 1 S. 1 Rom III-VO Schriftform, Datierung und Unterzeichnung der Vereinbarung durch beide Ehegatten. Nach Art. 7 Abs. 1 S. 2 Rom III-VO stehen elektronische Übermittlungen, die eine dauerhafte Aufzeichnung der Vereinbarung

844 So aber *Vogeler*, 415.

845 In diese Richtung auch Rauscher/*Jakob/Picht*, EuZPR/EuIPR (2011) Art. 14 Rom II-VO Rn. 4.

ermöglichen, der Schriftform gleich. Die Auslegung dieser verordnungsautonomen Mindestformerfordernisse wirft zahlreiche Zweifelsfragen auf.[846]

Über Öffnungsklauseln[847] in Art. 7 Abs. 2–4 Rom III-VO wird den an der Rom III-VO teilnehmenden Mitgliedstaaten gestattet, strengere Formerfordernisse für eine vor Anrufung eines Gerichts vereinbarte Rechtswahl zu statuieren. Liegen die Voraussetzungen des Art. 7 Abs. 2–4 Rom III-VO vor, so verdrängen diese strengeren Formerfordernisse eines Mitgliedstaates die „einheitlichen europäischen Formvorschriften für die Rechtswahlvereinbarung nach Abs. 1“[848]. Nach Art. 7 Abs. 2–4 Rom III-VO hängt die Anwendbarkeit der strengeren Formvorschriften eines teilnehmenden Mitgliedstaats von dem jeweiligen gewöhnlichen Aufenthalt der Ehegatten im Zeitpunkt der Rechtswahl ab[849]: Haben beide Ehegatten zum Zeitpunkt der Rechtswahl ihren gewöhnlichen Aufenthalt in einem an der Rom III-VO teilnehmenden Mitgliedstaat, so sind die „zusätzlichen Formvorschriften“ dieses Mitgliedstaats anzuwenden (Art. 7 Abs. 2 Rom III-VO). Haben die Ehegatten ihren gewöhnlichen Aufenthalt in verschiedenen an der Rom III-VO teilnehmenden Mitgliedstaaten, so genügt es, wenn die Rechtswahlvereinbarung nach den „zusätzlichen“ Formerfordernissen eines der beiden Mitgliedstaaten formgültig ist (Art. 7 Abs. 3 Rom III-VO). Hat nur ein Ehegatte im Zeitpunkt der Rechtswahl seinen gewöhnlichen Aufenthalt in einem an der Rom III-VO teilnehmenden Mitgliedstaat, so sind (nur) die „zusätzlichen Formerfordernisse“ dieses teilnehmenden Mitgliedstaates anzuwenden (Art. 7 Abs. 4 Rom III-VO). Strengere Formerfordernisse eines an der Rom III-VO nicht teilnehmenden Mitgliedstaates oder eines Drittstaates werden von den Öffnungsklauseln nicht berücksichtigt, auch dann nicht wenn beide Ehegatten dort ihren gemeinsamen gewöhnlichen Aufenthalt haben.[850]

bb) Deutsche Begleitregelung zu Art. 7 Rom III-VO

Deutschland hat von der durch Art. 7 Abs. 2–4 Rom III-VO eröffneten Rechtsetzungsbefugnis durch die Begleitregelung Art. 46d EGBGB[851] Gebrauch

---

846 Vgl. NK-BGB Band 6/*Hilbig-Lugani* Art. 7 Rom III-VO Rn. 5; *Mansel* in Leible/Unberath (Hrsg.) 241, 285.

847 Begriff nach Palandt/*Thorn* Art. 7 Rom III-VO Rn. 3.

848 *Hausmann*, IntEuSchR A Art. 7 Rom III-VO Rn. 305.

849 Palandt/*Thorn* Art. 46d EGBGB Rn. 2.

850 Dies bedauert *Hammje* Rev. crit. DIP 100 (2011) 291, 323.

851 Gesetz zur Anpassung der Vorschriften des Internationalen Privatrechts an die Verordnung (EU) Nr. 1259/2010 und zur Änderung anderer Vorschriften des Internationalen Privatrechts vom 23. Januar 2013 (BGBl. 2013 Teil I Nr. 3, 101). Kritisiert

gemacht.[852] Diese Vorschrift verlangt, dass eine Rechtswahlvereinbarung nach Art. 5 Rom III-VO notariell zu beurkunden ist, wenn mindestens ein Ehegatte seinen gewöhnlichen Aufenthalt im Inland hat (Art. 46d Abs. 1 EGBGB in Verbindung mit Art. 7 Abs. 2–4 Rom III-VO).

Das Erfordernis der notariellen Beurkundung soll dem Schutz des schwächeren Ehegatten dienen[853], indem es eine informierte Rechtswahl ermöglicht.[854] Denn die Beratung durch den Notar gewährleistet generell, dass die Parteien über die für ihre Rechtswahl erforderlichen Informationen verfügen.[855] Das Erfordernis der notariellen Beurkundung soll auch der materiellen deutschen Regelung für den Versorgungsausgleich in § 7 Absatz 1 VersAusglG Rechnung tragen, wonach „eine Vereinbarung über den Versorgungsausgleich, die vor Rechtskraft der Entscheidung über den Wertausgleich bei der Scheidung geschlossen wird", (ebenfalls) der notariellen Beurkundung bedarf.[856] Hinter der Regelung des Art. 46d EGBGB steht insoweit die Erkenntnis, dass der deutsche Versorgungsausgleich durch die Rechtswahl ausgeschlossen werden kann.[857] Dies soll bei Beteiligung eines Ehegatten mit gewöhnlichem Aufenthalt in Deutschland nur bei Einhaltung der Form der notariellen Beurkundung zulässig sein.

b) Kritische Analyse und Überlegungen *de lege ferenda*

aa) Mindestformerfordernisse des Art. 7 Abs. 1 S. 1 Rom III-VO

Im Schrifttum wird angezweifelt, ob durch die Mindestformerfordernisse des Art. 7 Abs. 1 S. 1 Rom III-VO eine informierte Rechtswahl ausreichend sichergestellt werden kann.[858] Teilweise werden die Mindestformerfordernisse

---

wird im Schrifttum jedoch die Ausgestaltung von Art. 46d EGBGB, vgl. *Rauscher* FPR 2013, 257, 260; jurisPK-BGB Band 6/*Ludwig* Art. 46d EGBGB Rn. 4.

852 Palandt/*Thorn* Art. 7 Rom III-VO Rn. 3. Gegen die Einführung einer verschärften Formvorschrift *Helms* in Liber Amicorum Walter Pintens, 681, 692.

853 BR-Drucks. 468/12, S. 13.

854 Palandt/*Thorn* Art. 46d EGBGB Rn. 3.

855 *Pintens* in FS Hahne, 99, 107.

856 Ausführlich dazu BR-Drucks. 468/12, S. 13.

857 BR-Drucks. 468/12, S. 13. Siehe dazu Bamberger/Roth/*Heiderhoff* Art. 17 EGBGB Rn. 102 a.

858 *Boele-Woelki* Yb PIL Volume 12 (2010) 1, 16; zweifelnd auch *Revillard* in Permanent Bureau of the Hague Conference on Private International Law (Hrsg.), 487, 494; *Hammje* Rev. crit. DIP 100 (2011) 291, 323; kritisch auch *Kohler* Recueil des cours 359 (2012) 285, 430.

gar als „entschieden zu lasch“[859] eingestuft.[860] Argumentiert wird, die Mindestformerfordernisse würden dazu einladen, den nicht informierten Ehegatten „über den Tisch zu ziehen“.[861] Das Fehlen weitergehender „Aufklärungs-, Beratungs- und Belehrungspflichten, auch durch die Mitwirkung eines Anwalts, Notars oder anderen (etwa des *greffier)* bereits auf Unionsebene“ wird bedauert.[862]

Diese Kritik ist im Ansatz berechtigt. Die Mindestformerfordernisse der Schriftform, Datierung sowie Unterzeichnung der Vereinbarung durch beide Ehegatten vermögen das in Erwägungsgrund Nr. 18 statuierte Ziel einer in „voller Sachkenntnis“ sowie in Klarheit „über die rechtlichen und sozialen Folgen der Rechtswahl“ getroffenen Rechtswahl der Ehegatten nicht zu gewährleisten.[863] Sie stellen auch keine Schutzvorkehrungen dar, die wie in Erwägungsgrund Nr. 19 S. 2 Rom III-VO gefordert, sicherstellen, dass sich die Ehegatten der Tragweite ihrer Rechtswahl bewusst sind.

Die Kritik an der mangelnden Schutzwirkung der Mindestformerfordernisse des Art. 7 Abs. 1 S. 1 Rom III-VO hat insbesondere aus deutscher Sicht Gewicht, wenn man bedenkt, dass das autonome deutsche Kollisionsrecht für die allgemeinen Ehewirkungen und damit vor der Geltung der Rom III-VO mittelbar über Art. 17 Abs. 1 EGBGB a.F. auch für das Scheidungsrecht bei einer im Inland vorgenommenen Rechtswahlvereinbarung eine notariellen Beurkundung verlangt bzw. verlangte (Art. 14 Abs. 3, 4 EGBGB). Die Entscheidung gegen das Erfordernis einer notariellen Beurkundung auf Unionsebene erfolgte jedoch bewusst.[864] Denn auf Unionsebene steht der Statuierung eines solchen Erfordernisses entgegen, dass das „lateinische Notariat“ nicht in allen an der Rom III-VO teilnehmenden

---

859 *Schurig* in FS v. Hoffmann, 405, 408.

860 *Schurig* in FS v. Hoffmann, 405, 408; *Hau* FamRZ 2013, 249, 252; im Ergebnis ähnlich *Boele-Woelki* Yb PIL Volume 12 (2010) 1, 16 „insufficient“.

861 *Schurig* in FS v. Hoffmann, 405, 408.

862 NK-BGB Band 6/*Hilbig-Lugani* Art. 7 Rom III-VO Rn. 11 m.w.N. in Fn. 28.

863 *Hausmann*, IntEuSchR A Art. 7 Rom III-VO Rn. 300a „kaum“; *Kohler* in FS v. Hoffmann, 208, 214. Kritisch gegenüber dem Mindestformerfordernis *Kohler/Pintens* FamRZ 2011, 1433, 1434; *Kohler* in FS v. Hoffmann, 208, 214; *Becker* NJW 2011, 1543, 1545; *dies.* ZRP 2010, 233, 234; *Schurig* in FS v. Hoffmann, 405, 408; *Hau* FamRZ 2013, 249, 252; *Rauscher* Rn. 820; *Coester-Waltjen/Coester* in Liber Amicorum Klaus Schurig, 33, 46; NK-BGB Band 6/*Hilbig-Lugani* Art. 7 Rom III-VO Rn. 11; *Boele-Woelki* Yb PIL Volume 12 (2010) 1, 16; *Hammje* Rev. crit. DIP 100 (2011) 291, 323.

864 *Hausmann*, IntEuSchR A Art. 7 Rom III-VO Rn. 302.

Mitgliedstaaten bekannt ist.[865] Der Verordnungsgeber überlässt es deshalb den teilnehmenden Mitgliedstaaten, die gewünschten Schutzvorkehrungen durch die Statuierung strengerer Formvorschriften zu gewährleisten. Dass auf diese Weise der geforderte Schutz nicht in allen an der Rom III-VO teilnehmenden Mitgliedstaaten durchgängig und gleichförmig sichergestellt werden kann, ist zu bedauern, wurde vom Verordnungsgeber aber, wie gesagt, bewusst in Kauf genommen.

bb) Rechtswahl unter Verwendung elektronischer Übermittlungen

Die Regelung des Art. 7 Abs. 1 S. 1 Rom III-VO über die Mindestformerfordernisse wird durch eine Regelung in Satz 2 über „elektronische Übermittlungen" ergänzt. Danach erfüllen elektronische Übermittlungen, die eine dauerhafte Aufzeichnung der Vereinbarung ermöglichen, die Schriftform.

Unklar ist, ob diese Regelung in dem Sinne auszulegen ist, dass den Ehegatten gestattet ist, eine formgültige Rechtswahl mittels zwei getrennten[866] E-Mail-Erklärungen zu treffen. Die Erwägungsgründe geben hierzu – abgesehen von den allgemeinen Ausführungen zu den Formerfordernissen – keinen Aufschluss. Die Stellungnahmen in der Literatur bejahen die Frage.[867] Dies ist mit Blick auf den Wortlaut verständlich. Denn E-Mails sind elektronische Übermittlungen, die eine dauerhafte Aufzeichnung des jeweiligen Inhalts ermöglichen, da sie gespeichert und ausgedruckt werden können.[868] Auch stimmt der Wortlaut des Art. 7 Abs. 1 S. 2 Rom III-VO mit dem der Regelungen zum Abschluss von Gerichtsstandsvereinbarungen in Art. 23 Abs. 2 EuGVVO[869] und Art. 4 EuUnthVO[870] überein[871], die ebenfalls im Sinne der Zulässigkeit von getrennten E-Mail-Erklärungen verstanden werden[872].

---

865 Erman BGB/*Hohloch* Anhang zu Art. 17 EGBGB („ Rom III") Art. 7 Rom III-VO Rn. 1; *Hausmann*, IntEuSchR A Art. 7 Rom III-VO Rn. 302.

866 NK-BGB Band 6/*Hilbig-Lugani* Art. 7 Rom III-VO Rn. 5, 6; jurisPK-BGB Band 6/*Ludwig* Art. 5 Rom III-VO Rn. 29.

867 Eine Rechtswahl per E-Mail annehmend NK-BGB Band 6/*Hilbig-Lugani* Art. 7 Rom III-VO Rn. 6; *Kroll-Ludwigs*, 104; *Kohler/Pintens* FamRZ 2011, 1433, 1434; *Mörsdorf-Schulte* RabelsZ 77 (2013) 786, 820; *Hau* FamRZ 2013, 249, 252; *Rösler* RabelsZ 78 (2014) 155, 180.

868 NK-BGB Band 6/*Hilbig-Lugani* Art. 7 Rom III-VO Rn. 5.

869 Siehe dazu BGH NJW-RR 2005, 150, 151; MüKo zur ZPO/*Gottwald* Art. 23 EuGVO Rn. 46

870 Siehe dazu *Hausmann*, IntEuSchR C Art. 4 EuUntVO Rn. 147; *Rauscher* FamFR 2013, 25, 28.

871 NK-BGB Band 6/*Hilbig-Lugani* Art. 7 Rom III-VO Rn. 6; *Hausmann*, IntEuSchR A Art. 7 Rom III-VO Rn. 304.

872 Statt aller *Hausmann,* IntEuSchR C Art. 4 EuUntVO Rn. 147; Hk-ZPO/*Dörner* Art. 23 EuGVVO Rn. 33.

Die Zulässigkeit einer Scheidungsrechtswahl per E-Mails wird im Schrifttum jedoch als sachlich verfehlt kritisiert.[873] Die Kritik beruht zutreffend darauf, dass eine bloße E-Mail-Korrespondenz nicht geeignet ist, den nach den Erwägungsgründen angestrebten Schutz der Parteien zu gewährleisten. Zu berücksichtigen ist allerdings, dass nach Art. 7 Abs. 1 S. 2 Rom III-VO nur die Schriftform durch elektronische Übermittlungen ersetzt wird.[874] Es bleibt deshalb auch bei Verwendung elektronischer Übermittlungen bei dem Erfordernis der Datierung und der Unterzeichnung der Vereinbarung durch beide Ehegatten. Dies steht im Gegensatz zu den Gerichtsstandsvereinbarungsregelungen der Art. 23 Abs. 2 EuGVVO und Art. 4 EuUnthVO, die keine Unterzeichnung der elektronischen Erklärungen verlangen.[875] Aber auch die Verwendung einer elektronischen Signatur[876] bei einer E-Mail-Erklärung wird dem Erklärenden die Tragweite seiner Entscheidung nicht in gleichem Maße deutlich machen, als wenn er eine Urkunde unterzeichnet, die eine einheitliche Rechtswahlvereinbarung beider Parteien enthält.[877]

Angesichts des in den Erwägungsgründen klar zum Ausdruck kommenden Ziels, mittels der Formerfordernisse insbesondere zu gewährleisten, dass die Ehegatten die Rechtswahl in voller Sachkenntnis und in dem Bewusstsein ihrer Tragweite vornehmen, erscheint es deshalb zweifelhaft, ob der Auslegung zu folgen ist, dass eine Rechtswahl per E-Mail-Erklärungen (mit elektronischen Signaturen) genügt. Der Hinweis auf die Gerichtsstandsvereinbarungsregelungen der

---

873 Vgl. *Rauscher* Rn. 820; *Kohler/Pintens* FamRZ 2011, 1433, 1434; *Kohler* in FS v. Hoffmann, 208, 214; *ders.* Recueil des cours 359 (2012) 285,430; *Hau* FamRZ 2013, 249, 252; NK-BGB Band 6/*Hilbig-Lugani* Art. 7 Rom III-VO Rn. 11; in diese Richtung auch *Rösler* RabelsZ 78 (2014) 155, 180 „bedenklicherweise".

874 Vgl. *Hausmann*, IntEuSchR A Art. 7 Rom III-VO Rn. 304; NK-BGB Band 6/*Hilbig-Lugani* Art. 7 Rom III-VO Rn. 9; Corneloup/*González Beilfuss* Art. 7 Rom III-VO, 563.

875 Zu Art. 23 EuGVVO MüKo-ZPO/*Gottwald* EuGVO Art. 23 Rn. 40; Hk-ZPO/*Dörner* EuGVVO Art. 23 Rn. 33; zu Art. 4 EuUnthVO *Rauscher* FamFR 2013, 25, 28; *Hausmann*, IntEuSchR C Art. 4 EuUntVO Rn. 147.

876 Dazu Palandt/*Thorn* Ar. 7 Rom III-VO Rn. 2; NK-BGB Band 6/*Hilbig-Lugani* Art. 7 Rom III-VO Rn. 9; *Kroll-Ludwigs*, 104; *Hausmann*, IntEuSchR A Art. 7 Rom III-VO Rn. 304; Erman BGB/*Hohloch* Anhang zu Art 17 EGBGB („Rom III") Art. 7 Rom III-VO Rn. 2; Corneloup/*González Beilfuss* Art. 7 Rom III-VO, 563.

877 Im Wege der Auslegung ist auch zu ermitteln, ob eine Rechtswahl unter Wahrung der qualifizierten Schriftform im Sinne des Art. 7 Abs. 1 S. 1 Rom III-VO in zwei getrennten Erklärungen vereinbart werden kann. Dafür NK-BGB Band 6/*Hilbig-Lugani* Art. 7 Rom III-VO Rn. 5.

Art. 23 Abs. 2 EuGVVO und Art. 4 EuUnthVO ist zweifelhaft, da die Bedeutung einer Gerichtsstandsvereinbarung nicht ohne weiteres mit der Bedeutung einer Rechtswahlvereinbarung für das materielle Scheidungsrecht gleichzusetzen ist. Außerdem verlangen – wie bereits gesagt – die genannten Gerichtsstandsvereinbarungsregelungen – anders als Art. 7 Abs. 1 S. 2 Rom III-VO[878] – neben der Schriftform nicht auch die Unterzeichnung der Rechtswahlvereinbarung durch beide Parteien. Ein zwingendes Argument für die Zulässigkeit getrennter E-Mail-Erklärungen ergibt sich auch nicht aus der Verwendung des Plurals („elektronische Übermittlungen") in Art. 7 Abs. 1 S. 2 Rom III-VO. Die Verwendung des Plurals lässt sich nämlich bereits dadurch erklären, dass es verschiedene Arten elektronischer Übermittlungen gibt, die jeweils für sich allein geeignet sind, eine dauerhafte Aufzeichnung der Vereinbarung zu ermöglichen. Außerdem ist in unmittelbarem Zusammenhang von der „Aufzeichnung der Vereinbarung" im Singular die Rede. Zu berücksichtigen ist schließlich, dass Artt. 7 Abs. 2, 8 Abs. 2 HUntProt für die Rechtswahl im Unterhaltsrecht ebenso Regelungen über elektronische Übermittlungen enthalten, die im Schrifttum wohl dahin verstanden werden, dass sie keine getrennten Erklärungen[879], sondern lediglich die Erfassung der einheitlichen Erklärung auf einem Datenträger gestatten. Es ist nach alledem nicht ausgeschlossen, auch Art. 7 Abs. 1 S. 2 Rom III-VO mit Blick auf die Erwägungsgründe zu den Funktionen der Formerfordernisse so auszulegen, dass die Rechtswahlvereinbarung über das Scheidungsstatut von beiden Parteien auf einer Urkunde oder einem (anderen) Datenträger unterzeichnet werden muss und elektronische Übermittlungen nur die Aufbewahrung der unterzeichneten Rechtswahlvereinbarung erleichtern. Diese Auslegung hätte jedoch zur Folge, dass für eine Rechtswahl mittels elektronischer Übermittlung kaum noch ein sinnvoller Anwendungsbereich verbliebe.[880]

Insgesamt ist festzustellen, dass die Auslegung von Art. 7 Abs. 1 S. 2 Rom III-VO mit erheblichen Unsicherheiten belastet ist. *De lege ferenda* sollte (zumindest in den Erwägungsgründen) klar zum Ausdruck gebracht werden, ob auch getrennte E-Mail-Erklärungen zulässig sind oder nur die elektronische Aufbewahrung einer einheitlichen Rechtswahlvereinbarung eröffnet ist. Dabei sollte auf einen Gleichklang mit den Formerfordernissen von Artt. 7 Abs. 2, 8 Abs. 2

878 Dazu *Hausmann*, IntEuSchR A Art. 7 Rom III-VO Rn. 304; NK-BGB Band 6/*Hilbig-Lugani* Art. 7 Rom III-VO Rn. 9.

879 In diesem Sinne wohl *Andrae* § 8 Rn. 154; so wohl auch *Hausmann*, IntEuSchR C Art. 4 EuUntVO Rn. 145 in Bezug auf Art. 8 Abs. 2 HUntProt.

880 Vgl. NK-BGB Band 6/*Hilbig-Lugani* Art. 7 Rom III-VO Rn. 2.

HUntProt[881] geachtet werden. Denn Rechtswahlvereinbarungen für Scheidung, Güterstand und Unterhalt werden häufig in einer einheitlichen Vereinbarung getroffen.[882]

cc) Öffnungsklauseln

Den an der Rom III-VO teilnehmenden Mitgliedstaaten werden über die Öffnungsklauseln in Art. 7 Abs. 2–4 Rom III-VO die Befugnis eingeräumt, im autonomen nationalen Recht strengere Formerfordernisse zu statuieren.[883] Dies führt im Ergebnis dazu, dass es zu unterschiedlichen Formerfordernissen in den teilnehmenden Mitgliedstaaten kommt und die Einheitlichkeit des Europäischen Kollisionsrechts beeinträchtigt wird.[884] Dies entspricht aber der in der Rom III-VO festgelegten Gesamtkonzeption von verordnungsautonom festgelegten Mindestformerfordernissen und Öffnungsklauseln für strengere Formvorschriften autonomen nationalen Rechts und ist *de lege lata* daher letztlich hinzunehmen.

(1) Ausgestaltung der Öffnungsklauseln

Nicht nur die Gesamtkonzeption, sondern auch die Ausgestaltung der Öffnungsklauseln wird im Schrifttum kritisiert. Die drei von den Öffnungsklauseln adressierten Konstellationen werden als „reichlich kompliziert und sachlich fragwürdig"[885] bezeichnet. Dieser Kritik ist mit Blick auf die Schutzfunktionen der Formerfordernisse nachzugehen.

Sachgerecht erscheint die Regelung des Art. 7 Abs. 2 Rom III-VO, wonach die „zusätzlichen Formvorschriften" des teilnehmenden Mitgliedstaats anzuwenden sind, in dem beide Ehegatten zum Zeitpunkt der Rechtswahl ihren gewöhnlichen Aufenthalt haben. Damit kommt den Parteien der Schutz ihres gewöhnlichen Aufenthaltsrechts zugute. Regelmäßig wird die Rechtswahlvereinbarung auch in dem Staat, in dem die Ehegatten ihren gemeinsamen gewöhnlichen Aufenthalt haben, geschlossen werden. Manipulationen durch die Auswahl eines davon abweichenden Ortsrechts sind ausgeschlossen.

Nach Art. 7 Abs. 3 Rom III-VO genügt für eine formgültige Rechtswahl, wenn die Ehegatten zum Zeitpunkt der Rechtswahl ihren gewöhnlichen Aufenthalt in verschiedenen teilnehmenden Mitgliedstaaten haben, bereits die Einhaltung der weniger strengen Formerfordernisse eines der beiden teilnehmenden

881 Siehe dazu Zweiter Teil § 4 B. VI 1. a).

882 NK-BGB Band 6/*Hilbig-Lugani* Art. 7 Rom III-VO Rn. 2.

883 Palandt/*Thorn* Art. 46d EGBGB Rn. 2.

884 Vgl. *Franzina* Cuadernos de Derecho Transnacional (2011) 85, 115.

885 *Hau* FamRZ 2013, 249, 252.

Mitgliedstaaten.[886] Im Ergebnis setzt sich damit im Sinne eines eingeschränkten *favor negotii*[887] das schwächere Formerfordernis durch. Diese Lösung erscheint vor dem Hintergrund verordnungsautonomer Mindestformerfordernisse auch aus Praktikabilitätsgründen sachgerecht. Denn eine Entscheidung für das stärkste Recht hätte es erforderlich gemacht, dass sich die Ehegatten zum Zwecke des Abschlusses der Rechtswahlvereinbarung in den betreffenden Mitgliedstaat begeben müssen, wenn die nach diesem Recht geforderte Form – etwa die notarielle Beurkundung – in dem anderen Mitgliedstaat nicht erfüllbar ist.

Auch die Regelung des Art. 7 Abs. 4 Rom III-VO ist so gesehen folgerichtig. Die Maßgeblichkeit strengerer Formvorschriften eines Drittstaates, in dem nur einer der Ehegatten seinen gewöhnlichen Aufenthalt hat, würde ebenfalls zu den gerade beschriebenen unerwünschten praktischen Schwierigkeiten führen.

(2) Strengere Formerfordernisse von nicht teilnehmenden Mitgliedstaaten oder Drittstaaten

Zweifelhaft erscheint allerdings, dass strengere Formerfordernisse eines nicht an der Rom III-VO teilnehmenden Mitgliedstaats oder eines Drittstaates auch dann nicht zur Anwendung kommen, wenn die Ehegatten in diesem Staat ihren gemeinsamen gewöhnlichen Aufenthalt haben.[888] Dies führt dazu, dass bei einer Rechtswahl zwischen Ehegatten, deren beider gewöhnlicher Aufenthalt im Zeitpunkt der Rechtswahl außerhalb eines an der Rom III-VO teilnehmenden Mitgliedstaats oder eines Drittstaates liegt, nur das Mindestformerfordernis des Art. 7 Abs. 1 Rom III-VO zum Tragen kommt.[889]

Weshalb Ehegatten mit einem gemeinsamen gewöhnlichen Aufenthalt in der EU, aber außerhalb eines an der Rom III-VO teilnehmenden Mitgliedstaats nicht der Schutz der strengeren Form ihres gemeinsamen Aufenthaltsstaates gewährleistet werden soll, ist nicht einsichtig. Als störend wird sich die derzeitige Rechtslage insbesondere dann erweisen, wenn die geplante EuEhegüterVO für alle Mitgliedstaaten bindend wird. Dann würden im Ehegüterrecht die strengeren Formvorschriften des nicht an der Rom III-VO teilnehmenden

886 *Andrae* § 4 Rn. 24.

887 Vgl. Palandt/*Thorn* Art. 7 Rom III-VO Rn. 4.

888 Dies bedauert auch *Hammje* Rev. crit. DIP 100 (2011) 291, 323.

889 Vgl. OLG Hamm, Beschluss vom 07. Mai 2013 – II-3 UF 267/12, 3 UF 267/12 –, juris Rn. 49; *Hausmann*, IntEuSchR A Art. 7 Rom III-VO Rn. 310; Erman BGB/*Hohloch* Anhang zu Art. 17 EGBGB („Rom III") Art. 7 Rom III-VO Rn. 6; *Andrae* § 4 Rn. 24; NK-BGB Band 6/*Hilbig-Lugani* Art. 7 Rom III-VO Rn. 15; offen gelassen von *Mörsdorf-Schulte* RabelsZ 77 (2013) 786, 818.

Mitgliedstaates berücksichtigt werden, im Scheidungsrecht würde es dagegen bei dem Mindestformerfordernis der qualifizierten Schriftform bleiben.

Auch hinsichtlich einer Öffnungsklausel für das Recht von Drittstaaten sollte auf Einheitlichkeit geachtet werden. Wie später zu zeigen sein wird[890], ist derzeit noch offen, ob die Öffnungsklauseln der künftigen Verordnungen des Güterrechts strengere Formvorschriften auch von Drittstaaten berücksichtigen werden.[891] Während der EuEhegüterVO-Vorschlag noch von „Mitgliedstaaten" spricht, verwendet die Legislative Entschließung des Europäischen Parlaments den weiteren Begriff des „Recht des Staates", so dass von einer Ausdehnung der Öffnungsklausel auf Drittstaaten auszugehen ist.

Die Öffnungsklausel in Art. 7 Abs. 2 Rom III-VO sollte *de lege ferenda* zumindest auch für strengere Formvorschriften aller Mitgliedstaaten, d.h. auch von nicht an der Rom III-VO teilnehmenden Mitgliedstaaten, gelten. Hierzu wäre der Begriff „teilnehmenden" im Regelungswortlaut von Art. 7 Abs. 2 Rom III-VO zu streichen. Einen Schritt weiter würde man gehen, wenn auch strengere Formerfordernisse eines Drittstaates berücksichtigt werden, in dem die Ehegatten im Zeitpunkt der Rechtswahl ihren gemeinsamen gewöhnlichen Aufenthalt haben. Insoweit sollte auf die Kohärenz zwischen der Rom III-VO und den künftigen Verordnungen des Güterrechts geachtet werden.

2. Rechtswahl nach Anrufung des Gerichts

Art. 5 Abs. 3 S. 2 Rom III-VO statuiert für Rechtswahlvereinbarungen, die im Laufe des Verfahrens vor Gericht getroffen werden, eine spezielle autonome Formvorschrift.[892] Die Vorschrift bestimmt, dass „das Gericht die Rechtswahl im Einklang mit dem Recht des Staates des angerufenen Gerichts zu Protokoll" nimmt.

Nach der deutschen Begleitregelung Art. 46d Abs. 2 S. 2 EGBGB gilt bei Anrufung eines deutschen Gerichts § 127a BGB entsprechend.[893] Durch die Aufnahme

890 Siehe dazu Zweiter Teil § 4 B. VII 1. b).

891 Dies fordernd *Buschbaum/Simon* GPR 2011, 262, 265.

892 Palandt/*Thorn* Art. 7 Rom III-VO Rn. 2; *ders.* in Art. 46d EGBGB Rn. 4; wohl auch *Gruber* IPRax 2012, 381, 387 Fn. 90 („Hierbei dürfte es sich ebenfalls um ein europäisches (Mindest-)Formerfordernis und nicht nur um eine nur an das Gericht adressierte Ordnungsvorschrift handeln"); NK-BGB Band 6/*Hilbig-Lugani* Art. 7 Rom III-VO Rn. 12; *Hau* FamRZ 2013, 249, 253.

893 Den Regelungswortlaut des Art. 46d EGBGB in Bezug auf eine Rechtswahl im Verfahren kritisiert jurisPK-BGB Band 6/*Ludwig* Art. 46d EGBGB Rn. 3-5, da nach

der Rechtswahlerklärung in das Verhandlungsprotokoll wird die notarielle Beurkundung ersetzt (§ 113 I 2 FamFG in Verbindung mit §§ 159 ff. ZPO).[894]

Im Schrifttum wird vereinzelt die Ansicht vertreten, dass die teilnehmenden Mitgliedstaaten nicht nur für eine Rechtswahlvereinbarung vor Anrufung eines Gerichts (nach Art. 7 Abs. 2–4 Rom III-VO), sondern auch für eine Rechtswahlvereinbarung nach Anrufung des Gerichts strengere Formvorschriften statuieren können.[895] Es wird allerdings offen gelassen, welche strengeren Formvorschriften gemeint sind. Dieser Ansicht ist nur insoweit zu folgen, als Art. 5 Abs. 3 S. 2 Rom III-VO zwingend die Protokollierung durch Gericht vorgibt, es den Mitgliedstaaten aber überlässt, nach welchen verfahrensrechtlichen (Form-)Regelungen diese Protokollierung zu erfolgen hat.

V. EuErbVO

Nach Art. 22 Abs. 2 EuErbVO muss die einseitige Rechtswahlerklärung des Erblassers in der Form einer Verfügung von Todes wegen erfolgen. Der Gleichlauf mit den Formerfordernissen für eine Verfügung von Todes wegen ist sinnvoll[896] und stellt auch keine Neuheit dar[897].

Die Formgültigkeit einer Verfügung von Todes wegen kann sich nach Art. 27 Abs. 1 lit. a-e EuErbVO alternativ aus mehreren anwendbaren Rechten ergeben.[898] Die Formgültigkeit der Rechtswahl des Erblassers ist dabei getrennt von der Formgültigkeit der Verfügung von Todes wegen zu beurteilen.[899]

Die Änderung oder der Widerruf einer Rechtswahlerklärung unterliegt gemäß Art. 22 Abs. 4 EuErbVO den Formvorschriften für die Änderung oder den Widerruf einer Verfügung von Todes wegen. Über Art. 27 Abs. 2 S. 1 EuErbVO ist – wie für die Rechtswahlerklärung gemäß Art. 22 Abs. 1 EuErbVO – Art. 27 Abs. 1 EuErbVO anzuwenden. Ergänzend bestimmt Art. 27 Abs. 2 S. 2 EuErbVO, dass die Änderung oder der Widerruf auch dann formgültig sind, „wenn sie den Formerfordernissen einer der Rechtsordnungen entsprechen, nach denen die geänderte oder widerrufene

---

Art. 5 Abs. 3 S. 1 Rom III-VO die Rechtswahl vor Gericht vorgenommen werden müsse und folglich eine Prozesshandlung darstelle.

894 Palandt/*Thorn* Art. 46d EGBGB Rn. 4.

895 NK-BGB Band 6/*Hilbig-Lugani* Art. 5 Rom III-VO Rn. 55; *Gruber* IPRax 2012, 381, 387.

896 Vgl. *Wilke* RIW 2012, 602, 606. Für die Form des Testaments bereits *Dutta* RabelsZ 73 (2009) 547, 578; *Mansel* in FS Ansay'a Armağan, 185, 212; *Davì*, 398.

897 *Bonomi* in Bonomi/Schmid (Hrsg.) 23, 44 m.w.N.

898 Nach Art. 1 Abs. 2 lit. f EuErbVO ist die „Formgültigkeit mündlicher Verfügungen von Todes wegen" vom Anwendungsbereich der Verordnung ausgeschlossen. Anders aber Art. 10 des Haager Testamentsformübereinkommens, vgl. Staudinger/*Dörner* (2007) Vorbemerkung zu Art 25 und 26 EGBGB Rn. 107.

899 *Mansel* in Leible/Unberath (Hrsg.) 241, 286.

Verfügung von Todes wegen nach Absatz 1 gültig war". Eine Änderung bzw. ein Widerruf einer Rechtswahl ist folglich formgültig, wenn entweder die Formerfordernisse einer Verfügung von Todes wegen im Zeitpunkt der Änderung bzw. des Widerrufs oder im Zeitpunkt der ursprünglichen Rechtswahl eingehalten sind.[900]

Art. 75 Abs. 1 Unterabsatz 2 EuErbVO stellt klar, dass bei Eröffnung des Anwendungsbereichs des Haager Testamentsformübereinkommens[901] dieses Übereinkommen für die mitgliedstaatlichen Vertragsstaaten vorrangig Anwendung findet.[902] Außerhalb des Anwendungsbereichs des Haager Testamentsformübereinkommens und gegenüber Mitgliedstaaten, die nicht Vertragsstaaten dieses Übereinkommen sind, kommt hingegen Art. 27 EuErbVO zur Anwendung. Erst im Laufe des Gesetzgebungsverfahrens[903] wurde mit der Aufnahme dieser Regelung in die EuErbVO berücksichtigt, dass nur 16 Mitgliedstaaten zugleich Vertragsstaaten des Haager Testamentsformübereinkommens sind.[904]

VI. HUntProt

1. Rechtswahl für die Zwecke eines einzelnen Verfahrens

Bei den Formerfordernissen einer Rechtswahl nach Art. 15 EuUnthVO in Verbindung mit Art. 7 HUntProt ist zu unterscheiden, ob die Rechtswahlvereinbarung vor oder nach Einleitung des Unterhaltsverfahrens getroffen wird.[905]

---

900 Vgl. *Nordmeier* GPR 2013, 148, 154.

901 Haager Übereinkommen über das auf die Form letztwilliger Verfügungen anzuwendende Recht vom 5. Oktober 1961; abgedruckt bei Bamberger/Roth/*Lorenz* Art. 26 EGBGB Rn. 16.

902 *Simon/Buschbaum* NJW 2012, 2393, 2396; *Revillard* in Permanent Bureau of the Hague Conference on Private International Law (Hrsg.) 487, 498.

903 Eine verordnungsautonome Regelung über die Formerfordernisse einer Verfügung von Todes wegen fehlte noch im Kommissionsvorschlag zur EuErbVO, vgl. Erwägungsgrund Nr. 19 des Kommissionsvorschlags der EuErbVO, KOM(2009) 154 endgültig. Das Fehlen einer entsprechender Regelung im Kommissionsvorschlag der EuErbVO wurde kritisiert, vgl. *Dutta* in Boele-Woelki/Miles/Scherpe (Hrsg.) 341, 357; *Wagner* DNotZ 2010, 506, 515.

904 *Simon/Buschbaum* NJW 2012, 2393, 2396; vgl. auch *Lange* ZErb 2012, 160, 164. Auch wurde dadurch berücksichtigt, dass Erbverträge von dem Haager Testamentsformübereinkommen nicht erfasst werden, vgl. *Nordmeier* ZEV 2013, 117, 118; *Wagner* DNotZ 2010, 506, 515; *Wilke* RIW 2012, 601, 607. Art. 27 EuErbVO in Verbindung mit Art. 3 Abs. 1 lit. d EuErbVO erfasst hingegen neben Testamenten auch Erbverträge, vgl. *Dörner* ZEV 2012, 505, 511.

905 Palandt/*Thorn* Art. 7 HUntProt Rn. 27; siehe auch *Mansel* in Leible/Unberath (Hrsg.) 241, 286.

a) Rechtswahl vor Einleitung des Unterhaltsverfahrens

Für eine Rechtswahl, die vor der Einleitung des Unterhaltsverfahrens vereinbart wird, verlangt Art. 15 EuUnthVO in Verbindung mit Art. 7 Abs. 2 HUntProt „eine von beiden Parteien unterschriebene Vereinbarung in Schriftform oder erfasst auf einem Datenträger, dessen Inhalt für eine spätere Einsichtnahme zugänglich ist". *Bonomi* führt in seinem Erläuternden Bericht dazu aus: "It appeared essential, first, for the existence of the agreement to be easy to prove, avoiding any dispute and, second, that the parties' attention should be drawn to the important consequences that the choice of applicable law can have in relation to the existence and extent of the maintenance obligation."[906]

Die Formerfordernisse des Art. 7 Abs. 2 HUntProt ähneln den Mindestformerfordernissen, die für die Scheidungsrechtswahl nach der Rom III-VO gelten.[907] Art. 7 Abs. 1 Rom III-VO bestimmt, wie bereits erläutert, dass eine Scheidungsrechtswahl, die vor der Anrufung des Gerichts vereinbart wird, „der Schriftform, der Datierung sowie der Unterzeichnung durch beide Ehegatten [bedarf]. Elektronische Übermittlungen, die eine dauerhafte Aufzeichnung der Vereinbarung ermöglichen, erfüllen die Schriftform." Ein geringfügiger Unterschied besteht darin, dass das HUntProt keine Datierung vorsieht. Dieser Unterschied kann sich im Einzelfall durchaus nachteilig auf die Beweisbarkeit der getroffenen Rechtswahlvereinbarung auswirken. *De lege ferenda* sollte das Erfordernis der Datierung auch in das HUntProt aufgenommen werden.

Ein weiterer Unterschied besteht, wenn man bei der Frage nach der Zulässigkeit einer Rechtswahl per E-Mail-Erklärungen bei Art. 7 Abs. 2 HUntProt zu einem von Art. 7 Abs. 1 S. 2 Rom III-VO abweichenden Auslegungsergebnis kommen würde.[908] Im Schrifttum wird gefordert, dass die Rechtswahl auf einer einheitlichen Urkunde zu erfolgen hat.[909] Eine Rechtswahl durch getrennte E-Mail-Erklärungen wäre dann auch nicht möglich. Die Stellungnahmen im Schrifttum rekurrieren jedoch jeweils nur äußerst knapp auf das Unterschriftserfordernis.

906 *Bonomi*, Explanatory Report Rn. 116.

907 Vgl. NK-BGB Band 6/*Hilbig-Lugani* Art. 7 Rom III-VO Rn. 2.

908 Nach *Rauscher* Rn. 933 unterscheidet sich die Regelung in Art. 7 Abs. 2 HUntProt von der „verfehlten E-Mail-Rechtswahl unter Art. 7 Rom III-VO". Schriftlichkeit bedeute hier Unterschriftsform, so dass die Datenträgervariante nur die Aufbewahrung, nicht aber die Herstellung der Vereinbarung erleichtere.

909 Von dem Erfordernis einer einheitlichen Urkunde ausgehend Rauscher/*Andrae*, EuZPR/EuIPR (2010) Art. 7 HUntStProt Rn. 13; *dies.* § 8 Rn. 154; jurisPK-BGB Band 6/*Ludwig* Art. 7 UntProt Rn. 11; in Bezug auf Art. 8 Abs. 2 HUntProt auch *Hausmann*, IntEuSchR C Art. 4 EuUntVO Rn. 145.

Allein aus dem Erfordernis der Unterzeichnung kann hingegen nicht auf das Erfordernis einer einheitlichen Urkunde geschlossen werden.[910] Für die Notwendigkeit der Rechtswahlvereinbarung auf einer einheitlichen Urkunde bzw. auf einem Datenträger könnte aber sprechen, dass Art. 7 Abs. 2 HUntProt im Wortlaut nicht von elektronischen Übermittlungen im Plural spricht, sondern den Singular verwendet („eine von beiden Parteien unterschriebene Vereinbarung [...] erfasst auf einem Datenträger, dessen Inhalt für eine spätere Einsichtnahme zugänglich ist"). Das Erfordernis einer einheitlichen Urkunde bzw. eines einheitlichen Datenträgers wird auch durch die deutlichere Satzstellung der im Übrigen inhaltsgleichen Regelung[911] des Art. 8 Abs. 2 HUntProt gestützt („Eine solche Vereinbarung ist schriftlich zu erstellen oder auf einem Datenträger zu erfassen, [...], und von beiden Parteien zu unterschreiben"). Insgesamt bleibt jedoch festzuhalten, dass die Auslegung mit erheblichen Unsicherheiten belastet ist.[912]

De lege ferenda sollte klar zum Ausdruck gebracht werden, ob auch getrennte Erklärungen auf verschiedenen Datenträgern zulässig sind oder den Parteien nur die elektronische Aufbewahrung einer einheitlichen Rechtswahlvereinbarung eröffnet ist. Dabei sollte auf einen Gleichklang mit den Formerfordernissen von Art. 7 Abs. 1 S. 2 Rom III-VO geachtet werden. Denn Rechtswahlvereinbarungen für Scheidung, Güterstand und Unterhalt werden häufig in einer einheitlichen Vereinbarung getroffen.[913]

b) Rechtswahl nach Einleitung des Unterhaltsverfahrens

Für eine Rechtswahl nach Einleitung des Unterhaltsverfahrens gemäß Art. 15 EuUnthVO in Verbindung mit Art. 7 Abs. 1 HUntProt sind im HUntProt weder autonome Formerfordernisse aufgestellt noch erfolgt eine Verweisung auf ein Formstatut.[914] Überwiegend wird vertreten, dass mangels einer Regelung bei einer Rechtswahl nach Einleitung des Verfahrens die Formerfordernisse der *lex fori* gelten würden.[915] Vereinzelt wird im Schrifttum auch die Ansicht vertreten,

910 Vgl. NK-BGB Band 6/*Hilbig-Lugani* Art. 7 Rom III-VO Rn. 5 in Bezug auf eine Scheidungsrechtswahl und die Formerfordernisse nach Art. 7 Rom III-VO.

911 Vgl. Rauscher/*Andrae*, EuZPR/EuIPR (2010) Art. 7 HUntStProt Rn. 13; *Hausmann*, IntEuSchR C Art. 7 HUP Rn. 563.

912 Vgl. *Mansel* in Leible/Unberath (Hrsg.) 241, 287.

913 NK-BGB Band 6/*Hilbig-Lugani* Art. 7 Rom III-VO Rn. 2.

914 *Mansel* in Leible/Unberath (Hrsg.) 241, 286.

915 *Lipp* in Liber Amicorum Walter Pintens, 847, 856; *Mansel* in Leible/Unberath (Hrsg.) 241, 286; *Gruber* in FS Spellenberg, 177, 189; *ders.* in NK-BGB/Band 1, Anhang zu Art.18 EGBGB: Haager Unterhaltsprotokoll, Art. 7 Rn. 5; Bamberger/

dass eine Rechtswahl nach Einleitung des Unterhaltsverfahrens keinen Formerfordernissen unterliege.[916] Die Rechtswahl könne mündlich oder schriftlich abgegeben werden.[917] Schriftliche Erklärungen bedürften keiner Unterschrift.[918] Teilweise bleibt dabei jedoch unklar, ob nicht jedenfalls die Formerfordernisse der *lex fori* Anwendung finden sollen.[919]

Die Auffassung, mangels Regelung in Art. 7 Abs. 1 HUntProt gelte Formfreiheit, ist nicht überzeugend. Denn es gibt keinen vernünftigen Grund für die Annahme, die Nichtaufnahme einer Regelung zur Form der Rechtswahl nach Einleitung des Unterhaltsverfahrens sei gleichzustellen mit einer positiven Regelung über die Formfreiheit. Es ist vielmehr von einer Regelungslücke auszugehen, die durch Anwendung der *lex fori* zu schließen ist. Offen und unklar ist allerdings, ob zur Lückenfüllung das Verfahrens- oder das Kollisionsrecht der *lex fori* heranzuziehen ist.[920] Es spricht viel dafür, dass die Mitglieder der Haager Konferenz von der Maßgeblichkeit des Verfahrensrechts der *lex fori* ausgingen.[921] Dafür spricht zunächst die besondere Konstellation einer Rechtswahl nach Einleitung eines Verfahrens. Wenn nämlich ein Verfahren bereits anhängig ist, liegt es nahe, die Parteien dieses Verfahrens hinsichtlich der Erklärungen mit Wirkung für das jeweilige Verfahren auf das Prozessrecht des Gerichts zu verweisen. Würde man dagegen von der Maßgeblichkeit des Kollisionsrechts der *lex fori* ausgehen, wäre dies nicht nur unnötig kompliziert, sondern hätte auch den Nachteil, dass dies auch zur völligen Formfreiheit führen könnte, wenn die allgemeinen Kollisionsnormen für eine solche Rechtswahl keine Formvorschriften aufstellen.

De lege ferenda sollte die Lücke zu den Formerfordernissen einer Rechtswahl, die nach Einleitung des Unterhaltsverfahrens im Sinne des Art. 7 Abs. 1 HUntProt erfolgt, durch eine ausdrückliche Regelung geschlossen werden.

Roth/*Heiderhoff* zu Art. 7 HUntProt 2007 unter Art. 18 EGBGB Rn. 77; Erman BGB/*Hohloch* Art. 18 EGBGB Rn. 24; *Eßer* IPRax 2013, 399; *Bartl*, 102.

916 Rauscher/*Andrae*, EuZPR/EuIPR (2010) Art. 7 HUntStProt Rn. 12; *dies.* § 8 Rn. 154.

917 *Andrae* § 8 Rn. 154.

918 Rauscher/*Andrae*, EuZPR/EuIPR (2010) Art. 7 HUntStProt Rn. 12.

919 Gegen die Anwendung der *lex fori* jedoch *Andrae* § 8 Rn. 154 Fn. 278. Unklar PWW/*Martiny* Anhang II zu Art. 18 EGBGB, Haager Protokoll über das auf Unterhaltspflichten anzuwendende Recht, Rn. 20.

920 Offengelassen *Mansel* in Leible/Unberath (Hrsg.) 241, 286, „wobei zu klären ist, ob deren Verfahrens- oder Kollisionsrecht (z.B. Art. 11 EGBGB) anzuwenden wäre."

921 Im Ergebnis ebenso Erman BGB/*Hohloch* Art. 18 EGBGB Rn. 24, wonach die Rechtswahlvereinbarung „für ihre Wirksamkeit und Beachtlichkeit im Verfahren den verfahrensrechtlichen Erfordernissen der *lex fori* genügen" muss.

Es bietet sich an, in Anlehnung an Art. 5 Abs. 3 S. 2 Rom III-VO bei einer Rechtswahl vor Gericht Protokollierung zu verlangen. Bei einer Rechtswahl nach Einleitung des Unterhaltsverfahrens, die außerhalb des Gerichts erfolgt, könnte auf das Schriftformerfordernis des Art. 7 Abs. 2 HUntProt zurückgegriffen werden.

2. *Rechtswahl ohne Bezug zu einem einzelnen Verfahren*

Für eine Rechtswahl nach Art. 15 EuUnthVO in Verbindung mit Art. 8 Abs. 1 HUntProt bestimmt Art. 8 Abs. 2 HUntProt, dass eine „solche Vereinbarung schriftlich zu erstellen [ist] oder auf einem Datenträger zu erfassen [ist], dessen Inhalt für eine spätere Einsichtnahme zugänglich ist, und von beiden Parteien zu unterschreiben [ist]." Art. 7 Abs. 2 HUntProt und Art. 8 Abs. 2 HUntProt stimmen – bis auf geringe Abweichungen im Wortlaut[922] – inhaltlich überein.[923] Insoweit kann auf die Ausführungen zu Art. 7 Abs. 2 HUntProt verwiesen werden.[924]

3. *Mindestformerfordernisse?*

Nach dem Erläuternden Bericht von *Bonomi* sollen die Formerfordernisse der Artt. 7 Abs. 2, 8 Abs. 2 HUntProt nur Mindesterfordernisse darstellen.[925] In seinem Erläuternden Bericht heißt es: "In the minds of the delegates to the Diplomatic Session, this provision contains only minimal formal requirements with respect to the agreement; States may provide other requirements, for instance to ensure that the parties' consent is freely given and sufficiently informed (e.g., recourse to legal advice before signature of the agreement)"[926].

Dem Erläuternden Bericht von *Bonomi* haben sich vereinzelte Stimmen im Schrifttum angeschlossen.[927] Überwiegend werden die Formerfordernisse

---

922 *Hausmann*, IntEuSchR C Art. 8 HUP Rn. 572.

923 Rauscher/*Andrae*, EuZPR/EuIPR (2010) Art. 7 HUntStProt Rn. 13; *Hausmann*, IntEuSchR C Art. 7 HUP Rn. 563.

924 Siehe dazu Zweiter Teil § 4 B. VI 1. a).

925 *Bonomi*, Explanatory Report, Rn. 119.

926 *Bonomi*, Explanatory Report, Rn. 119. Strittig ist, ob insoweit die einzelnen Mitgliedstaaten oder – da Vertragsstaat die Europäische Union ist – der Unionsgesetzgeber befugt wären, strengere Formerfordernisse zu statuieren. Für den Unionsgesetzgeber *Hausmann*, IntEuSchR C Art. 7 HUP Rn. 563, in Bezug auf die Bundesrepublik Deutschland jedoch irrtümlicherweise abweichend bei Art. 8 HUP Rn. 572; a.A. *Eßner* IPRax 2013, 399, 402.

927 *Bartl*, 103; *Eßer* IPRax 2013, 399, 400.

jedoch unter Bezugnahme auf den Wortlaut der Regelungen der Artt. 7 Abs. 2, 8 Abs. 2 HUntProt[928] als abschließend betrachtet.[929]

Ausgehend von der Zwecksetzung, dass die Formvorschriften die Parteien vor den möglichen Risiken einer Rechtswahl schützen sollen[930], sind zwingende Gründe, die gegen die Beachtung strengerer Formvorschriften sprechen, nicht ersichtlich.[931] Richtig ist zwar, dass die Beachtung strengerer Formvorschriften zu einer uneinheitlichen Anwendung des Protokolls in den Vertragsstaaten führen würde[932] und dem Ziel zuwiderlaufe, die Rechtswahlvoraussetzungen weitgehend einheitlich zu regeln.[933] Dies scheint, bezieht man bei der Auslegung den Erläuternden Bericht von *Bonomi* mit ein[934], nach dem Willen der Delegierten strengeren Formerfordernissen nationalen Rechts aber nicht entgegenzustehen.

Unklar bleibt mangels Regelung jedoch, welche strengeren Formerfordernisse welches Staates maßgebend sein sollen. Es spricht viel dafür, auch hier – wie in Art. 7 Rom III-VO und in den Verordnungsentwürfen zum Güterrecht – auf den gewöhnlichen Aufenthalt der Parteien abzustellen.

De lege ferenda sollte bei einer Novellierung des HUntProt der Regelungswille klar zum Ausdruck gebracht werden und klargestellt werden, dass es sich bei den Formvorschriften um Mindestformerfordernisse handelt und das nationale Recht zusätzliche strengere Formerfordernisse aufstellen kann.

---

928 Vgl. Rauscher/*Andrae*, EuZPR/EuIPR (2010) Art. 7 HUntStProt Rn. 13; *Rauscher* Rn. 934; *Helms* in Liber Amicorum Walter Pintens, 681, 693; *Hausmann,* IntEuSchR C Art. 7 HUP Rn. 563; in diese Richtung wohl auch NK-BGB Band 1/*Gruber*, Anhang zu Art. 18 EGBGB: Haager Unterhaltsprotokoll, Art. 8 Rn. 3.

929 Palandt/*Thorn* Art. 7 HUntProt Rn. 27; Rauscher/*Andrae*, EuZPR/EuIPR (2010) Art. 7 HUntStProt Rn. 13; *dies.* Art. 8 HUntStProt Rn. 16; *Lipp* in Liber Amicorum Walter Pintens, 847, 856; *Mansel* in Leible/Unberath (Hrsg.) 241, 287; *Helms* in Liber Amicorum Walter Pintens, 681, 693; *Hausmann,* IntEuSchR C Art. 7 HUP Rn. 562; Bamberger/Roth/*Heiderhoff* zu Art. 8 HUntProt 2007 unter Art. 18 EGBGB Rn. 85.

930 *Eßer* IPRax 2013, 399, 401.

931 Vgl. *Eßer* IPRax 2013, 399, 401, der auch eine Parallele zu dem Grundrechtsschutz im europäischen Mehrebenensystem zieht.

932 *Hausmann*, IntEuSchR C Art. 7 HUP Rn. 563.

933 Rauscher/*Andrae*, EuZPR/EuIPR (2010) Art. 7 HUntStProt Rn. 13.

934 Zu der Berücksichtigung des Erläuternden Berichts von *Bonomi* bei der Auslegung des HUntProt, siehe *Hausmann*, IntEuSchR C Vorbem HUP Rn. 446; NK-BGB Band 1/*Gruber*, Anhang zu Art. 18 EGBGB: Haager Unterhaltsprotokoll, Vorbemerkung Rn. 19.

VII. Güterrecht

1. Ehegüterrecht

a) EuEhegüterVO-Vorschlag

Art. 19 EuEhegüterVO-Vorschlag sieht spezielle Formvorschriften für die Rechtswahl von Ehegatten über das auf den Güterstand anwendbare Recht vor. Nach Abs. 1 unterliegt die Rechtswahl der Form, „die für den Ehevertrag entweder nach dem anzuwendenden Recht des gewählten Staates oder nach dem Recht des Staates, in dem die Rechtswahlvereinbarung aufgesetzt wurde, vorgeschrieben ist". Nach Abs. 2 muss die Rechtswahlvereinbarung ungeachtet des Absatzes 1 „zumindest ausdrücklich" erfolgen. Parallel zu Art. 7 Abs. 1 S. 1 Rom III-VO[935] sind als Mindestformerfordernisse Schriftform, Datierung und Unterzeichnung durch beide Ehegatten vorgesehen. Nach Abs. 3 sind, soweit das Recht des Mitgliedstaats, in dem die Ehegatten zum Zeitpunkt der Rechtswahl nach Abs. 1 ihren gemeinsamen gewöhnlichen Aufenthalt hatten, strengere Formvorschriften für den Ehevertrag vorsieht, diese Formvorschriften anzuwenden.

b) Kritische Analyse

Abweichend zu Art. 7 Abs. 1 S. 2 Rom III-VO fehlt im EuEhegüterVO-Vorschlag eine Regelung, die elektronische Übermittlungen, die eine dauerhafte Aufzeichnung der Vereinbarung ermöglichen, der Schriftform gleichstellt.[936] Die Legislative Entschließung des Europäischen Parlaments schafft Kohärenz, indem sie die Übernahme einer solchen Regelung vorsieht. Danach soll in die Regelung des Art. 19 Abs. 1 folgender Satz 2 eingefügt werden: „Elektronische Übermittlungen, die eine dauerhafte Aufzeichnung der Vereinbarung ermöglichen, sind der Schriftform gleichgestellt."[937]

Eine weitere Lücke besteht darin, dass die Öffnungsklausel des Art. 19 Abs. 3 EuEhegüterVO-Vorschlag lediglich die Konstellation eines gemeinsamen gewöhnlichen Aufenthalts der Ehegatten erfasst. Es fehlen jedoch Regelungen für die Konstellation, dass die Ehegatten im Zeitpunkt der Rechtswahl ihren gewöhnlichen Aufenthalt in verschiedenen Mitgliedstaaten haben (so aber Art. 7 Abs. 3 Rom III-VO für an der Rom III-VO teilnehmende Mitgliedstaaten),

---

935 Vgl. *Mansel* in Leible/Unberath (Hrsg.) 241, 286 „Parallelregelung".

936 Dies wird zu Recht bedauert von *Campuzano Diaz* Yb PIL Volume 13 (2011) 233, 247.

937 Im weiteren Gesetzgebungsverfahren sollte auf eine sprachliche Übereinstimmung mit Art. 7 Abs. 1 S. 2 Rom III-VO geachtet werden.

und für die Konstellation, in der nur ein Ehegatte im Zeitpunkt der Rechtswahl seinen gewöhnlichen Aufenthalt in einem Mitgliedstaat hat (so aber Art. 7 Abs. 4 Rom III-VO für an der Rom III-VO teilnehmende Mitgliedstaaten). Auch insoweit schlägt die Legislative Entschließung des Europäischen Parlaments zutreffend Ergänzungen vor (Art. 19 Abs. 4 und Abs. 5 der Legislativen Entschließung). Bemerkenswert ist, dass das Europäische Parlament die Öffnung für strengere Formvorschriften wohl auf Drittstaaten erweitern will. Während im EuEhegüterVO-Vorschlag nämlich noch von „Mitgliedstaaten" die Rede ist, verwendet die Legislative Entschließung den Begriff „Staat". Auch an dieser Stelle sollte auf Kohärenz mit den Öffnungsklauseln der Rom III-VO geachtet werden.

Ein wichtiger konzeptioneller Unterschied des Art. 19 EuEhegüterVO-Vorschlag gegenüber Art. 7 Rom III-VO besteht in der systematisch vorrangig in Abs. 1 geregelten zusätzlichen Bestimmung, dass die Rechtswahl der Form des Ehevertrages zu entsprechen hat, und zwar entweder nach dem Recht, das die Ehegatten als Güterstatut gewählt haben, oder nach dem Recht des Staates, in dem die Rechtswahlvereinbarung „aufgesetzt" wurde. Die Legislative Entschließung des Europäischen Parlaments spricht stattdessen von „Formvorschriften des auf den ehelichen Güterstand anzuwendenden Rechts oder des Rechts des Staates, in dem die Vereinbarung geschlossen wurde". Nach Art. 24 EuEhegüterVO-Vorschlag, dem das Europäische Parlament in seiner Legislativen Entschließung – abgesehen von einer minimalen Korrektur[938] – zustimmt, handelt es sich insoweit um Sachnormverweisungen. Zu begrüßen ist die Empfehlung des Europäischen Parlaments, statt von „Aufsetzen" von „Schließen" der Rechtswahlvereinbarung zu sprechen.[939] Dies schafft sprachlich Übereinstimmung mit der Rom I-VO und der EuErbVO. Bedenken bestehen allerdings, soweit die Legislative Entschließung von dem „auf den ehelichen Güterstand anzuwendenden Rechts" spricht. Unklar bleibt danach, ob bei einer Rechtswahl nach Eheschließung die gewählte *lex causae* gemeint ist, also das Recht, das nach der Rechtswahlvereinbarung der Parteien, ihre Wirksamkeit unterstellt, anzuwenden wäre oder (auch) das auf den Güterstand vor der Rechtswahl objektiv anwendbare Recht. Insoweit bedarf es einer Klarstellung. Es spricht viel dafür, dass auch hier wie im Vertragsrecht auf die gewählte *lex causae* abzustellen ist. Dies entspricht auch dem Vorschlag der Kommission.

---

938 Streichung des unnötigen Wortes „materielle" (Rechtsnormen unter Ausschluss derjenigen des Internationalen Privatrechts).

939 Zu dem Begriff „aufgesetzt" in Art. 19 Abs. 1 EhegüterVO-Vorschlag kritisch bereits *Döbereiner* MittBayNot 2011, 463, 466.

Sowohl die Fassung des Kommissionsvorschlags als auch die Fassung der Legislativen Entschließung des europäischen Parlaments machen nicht vollständig klar, in welchem Verhältnis die verordnungsautonomen Mindestformerfordernisse (Schriftform, Datierung und Unterzeichnung durch beide Ehegatten; gegebenenfalls auch elektronische Übermittlungen) zu den Formerfordernissen des Formstatuts stehen. Sinnhaft ist allein, dass die Formerfordernisse des Formstatuts nur dann vorgehen, wenn sie strenger sind. Dies wiederum spricht für die in der Legislativen Entschließung gewählte Systematik, nämlich die verordnungsautonomen Mindestformerfordernissen in Abs. 1 und das Formstatut in Abs. 2 zu regeln.

An dieser Stelle ist darauf hinzuweisen, dass Art. 7 Rom III-VO für die Scheidungsrechtswahl kein Formstatut beruft, sondern sich mit den verordnungsautonomen Mindestformerfordernissen und mit den Öffnungsklauseln für das Recht des gewöhnlichen Aufenthalts begnügt. Abweichungen bei den Formerfordernissen einer Scheidungsrechtswahl und Ehegüterrechtswahl wären die Folge.[940] Zu begrüßen wäre es, wenn der Unionsgesetzgeber es den Ehegatten durch Vereinheitlichung der Formerfordernisse erleichtern würde, die Rechtswahl für den Güterstand und für die Scheidung in einer einheitlichen Vereinbarung zu treffen.[941]

2. *Güterrecht eingetragener Partnerschaften*

Gegenüber dem EuPartGüVO-Vorschlag neu sind auch die vom Europäischen Parlament in der Legislativen Entschließung aufgenommenen Formvorschriften für die Rechtswahl von Partnern eingetragener Partnerschaften (Art. 16a). Diese Vorschriften sind an die vom Europäischen Parlament vorgeschlagenen Formvorschriften für die Rechtswahl im Ehegüterrecht angelehnt.

Bedauerlicherweise fehlt innerhalb der Öffnungsklauseln eine Regelung für die Konstellation, dass nur ein Partner seinen gewöhnlichen Aufenthalt in einem Mitgliedstaat hat. Diese Abweichung zu Art. 7 Abs. 4 Rom III-VO und auch zur

940 Insoweit bleibt auch zu beachten, dass es auch bei kohärent ausgestalteter Mindestformerfordernisse und kohärent ausgestalteter Öffnungsklauseln zu Abweichungen bei den Formerfordernissen kommen kann, sofern ein Mitgliedstaat von der Rechtsetzungsbefugnis nur isoliert für einen Teilbereich des Familienrechts Gebrauch macht (beispielsweise zusätzliche Formerfordernisse nur für die Scheidung, nicht aber für das Güterrecht statuiert). Um eine Vereinheitlichung zu erreichen, müsste geregelt werden, dass die Mitgliedstaaten keine isolierte Rechtsetzung für Teilbereiche des Familienrechts treffen können.

941 Vgl. *Campuzano Diaz* Yb PIL Volume 13 (2011) 233, 248.

Legislativen Entschließung des Europäischen Parlaments zum EuEhegüterVO-Vorschlag ist nicht verständlich. Auch das in Art. 15b Abs. 3 vom Europäischen Parlament vorgeschlagene Beratungserfordernis, wonach eine Rechtswahl nur wirksam sein soll, „wenn die Partner oder künftigen Partner nachweisen können, dass sie sich, bevor sie diese Rechtswahl getroffen haben, im Hinblick auf die Rechtsfolgen dieser Rechtswahl haben beraten lassen", überrascht, da es keine Parallelen in den Verordnungen und Verordnungsvorschlägen des sonstigen Europäischen Kollisionsrechts findet. Dieses Beratungserfordernis ist viel zu unbestimmt formuliert. Denn es bleibt offen, welche Art der Beratung durch welche Art von Berater gefordert wird. Auch hier ist im weiteren Gesetzgebungsverfahren für Kohärenz im Europäischen Kollisionsrecht zu sorgen.

VIII. Ergebnisse

1. Grundlagen

Der Unionsgesetzgeber regelt die Anforderungen an die Form der Rechtswahl konzeptionell nicht einheitlich. Die Form der Rechtswahlvereinbarung für einen Schuldvertrag unterliegt nach Art. 3 Abs. 5 Rom I-VO der allgemeinen Formvorschrift des Art. 11 Rom I-VO. In der Rom II-VO fehlt jegliche Regelung zur Form der Rechtswahl; nach überwiegender Ansicht des Schrifttums soll das Formstatut in analoger Anwendung des Art. 11 Rom I-VO bestimmt werden. Im Erbrecht wird die Form einer Verfügung von Todes wegen für maßgebend erklärt. Im Familienrecht verfolgt der Unionsgesetzgeber grundsätzlich die Konzeption, zwingende Mindestformerfordernisse verordnungsautonom festzulegen und strengere Formerfordernisse nationalen Rechts im Wege von Öffnungsklauseln zuzulassen.

Auch *Coester-Waltjen* und *Coester* beschreiben die Regelungsunterschiede treffend: „Die europäischen Kollisionsrechts-Verordnungen beschreiten hierbei sehr unterschiedliche Wege, teilweise treffen sie eigene Sachnormen, teilweise bestimmen sie stattdessen oder für zusätzliche Erfordernisse daneben das anwendbare Recht, teilweise weisen sie in den Erwägungsgründen auf die Notwendigkeit gewisser ‚Warnsysteme' hin."[942] Zu Recht beklagt daher *Jayme*, dass ein „einheitliches Konzept für die Methoden [gemeint sind die unterschiedliche Verwendung von Entscheidungs- und Verweisungsnormen] und die Voraussetzungen für die Form der Rechtswahl" fehlt.[943] *Mansel* spricht gar von einer „gewisse[n] Regelungswillkür"[944].

942 *Coester-Waltjen/Coester* in Liber Amicorum Klaus Schurig, 33, 44.
943 *Jayme* in Jud/Rechberger/Reichelt (Hrsg.) 63, 71.
944 *Mansel* in Leible/Unberath (Hrsg.) 241, 283.

Die Unterschiede in den Formerfordernissen der Verordnungen sind allerdings teilweise darauf zurückzuführen, dass die Formfunktionen je nach Anknüpfungsgegenstand verschieden gewichtet werden. Insoweit ist zwischen den Formerfordernissen im Schuldrecht, für das die Rom II-VO jedoch keine Regelung enthält, den Formerfordernissen im Erbrecht und den Formerfordernissen im Familienrecht (Scheidungsrecht, Unterhaltsrecht und Güterrecht) zu unterschieden. Daraus kann sich grundsätzlich auch eine Rechtfertigung dafür ergeben, dass der Unionsgesetzgeber für die unterschiedlichen Rechtsgebiete unterschiedliche rechtstechnische Konzeptionen gewählt hat bzw. wählt. Innerhalb des Familienrechts besteht aber – wie noch auszuführen ist – erhebliches Interesse an einer einheitlichen Konzeption.

2. *Form der Rechtswahl nach der Rom II-VO*

Die Rom II-VO schweigt zu den Anforderungen an die Form für eine Rechtswahlvereinbarung. *De lege ferenda* sollte diese Lücke geschlossen werden. Es bietet sich an, in Art. 14 Rom II-VO eine parallele Regelung zu Art. 11 Abs. 1 und Abs. 2 Rom I-VO aufzunehmen.

3. *Form der Rechtswahl im Familienrecht*

Auf dem Gebiet des Familienrechts ist bislang nur eine begrenzte Regelungsparallelität erreicht.

a) Mindestformerfordernisse

Die Mindestformerfordernisse sind weitgehend einheitlich ausgestaltet. Erforderlich sind stets Schriftform und Unterzeichnung durch die Parteien. Bei der Auslegung der jeweiligen Mindestformerfordernisse ergeben sich aber Zweifelsfragen, insbesondere hinsichtlich der Verwendung von E-Mail-Erklärungen. Für die Rom III-VO wird im Schrifttum überwiegend angenommen, dass den Ehegatten die Wahl des Scheidungsrechts auch mittels getrennter E-Mail-Erklärungen (mit elektronischer Signatur) gestattet ist. Für Artt. 7 Abs. 2, 8 Abs. 2 HUntProt wird dagegen überwiegend angenommen, dass getrennte Erklärungen unzulässig sind und die Verwendung eines einheitlichen Datenträgers lediglich zur Aufbewahrung der von beiden Parteien unterschriebenen Vereinbarung zugelassen ist.

De lege ferenda sollte jeweils klar gestellt werden, ob eine Unterzeichnung auf einer einheitlichen Urkunde oder einem einheitlichen Datenträger erforderlich ist, oder ob – was im Hinblick auf die Funktionen der Form bedenklich erscheint – auch getrennte Erklärungen der Parteien, beispielsweise getrennte E-Mail-Erklärungen, formgültig sind. In jedem Fall wäre klarzustellen, dass eine Erklärung mittels einer elektronischen Übermittlung einer elektronischen Signatur bedarf.

Im EuEhegüterVO-Vorschlag fehlt eine Regelung zu elektronischen Übermittlungen. Die Legislative Entschließung des Europäischen Parlaments schafft Kohärenz und schlägt die Übernahme einer der Rom III-VO entsprechenden Regelung vor, wonach elektronische Übermittlungen, die eine dauerhafte Aufzeichnung der Vereinbarung ermöglichen, der Schriftform gleichzustellen sind.

Das Erfordernis einer Datierung der Rechtswahlvereinbarung fehlt im Unterhaltsrecht. Dies stellt zwar nur ein minimaler Unterschied dar, kann sich aber durchaus nachteilig auf die Beweisbarkeit von getroffenen Rechtswahlvereinbarungen auswirken. *De lege ferenda* sollte im HUntProt das Erfordernis einer Datierung der Rechtswahlvereinbarung daher auch als Formerfordernis statuiert werden.

b) Öffnungsklauseln

Öffnungsklauseln für strengere Formvorschriften nationalen Rechts sind in der Rom III-VO und in den Verordnungsentwürfen zum Güterrecht vorgesehen, nicht jedoch im HUntProt. Nach dem Erläuternden Bericht von *Bonomi* war es allerdings der Wille der Delegierten ebenfalls nur Mindestformerfordernisse aufzustellen. *De lege ferenda* sollte dieser Regelungswille im HUntProt durch Aufnahme einer Öffnungsklausel klar zum Ausdruck gebracht werden.

Erhebliche Unterschiede bestehen auch in der Ausgestaltung der Öffnungsklauseln. Das Europäische Parlament hat die im EuEhegüterVO-Vorschlag bestehenden Lücken erkannt und zutreffend Ergänzungen vorgeschlagen (Art. 19 Abs. 4 und Abs. 5 der Legislativen Entschließung). Es überrascht daher, das in der Legislativen Entschließung des Europäischen Parlaments zum EuPartGüVO-Vorschlag wiederum eine Regelung für die Konstellation fehlt, dass nur ein Partner seinen gewöhnlichen Aufenthalt in einem Mitgliedstaat hat.

Die Rom III-VO, die im Wege der Verstärkten Zusammenarbeit zustande gekommen ist, berücksichtigt nur strengere Formerfordernisse von an der Rom III-VO teilnehmenden Mitgliedstaaten. Der EuEhegüterVO-Vorschlag sieht hingegen vor, dass strengere Formerfordernisse aller Mitgliedstaaten berücksichtigt werden. Die Legislative Entschließung des Europäischen Parlaments zum EuEhegüterVO-Vorschlag und zum EuPartGüVO-Vorschlag geht – legt man die gewählte Formulierung „Recht des Staates“ zugrunde – noch einen Schritt weiter, indem auch strengere Formerfordernisse von Drittstaaten zu berücksichtigen sind.

De lege ferenda ist zu fordern, dass die Öffnungsklauseln für strengere Formvorschriften nationalen Rechts einheitlich ausgestaltet werden. Sinnvoll erscheint es insoweit, auch zukünftig an den gewöhnlichen Aufenthalt der

Parteien anzuknüpfen. Das Recht eines Drittstaates sollte (nur) berücksichtigt werden, wenn die Parteien dort im Zeitpunkt des Abschlusses der Rechtswahlvereinbarung gemeinsam ihren gewöhnlichen Aufenthalt haben. Bei der Rom III-VO sollten insbesondere aus Kohärenzgründen jedenfalls auch Mitgliedstaaten, die nicht an der Rom III-VO teilnehmen, berücksichtigt werden, in denen die Ehegatten ihren gemeinsamen gewöhnlichen Aufenthalt haben. Dies könnte durch die Streichung des Begriffs „teilnehmenden" in Art. 7 Abs. 2 Rom III-VO umgesetzt werden.

Es bleibt zu beachten, dass es auch bei kohärent ausgestalteter Mindestformerfordernisse und kohärent ausgestalteter Öffnungsklauseln zu Abweichungen bei den Formerfordernissen im Familienrecht kommen kann, sofern ein Mitgliedstaat von der Rechtsetzungsbefugnis nur isoliert für einen Teilbereich des Familienrechts Gebrauch macht (beispielsweise zusätzliche Formerfordernisse nur für die Scheidung, nicht aber für das Güterrecht statuiert). Um eine Vereinheitlichung zu erreichen, müsste geregelt werden, dass die Mitgliedstaaten keine isolierte Rechtsetzung für Teilbereiche des Familienrechts treffen können.

c) Formstatut

Im Güterrecht wird in Art. 19 Abs. 1 EuEhegüterVO-Vorschlag und in Art. 16a Abs. 2 der Legislativen Entschließung des Europäischen Parlaments zum EuPartGüVO-Vorschlag zusätzlich zu den Mindestformerfordernissen und den Öffnungsklauseln die Aufnahme eines Formstatuts vorgeschlagen. Dies stellt ein wichtiger konzeptioneller Unterschied zu der Rom III-VO dar, die „nur" Mindestformerfordernisse und Öffnungsklauseln vorsieht. Abweichungen bei den Formerfordernissen einer Scheidungsrechtswahl und Ehegüterrechtswahl wären die Folge.

d) Form einer Rechtswahl nach Anrufung des Gerichts (bzw. Einleitung eines Verfahrens)

Eine Formregelung speziell für eine Rechtswahl nach Anrufung des Gerichts wird lediglich durch die Rom III-VO statuiert (Art. 5 Abs. 3 S. 2 Rom III-VO). Eine Unterscheidung zwischen den Formerfordernissen vor und nach Einleitung eines Verfahrens erfolgt auch in Art. 7 HUntProt. Die Formerfordernisse des Art. 7 Abs. 2 HUntProt beziehen sich allerdings nur auf eine Rechtswahl, die vor Einleitung des Unterhaltsverfahrens getroffen wird. Zu den Formerfordernissen für eine nach Einleitung eines Verfahrens getroffenen Rechtswahl im Sinne des Art. 15 EuUnthVO in Verbindung mit Art. 7 Abs. 1 HUntProt schweigt das HUntProt.

De lege ferenda sollte die Lücke im Unterhaltsrecht zu den Formerfordernissen einer Rechtswahl, die nach Einleitung des Unterhaltsverfahrens im Sinne des Art. 15 EuUnthVO in Verbindung mit Art. 7 Abs. 1 HUntProt erfolgt, geschlossen werden. Es bietet sich an, entsprechend Art. 5 Abs. 3 S. 2 Rom III-VO zu verlangen, dass die Rechtswahl vor Gericht zu Protokoll gegeben wird. Bei einer Rechtswahl nach Einleitung des Unterhaltsverfahrens, die außerhalb des Gerichts erfolgt, wäre auf das Schriftformerfordernis des Art. 7 Abs. 2 HUntProt zurückzugreifen.

e) Zukünftiger Reformschritt zu unionsrechtlich bestimmten qualifizierten Formerfordernissen

Als weiterer Reformschritt wäre *de lege ferenda* anzustreben, dass der Unionsgesetzgeber die Rechtswahlvereinbarungen im Familienrecht – möglichst einheitlichen – qualifizierten Formerfordernissen unterstellt, die neben der Warn- und Beweisfunktion auch eine Information und Belehrung der Erklärenden gewährleisten. Dies entspricht den Regelungsintentionen des Unionsgesetzgebers, die aber im geltenden Recht nur unzureichend verwirklicht werden.

De lege ferenda sollte dies jedenfalls für das Scheidungsrecht und (künftige) Güterrecht gelten, die uneingeschränkt in der Gesetzeskompetenz des Unionsgesetzgebers liegen. Langfristig hätte dies gewiss auch Einfluss auf eine Novellierung des HUntProt, das als völkerrechtlicher Akt nicht in der Gesetzgebungskompetenz des Unionsgesetzgebers liegt und zu dem der Unionsgesetzgeber auch keine Vorbehalte erklären darf (Art. 27 HUntProt).

Unter der Prämisse, dass sich die Form der notariellen Beurkundung auf absehbare Zeit nicht in allen Mitgliedstaaten erfüllen lässt, wäre zu überlegen, einen Katalog der mitgliedstaatlichen Formerfordernisse aufzustellen, die hinsichtlich der gewünschten Formfunktionen als gleichwertig erachtet werden (regelungstechnisch vergleichbar den Anhängen zur EuGVVO).

C. Rechtswahlstatut und Sonderanknüpfung des Verhaltens als Zustimmung

I. Rechtswahlstatut

Die Rom I-VO, die Rom III-VO und die EuErbVO, die jeweils Regelungen zum Rechtswahlstatut enthalten, folgen durchgängig dem Ansatz, dass sich das Rechtswahlstatut im Vorgriff auf die gewählte *lex causae* ergibt (Art. 3 Abs. 5 Rom I-VO in Verbindung mit Art. 10 Abs. 1 Rom I-VO, Art. 6 Abs. 1 Rom III-VO und Art. 22 Abs. 3 EuErbVO). Regelungen zum Rechtswahlstatut fehlen dagegen in der Rom II-VO[945], im HUntProt[946] und im EuEhegüterVO-Vorschlag, sowie in der Legislativen Entschließung des Europäischen Parlaments zum EuPartGüVO-Vorschlag.

1. *Explizite Regelungen zum Rechtswahlstatut*

a) Rom I-VO

Art. 3 Abs. 5 Rom I-VO verweist für das Zustandekommen und die Wirksamkeit der Einigung der Parteien über das anzuwendende Recht auf die Regelung des Art. 10 Abs. 1 Rom I-VO. Nach Art. 10 Abs. 1 Rom I-VO, der mit der Vorgängerregelung des Art. 8 Abs. 1 EVÜ inhaltlich übereinstimmt, beurteilt sich das Zustandekommen und die Wirksamkeit des Vertrags oder einer seiner Bestimmungen nach dem Recht, das anzuwenden wäre, wenn der Vertrag oder die Bestimmung wirksam wäre. Die Regelung statuiert folglich einen Vorgriff auf das gewählte Recht.[947]

b) Rom III-VO

In Art. 6 Abs. 1 Rom III-VO hat der Unionsgesetzgeber die Wertungen des Art. 10 Abs. 1 Rom I-VO übernommen.[948] Über das Zustandekommen und der Wirksamkeit der Rechtswahlvereinbarung entscheidet auch hier die gewählte *lex causae*.

Im Schrifttum wird vereinzelt die Anwendung des hypothetischen Ehescheidungsstatuts nach Art. 6 Abs. 1 Rom III-VO als problematisch erachtet, wenn das gewählte Recht die Möglichkeit einer Scheidungsrechtswahlvereinbarung nicht kenne.[949] Die Maßgeblichkeit der *lex fori* wird als vorzugswürdiger angesehen,

---

945 *Rühl*, 612; *Mansel* in Leible/Unberath (Hrsg.) 241, 272; *v. Hein* in Calliess (Hrsg.) Art. 14 Rom II-VO Rn. 29; PWW/*Schaub* Art. 14 Rom II-VO Rn. 3; *Jayme* in Jud/Rechberger/Reichelt (Hrsg.) 63, 71; Palandt/*Thorn* Art. 14 Rom II-VO Rn. 11.

946 *Mansel* in Leible/Unberath (Hrsg.) 241, 273; *Bonomi*, Explanatory Report, Rn. 152.

947 Statt aller MüKo/*Martiny* Art. 3 Rom I-VO Rn. 104; Staudinger/*Magnus* (2011) Art. 3 Rom I-VO Rn. 167; Palandt/*Thorn* Art. 3 Rom I-VO Rn. 9; Rauscher/*Freitag*, EuZPR/EuIPR (2011) Art. 10 Rom I-VO Rn. 11. Zu den Ausnahmen der Vorwirkung des gewählten Rechts, siehe Rauscher/*Freitag*, EuZPR/EuIPR (2011) Art. 10 Rom I-VO Rn. 11 ff.

948 *Gruber* IPRax 2012, 381, 386; *Basedow* in Liber Amicorum Walter Pintens, 135, 143; *ders.* in FS Posch, 17, 24; *Kohler* in FS v. Hoffmann, 208, 214; *Franzina* Cuadernos de Derecho Transnacional (2011) 85, 113; Palandt/*Thorn* Art. 6 Rom III-VO Rn. 1; *Hausmann*, IntEuSchR A Art. 6 Rom III-VO Rn. 290; NK-BGB Band 1/*Gruber* Anhang zu Art. 17 EGBGB: Rom III-VO Rn. 14; *Rösler* RabelsZ 78 (2014) 155, 178.

949 *Lardeux* Recueil Dalloz 2011, 1835, 1841.

zumindest als ergänzende Lösung.[950] Die Bedenken erscheinen mit Blick auf Art. 11 Rom III-VO, der den Ausschluss der Rück- und Weiterverweisung statuiert, jedoch als nicht stichhaltig.[951] Da sich Art. 6 Abs. 1 Rom III-VO auf das Sachrecht des gewählten Rechts bezieht[952], ist die kollisionsrechtliche Eröffnung einer Scheidungsrechtswahl durch das gewählte Recht irrelevant.[953] *Basedow* bezeichnet die Regelung des Art. 6 Abs. 1 Rom III-VO daher zu Recht als „reasonable solution".[954]

c) EuErbVO

Nach Art. 22 Abs. 3 EuErbVO entscheidet – entsprechend den Regelungen zum Rechtswahlstatut der Rom I-VO und Rom III-VO – das gewählte Erbstatut über die Wirksamkeit der Rechtswahl.[955] In Erwägungsgrund Nr. 40 S. 2 EuErbVO heißt es: „Die materielle Wirksamkeit der Rechtshandlung, mit der die Rechtswahl getroffen wird, sollte sich jedoch nach dem gewählten Recht bestimmen, d. h. ob davon auszugehen ist, dass die Person, die die Rechtswahl trifft, verstanden hat, was dies bedeutet, und dem zustimmt". Anders als in den Regelungen der Rom I-VO und Rom III-VO, die in ihrem Regelungswortlaut „auf das Zustandekommen und die Wirksamkeit" Bezug nehmen, bezieht sich der Unionsgesetzgeber in Art. 22 Abs. 3 EuErbVO nur auf die „materielle Wirksamkeit". Darin liegt jedoch kein zu korrigierendes Redaktionsversehen.[956] Denn anders als in der Rom I- und Rom III-VO bezieht sich Art. 22 Abs. 3 EuErbVO nur auf die einseitige Rechtswahlerklärung des Erblassers. Das „Zustandekommen" in der Rom I- und Rom III-VO erfasst dagegen den äußeren Abschlusstatbestand einer Rechtswahleinigung zwischen zwei Parteien.[957]

d) Sprachliche Unterschiede

Die Regelungen zum Rechtswahlstatut der Rom I-VO, Rom III-VO und EuErbVO weisen sprachliche Unterschiede auf. Sie beruhen teilweise darauf,

---

950 *Lardeux* Recueil Dalloz 2011, 1835, 1841.

951 *Basedow* in Liber Amicorum Walter Pintens, 135, 143.

952 *Basedow* in Liber Amicorum Walter Pintens, 135, 143; *Hausmann*, IntEuSchR A Art. 11 Rom III-VO Rn. 345.

953 *Basedow* in Liber Amicorum Walter Pintens, 135, 143.

954 *Basedow* in Liber Amicorum Walter Pintens, 135, 143.

955 *Nordmeier* GPR 2013, 148, 153; *Wilke* GPR 2012, 601, 606; *Lagarde* Rev. crit. DIP 101 (2012) 691, 721.

956 Art. 17 Abs. 3 KOM(2009) 154 endgültig, S. 21 sah folgende Regelung vor: „Das Zustandekommen und die materielle Wirksamkeit der Rechtswahl unterliegen dem gewählten Recht."

957 *Hausmann*, IntEuSchR A Art. 6 Rom III-VO Rn. 292; Staudinger/*Hausmann* (2011) Art. 10 Rom I-VO Rn. 15; Bamberger/Roth/*Spickhoff* Art. 10 Rom I-VO Rn. 3.

dass Art. 3 Abs. 5 Rom I-VO auf Art. 10 Abs. 1 Rom I-VO verweist und keine eigenständige Regelung speziell für die Rechtswahl trifft.

Mit der Regelungssystematik nichts zu tun hat hingegen der Formulierungsunterschied hinsichtlich der Umschreibungen des Vorgriffs auf die gewählte *lex causae*. Art. 10 Abs. 1 Rom I-VO und Art. 6 Abs. 1 Rom III-VO umschreiben den Vorgriff auf die gewählte *lex causae* mit der Formulierung: „[...] nach dem Recht, das nach dieser Verordnung anzuwenden wäre, wenn der Vertrag [bzw. angepasst in Rom III-VO: die Vereinbarung] oder die Bestimmung wirksam wäre." In Art. 22 Abs. 3 EuErbVO heißt es dagegen schlicht „unterliegt dem gewählten Recht". Auf dem ersten Blick erscheint die Formulierung der EuErbVO klarer und vorzugswürdiger. Jedoch geht aus ihr nicht deutlich hervor, dass mit dem „gewählten Recht" das prospektive, nur bei Wirksamkeit der Rechtswahl maßgebende Recht[958] gemeint ist. Die Vergangenheitsform ist daher nicht passend. Die Umschreibung des Vorgriffs in der Rom I- und Rom III-VO ist vorzuziehen.

De lege ferenda ergibt sich für Art. 22 Abs. 3 EuErbVO folgender Formulierungsvorschlag: *Die materielle Wirksamkeit der Rechtswahlhandlung*[959] *beurteilt sich nach dem Recht, das nach dieser Verordnung anzuwenden wäre, wenn die Rechtswahl wirksam wäre.*

Durch die Regelungssystematik ebenfalls nicht bedingt ist der sprachliche Unterschied „beurteilen" und „bestimmen" in der deutschen Sprachfassung des Art. 10 Abs. 1 Rom I-VO und des Art. 6 Abs. 1 Rom III-VO.[960] Auch wenn damit keine sachlichen Unterschiede einhergehen[961], sollte Einheitlichkeit angestrebt werden. Der Begriff „beurteilen" erscheint vorzugswürdig.

2. Fehlende Regelungen zum Rechtswahlstatut

a) Rom II-VO

Eine Regelung zum Rechtswahlstatut fehlt in der Rom II-VO.[962] Erwägungsgrund Nr. 31 S. 3 Rom II-VO, wonach das Gericht bei der Prüfung des Vorliegens

---

958 Dazu *Nordmeier* GPR 2013, 148, 153.

959 Von einer Rechtswahlvereinbarung wie in Art. 6 Abs. 1 Rom III-VO kann in der EuErbVO aufgrund der einseitigen Rechtswahlerklärung des Erblassers nicht gesprochen werden.

960 Dazu *Winkler v. Mohrenfels* ZEuP 2013, 699, 711 m.w.N. zu den anderen Sprachfassungen.

961 Vgl. *Winkler v. Mohrenfels* ZEuP 2013, 699, 711.

962 *Rühl*, 612; *Mansel* in Leible/Unberath (Hrsg.) 241, 272; *v. Hein* in Calliess (Hrsg.) Art. 14 Rom II-VO Rn. 29; PWW/*Schaub* Art. 14 Rom II-VO Rn. 3; *Leible* RIW

einer Rechtswahlvereinbarung den Willen der Parteien zu achten hat, hilft bei der Bestimmung des Rechtswahlstatuts nicht weiter.[963] Denn daraus geht nicht hervor, welches Recht der Richter hinsichtlich der Wirksamkeit der Rechtswahlvereinbarung heranzuziehen hat.[964] Die Rom II-VO weist insoweit eine Lücke auf.

aa) Meinungsstand

Das Schrifttum befürwortet überwiegend ein Vorgriff auf die gewählte *lex causae*.[965] Die Begründungen divergieren. Nach überwiegender Ansicht folgt der Vorgriff auf die gewählte *lex causae* – ausgehend von Erwägungsgrund Nr. 7 Rom II-VO[966] – aus einer analogen Anwendung der Artt. 3 Abs. 5, 10 Abs. 1 Rom I-VO.[967] Teilweise wird die Rechtswahlvereinbarung selbst als vertragliches

---

2008, 257, 260; *Heiss/Loacker* JBl 2007, 613, 623; *Jayme* in Jud/Rechberger/Reichelt (Hrsg.) 63, 71; Huber/*Bach* Art. 14 Rom II-VO Rn. 16; NK-BGB Band 6/*Gebauer* Art. 14 Rom II-VO Rn. 26; *Bertoli* Rivista di diritto internazionale (2009) 697, 708; *Sendmeyer* Contratto e impresa/Europa 2009, 792, 799; kritisch zum Kommissionsvorschlag aus dem Jahre 2003 bereits *Kreuzer* in Reichelt/Rechberger (Hrsg.) 13, 30.

963 *v. Hein* in Calliess (Hrsg.) Art. 14 Rom II-VO Rn. 29.

964 *v. Hein* in Calliess (Hrsg.) Art. 14 Rom II-VO Rn. 29.

965 *Kroll-Ludwigs*, 93; *v. Hein* in Calliess (Hrsg.) Art. 14 Rom II-VO Rn. 29; PWW/*Schaub* Art. 14 Rom II-VO Rn. 3; Bamberger/Roth/*Spickhoff* Art. 14 Rom II-VO Rn. 3; Erman BGB/*Hohloch* Art. 14 Rom II-VO Rn. 10; Palandt/*Thorn* Art. 14 Rom II-VO Rn. 11; *Rühl*, 612; Rauscher/*Jakob/Picht*, EuZPR/EuIPR (2011) Art. 14 Rom II-VO Rn. 27; Huber/*Bach* Art. 14 Rom II-VO Rn. 17; *Heiss/Loacker* JBL 2007, 613, 623; *Leible* RIW 2008, 257, 260; *Kadner Graziano* in Ahern/Binchy (Hrsg.) 113, 123; *ders.* RabelsZ 73 (2009) 1, 13; Hk-BGB/*Dörner* Art. 14 Rom II-VO Rn. 5; *Vogeler*, 150; *Pfütze* ZEuS 2011, 35, 52; *Staudinger/Steinrötter* JA 2011, 241, 245; NK-BGB Band 6/*Gebauer* Art. 14 Rom II-VO Rn. 27; *Rushworth/Scott* LMCLQ 2008, 274, 292; *Dickinson*, Chapter 13 Rn. 13.18; *Sendmeyer* Contratto e impresa/Europa 2009, 792, 799; offen gelassen *Mansel* in Leible/Unberath (Hrsg.) 241, 273; Gebauer/Wiedmann/*Staudinger* Art. 14 Rom II-VO Rn. 79.

966 Rauscher/*Jakob/Picht*, EuZPR/EuIPR (2011) Art. 14 Rom II-VO Rn. 27; Bamberger/Roth/*Spickhoff* Art. 14 Rom II-VO Rn. 3; *v. Hein* in Calliess (Hrsg.) Art. 14 Rom II-VO Rn. 29; *Pfütze* ZEuS 2011, 35, 52; *Sendmeyer* Contratto e impresa/Europa 2009, 792, 799.

967 *Kroll-Ludwigs*, 93; *v. Hein* in Calliess (Hrsg.) Art. 14 Rom II-VO Rn. 29; PWW/*Schaub* Art. 14 Rom II-VO Rn. 3; Bamberger/Roth/*Spickhoff* Art. 14 Rom II-VO Rn. 3; Erman BGB/*Hohloch* Art. 14 Rom II-VO Rn. 10; Rauscher/*Jakob/Picht*, EuZPR/EuIPR (2011) Art. 14 Rom II-VO Rn. 27; Hk-BGB/*Dörner* Art. 14 Rom II-VO Rn. 5; *Vogeler*, 150; NK-BGB Band 6/*Gebauer* Art. 14 Rom II-VO Rn. 28; Palandt/*Thorn* Art. 14 Rom II-VO Rn. 11; eine Analogie erwägend auch *Jayme* in Jud/Rechberger/Reichelt (Hrsg.) 63, 71.

Schuldverhältnis im Sinne der Rom I-VO angesehen, so dass die Artt. 3 Abs. 5, 10 Rom I-VO direkt angewendet werden.[968]

Nach anderer Ansicht soll für die Lückenfüllung auf das Sachrecht der *lex fori* zurückgegriffen werden.[969] In Deutschland seien danach die Vorschriften des BGB für die Beurteilung des Zustandekommens und der Wirksamkeit der Rechtswahl maßgeblich.[970] Es müsse „kein Gleichklang der rechtlichen Beurteilung von Rechtswahlvertrag und Hauptvertrag hergestellt werden [...], weil das anzuknüpfende Schuldverhältnis kein vertragliches, sondern ein außervertragliches ist."[971] Ein wesentlicher Grund für die komplizierte Anwendung der *lex causae* würde damit entfallen.[972] Auch die Regelungen des Art. 3 Abs. 4 Rom I-VO und des Art. 14 Abs. 3 Rom II-VO würden zeigen, dass das Europäische IPR zur Lückenfüllung auch auf das Sachrecht der *lex fori* zurückgreife.[973]

bb) Stellungnahme und Überlegungen de lege ferenda

Gegen die Maßgeblichkeit des Sachrechts der *lex fori* spricht auch hier – wie bereits im Rahmen der Form einer Rechtswahl nach der Rom II-VO[974] – der Aspekt der Rechtssicherheit.[975] Die Rechtssicherheit verlangt, dass die Parteien das für das Zustandekommen und die Wirksamkeit der Rechtswahlvereinbarung maßgebliche Recht und dessen Voraussetzungen im Zeitpunkt des Abschlusses der Rechtswahlvereinbarung kennen.[976] Daran fehlt es aber, wenn eine Gerichtsstandsvereinbarung zwischen den Parteien fehlt.[977] Für die Parteien bleibt dann unklar, ob die von ihnen getroffene Rechtswahl die Voraussetzungen des maßgeblichen Sachrechts der *lex fori* erfüllt.[978] Bei Anwendung der „gewählten" *lex causae* könnten sich die Parteien dagegen bereits im Zeitpunkt der Rechtswahl

968 *Nehne*, 260; ebenso *Bertoli* Rivista di diritto internazionale (2009) 697, 708, der jedoch versehentlich von Art. 3 Abs. 4 Rom I-VO spricht; *Dickinson*, Chapter 13 Rn. 13.18.

969 MüKo/*Junker* Art. 14 Rom II-VO Rn. 26; *ders.* JZ 2000, 477, 478 zu Art. 42 EGBGB.

970 MüKo/*Junker* Art. 14 Rom II-VO Rn. 26.

971 MüKo/*Junker* Art. 14 Rom II-VO Rn. 26.

972 MüKo/*Junker* Art. 14 Rom II-VO Rn. 26.

973 MüKo/*Junker* Art. 14 Rom II-VO Rn. 26.

974 Siehe dazu Zweiter Teil § 4 B. III. 3.

975 *Vogeler*, 146; zur Rom I-VO, vgl. Rauscher/*Freitag*, EuZPR/EuIPR (2011) Art. 10 Rom I-VO Rn. 15.

976 Ähnlich *Vogeler*, 146.

977 *Vogeler*, 147; *Kroll-Ludwigs*, 93.

978 Zur Rom I-VO, vgl. Rauscher/*Freitag*, EuZPR/EuIPR (2011) Art. 10 Rom I-VO Rn. 15.

Kenntnis über die Voraussetzungen für das Zustandekommen und der Wirksamkeit der Rechtswahl verschaffen. Neben dem Aspekt der Rechtssicherheit ist auch der Gleichklang der rechtlichen Beurteilung mit der Rom I-VO jedenfalls dann wünschenswert, wenn die Parteien die Rechtswahl für das vertragliche Schuldverhältnis und für das außervertragliche Schuldverhältnis kombinieren und in einer einheitlichen Rechtswahlvereinbarung treffen wollen.[979] Unterschiedliche rechtliche Maßstäbe erscheinen hier nicht sinnvoll.[980]

Ein Vorgriff auf die gewählte *lex causae* würde auch dem Ziel einer einheitlichen Auslegung der Rom I- und II-VO[981] Rechnung tragen.[982] Die Anwendung der gewählten *lex causae* für das Rechtswahlstatut stellt auch kein spezifisches Prinzip des Vertragsrechts dar, sondern kann vielmehr als ein allgemeines Prinzip des Europäischen Kollisionsrecht angesehen werden.[983] Neben der Rom I-VO sehen auch die Rom III-VO und die EuErbVO den Vorgriff auf das gewählte Recht vor. Die Lückenfüllung in der Rom II-VO sollte daher ebenfalls durch den Vorgriff auf die gewählte *lex causae* erfolgen.

De lege ferenda sollte die planwidrige Regelungslücke durch Aufnahme einer Regelung zum Rechtswahlstatut in die Rechtswahlregelung des Art. 14 Rom II-VO geschlossen werden. Die im Schrifttum nach dem Vorbild des Art. 3 Abs. 5 Rom I-VO vorgeschlagene Aufnahme einer Verweisvorschrift auf Art. 10 Rom I-VO in einen in Art. 14 Rom II-VO neu einzufügenden Absatz 4[984] überzeugt im Ergebnis jedoch nicht.[985] Denn die Rom II-VO sollte bereits ohne Bezugnahme

---

979 NK-BGB Band 6/*Gebauer* Art. 14 Rom II-VO Rn. 28; Huber/*Bach* Art. 14 Rom II-VO Rn. 16; *Dickinson*, Chapter 13 Rn. 13.18; *Sendmeyer* Contratto e impresa/Europe 2009, 792, 800.

980 NK-BGB Band 6/*Gebauer* Art. 14 Rom II-VO Rn. 28.

981 Erwägungsgrund Nr. 7 Rom II-VO.

982 *Kroll-Ludwigs*, 93; *Mansel* in Leible/Unberath (Hrsg.) 241, 273.

983 Ähnlich *Kroll-Ludwigs*, 93; siehe auch Staudinger/*Mankowski* (2011) Art. 14 EGBGB Rn. 138, der den Vorgriff auf das gewählte Recht als ein „allgemeines Prinzip der kollisionsrechtlichen Parteiautonomie“ bezeichnet“; ähnlich auch *Dutta* FamRZ 2013, 4, 8, der die Regelung zum Vorgriff auf das gewählte Recht als eine „mittlerweile allgemein im internationalen Unionsprivatrecht etablierte Kollisionsnorm“ bezeichnet.

984 *Vogeler*, 415, der dies in seinem Vorschlag zwar in Absatz 5 thematisiert; richtigerweise aber Abs. 4 meint. Er schlägt folgende Formulierung vor: „Auf das Zustandekommen und die Wirksamkeit der Einigung der Parteien über das anzuwendende Recht finden die Artikel 10, 11 und 13 der VO EG Nr. 593/2008 entsprechende Anwendung.“

985 Vgl. zu einer Formregelung in der Rom II-VO, Zweiter Teil § 4 B. III. 4.

auf die Rom I-VO in sich schlüssig und verständlich sein.[986] Es empfiehlt sich daher eine eigenständige Regelung.

b) HUntProt

aa) Art. 8 HUntProt

Eine Regelung zum Rechtswahlstatut fehlt in der Rechtswahlregelung des Art. 8 HUntProt.[987] Nach dem Erläuternden Bericht von *Bonomi* sollen das Zustandekommen und die Wirksamkeit auch im Falle einer Rechtswahl nach Art. 8 HUntProt dem gewählten Recht unterliegen.[988] *Bonomi* führt dazu aus: „This approach, consisting of subjecting the validity of the optio legis to the law that would apply if the agreement between the parties were valid, is very common in international instruments recognising party autonomy, in particular as regards the existence and validity of consent. Its main advantage is to ensure that these issues are determined in a uniform manner in the various Contracting States to the Protocol."[989] Der im Erläuternden Bericht vorgesehene Vorgriff auf das gewählte Recht findet auch im Schrifttum zu Recht Zustimmung.[990]

bb) Art. 7 HUntProt

Eine Regelung über das Rechtswahlstatut fehlt auch in der Rechtswahlregelung des Art. 7 HUntProt. Da den Parteien gemäß Art. 7 HUntProt nur die Wahl einer bestimmt bezeichneten[991] *lex fori* gestattet ist, führt der auch hier zu befürwortende Vorgriff auf die gewählte *lex causae* stets zur Anwendung der *lex fori*.[992]

---

986 In diese Richtung allgemein auch Rauscher/*Jakob/Picht*, EuZPR/EuIPR (2011) Art. 14 Rom II-VO Rn. 4.

987 *Mansel* in Leible/Unberath (Hrsg.) 241, 273; *Bonomi*, Explanatory Report, Rn. 152; *Andrae* FPR 2008, 196, 200.

988 *Bonomi*, Explanatory Report, Rn. 152.

989 *Bonomi*, Explanatory Report, Rn. 152.

990 Palandt/*Thorn* Art. 8 HUntProt Rn. 4; *Lipp* in Liber Amicorum Walter Pintens, 847, 857; Rauscher/*Andrae*, EuZPR/EuIPR (2010) Art. 8 HuntStProt Rn. 5; *dies.* FPR 2008, 196, 200; *dies.* § 8 Rn. 159; PWW/*Martiny* Art. 18 Anhang II EGBGB, Haager Protokoll über das auf Unterhaltspflichten anzuwendende Recht, Rn. 23; *Hausmann*, IntEuSchR C Art. 8 HUP Rn. 571; Erman BGB/*Hohloch* Art. 18 EGBGB Rn. 25.

991 Siehe zu dem Bestimmtheitserfordernis Zweiter Teil § 3 A. III. 1.

992 Vgl. *Hausmann*, IntEuSchR C Art. 7 HUP Rn. 561; Erman BGB/*Hohloch* Art. 18 EGBGB Rn. 24.

c) Güterrecht

Auch im EuEhegüterVO-Vorschlag fehlt eine Regelung für das Zustandekommen und die Wirksamkeit der Rechtswahl.[993] Lückenhaft sind insoweit auch die Legislativen Entschließungen des Europäischen Parlaments zum EuEhegüterVO-Vorschlag und zum EuPartGüVO-Vorschlag. Ebenso wie in den anderen Verordnungen sollte auch im Güterrecht ein Vorgriff auf die gewählte *lex causae* erfolgen. Im Laufe der Gesetzgebungsverfahren sollten die Lücken geschlossen werden und Regelungen zum Rechtswahlstatut aufgenommen werden.

II. Sonderanknüpfung des Verhaltens als Zustimmung

1. Explizite Regelung zur Sonderanknüpfung

a) Rom I-VO

Art. 3 Abs. 5 Rom I-VO verweist auf Art. 10 Abs. 2 Rom I-VO. Danach gilt: „Ergibt sich jedoch aus den Umständen, dass es nicht gerechtfertigt wäre, die Wirkung des Verhaltens einer Partei nach dem in Absatz 1 bezeichneten Recht zu bestimmen, so kann sich diese Partei für die Behauptung, sie habe dem Vertrag nicht zugestimmt, auf das Recht des Staates ihres gewöhnlichen Aufenthalts berufen." Nach einhelliger Ansicht ist dabei das Recht des Staates des gewöhnlichen Aufenthalts im Zeitpunkt der Abgabe der strittigen Zustimmungserklärung maßgebend.[994] Dies sollte *de lege ferenda* im Normtext klargestellt werden.

b) Rom III-VO

Auch Art. 6 Abs. 2 Rom III-VO sieht eine Sonderanknüpfung für die Parteibehauptung der fehlenden Zustimmung durch Verhalten vor, die an Art. 10 Abs. 2 Rom I-VO angelehnt ist. Anders als in Art. 10 Abs. 2 Rom I-VO ist dort jedoch nicht der Zeitpunkt der Abgabe der strittigen Zustimmungserklärung entscheidend. Art. 6 Abs. 2 Rom III-VO bestimmt vielmehr, dass sich der „Ehegatte für die Behauptung, er habe der Vereinbarung nicht zugestimmt, auf das Recht des Staates berufen [kann], in dem er zum Zeitpunkt der Anrufung des Gerichts seinen gewöhnlichen Aufenthalt hat."

---

993 *Campuzano Diaz* Yb PIL Volume 13 (2011) 233, 248; *Kohler* Recueil des cours 359 (2012) 285, 451.

994 Vgl. *Hausmann*, IntEuSchR A Art. 6 Rom III-VO Rn. 299; *Gruber* IPRax 2012, 381, 387.

Diese Regelung wird berechtigterweise kritisiert.[995] Das Abstellen auf den gewöhnlichen Aufenthalt des Ehegatten im „Zeitpunkt der Anrufung des Gerichts“[996] ist inkonsequent[997] und überzeugt nicht[998]. Eine Rechtswahl kann nämlich nach Art. 5 Abs. 2 Rom III-VO grundsätzlich „jederzeit, spätestens jedoch zum Zeitpunkt der Anrufung des Gerichts“ vereinbart werden. Erfolgt die Rechtswahl vor Anrufung des Gerichts, so kann eine Partei in Ausnutzung des nach Art. 6 Abs. 2 Rom III-VO maßgeblichen Zeitpunkts „der Anrufung des Gerichts“ eine im Zeitpunkt der Rechtswahl wirksame Rechtswahlvereinbarung nachträglich dadurch unwirksam machen, dass sie ihren gewöhnlichen Aufenthalt in einen Staat verlegt, dessen Recht das Verhalten dieser Partei nicht als Zustimmung versteht.[999] Dies beeinträchtigt die Rechtssicherheit.[1000] *Hausmann* will dieses Ergebnis dadurch verhindern, dass die Bindung an das gewählte Recht weiterhin als „gerechtfertigt“ im Sinne des Art. 6 Abs. 2 Rom III-VO angesehen wird.[1001] Vorzugwürdiger wäre es jedoch, wenn bereits in Art. 6 Abs. 2 Rom III-VO nicht auf den gewöhnlichen Aufenthalt des betreffenden Ehegatten im Zeitpunkt der Anrufung des Gerichts abgestellt wird, sondern entsprechend der Regelung des Art. 10 Abs. 2 Rom I-VO in Verbindung mit Art. 3 Abs. 5 Rom I-VO auf den gewöhnlichen Aufenthalt im Zeitpunkt der Rechtswahlvereinbarung.

De lege ferenda sollte der Regelungswortlaut von Art. 6 Abs. 2 Rom III-VO entsprechend korrigiert und kohärent zu dem Beurteilungszeitpunkt in Art. 10 Abs. 2 Rom I-VO ausgestaltet werden.

---

995 Kritisch *Basedow* in Liber Amicorum Walter Pintens, 135, 143; *ders.* in FS Posch, 17, 24; *Gruber* IPRax 2012, 381, 387; *Kohler* in FS v. Hoffmann, 208, 215; *Hammje* Rev. crit. DIP 100 (2011) 291, 322; *Lardeux* Recueil Dalloz 2011, 1835, 1841.

996 Ein Übersetzungsfehler scheidet aus, vgl. *Gruber* IPRax 2012, 381, 387 Fn. 87. Denn auch der Verordnungstext in englischer Sprachfassung spricht von: „in which he has his habitual residence at the time the court is seized“; in der französischen Sprachfassung heißt es: „sa résidence habituelle au moment où la juridiction est saisie“.

997 *Basedow* in Liber Amicorum Walter Pintens, 135, 143.

998 Kritisch auch *Basedow* in Liber Amicorum Walter Pintens, 135, 143; *Mansel* in Leible/Unberath (Hrsg.) 241, 272; NK-BGB Band 6/*Hilbig-Lugani* Art. 6 Rom III-VO Rn. 12; *Lardeux* Recueil Dalloz 2011, 1835, 1841; *Hammje* Rev. crit. DIP 100 (2011) 291, 322.

999 *Gruber* IPRax 2012, 381, 387; *Basedow* in FS Posch, 17, 24; NK-BGB Band 6/*Hilbig-Lugani* Art. 6 Rom III-VO Rn. 12; vgl. auch *Lardeux* Recueil Dalloz 2011, 1835, 1841.

1000 *Mansel* in Leible/Unberath (Hrsg.) 241, 272.

1001 *Hausmann*, IntEuSchR A Art. 6 Rom III-VO Rn. 299.

Kritisch zu hinterfragen ist auch die praktische Bedeutung des Art. 6 Abs. 2 Rom III-VO.[1002] In den Anwendungsbereich der Vorbildregelung des Art. 10 Abs. 2 Rom I-VO in Verbindung mit Art. 3 Abs. 5 Rom I-VO fällt vor allem die Beurteilung des Schweigens, typischerweise das Schweigen auf ein kaufmännisches Bestätigungsschreiben[1003]. Derartige Anwendungsfälle scheiden bei Art. 6 Abs. 2 Rom III-VO aufgrund des für eine Scheidungsrechtswahl geltenden Schriftformerfordernis des Art. 7 Rom III-VO aus.[1004] Im Schrifttum wird daher zu Recht kritisch darauf hingewiesen, dass für Art. 6 Abs. 2 Rom III-VO aufgrund des Formerfordernisses kaum ein Anwendungsbereich verbleibe.[1005] Es bleiben lediglich Ausnahmekonstellationen, wie die „abhandengekommene Willenserklärung" und die Rechtswahlerklärung in einer Sprache, der der Erklärende nicht mächtig ist[1006].

2. Keine Regelung zur Sonderanknüpfung

Eine Regelung zur Sonderanknüpfung für die Parteibehauptung fehlender Zustimmung durch Verhalten kennen die Rom II-VO, die EuErbVO, die EuUnthVO in Verbindung mit dem HUntProt und die Verordnungsvorschläge zum Güterrecht nicht.

1002 Siehe dazu Palandt/*Thorn* Art. 6 Rom III-VO Rn. 2; *Basedow* in Liber Amicorum Walter Pintens, 135, 143; NK-BGB Band 6/*Hilbig-Lugani* Art. 6 Rom III-VO Rn. 9; *Winkler v. Mohrensfels* ZEuP 2013, 699, 711; *Kohler* in FS v. Hoffmann, 208, 215; *ders.* Recueil des cours 359 (2012) 285, 431; *Hammje* Rev. crit. DIP 100 (2011) 291, 322, 323; *Lardeux* Recueil Dalloz 2011, 1835, 1841.

1003 *Basedow* in FS Posch, 17, 24; *Andrae* § 4 Rn. 22; NK-BGB Band 6/*Hilbig-Lugani* Art. 6 Rom III-VO Rn. 9; *Winkler v. Mohrensfels* ZEuP 2013, 699, 711; *Kohler* in FS v. Hoffmann, 208, 215; *ders.* Recueil des cours 359 (2012) 285, 431.

1004 Ähnlich *Basedow* in FS Posch, 17, 24 „ergibt in Rom III wenig Sinn"; a.A. in Bezug auf das Schweigen *Hausmann*, IntEuSchR A Art. 6 Rom III-VO Rn. 297, nach dem trotz bestehender Formerfordernisse „die Beurteilung des Schweigens eines Ehegatten auf das ihm vom anderen Ehegatten angetragene Angebot zum Abschluss einer Rechtswahlvereinbarung" den wichtigsten Anwendungsfall der Vorschrift bilden soll.

1005 Vgl. *Basedow* in Liber Amicorum Walter Pintens, 135, 143; *Andrae* § 4 Rn. 22; *Lardeux* Recueil Dalloz 2011, 1835, 1841; in diese Richtung wohl auch *Kohler* in FS v. Hoffmann, 208, 215; *ders.* Recueil des cours 359 (2012) 285, 431; Palandt/*Thorn* Art. 6 Rom III-VO Rn. 2; *Mansel* in Leible/Unberath (Hrsg.) 241, 272; *Hammje* Rev. crit. DIP 100 (2011) 291, 322, 323; *Gruber* IPRax 2012, 381, 387; zurückhaltender *Rauscher* Rn. 819. Zum Anwendungsbereich des Art. 6 Abs. 2 Rom III-VO unklar bleibt das Beispiel zum islamischen Recht von *Viarengo* NIPR 2012, 555, 558.

1006 *Basedow* in FS Posch, 17, 24.

a) Rom II-VO

Die Problematik der Parteibehauptung einer fehlenden Zustimmung kann sich – wie in der Rom I-VO – auch in der Rom II-VO stellen. Hinsichtlich der Beurteilung des Verhaltens als Zustimmung zu einer Rechtswahlvereinbarung sind keine Unterschiede zwischen der Rechtswahl für vertragliche und außervertragliche Schuldverhältnisse gerechtfertigt. Die Rom II-VO ist insoweit lückenhaft.

De lege ferenda sollte in der Rom II-VO eine der Regelung in Art. 10 Abs. 2 Rom I-VO entsprechende Regelung zur Sonderanknüpfung fehlender Zustimmung aufgenommen werden.

b) EuErbVO

Eine Regelung zur Sonderanknüpfung für die Behauptung fehlender Zustimmung durch Verhalten sieht auch Art. 22 EuErbVO nicht vor. Eine Lücke liegt jedoch nicht vor. Denn bei einer einseitigen Rechtswahlerklärung des Erblassers stellt sich die Problematik der Zustimmung von vornherein nicht.

c) HUntProt und Güterrecht

Das Fehlen einer Regelung zur Sonderanknüpfung des Verhaltens als Zustimmung lässt sich im Unterhaltsrecht und im künftigen Güterrecht mit den dort vorgesehenen Schriftformerfordernissen erklären.[1007] Eine *de lege ferenda* zu schließende Regelungslücke liegt daher nicht vor.

III. Ergebnisse

1. Rechtswahlstatut

Explizite Regelungen zum Rechtswahlstatut finden sich in Art. 3 Abs. 5 Rom I-VO in Verbindung mit Art. 10 Abs. 1 Rom I-VO, in Art. 6 Abs. 1 Rom III-VO und in Art. 22 Abs. 3 EuErbVO. Danach erfolgt jeweils ein Vorgriff auf die gewählte *lex causae*.

Sprachliche Unterschiede sind weitgehend rechtsgebietsspezifisch bedingt und insoweit sachlich gerechtfertigt. Die Formulierung „unterliegt dem gewählten Recht" im deutschen Regelungswortlaut des Art. 22 Abs. 3 EuErbVO sollte

1007 Für eine Einredemöglichkeit entsprechend Art. 3 Abs. 5 in Verbindung mit Art. 10 Abs. 2 Rom I-VO bei einem grenzüberschreitenden Abschluss der Rechtswahlvereinbarung nach Art. 15 EuUnthVO in Verbindung mit Art. 8 HUntProt hingegen *Hausmann*, IntEuSchR C Art. 8 HUP Rn. 571; Erman BGB/*Hohloch* Art. 18 EGBGB Rn. 25.

jedoch an die Formulierung des Art. 10 Rom I-VO und Art. 6 Rom III-VO angeglichen werden, wonach sich die Rechtswahl „nach dem Recht [bestimmt], das nach dieser Verordnung anzuwenden wäre, wenn die Vereinbarung[1008] [...] wirksam wäre". Denn durch letztere Formulierung wird der Vorgriff auf das gewählte Recht besser verdeutlicht. Diese Formulierung sollte – angepasst an die Einseitigkeit der Erklärung des Erblassers – daher auch in Art. 22 Abs. 3 EuErbVO verwendet werden. Durch die Regelungssystematik ebenfalls nicht bedingt ist der sprachliche Unterschied „beurteilen" und „bestimmen" in der deutschen Sprachfassung des Art. 10 Abs. 1 Rom I-VO und des Art. 6 Abs. 1 Rom III-VO. Der Begriff „beurteilen" erscheint vorzugswürdig.

Regelungen zum Rechtswahlstatut fehlen in der Rom II-VO, im HUntProt, im EuEhegüterVO-Vorschlag und in der Legislativen Entschließung zum EuPartGüVO-Vorschlag. *De lege ferenda* sollten diese Regelungslücken durch die Berufung der gewählten *lex causae* geschlossen werden. Anlehnend an Art. 6 Abs. 1 Rom III-VO bietet sich folgende Formulierung an: *Das Zustandekommen und die Wirksamkeit einer Rechtswahlvereinbarung beurteilen sich nach dem Recht, das nach dieser Verordnung anzuwenden wäre, wenn die Vereinbarung wirksam wäre.*

2. *Sonderanknüpfung des Verhaltens als Zustimmung*

Lediglich die Rom I- und Rom III-VO sehen eine Sonderanknüpfung für die Parteibehauptung fehlender Zustimmung durch Verhalten vor (Art. 3 Abs. 5 Rom I-VO in Verbindung mit Art. 10 Abs. 2 Rom I-VO; Art. 6 Abs. 2 Rom III-VO). Sprachlich unvollständig ist die Regelung des Art. 10 Abs. 2 Rom I-VO, da sie nicht bestimmt, auf welchen Zeitpunkt es für das Recht des gewöhnlichen Aufenthalts ankommt. Maßgebend ist richtigerweise der Zeitpunkt der Abgabe der strittigen Zustimmungserklärung.

Dies sollte *de lege ferenda* im Normtext explizit klargestellt werden. Art. 10 Abs. 2 Rom I-VO sollte – wie kursiv gekennzeichnet – ergänzt werden: „Ergibt sich jedoch aus den Umständen, dass es nicht gerechtfertigt wäre, die Wirkung des Verhaltens einer Partei nach dem in Abs. 1 bezeichneten Recht zu bestimmen, so kann sich diese Partei für die Behauptung, sie habe dem Vertrag nicht zugestimmt, auf das Recht des Staates ihres gewöhnlichen Aufenthalts *im Zeitpunkt ihres Verhaltens* berufen."

Art. 6 Abs. 2 Rom III-VO stellt für die Beurteilung des Verhaltens eines Ehegattens als Zustimmung zur Rechtswahlvereinbarung auf den gewöhnlichen

1008 Art. 10 Abs. 1 Rom I-VO spricht im Regelungswortlaut von „Vertrag".

Aufenthalt des betreffenden Ehegatten im „Zeitpunkt der Anrufung des Gerichts" ab. Dieser Zeitpunkt weicht von der Parallelregelung des Art. 10 Abs. 2 Rom I-VO ab und ist insbesondere wegen möglicher Manipulationen durch Verlegung des gewöhnlichen Aufenthalts sachlich nicht überzeugend. *De lege ferenda* sollte auch in Art. 6 Abs. 2 Rom III-VO das Recht des gewöhnlichen Aufenthalts des betreffenden Ehegatten im Zeitpunkt des Verhaltens maßgebend sein.

Im Unterhalts- und Güterrecht bedarf es einer Sonderanknüpfung des Verhaltens als Zustimmung aufgrund der Schriftformerfordernisse nicht. Auch in der EuErbVO besteht bei einer einseitigen Rechtswahl des Erblassers kein Regelungsbedarf. Lückenhaft ist dagegen die Rechtswahlregelung der Rom II-VO. Da hinsichtlich der Beurteilung des Verhaltens als Zustimmung zu einer Rechtswahlvereinbarung keine Unterschiede zwischen der Rechtswahl für vertragliche und außervertragliche Schuldverhältnisse gerechtfertigt sind, sollte *de lege ferenda* in Art. 14 Rom II-VO eine Art. 10 Abs. 2 Rom I-VO entsprechende Regelung zur Sonderanknüpfung an das Aufenthaltsrecht aufgenommen werden.

§ 5 Begrenzungen der Wirkung der Rechtswahl

A. Zeitliche Wirkung der Rechtswahl

Regelungen zur zeitlichen Wirkung der Rechtswahl sehen die bisher verabschiedeten Verordnungen des Europäischen Kollisionsrechts nicht vor. In den Verordnungsentwürfen zum Güterrecht werden dagegen Regelungen zur zeitlichen Wirkung der Rechtswahl vorgeschlagen (EuEhegüterVO-Vorschlag und Legislative Entschließung des Europäischen Parlaments zum EuPartGüVO-Vorschlag).

I. *Ex nunc*-Wirkung im Scheidungs- und Erbrecht

Im Scheidungs- und Erbrecht kommt bedingt durch die Anknüpfungsgegenstände der Rom III-VO und der EuErbVO nur eine *ex nunc*-Wirkung der Rechtswahl in Betracht. Denn die Rechtswahl kann sich bereits der Sache nach nur auf den zukünftige Scheidungs- oder Erbfall beziehen. Einer Regelung zur Wirkung der Rechtswahl bedarf es daher nicht.

II. *Ex nunc*-Wirkung im Güterrecht als gesetzlicher Regelfall

Art. 18 S. 2 EuEhegüterVO-Vorschlag bzw. inhaltlich übereinstimmend Art. 16 Abs. 2 der Legislativen Entschließung des Europäischen Parlaments bestimmen, dass ein Wechsel des auf den ehelichen Güterstand anzuwendenden Rechts nur Wirkungen für die Zukunft begründet, es sei denn, die Ehegatten beschließen ausdrücklich, dass die Wirkungen rückwirkend eintreten sollen. Mit dieser Regelung soll sichergestellt werden, dass ein Statutenwechsel keine unerwünschten Folgen für die Parteien nachsichzieht.[1009] Die Ehegatten sollen einer Rechtswahl zwar Rückwirkung beimessen können. Sie sollen aber davor geschützt werden, dass ihren Erklärungen für sie unerwartet im Wege der Auslegung eine Rückwirkung beigelegt wird. Den Ehegatten wird so ermöglicht, „die Vorteile aus einer rückwirkenden Änderung“ zu ziehen; sowie die „Nachteile (nämlich drohende nachträgliche Wirksamkeit oder Unwirksamkeit einer Verfügung)“ zu verhindern.[1010] Eine entsprechende, an die eingetragene Partnerschaft angepasste

1009 KOM(2011) 126/2 endgültig, S. 9.

1010 *Martiny* IPRax 2011, 437, 449.

Regelung, sieht auch die Legislative Entschließung des Europäischen Parlaments zum EuPartGüVO-Vorschlag vor (Art. 15 IV).

III. *Ex tunc* oder *ex nunc*-Wirkung kraft Auslegung

1. Rom I- und Rom II-VO

Im vertraglichen und außervertraglichen Schuldrecht steht es den Parteien frei, zu vereinbaren, ob ihre nachträgliche Rechtswahl *ex tunc*- oder *ex nunc*-Wirkung zukommen soll.[1011] Der Parteiwille ist durch Auslegung zu ermitteln. Im Zweifel geht die herrschende Meinung davon aus, dass der Parteiwille auf eine *ex tunc*-Wirkung gerichtet ist.[1012] Denn typischerweise wollen Parteien, insbesondere bei einem einmaligen Leistungsaustausch, keine zeitliche Spaltung ihres Schuldverhältnisses. Auch entspricht es im Zweifel den Parteiinteressen, dass mögliche Probleme, die durch die Anwendung zweier Rechte entstehen können, vermieden werden.[1013] Etwas anderes kann aber bei Dauerschuldverhältnissen gelten.

Es ist allerdings zweifelhaft, ob *de lege ferenda* von einem Regelungsbedarf auszugehen ist. Es lässt sich nämlich argumentieren, dass die Schuldverhältnisse zu unterschiedlich für eine typisierte Regel sind. Auch käme der Aufnahme einer „Im-Zweifel-Regelung" kein großer Mehrwert für die praktische Rechtsanwendung zu.

2. HUntProt

Auch im Unterhaltsrecht können die Parteien als Ausfluss der Parteiautonomie eine *ex tunc*- oder *ex nunc*-Wirkung ihrer Rechtswahl vereinbaren.[1014] Maßgebend ist auch hier der durch Auslegung zu ermittelnde Parteiwille. Einer Rechtswahländerung soll im Zweifel – anders als im Schuldrecht – eine *ex*

1011 Im Ergebnis ebenso *Mansel* in Leible/Unberath (Hrsg.) 241, 271; statt aller auch Bamberger/Roth/*Spickhoff* Art. 3 Rom I-VO Rn. 30; MüKo/*Martiny* Art. 3 Rom I-VO Rn. 80.

1012 Bamberger/Roth/*Spickhoff* Art. 14 Rom II-VO Rn. 4; Rauscher/*v. Hein*, EuZPR/EuIPR (2011) Art. 3 Rom I-VO Rn. 95; Palandt/*Thorn* Art. 14 Rom II-VO Rn. 11; *ders.* Art. 3 Rom I-VO Rn. 11; MüKo/*Martiny* Art. 3 Rom I-VO Rn. 80. Zum Meinungsstand auch Bamberger/Roth/*Spickhoff* Art. 3 Rom I-VO Rn. 30.

1013 Vgl. Rauscher/*v. Hein*, EuZPR/EuIPR (2011) Art. 3 Rom I-VO Rn. 9.

1014 Vgl. auch *Kroll-Ludwigs*, 412. Siehe in Bezug auf die Aufhebung oder Änderung der Rechtswahl nach Art. 15 EuUnthVO in Verbindung mit Art. 8 HUntProt auch Rauscher/*Andrae*, EuZPR/EuIPR (2010) Art. 8 HuntStProt Rn. 4; *dies.* § 8 Rn. 158; im Ergebnis ebenso *Hausmann*, IntEuSchR C Art. 8 HUP Rn. 575, jedoch ohne Bezugnahme auf Art. 3 HUntProt.

nunc-Wirkung zukommen.[1015] Dem liegt der Gedanke zugrunde, dass es typischerweise keine berechtigten Interessen der Parteien gibt, das auf die Unterhaltspflichten anwendbare Recht rückwirkend zu ändern. Auch hier ist ein Regelungsbedarf *de lege ferenda* wohl zu verneinen, da der praktische Nutzen einer bloßen „Im-Zweifel-Regelung" gering ist.

IV. Ergebnisse

Eine Regelung der zeitlichen Wirkung der Rechtswahl ist den bisher verabschiedeten Verordnungen fremd. Im Scheidungs- und Erbrecht kommt bedingt durch den Anknüpfungsgegenstand von vornherein nur eine *ex nunc*-Wirkung in Betracht. In der Rom I- und Rom II-VO sowie im EuUnthVO in Verbindung mit dem HUntProt kommt zwar – je nach Parteiwille – eine *ex tunc*- oder eine *ex nunc*-Wirkung in Betracht. Ein Regelungsbedarf ist aber zu verneinen, da lediglich eine „Im-Zweifel-Regelung" in Betracht käme.

Nach derzeitigem Stand des Gesetzgebungsverfahrens soll im Güterrecht geregelt werden, dass ein Wechsel des auf den Güterstand anzuwendenden Rechts nur Wirkungen für die Zukunft begründet, es sei denn, die Ehegatten bzw. Partner beschließen ausdrücklich, dass die Wirkungen rückwirkend eintreten sollen. Dies stellt eine rechtsgebietsspezifische Besonderheit dar, die den Problemen einer rückwirkenden Änderung des Güterstatuts Rechnung trägt. Die Aufnahme paralleler Regelungen in anderen Rechtsbereichen ist sachlich nicht angezeigt.

B. Inlands- und Binnenmarktsachverhalte

I. Schuldrecht

1. Regelungen für Inlandssachverhalte

Die Rechtswahlregelungen der Rom I- und Rom II-VO enthalten, wie schon zuvor die Rechtswahlregelung des EVÜ (Art. 3 Abs. 3 EVÜ), Regelungen für reine Inlandssachverhalte[1016] (Art. 3 Abs. 3 Rom I-VO, Art. 14 Abs. 2 Rom II-VO). Entsprechende Regelungen kennen die restlichen Verordnungen und Verordnungsvorschläge nicht.

1015 *Hausmann*, IntEuSchR C Art. 8 HUP Rn. 575. Siehe dazu Rauscher/*Andrae*, EuZPR/EuIPR (2010) Art. 8 HuntStProt Rn. 4, wonach bei einem nicht feststellbaren Parteiwillen, „eine analoge Anwendung von Art. 3 Abs. 2 in Frage" kommt.

1016 Zu diesem Begriff Rauscher/*v. Hein*, EuZPR/EuIPR (2011) Art. 3 Rom I-VO Rn. 105.

a) Normative Ausgangslage

Nach Art. 3 Abs. 3 Rom I-VO können die Parteien, wenn „alle anderen Elemente des Sachverhalts zum Zeitpunkt der Rechtswahl in einem anderen als demjenigen Staat belegen [sind], dessen Recht gewählt wurde", mit der Rechtswahl nicht von den zwingenden Bestimmungen „dieses anderen Staates" abweichen. Art. 14 Abs. 2 Rom II-VO sieht eine entsprechende Regelung vor, jedoch mit dem Unterschied, dass für die Beurteilung des Inlandssachverhaltes nicht auf den „Zeitpunkt der Rechtswahl", sondern angepasst an den Anknüpfungsgegenstand auf den „Zeitpunkt des Eintritts des schadensbegründenden Ereignisses" abgestellt wird. Abweichend zu Art. 3 Abs. 3 Rom I-VO wird im Wortlaut von Art. 14 Abs. 2 Rom II-VO von „alle[n] Elemente[n] des Sachverhalts" statt von „alle[n] anderen Elemente[n] des Sachverhalts" gesprochen.

Beide Regelungen verlangen das Vorliegen eines reinen Inlandssachverhalts.[1017] Liegt ein reiner Inlandssachverhalt vor, so findet das gewählte Recht nur insoweit Anwendung, als es den zwingenden Bestimmungen dieses Staates, in dem alle Elemente des Sachverhalts belegen sind, nicht widerspricht.[1018] Der Rechtswahl kommt damit letztlich nur die Wirkung zu, die materiell-rechtlich dispositiven Vorschriften durch das gewählte ausländische Recht zu ersetzen (materiell-rechtliche Wirkung).[1019] Es entsteht ein „law mix" zwischen dem gewählten Recht und den zwingenden Bestimmungen des Rechts des anderen Staates, zu dem der Sachverhalt allein eine Verbindung aufweist.[1020]

b) Kritische Analyse und Überlegungen *de lege ferenda*

Art. 3 Abs. 3 EVÜ enthält den klarstellenden Zusatz: „[…] kann die Wahl eines ausländischen Rechts durch die Parteien – sei sie durch die Vereinbarung der Zuständigkeit eines ausländischen Gerichtes ergänzt oder nicht – die Bestimmungen nicht berühren […]." In den Regelungen für Inlandssachverhalte der Rom I-VO (Art. 3 Abs. 3) und der Rom II-VO (Art. 14 Abs. 2) fehlt dagegen eine ausdrückliche Klarstellung, dass die Rechtswahlvereinbarung allein oder in

---

1017 Der Begriff „belegen" in den deutschen Sprachfassungen wird vereinzelt kritisiert, vgl. Bamberger/Roth/*Spickhoff* Art. 3 Rom I-VO Rn. 2.

1018 *Rühl*, 498.

1019 Rauscher/*v. Hein*, EuZPR/EuIPR (2011) Art. 3 Rom I-VO Rn. 100; *Junker* NJW 2007, 3675, 3677; *Leible* RIW 2008, 257, 262; Palandt/*Thorn* Art. 3 Rom I-VO Rn. 5; *Kroll-Ludwigs*, 64.

1020 *v. Hein* in Calliess (Hrsg.) Art. 14 Rom II-VO Rn. 43; PWW/*Schaub* Art. 14 Rom II-VO Rn. 8; *Heiss/Loacker* JBL 2007, 613, 623; *Leible* RIW 2008, 257, 262; MüKo/*Junker* Art. 14 Rom II-VO Rn. 41; *Rühl*, 498; *dies.* in FS Kropholler, 187, 203.

Verbindung mit einer Gerichtsstandsvereinbarung das Vorliegen eines Inlandssachverhalts nicht beeinträchtigt.[1021]

In der Sache sind aber alle genannten Regelungen gleich auszulegen.[1022] Für die Rom I-VO folgt dies aus Erwägungsgrund Nr. 15 Rom I-VO, in dem es heißt: „Obwohl keine inhaltliche Änderung gegenüber Artikel 3 Absatz 3 des Übereinkommens von 1980 über das auf vertragliche Schuldverhältnisse anzuwendende Recht („Übereinkommen von Rom") beabsichtigt ist, ist der Wortlaut der vorliegenden Verordnung so weit wie möglich an Artikel 14 der Verordnung (EG) Nr. 864/2007 angeglichen."[1023] Die rein sprachliche Abweichung der Rom I-VO von dem Regelungswortlaut in Art. 3 Abs. 3 EVÜ ist also nur durch den zeitlich früheren Erlass der Rom II-VO bedingt. Auch lässt Art. 3 Abs. 3 Rom I-VO – durch die Formulierung „alle anderen Elemente des Sachverhalts" – immerhin noch anklingen, dass die Rechtswahlvereinbarung als solche keine Auslandsberührung schafft, die zur Verneinung eines reinen Inlandssachverhalts führen würde.

Das Fehlen einer entsprechenden Klarstellung in der Rom II-VO überrascht allerdings.[1024] Denn der Vorschlag der Kommission zur Rom I-VO aus dem Jahre 2005[1025] sah noch eine ausdrückliche Klarstellung entsprechend der Formulierung von Art. 3 Abs. 3 EVÜ vor[1026] und auch während des

---

1021 Statt aller zu Rom I-VO: *Ferrari* in Ferrari, Int. VertragsR, Art. 3 Rom I-VO Rn. 49; statt aller zu Rom II-VO: Rauscher/*Jakob/Picht*, EuZPR/EuIPR (2011) Art. 14 Rom II-VO Rn. 50.

1022 Vgl. *v. Hein* in Calliess (Hrsg.) Art. 14 Rom II-VO Rn. 41; PWW/*Brödermann/Wegen* Art. 3 Rom I-VO Rn. 25; *Calliess* in Calliess (Hrsg.) Art. 3 Rom I-VO Rn. 51; *Wagner* IPRax 2008, 377, 380; Staudinger/*Magnus* (2011) Art. 3 Rom I-VO Rn. 130; *Maultzsch* RabelsZ 75 (2011) 60, 71; Palandt/*Thorn* Art. 3 Rom I-VO Rn. 5; *v. Hein* ZEuP 2009, 6, 21.

1023 Dazu *Wagner* IPRax 2008, 377, 380: „Die Angleichung an den Wortlaut der Rom II-VO, die auch in mehreren anderen Vorschriften vorgenommen worden ist, erleichtert nicht nur die Auslegung der Vorschriften, sondern vereinfacht auch eine etwaige spätere Verschmelzung beider EG-Verordnungen (im Rahmen eines Europäischen IPR-Gesetzbuches)." Siehe auch Erwägungsgrund Nr. 15 S. 2 Rom I-VO: „Diese Regel sollte unabhängig davon angewandt werden, ob die Rechtswahl zusammen mit einer Gerichtsstandsvereinbarung getroffen wurde oder nicht."

1024 Kritisch dazu Rauscher/*Jakob/Picht*, EuZPR/EuIPR (2011) Art. 14 Rom II-VO Rn. 50; *v. Hein* in Calliess (Hrsg.) Art. 14 Rom II-VO Rn. 41; *ders.* RabelsZ 73 (2009) 461, 487.

1025 KOM(2005) 650 endgültig, S. 16.

1026 *v. Hein* VersR 2007, 440, 445

Gesetzgebungsverfahrens der Rom II-VO wurde von mehreren Autoren[1027] auf die fehlende Klarstellung hingewiesen.[1028] Letztlich wird das Fehlen einer entsprechenden Klarstellung in der Rom II-VO wohl auf eine mangelnde Sorgfalt bei der Gesetzesredaktion zurückzuführen sein.[1029] In der Sache besteht im Schrifttum aber vollkommene Einigkeit, dass auch im Rahmen des Art. 14 Abs. 2 Rom II-VO eine Rechtswahlvereinbarung mit einer Gerichtsstandsvereinbarung für sich genommen keinen Auslandsbezug herstellt, der einen reinen Inlandssachverhalt ausschließen würde.[1030] Denn andernfalls könnte die Regelung des Art. 14 Abs. 2 Rom II-VO leicht umgegangen werden.[1031]

De lege ferenda wäre zu wünschen, dass in Art. 3 Abs. 3 Rom I-VO und Art. 14 Abs. 2 Rom II-VO, wie zuvor schon in Art. 3 Abs. 3 EVÜ bzw. Art. 27 Abs. 3 EGBGB, klargestellt würde, dass eine Rechtswahl allein oder zusammen mit einer Gerichtsstandsvereinbarung am Vorliegen eines Inlandssachverhalts nichts ändert.[1032] Dies würde zur Klarheit[1033] und Bestimmtheit der Regelungen beitragen. Gleichzeitig sollte in der Rom II-VO in die Formulierung „alle Elemente des Sachverhalts" der Begriff „anderen", wie er in Art. 3 Abs. 3 Rom I-VO zu finden ist, aufgenommen werden. Denn der Begriff „anderen" verdeutlicht, dass die Rechtswahl kein Element des Sachverhalts bildet, das für die Beurteilung des Vorliegens eines reinen Inlandssachverhalts erheblich ist.

De lege ferenda bietet sich folgende einheitliche Formulierung der Regelung für reine Inlandssachverhalte an (Korrekturvorschläge kursiv gedruckt): Sind alle *anderen* Elemente des Sachverhalts zum Zeitpunkt der Rechtswahl [in der

---

1027 *v. Hein* ZVglRWiss 102 (2003) 528, 548; *Sonnentag* ZVglRWiss 105 (2006) 256, 279.

1028 Rauscher/*v. Hein*, EuZPR/EuIPR (2011) Art. 3 Rom I-VO Rn. 103.

1029 Siehe dazu *v. Hein* RabelsZ 73 (2009) 461, 487 „must probably be attributed to sloppy drafting"; Rauscher/*v. Hein*, EuZPR/EuIPR (2011) Art. 3 Rom I-VO Rn. 103 „evidenten Redaktionsfehler".

1030 PWW/*Schaub* Art. 14 Rom II-VO Rn. 8; *Sujecki* EWS 2009, 310, 314; *Vogeler*, 373; *Leible* RIW 2008, 258, 262; *v. Hein* VersR 2007, 440, 445; *ders.* RabelsZ 73 (2009) 461, 487; *ders.* in Calliess (Hrsg.) Art. 14 Rom II-VO Rn. 41; *ders.* ZEuP 2009, 6, 21; Rauscher/*Jakob/Picht*, EuZPR/EuIPR (2011) Art. 14 Rom II-VO Rn. 50; Palandt/*Thorn* Art. 14 Rom II-VO Rn. 13; *Leible* RIW 2008, 257, 262; *Dickinson*, Chapter 13 Rn. 13.30; offen gelassen *Rühl* in FS *Kropholler*, 187, 203 Fn. 68.

1031 Rauscher/*Jakob/Picht*, EuZPR/EuIPR (2011) Art. 14 Rom II-VO Rn. 50.

1032 Vgl. Rauscher/*v. Hein*, EuZPR/EuIPR (2011) Art. 3 Rom I-VO Rn. 103; Rauscher/*Jakob/Picht*, EuZPR/EuIPR (2011) Art. 14 Rom II-VO Rn. 50.

1033 Rauscher/*Jakob/Picht*, EuZPR/EuIPR (2011) Art. 14 Rom II-VO Rn. 50.

Rom II-VO stattdessen: des Eintritts des schadensbegründenden Ereignisses] in einem anderen als demjenigen Staat belegen, dessen Recht gewählt wurde, so berührt die Rechtswahl der Parteien – *auch in Verbindung mit einer Vereinbarung zur internationalen Gerichtszuständigkeit* – nicht die Anwendung derjenigen Bestimmungen des Rechts dieses anderen Staates, von denen nicht durch Vereinbarung abgewichen werden kann.

2. *Regelungen für Binnenmarktsachverhalte*

a) **Normative Ausgangslage**

Art. 3 Abs. 4 Rom I-VO und Art. 14 Abs. 3 Rom II-VO enthalten Regelungen für Binnenmarktsachverhalte, sogenannte Binnenmarktklauseln. Gegenüber dem EVÜ stellt dies eine Neuheit dar.[1034] Die Binnenmarktklausel des Art. 3 Abs. 4 Rom I-VO lautet: „Sind alle anderen Elemente des Sachverhalts zum Zeitpunkt der Rechtswahl in einem oder mehreren Mitgliedstaaten belegen, so berührt die Wahl des Rechts eines Drittstaats durch die Parteien nicht die Anwendung der Bestimmungen des Gemeinschaftsrechts – gegebenenfalls in der von dem Mitgliedstaat des angerufenen Gerichts umgesetzten Form –, von denen nicht durch Vereinbarung abgewichen werden kann". Eine entsprechende Regelung mit im Wesentlichen gleichem Wortlaut, jedoch mit Unterschieden im Beurteilungszeitpunkt und in der Satzstellung[1035], sieht auch die Binnenmarktklausel des Art. 14 Abs. 3 Rom II-VO vor.

Mit den Binnenmarktklauseln der Rom I- und Rom II-VO soll verhindert werden, dass das Unionsrecht durch die Wahl des Rechts eines Drittstaates „abgewählt" wird.[1036] Denn in Konstellationen, in denen ein Sachverhalt Bezüge zu mehr als einem Mitgliedsstaat aufweist, kann die Anwendung des Unionsrechts mit der Regelung für Inlandssachverhalte nicht mehr sichergestellt werden.[1037] Die Binnenmarktklauseln der Rom I- und Rom II-VO erweitern deshalb die Regelungen für Inlandssachverhalte[1038], indem sie auch die EU wie einen

1034 Vgl. *Magnus* IPRax 2010, 27, 34.

1035 Müko/*Junker* Art. 14 Rom II-VO Rn. 44.

1036 Vgl. KOM(2005) 650 endgültig, 6; Staudinger/*Magnus* (2011) Art. 3 Rom I-VO Rn. 149; MüKo/*Junker* Art. 14 Rom II-VO Rn. 42; *Wagner* IPRax 2008, 377, 380; *Dickinson*, Chapter 13 Rn. 13.32.

1037 Rauscher/*v. Hein,* EuZPR/EuIPR (2011) Art. 3 Rom I-VO Rn. 126.

1038 *v. Hein* in Calliess (Hrsg.) Art. 14 Rom II-VO Rn. 44.

Staat behandeln[1039]. Treffend wird ausgeführt: „[...] für die Gemeinschaft stellt sich ein reiner Binnenmarktfall nicht anders dar als für die Mitgliedstaaten ein reiner Inlandsfall".[1040] Die Binnenmarktklausel bewirkt folglich einen „*law mix*" zwischen den zwingenden Bestimmungen des Unionsrechts, gegebenenfalls in der von dem Mitgliedstaat des angerufenen Gerichts umgesetzten Form und dem gewählten Recht.[1041]

Die Entscheidung des Unionsgesetzgebers für die Aufnahme einer Binnenmarktklausel in die Rechtswahlregelungen der Rom I- und Rom II-VO ist vom Grundsatz her zu begrüßen.[1042] Die Binnenmarktklausel kann gegenüber der Regelung für Inlandssachverhalte des Art. 3 Abs. 3 Rom I-VO und des Art. 14 Abs. 2 Rom II-VO auch nicht als redundant angesehen werden[1043].[1044] Denn es bestehen zwei wesentliche Unterschiede[1045]: Erstens reicht die Binnenmarktklausel weiter als die Regelung für Inlandssachverhalte, weil sie auch dann Anwendung findet, wenn alle Elemente des Sachverhalts nicht nur in einem, sondern in mehreren Mitgliedstaaten belegen sind.[1046] Zweitens stellt die Binnenmarktklausel in ihrer Rechtsfolge, soweit zwingendes Unionsrecht in dem Mitgliedstaat des angerufenen Gerichts in nationales Recht umgesetzt worden ist, auf die *lex fori* ab.[1047]

b) Kritische Analyse und Überlegungen *de lege ferenda*

Regelungstechnisch ist die Binnenmarktklausel jedoch in mehrfacher Hinsicht zu kritisieren.[1048]

1039 *Lehmann* in FS Spellenberg, 245, 249; *Magnus* IPRax 2010, 27, 34; Rauscher/*v. Hein*, EuZPR/EuIPR (2011) Art. 3 Rom I-VO Rn. 126.

1040 *Leible*, Rom I und II, 41; *ders.* RIW 2008, 257, 262; so auch MüKo/*Junker* Art. 14 Rom II-VO Rn. 42.

1041 *Rühl*, 627; *dies.* in FS Kropholler, 187, 204.

1042 Zur Rom I-VO: *Leible* Rom I und II, 41; *Pfeiffer* EuZW 2008, 622, 625; *Bonomi* Yb PIL Volume 10 (2008) 165, 172; *Kenfack* Clunet 2009, 3, 18; zur Rom II-VO: Rauscher/*Jakob/Picht*, EuZPR/EuIPR (2011) Art. 14 Rom II-VO Rn. 55.

1043 In diese Richtung zweifelnd *Cheshire/North/Fawcett*, Chapter 19, 840: „However, given that national law includes Community law, it is open to question whether it will in fact add anything to what is already provided for by Article 14 (2)".

1044 *v. Hein* in Calliess (Hrsg.) Art. 14 Rom II-VO Rn. 44 Fn. 137.

1045 *v. Hein* in Calliess (Hrsg.) Art. 14 Rom II-VO Rn. 44.

1046 *v. Hein* in Calliess (Hrsg.) Art. 14 Rom II-VO Rn. 45; *Rauscher* Rn. 1266; Rauscher/*Jakob/Picht*, EuZPR/EuIPR (2011) Art. 14 Rom II-VO Rn. 55.

1047 *v. Hein* in Calliess (Hrsg.) Art. 14 Rom II-VO Rn. 46; MüKo/*Junker* Art. 14 Rom II-VO Rn. 44.

1048 *Leible*, Rom I und II, 41; *ders.* RIW 2008, 257, 264.

aa) Sachverhaltsbezug zu Dänemark

(1) Normative Ausgangslage in der Rom I- und Rom II-VO

Die Binnenmarktklauseln der Rom I- und Rom II-VO fordern einen ausschließlichen Sachverhaltsbezug zu „einem oder mehreren Mitgliedstaaten".[1049] „Mitgliedstaat" im Sinne der Rom I- und Rom II-VO sind alle Mitgliedstaaten, für die die jeweilige Verordnung Anwendung findet (Art. 1 Abs. 4 S. 1 Rom I-VO; Art. 1 Abs. 4 Rom II-VO).[1050] Die Rom I-VO und die Rom II-VO gelten für alle Mitgliedstaaten mit Ausnahme des Mitgliedstaats Dänemarks. Diese Begriffsbestimmung hätte im Rahmen der Binnenmarktklausel daher zur Folge, dass Dänemark als „Drittstaat" einzustufen wäre und die Binnenmarktklausel bei Belegenheit von Elementen des Sachverhalts (auch) in Dänemark nicht zur Anwendung käme.[1051] Zwingende Bestimmungen des Unionsrechts könnten so umgangen werden, obwohl auch Dänemark als Mitgliedstaat der EU zur Umsetzung zwingender Bestimmungen des Unionsrechts verpflichtet ist.[1052] Im Gesetzgebungsverfahren der zeitlich später verabschiedeten Rom I-VO wurde diese Problematik erkannt und Art. 1 Abs. 4 Rom I-VO richtigerweise um folgenden Satz 2 ergänzt: „In Artikel 3 Absatz 4 und Artikel 7 bezeichnet der Begriff jedoch alle Mitgliedstaaten".[1053] Eine entsprechende auf die Binnenmarktklausel bezogene Ergänzung fehlt hingegen in der Rom II-VO.[1054] Es ist strittig, wie im Rahmen der Rom II-VO mit dieser Problematik umzugehen ist.

(2) Lückenfüllung in der Rom II-VO

Vereinzelte Stimmen im Schrifttum lehnen mit Verweis auf den eindeutigen Wortlaut des Art. 1 Abs. 4 Rom II-VO eine Einbeziehung von Dänemark in die Binnenmarktklausel ab.[1055] Das überwiegende Schrifttum will Dänemark hingegen als „Mitgliedstaat" im Rahmen der Binnenmarktklausel des Art. 14 Abs. 3

1049 *Leible*, Rom I und II, 41.

1050 *Leible*, Rom I und II, 41.

1051 *Leible*, Rom I und II, 41; *ders.* RIW 2008, 257, 263; MüKo/*Junker* Art. 14 Rom II-VO Rn. 43; *Heiss/Loacker* JBl 2007, 613, 623.

1052 *v. Hein* in Calliess (Hrsg.) Art. 14 Rom II-VO Rn. 45; *Garcimartín Alférez* EuLF 2007, I-77, I-79.

1053 Siehe dazu *Leible*, Rom I und II, 42; MüKo/*Junker* Art. 14 Rom II-VO Rn. 43; *v. Hein* in Calliess (Hrsg.) Art. 14 Rom II-VO Rn. 45.

1054 *Leible/Lehmann* RIW 2008, 528, 534; *Heiss* in Ferrari/Leible (Hrsg.) 2009, 1, 6.

1055 *Dickinson*, Chapter 13 Rn. 13.32; *Kroll-Ludwigs*, 96 Fn. 665; MüKo/*Junker* Art. 14 Rom II-VO Rn. 43.

Rom II-VO einbeziehen.[1056] Weise ein Sachverhalt Verbindungen auch zu Dänemark auf, bedürfe es auch insoweit eines Schutzes des Unionsrechts vor einer Umgehung, da auch für Dänemark die zwingenden Bestimmungen des Unionsrechts gelten.[1057] Erwogen wird eine Sonderanknüpfung des Unionsrecht, die über Art. 16 Rom II-VO bzw. über die „Grundsätze der Ingmar-Rechtsprechung" erfolgen könnte.[1058] Im Ergebnis bevorzugt wird aber, den Begriff „Mitgliedstaat" an der Teleologie des Art. 14 Abs. 3 Rom II-VO[1059] unter Berücksichtigung der Regelung des Art. 1 Abs. 4 S. 2 Rom I-VO auszurichten.[1060]

Für eine Einbeziehung des Mitgliedstaats Dänemark spricht das in Erwägungsgrund Nr. 7 Rom II-VO statuierte Ziel, die Rom I- und Rom II-VO einheitlich auszulegen.[1061] Auch deutet viel auf ein Redaktionsversehen des Unionsgesetzgebers der Rom II-VO hin.[1062] Denn in der zeitlich nach der Rom II-VO verabschiedeten Rom I-VO wurde der Begriff des „Mitgliedstaats" im Rahmen der Binnenmarktklausel auf Dänemark erweitert (Art. 1 Abs. 4 S. 2 Rom I-VO).[1063] Es spricht daher viel dafür, dass sich der Unionsgesetzgeber dieser Problematik bei der kurz zuvor erfolgten Verabschiedung der Rom II-VO noch nicht bewusst war.[1064] Eine Nichteinbeziehung von Dänemark im Rahmen der Binnenmarktklausel würde auch dem Zweck des Art. 14 Abs. 3 Rom II-VO

1056 Huber/*Bach* Art. 14 Rom II-VO Rn. 38; *v. Hein* in Calliess (Hrsg.) Art. 14 Rom II-VO Rn. 45; *Garcimartín Alférez* EuLF 2007, I-77, I-79; *ders.* in EuLF 2008, I-61, I-65; Bamberger/Roth/*Spickhoff* Art. 14 Rom II-VO Rn. 9; Palandt/*Thorn* Art. 14 Rom II-VO Rn. 15; Rauscher/*Jakob/Picht*, EuZPR/EuIPR (2011) Art. 14 Rom II-VO Rn. 54; PWW/*Schaub* Art. 14 Rom II-VO Rn. 9; *Leible* RIW 2008, 257, 263; *Heiss/Loacker* JBl 2007, 613, 623; *Heiss* in Ferrari/Leible (Hrsg.) 2009, 1, 6; Gebauer/Wiedmann/*Staudinger* Art. 14 Rom II-VO Rn. 78; *Vogeler*, 384; NK-BGB Band 6/*Knöfel* Art. 1 Rom II-VO Rn. 62.

1057 Rauscher/*v. Hein*, EuZPR/EuIPR (2011) Art. 14 Rom II-VO Rn. 75.

1058 *Heiss/Loacker* JBl 2007, 613, 623; *Leible* RIW 2008, 257, 263; die sich jedoch alle im Ergebnis für eine Ausrichtung an der Teleologie des Art. 14 Abs. 3 Rom II-VO aussprechen.

1059 *Heiss/Loacker* JBl 2007, 613, 623; *Leible* RIW 2008, 257, 263.

1060 *Leible*, Rom I und II, 42. Für eine Analogie des Art. 1 Abs. 4 S. 2 Rom I-VO auch *v. Hein* in Calliess (Hrsg.) Art. 14 Rom II-VO Rn. 45.

1061 Vgl. *v. Hein* in Calliess (Hrsg.) Art. 14 Rom II-VO Rn. 45; *Vogeler*, 384.

1062 Vgl. *Leible*, Rom I und II, 42; Huber/*Bach* Art. 14 Rom II-VO Rn. 38; *Heiss* in Ferrari/Leible (Hrsg.) 2009, 1, 6.

1063 Vgl. Huber/*Bach* Art. 14 Rom II-VO Rn. 38.

1064 Vgl. *Leible*, Rom I und II, 42; ähnlich Rauscher/*Jakob/Picht*, EuZPR/EuIPR (2011) Art. 14 Rom II-VO Rn. 53.

widersprechen[1065], das Unionsrechts umfassend durchzusetzen.[1066] Dies kann aber nur erreicht werden, wenn auch Dänemark im Rahmen der Binnenmarktklausel als „Mitgliedstaat" angesehen wird. Ein Festhalten an dem für die Binnenmarktklausel nicht passenden Wortlaut des Art. 1 Abs. 4 Rom II-VO überzeugt daher nicht. In Analogie zu Art. 1 Abs. 4 S. 2 Rom I-VO sollte Dänemark daher bereits *de lege lata* als „Mitgliedstaat" im Sinne von Art. 14 Abs. 3 Rom II-VO angesehen werden.

De lege ferenda sollte auch in der Rom II-VO eine auf die Binnenmarktklausel bezogene Parallelvorschrift zu Art. 1 Abs. 4 S. 2 Rom I-VO aufgenommen werden.[1067] Gleichzeitig wäre dann auch der Regelungswortlaut des Art. 1 Abs. 4 S. 1 Rom II-VO zu korrigieren. Folgende Formulierung bietet sich bei einer Novellierung des Art. 1 Abs. 4 Rom II-VO an: *Im Sinne dieser Verordnung bezeichnet der Begriff „Mitgliedstaat" die Mitgliedstaaten, auf die die Verordnung anwendbar ist. In Artikel 14 Absatz 3 bezeichnet der Begriff jedoch alle Mitgliedstaaten.*

bb) Sachverhaltsbezug zu einem nicht-mitgliedstaatlichen Vertragsstaat des EWR

Unbefriedigend ist auch, dass die Binnenmarktklauseln der Rom I- und II-VO die Vertragsstaaten des Europäischen Wirtschaftsraums (EWR-Vertragsstaaten), die nicht zugleich Mitgliedstaaten der EU sind (Island, Liechtenstein und Norwegen), nicht berücksichtigen.[1068] Denn auch diese drei EWR-Vertragsstaaten haben sich zur Umsetzung bestimmter EU-Richtlinien in das innerstaatliche Recht verpflichtet.[1069] So erklärt Art. 7 des EWR-Abkommens[1070] die in den Anhängen des Abkommens oder in den Entscheidungen des Gemeinsamen EWR-Ausschusses in Bezug genommenen Rechtsakte für die Vertragsstaaten als verbindlich und verpflichtet die Vertragsstaaten zur Umsetzung in das innerstaatliche Recht.[1071]

1065 *Heiss* in Ferrari/Leible (Hrsg.) 2009, 1, 6.

1066 Zu Rom I-VO MüKo/*Martiny* Art. 3 Rom I-VO Rn. 98.

1067 Siehe auch *Vogeler*, 384.

1068 NK-BGB Band 6/*Leible* Art. 3 Rom I-VO Rn. 82; *ders.* Rom I und II, 42; *ders.* in Cashin Ritaine/Bonomi (Hrsg.) 61, 74; *Leible/Lehmann* RIW 2008, 528, 534; *Heiss* in Ferrari/Leible (Hrsg.) 2009, 1, 6; *Heiss/Loacker* JBl 2007, 613, 623; Rauscher/*Jakob/Picht*, EuZPR/EuIPR (2011) Art. 14 Rom II-VO Rn. 53; in diese Richtung auch *Calliess* in Calliess (Hrsg.) Art. 3 Rom I-VO Rn. 56.

1069 Staudinger/*Magnus* (2011) Art. 3 Rom I-VO Rn. 154; NK-BGB Band 1/*Leible* Art. 46b EGBGB Rn. 30; MüKo/*Martiny* Art. 46b EGBGB Rn. 26.

1070 Abkommen über den Europäischen Wirtschaftsraum vom 2. Mai 1992 in der Fassung des Anpassungsprotokolls vom 17. März 1993, ABl. Nr. L 1 vom 3. Januar 1994.

1071 Siehe dazu NK-BGB Band 1/*Leible* Art. 46b EGBGB Rn. 30.

Vereinzelte Stimmen im Schrifttum nehmen deshalb eine planwidrige Regelungslücke an und schlagen vor, die Binnenmarktklausel im Wege der Analogie auch auf die nicht-mitgliedstaatlichen EWR-Vertragsstaaten anzuwenden.[1072] Andere Stimmen im Schrifttum halten dagegen am Wortlaut fest und ordnen die nicht-mitgliedstaatlichen EWR-Vertragsstaaten als Drittstaaten im Sinne der Binnenmarktklauseln ein.[1073]

Rechtspolitisch wäre es, unabhängig von der Rechtsanwendung *de lege lata*, zu begrüßen, wenn bei einer Revision der Rom I- und Rom II-VO die Binnenmarktklauseln im Regelungswortlaut auf die EWR-Vertragsstaaten erweitert würden.[1074] *Leible* weist diesbezüglich auf die frühere deutsche Regelung des Art. 29a EGBGB[1075] hin, mit der ebenfalls die „Geltung bestimmten EU-Richtlinienrechts gegen seine Verdrängung durch drittstaatliches Recht“[1076] gesichert werden sollte.[1077] Art. 29a EGBGB enthielt die Formulierung: „Unterliegt ein Vertrag auf Grund einer Rechtswahl nicht dem Recht eines Mitgliedstaats der Europäischen Union oder eines anderen Vertragsstaats des Abkommens über den Europäischen Wirtschaftsraum [...]“. Dem Vorschlag von *Leible* folgend ist eine solche Formulierung auch für den Regelungswortlaut von Art. 3 Abs. 4 Rom I-VO und Art. 14 Abs. 3 Rom II-VO als sinnvoll anzusehen.[1078]

1072 *Heiss* in Ferrari/Leible (Hrsg.) 2009, 1, 7 zu Art. 3 Abs. 4 Rom I-VO; so auch *Leible* RIW 2008, 257, 263; Palandt/*Thorn* Art. 14 Rom II-VO Rn. 15; *Calliess* in Calliess (Hrsg.) Art. 3 Rom I-VO Rn. 56.

1073 Staudinger/*Magnus* (2011) Art. 3 Rom I-VO Rn. 154; MüKo/*Junker* Art. 14 Rom II-VO Rn. 43; *v. Hein* in Calliess (Hrsg.) Art. 14 Rom II-VO Rn. 46; PWW/*Schaub* Art. 14 Rom II-VO Rn. 10; *Vogeler*, 384; Hk-BGB/*Staudinger* Art. 3 Rom I-VO Rn. 8; jurisPK-BGB/*Wurmnest* Art. 14 Rom II-VO Rn. 29; *Magnus* IPRax 2010, 27, 34.

1074 Ebenso PWW/*Schaub* Art. 14 Rom II-VO Rn. 10; jurisPK-BGB/*Wurmnest* Art. 14 Rom II-VO Rn. 29; Palandt/*Thorn* Art. 14 Rom II-VO Rn. 15; so wohl auch *Leible*, Rom I und II, 43.

1075 Art. 29a EGBGB a.F. lautete: „Unterliegt ein Vertrag auf Grund einer Rechtswahl nicht dem Recht eines Mitgliedstaats der Europäischen Union oder eines anderen Vertragsstaats des Abkommens über den Europäischen Wirtschaftsraum, weist der Vertrag jedoch einen engen Zusammenhang mit dem Gebiet eines dieser Staaten auf, so sind die im Gebiet dieses Staats geltenden Bestimmungen zur Umsetzung der Verbraucherschutzrichtlinien gleichwohl anzuwenden.“

1076 Staudinger/*Magnus* (2002) Art. 29a EGBGB Rn. 1.

1077 Siehe *Leible*, Rom I und II, 42.

1078 *Leible*, Rom I und II, 43.

cc) Rechtswahl und Gerichtsstandsvereinbarung

Auch im Rahmen der Binnenmarktklausel wirkt sich eine Rechtswahl allein oder in Kombination mit einer Gerichtsstandsvereinbarung nicht auf das Vorliegen eines reinen Binnenmarktsachverhaltes aus.[1079]

Im Wortlaut der Regelung des Art. 3 Abs. 4 Rom I-VO heißt es „alle anderen Elemente des Sachverhalts". Art. 14 Abs. 3 Rom II-VO spricht dagegen, wie bereits der Wortlaut der Regelung für Inlandssachverhalte des Art. 14 Abs. 2 Rom II-VO[1080], von „alle Elemente des Sachverhalts". Der Begriff „anderen" fehlt. Eine entsprechende Klarstellung durch Aufnahme des Begriffs „anderen" bietet sich *de lege ferenda* auch im Wortlaut der Regelung des Art. 14 Abs. 3 Rom II-VO an.

Auch hier sollte *de lege ferenda*, entsprechend den Überlegungen zu Art. 3 Abs. 3 Rom I-VO und Art. 14 Abs. 2 Rom II-VO[1081], im Wortlaut der Binnenmarktklauseln der Rom I- und Rom II-VO eine Klarstellung erfolgen, dass eine Rechtswahl allein oder zusammen mit einer Gerichtsstandsvereinbarung am Vorliegen eines Binnenmarktsachverhalts nichts ändert.

3. *Überschneidungen zwischen den Regelungen für Inlands- und Binnenmarktsachverhalte*

Der Anwendungsbereich der Binnenmarktklauseln der Rom I- und Rom II-VO ist eröffnet, wenn die Parteien das Recht eines Drittstaates wählen und alle (anderen) Elemente des Sachverhalts ausschließlich „in einem oder mehreren Mitgliedstaaten" belegen sind. Wenn die Verbundenheit nur mit einem Mitgliedstaat besteht, kommt es zu einer Konkurrenz mit der Regelung für Inlandssachverhalte der Rom I- und Rom II-VO, deren Voraussetzungen dann ebenfalls erfüllt sind.[1082] Diese Konkurrenz wirkt sich im Ergebnis nur dann inhaltlich aus, wenn es um Richtlinienrecht der Union geht, das in das nationale Recht umgesetzt wird, und wenn der Rechtsstreit aufgrund einer Gerichtsstandsvereinbarung in einem anderen Mitgliedsstaat anhängig gemacht wird, als demjenigen Mitgliedstaat, zu dem der Sachverhalt Verbindung hat.[1083] Denn die Regelungen

1079 Vgl. Staudinger/*Magnus* (2011) Art. 3 Rom I-VO Rn. 153.

1080 Siehe dazu Zweiter Teil § 5 B. I. 1. b).

1081 Siehe dazu Zweiter Teil § 5 B. I. 1. b).

1082 MüKo/*Junker* Art. 14 Rom II-VO Rn. 45; Rauscher/*v. Hein*, EuZPR/EuIPR (2011) Art. 3 Rom I-VO Rn. 122; *ders.* in Calliess (Hrsg.) Art. 14 Rom II-VO Rn. 48.

1083 Rauscher/*v. Hein*, EuZPR/EuIPR (2011) Art. 3 Rom I-VO Rn. 122; *ders.* ZEuP 2009, 6, 22; *ders.* in Calliess (Hrsg.) Art. 14 Rom II-VO Rn. 48.

für Inlandssachverhalte der Rom I- und Rom II-VO sehen als Rechtsfolge vor, dass die zwingenden Bestimmungen des Staates zur Anwendung kommen, in dem „alle anderen Elemente des Sachverhalts zum Zeitpunkt der Rechtswahl [...] belegen" sind. Die Binnenmarktklauseln verweisen hingegen auf die zwingenden Bestimmungen der *lex fori*.

Die Frage, wie diese Normkonkurrenz aufzulösen ist, wird in der Rom I- und Rom II-VO nicht geklärt.[1084] Ein Teil des Schrifttums will der Regelung für Inlandssachverhalte den Vorzug geben.[1085] Ein Rückgriff auf die Binnenmarktklausel bedürfe es dann nicht.[1086] Dafür spreche der angestrebte internationale Entscheidungseinklang (Erwägungsgrund Nr. 6 Rom I- und Rom II-VO).[1087] Andere Stimmen im Schrifttum wollen im Konkurrenzfall hingegen die Binnenmarktklausel anwenden.[1088] Dafür spreche die Systematik der Rechtswahlregelungen, nach der die Binnenmarktklausel als *lex specialis* für die Durchsetzung des Unionsrechts anzusehen sei.[1089] Auch würden die Binnenmarktklauseln das Richtlinienrecht explizit erwähnen und auf den jeweiligen Umsetzungsakt verweisen.[1090]

Der Vorrang der Binnenmarktklausel erscheint auf dem ersten Blick plausibel. Bei genauerer Betrachtung erscheint es jedoch überzeugender, der Regelung für Inlandssachverhalte den Vorrang einzuräumen. Andernfalls müsste das Gericht, bei dem der Rechtsstreit anhängig ist, neben dem „sonstige[n] zwingende[n] Recht des Belegenheitsstaates das richtlinienbasierte zwingende Recht der *lex fori*" untersuchen.[1091] Dies würde ein zusätzlicher Rechtsermittlungsaufwand

1084 Offen gelassen MüKo/*Junker* Art. 14 Rom II-VO Rn. 45, wonach auf die diesbezügliche Entscheidung des EuGH zu warten sei; *v. Hein* in Calliess (Hrsg.) Art. 14 Rom II-VO Rn. 48.

1085 *Plender/Wilderspin* Rn. 6-060; *de Lima Pinheiro* Riv. dir. int. priv. proc. 44 (2008) 5, 14; wohl auch *Calliess* in Calliess (Hrsg.) Art. 3 Rom I-VO Rn. 56; zu dem Kommissionsvorschlag zur Rom II-VO aus dem Jahre 2003 bereits auch *Kreuzer* in Reichelt/Rechberger (Hrsg.)13, 29.

1086 *Plender/Wilderspin* Rn. 6-060.

1087 Rauscher/*v. Hein*, EuZPR/EuIPR (2011) Art. 3 Rom I-VO Rn. 122; *ders.* in Calliess (Hrsg.) Art. 14 Rom II-VO Rn. 48.

1088 *Vogeler*, 395; *v. Hein* ZEuP 2009, 6, 22; NK-BGB Band 6/*Gebauer* Art. 14 Rom II-VO Rn. 48; *Dickinson*, 2010, Chapter 13 Rn. 13.32 Fn. 93.

1089 Rauscher/*v. Hein*, EuZPR/EuIPR (2011) Art. 3 Rom I-VO Rn. 122; *ders.* ZEuP 2009, 6, 22. Als ein weiteres Argument führt *Vogeler*, 395 an, dass die Binnenmarktklauseln das Richtlinienrecht explizit erwähnen.

1090 *Vogeler*, 395.

1091 Rauscher/*Jakob/Picht*, EuZPR/EuIPR (2011) Art. 14 Rom I-VO Rn. 57.

bedeuten.[1092] Die Gesichtspunkte der Praktikabilität, die das Abstellen der Binnenmarktklauseln auf den Umsetzungsakt des Unionsrechts der *lex fori* tragen[1093], greifen nicht, wenn bei einem reinen Inlandssachverhalt das umgesetzte Unionsrecht eines anderen Mitgliedstaats, nämlich der *lex fori*, aufgrund der Binnenmarktklausel ohnehin anzuwenden wäre. Für diese Sichtweise sprechen auch die Ausführungen der Kommission im Kommissionsvorschlag von 2003[1094]. Dort heißt es: „Analog zu Absatz 2 [Regelung für Inlandssachverhalte] gilt Absatz 3 [Binnenmarktklausel] für den Fall, dass alle anderen Sachverhaltselemente in zwei oder mehr Mitgliedstaaten belegen sind. Absatz 3 verfolgt denselben Zweck wie Absatz 2, nämlich die Parteien daran zu hindern, die Anwendung der nicht abdingbaren Normen des Gemeinschaftsrechts durch die Wahl des Rechts eines Drittstaats auszuschließen."[1095] Die Kommission wollte also die Binnenmarktklausel nur bei Konstellationen anwenden, bei denen alle anderen Sachverhaltselemente „in zwei oder mehr Mitgliedstaaten belegen sind". Mit *Kreuzer* spricht daher viel dafür, dass es überflüssig ist, „die Sachverhaltskonstellation ‚in einem Mitgliedstaat'"in die Binnenmarktklausel einzubeziehen.[1096]

De lege ferenda sind die Überschneidungsprobleme durch eine klarstellende Korrektur der Binnenmarktklauseln der Rom I- und Rom II-VO zu beseitigen. Folgt man der hier vertretenen Ansicht, dass die Regelung für Inlandssachverhalte vorrangig ist, so sollte in Art. 3 Abs. 4 Rom I-VO und in Art. 14 Abs. 3 Rom II-VO die Formulierung „einem oder" gestrichen werden.

1092 Rauscher/*Jakob/Picht*, EuZPR/EuIPR (2011) Art. 14 Rom I-VO Rn. 57. Verdeutlicht wird dies durch folgendes von *Jakob* und *Picht* angeführte Beispiel: „Der Sachverhalt eines Produkthaftungsstreits sei zur Gänze in Spanien belegen, die Parteien wählen aber argentinisches Recht und streiten nun in Frankreich vor Gericht. Für die Frage, ob Art 12 Produkthaftungsrichtlinie (Verbot des Haftungsausschlusses) in Gestalt der spanischen oder französischen Richtlinien-Umsetzungsnorm zur Anwendung gelangen soll, verweist Art 14 Abs 2 auf das spanische Recht, Art 14 Abs 3 hingegen auf das französische Recht." Hier sollte die spanische Umsetzungsnorm zusammen mit dem sonstigen zwingenden Recht Spaniens zur Anwendung gelangen, vgl. Rauscher/*Jakob/Picht*, EuZPR/EuIPR (2011) Art. 14 Rom I-VO Rn. 57.

1093 Siehe dazu Huber/*Bach* Art. 14 Rom II-VO Rn. 39; *Plender/Wilderspin* Rn. 6-060.

1094 KOM(2003) 427 endgültig.

1095 KOM(2003) 427 endgültig, S. 25.

1096 *Kreuzer* in Reichelt/Rechberger (Hrsg.) Europäisches Kollisionsrecht, 13, 29 zu der vorgeschlagenen Binnenmarktklausel für das außervertragliche Schuldrecht in KOM(2003) 427 endgültig.

II. Familien- und Erbrecht

Im Familien- und Erbrecht sind keine entsprechenden Regelungen für Inlands- und Binnenmarktsachverhalte vorgesehen.[1097] Eine Regelungslücke liegt insoweit aber nicht vor. Einer Regelung für Inlands- und Binnenmarktsachverhalte bedarf es nämlich in den Verordnungen und Verordnungsentwürfen zum Familien- und Erbrecht nicht, weil anders als im Schuldrecht den Parteien keine freie Rechtswahl eröffnet wird, sondern die Wahl auf verbundene Rechte begrenzt ist.[1098] Die Wahl eines Rechts, mit dem der Sachverhalt keinerlei (andere) Beziehung hat, wird bei einem reinen Inlandssachverhalt dadurch bereits ausgeschlossen. Auch die Wahl eines Drittstaatenrechts ist ausgeschlossen, wenn alle Elemente des Sachverhalts in einem oder mehreren Mitgliedstaaten liegen.

III. Ergebnisse

Die Regelungen für Inlands- und Binnenmarktsachverhalte in Art. 3 Abs. 3, Abs. 4 Rom I-VO und Art. 14 Abs. 2, Abs. 3 Rom II-VO stellen eine Besonderheit des Schuldrechts dar. Im Familien- und Erbrecht bedarf es aufgrund der Einschränkung der Wahlbefugnis auf verbundene Rechte keiner entsprechenden Regelungen.

1. Korrektur der Regelungen für Inlandssachverhalte

Abweichend zu der Rechtswahlregelung des Art. 3 Abs. 3 EVÜ fehlt in Art. 3 Abs. 3 Rom I-VO und in Art. 14 Abs. 2 Rom II-VO eine ausdrückliche Klarstellung, dass sich eine Rechtswahlvereinbarung allein oder in Verbindung mit einer Gerichtsstandsvereinbarung nicht auf das Vorliegen eines Inlandssachverhalts auswirkt. Art. 3 Abs. 3 Rom I-VO verdeutlicht immerhin durch den Begriff „anderen" in der Formulierung „alle anderen Elemente des Sachverhalts", dass die Rechtswahl bezogen auf die Feststellung eines Inlandssachverhalts kein erhebliches Element des Sachverhalts bildet.

De lege ferenda sollten die Normtexte der Rom I- und Rom II-VO vereinheitlicht und in Anlehnung an Art. 3 Abs. 3 EVÜ bzw. Art. 27 Abs. 3 EGBGB klarstellend korrigiert werden. Folgende Formulierung (Korrekturvorschläge kursiv gedruckt) bietet sich an: Sind alle *anderen* Elemente des Sachverhalts zum Zeitpunkt der Rechtswahl [in der Rom II-VO stattdessen: des Eintritts des

---

1097 *Mansel* in Leible/Unberath (Hrsg.) 241, 269; *Rühl* in FS Kropholler, 187, 203 ff.

1098 *Mansel* in Leible/Unberath (Hrsg.) 241, 269; zu Art. 5 Rom III-VO siehe auch NK-BGB Band 6/*Hilbig-Lugani* Art. 5 Rom III-VO Rn. 29.

schadensbegründenden Ereignisses] in einem anderen als demjenigen Staat belegen, dessen Recht gewählt wurde, so berührt die Rechtswahl der Parteien – *auch in Verbindung mit einer Vereinbarung zur internationalen Gerichtszuständigkeit* – nicht die Anwendung derjenigen Bestimmungen des Rechts dieses anderen Staates, von denen nicht durch Vereinbarung abgewichen werden kann.

2. *Korrektur der Regelungen für Binnenmarktsachverhalte*

In Bezug auf den Mitgliedstaat Dänemark ist die Binnenmarktklausel der Rom II-VO lückenhaft und inkohärent zur Rom I-VO ausgestaltet. Nach der Begriffsdefinition des Art. 1 Abs. 4 Rom II-VO ist Dänemark kein „Mitgliedstaat" im Sinne der Rom II-VO, da die Rom II-VO für Dänemark nicht gilt. In der Rom I-VO wurde diese Problematik durch eine Ergänzung eines Satz 2 in Art. 1 Abs. 4 Rom I-VO gelöst, wonach der Begriff „Mitgliedstaat" im Rahmen der Binnenmarktklausel „alle Mitgliedstaaten" und damit auch Dänemark erfasst. *De lege ferenda* ist die inkohärente Verwendung des Begriffs „Mitgliedstaat" in der Rom II-VO durch die Aufnahme einer entsprechenden Parallelvorschrift zu Art. 1 Abs. 4 S. 2 Rom I-VO in Art. 1 Abs. 4 Rom II-VO zu beseitigen.

Unbefriedigend ist auch, dass die EWR-Vertragsstaaten, die nicht zugleich Mitgliedstaaten der EU sind, im Regelungswortlaut der Binnenmarktklauseln der Rom I- und II-VO nicht berücksichtigt werden. *De lege ferenda* wäre es zu begrüßen, wenn bei einer Revision der Rom I- und Rom II-VO die Binnenmarktklauseln auf die EWR-Vertragsstaaten erweitert würden.

Auch bei der Binnenmarktklausel der Rom II-VO sollte die sprachliche Ungenauigkeit der Formulierung „alle Elemente des Sachverhalts" durch die Ergänzung des Begriffs „anderen", entsprechend der Formulierung in Art. 3 Abs. 4 Rom I-VO, verbessert werden. Auch sollte – entsprechend den Überlegungen zu den Regelungen für Inlandssachverhalte (Art. 3 Abs. 3 Rom I-VO und Art. 14 Abs. 2 Rom II-VO) – im Regelungswortlaut der Binnenmarktklauseln der Rom I- und II-VO klargestellt werden, dass eine Rechtswahl allein oder zusammen mit einer Gerichtsstandsvereinbarung am Vorliegen eines Binnenmarktsachverhaltes nichts ändert.

3. *Beseitigung der Überschneidungen zwischen den Regelungen für Inlands- und Binnenmarktsachverhalte*

Wenn die Parteien für einen ausschließlich mit einem Mitgliedstaat verbundenen Sachverhalt das Recht eines Drittstaates gewählt haben, liegen sowohl die Voraussetzungen der Regelung für einen reinen Inlandssachverhalt als auch der Regelung für einen reinen Binnenmarktsachverhalt vor. Dies kann zu unterschiedlichen Rechtsfolgen führen, wenn die *lex fori* und der mit dem Sachverhalt verbundende Mitgliedstaat auseinanderfallen, da es nach der Regelung für reine Inlandssachverhalte auf die Umsetzung des Unionsrechts in dem betreffenden Mitgliedstaat und nach der Binnenmarktklausel auf die Umsetzung des Unionsrechts im Mitgliedstaat des angerufenen Gerichts (der *lex fori*) ankommt.

De lege ferenda sollte der Regelung für Inlandssachverhalte Vorrang eingeräumt werden, da das Gericht aufgrund des Eingreifens dieser Regelung bereits zwingend das Recht dieses Mitgliedstaates zu berücksichtigen hat und deshalb nicht noch zusätzlich das umgesetzte Unionsrecht der *lex fori* anwenden sollte. Daher sollte die Formulierung „einem oder" in den Binnenmarktklauseln der Rom I- und Rom II-VO gestrichen werden.

C. Schutz von Rechten Dritter

I. Drittschutz bei nachträglicher Rechtswahl

Zum Schutz von Rechten Dritter vor einer nachträglichen Rechtswahl sind in den Rechtswahlregelungen der Rom I- und Rom II-VO sowie im EuEhegüterVO-Vorschlag und in der Legislativen Entschließung des Europäischen Parlaments zum EuPartGüVO-Vorschlag sog. Drittschutzklauseln statuiert. Nach Art. 3 Abs. 2 S. 2 Rom I-VO werden Rechte Dritter „durch eine nach Vertragsschluss erfolgende Änderung der Bestimmung des anzuwendenden Rechts nicht berührt". Auch Art. 14 Abs. 1 S. 2 Rom II-VO bestimmt – unabhängig vom Zeitpunkt der Rechtswahl[1099] – dass eine Rechtswahl „Rechte Dritter unberührt" lässt. Für das künftige Güterrecht ist vorgesehen, dass ein rückwirkender Wechsel des anwendbaren Rechts „Rechte Dritter, die sich aus dem früher anzuwendenden Recht ergeben", nicht beeinträchtigt (Art. 18 S. 3 EuEhegüterVO-Vorschlag sowie Art. 15b Abs. 5 der Legislativen Entschließung des Europäischen Parlaments zum EuPartGüVO-Vorschlag).

Entsprechende Drittschutzklauseln kennen die Rechtswahlregelungen der Rom III-VO, der EuErbVO und des HUntProt nicht.[1100] Dies ist für die Rom III-VO und für die EuErbVO nicht zu beanstanden, da ein Wechsel des Scheidungsstatuts und des Erbstatuts typischerweise keine bestehende Rechte Dritter beeinträchtigt. Im Anwendungsbereich der Rom III-VO ist eine direkte Beeinträchtigung von bestehenden Rechten Dritter durch eine nachträgliche Änderung des anwendbaren

1099 Siehe dazu Zweiter Teil § 5 C. II.

1100 Vgl. *Mansel* in Leible/Unberath (Hrsg.) 241, 271.

Rechts nicht ersichtlich[1101], da Scheidungsfolgen wie vermögensrechtliche Folgen der Ehe vom Anwendungsbereich der Rom III-VO ausgeklammert sind. Im Erbrecht erlangen die Erben ihre Rechtstellung erst mit dem Tod des Erblassers. Eine Änderung des anwendbaren Rechts kann sich zwar auf die künftigen Rechte von pflichtteilsberechtigten Personen auswirken. Ein Vertrauensschutz der Pflichtteilsberechtigten auf ein bestimmtes Erbstatut besteht jedoch nicht.[1102] Dass eine Rechtswahl oder Änderung einer Rechtswahl zu einer Pflichtteilsreduzierung führen kann, ist „nach dem Geiste der Verordnung grundsätzlich hinzunehmen".[1103]

Im Unterhaltsstatut erscheint eine Beeinträchtigung von bestehenden Rechten Dritter durch eine nachträgliche Änderung des Unterhaltsrecht hingegen möglich[1104], beispielsweise bei bereits entstandenen Regressansprüchen Dritter.[1105] Denn das Unterhaltsstatut bestimmt auch den Umfang des Regressanspruchs einer öffentliche Aufgaben wahrnehmende Einrichtung (Art. 11 lit. f HUntProt).[1106] Auch insoweit darf die nachträgliche Rechtswahl nicht zu Lasten

---

1101 Eine andere mit der Drittschutzklausel nicht zusammenhängende Frage ist es, ob Rechtspositionen Dritter durch eine Rechtswahl beeinträchtigt werden können. Insoweit wird das Kindeswohl angeführt, vgl. *Kroll-Ludwigs*, 489; Erwägungsgrund Nr. 14 des Kommissionsvorschlags KOM(2010) 105 endgültig: „Die Möglichkeit, das bei Ehescheidung und Trennung ohne Auflösung des Ehebandes anzuwendende Recht zu bestimmen, darf nicht dem Kindeswohl zuwiderlaufen."

1102 Zu der weiteren Frage, inwieweit Pflichtteilrechte deutscher Erben unter dem *ordre public* Vorbehalt zu berücksichtigen sind, siehe *Wilke* RIW 2012, 601, 607; *Dörner* ZEV 2012, 505, 512; *Everts* ZEV 2013, 124, 126; *Simon/Buschbaum* NJW 2012, 2393, 2395.

1103 *Simon/Buschbaum* NJW 2012, 2393, 2395.

1104 Vgl. jurisPK-BGB Band 6/*Ludwig* Art. 8 UntProt Rn. 11, *Hausmann*, IntEuSchR C Art. 8 HUP Rn. 575; a.A. *Prinz*, 249. *Prinz* verkennt, dass es bei dem Schutz von Rechten Dritter im IPR – anders als beim schuldrechtlichen Vertrag zu Lasten Dritter im Sinne des § 328 BGB – einer unmittelbaren Beeinträchtigung Dritter gerade nicht bedarf. So ist im Internationalen Vertragsrecht allgemein anerkannt, dass auch Rechte von Bürgen und Pfandgläubigern von der Drittschutzklausel umfasst werden können, vgl. MüKo/*Martiny* Art. 3 Rom I-VO Rn. 84. Auch im Internationalen Deliktsrecht werden Rechte mittelbar Geschädigter von der Drittschutzklausel geschützt, vgl. MüKo/*Junker* Art. 14 Rom II-VO Rn. 50.

1105 *Hausmann*, IntEuSchR C Art. 8 HUP Rn. 575. Als weiteres Beispiel nennt jurisPK-BGB Band 6/*Ludwig* Art. 8 UntProt Rn. 11 einen bereits gepfändeten Unterhaltsanspruch. Insoweit wird der Drittschutz jedoch wohl über eine Sonderanknüpfung der Wirkungen einer Pfändung gewährleistet sein.

1106 Vgl. *Hausmann*, IntEuSchR C Art. 7 HUP Rn. 555; NK-BGB Band 1/*Gruber* Anhang zu Art. 18: Haager Unterhaltsprotokoll, Art. 7 Rn. 4.

von Rechter Dritter gehen.[1107] Das HUntProt ist an dieser Stelle lückenhaft. Zur Klarstellung sollte *de lege ferenda* auch hier eine Drittschutzklausel aufgenommen werden.

II. Drittschutz bei anfänglicher Rechtswahl

Die Drittschutzklausel der Rom I-VO bezieht sich dem Wortlaut nach nur auf eine nachträgliche Rechtswahl.[1108] Kollisionsrechtlich trifft der Unionsgesetzgeber mit Art. 3 Abs. 2 S. 2 Rom I-VO nur Vorsorge dafür, dass Rechte eines Dritten, die erst durch den betreffenden Vertrag begründet wurden, nicht nachträglich durch eine Rechtswahl bzw. Rechtswahländerung beeinträchtigt werden.[1109]

Eine Beschränkung allein auf die nachträgliche Rechtswahl kann – anders als in der Rom I-VO – dem Wortlaut der Drittschutzklausel der Rom II-VO hingegen nicht entnommen werden.[1110] Im Schrifttum ist deshalb strittig, ob die Drittschutzklausel der Rom II-VO auch eine anfängliche Rechtswahl erfasst.[1111] Nach einer Ansicht soll aufgrund des Auslegungszusammenhangs mit der Parallelvorschrift Art. 3 Abs. 2 S. 2 Rom I-VO[1112] die Drittschutzklausel der Rom II-VO nur bei einer nachträglichen Rechtswahl zur Anwendung kommen.[1113]

1107 jurisPK-BGB Band 6/*Ludwig* Art. 8 UntProt Rn. 11; *Hausmann*, IntEuSchR C Art. 8 HUP Rn. 575. Allgemein zu einer Rechtswahl im Internationalen Familienrecht und Erbrecht *Rühl* in FS Kropholler, 186, 202.

1108 Vgl. Rauscher/*v. Hein*, EuZPR/EuIPR (2011) Art. 3 Rom I-VO Rn. 99.

1109 *Köthe,* 112 Fn. 363 weist auf Sonderkonstellationen im Schuldvertragsrecht hin, in denen Beeinträchtigungen von Rechten Dritter bei einer vor Vertragsschluss getroffenen Rechtswahl möglich erscheinen. Nach *Köthe* dürfte eine „Ausnahme [...] insofern die Sicherung einer künftigen Verbindlichkeit bzw. die Abtretung einer künftigen Forderung bilden, da Rechte Dritter in diesen Fällen bereits durch eine vor Vertragsschluss getroffene Rechtswahl beeinträchtigt werden könnten." Soweit für Sonderkonstellationen des Schuldvertragsrechts ein möglicher Anwendungsbereich der Drittschutzklausel auch für eine anfängliche Rechtswahl gesehen wird, spricht aber viel dafür, den Drittschutz in diesen Sonderfällen sachgerecht auf der Ebene des materiellen Rechts zu lösen.

1110 Rauscher/*Jakob/Picht*, EuZPR/EuIPR (2011) Art. 14 Rom II-VO Rn. 47; *Kroll-Ludwigs*, 97.

1111 Siehe dazu *Kroll-Ludwigs*, 97; *Kadner Granziano* RabelsZ 73 (2009) 1, 11, 12; *Vogeler*, 362; Rauscher/*Jakob/Picht*, EuZPR/EuIPR (2011) Art. 14 Rom II-VO Rn. 47; *Köthe*, 112.

1112 *Kroll-Ludwigs*, 97.

1113 *Kroll-Ludwigs*, 98; befürwortend wohl auch *Kadner Granziano* RabelsZ 73 (2009) 1, 11.

Dafür spreche in teleologischer Hinsicht, dass im Zeitpunkt der Rechtswahl weder „ein Haftpflichtanspruch sowie ein korrespondierender Deckungsanspruch gegen den Versicherer“[1114] noch „Rechte von Versicherern oder anderen Dritten (Unterhaltsberechtigte, sonstige Personen)“[1115] entstanden seien.[1116] Nach anderer Ansicht soll die Drittschutzklausel der Rom II-VO hingegen auch für eine anfängliche Rechtswahl gelten.[1117] Argumentiert wird, auch eine anfängliche Rechtswahl, deren Wirkung erst mit Eintritt des schadensbegründenden Ereignisses eintrete, könne Rechte Dritter, die ebenfalls mit dem Eintritt des schadensbegründenden Ereignisses entstehen, berühren.[1118] Rechte Dritter entstünden im Deliktsrecht kraft Gesetzes.[1119] Eine Beschränkung auf die nachträgliche Rechtswahl würde den Schutzzweck der Regelung unterlaufen.[1120] Auch bei einer anfänglichen Rechtswahl seien Rechte Dritter gleichermaßen zu schützen.[1121]

Grundsätzlich gilt, dass die anfängliche Rechtswahl Rechte Dritter im außervertraglichen Schuldrecht nicht berührt. Denn Dritte haben grundsätzlich kein schützenswertes Vertrauen darin, dass ein außervertragliches Schuldverhältnis zwischen anderen Personen nach einer bestimmten anwendbaren Rechtsordnung entsteht. Wenn ein Haftpflichtversicherer nur Versicherungsschutz für die Haftung nach einem bestimmten Recht gewähren will, muss er den Versicherungsschutz – in den Grenzen des AGB-Rechts – entsprechend vertraglich beschränken. Auch mittelbar Geschädigte, wie beispielsweise Unterhaltsberechtigte, deren Schadensersatzansprüche vom Bestehen der Haftung gegenüber einem unmittelbar Geschädigten abhängen, haben kein schützenswertes Vertrauen darin, dass der Schädiger und der unmittelbar Geschädigte das Deliktsstatut nicht durch eine anfängliche Rechtswahl festlegen. In Ausnahmefällen kann eine Beeinträchtigung von Rechten Dritter durch eine anfängliche Rechtswahl jedoch in Betracht kommen. Ein Beispiel gibt die Anknüpfung einer rechtlich gespaltenen Gesamtschuld zwischen deliktisch Haftenden. Treffen zwei Parteien, beispielsweise zwei in Kolonne fahrende LKW-Fahrer unterschiedlicher

1114 *Kroll-Ludwigs*, 97.
1115 *Kadner Granziano RabelsZ* 73 (2009) 1, 11.
1116 *Kadner Granziano RabelsZ* 73 (2009) 1, 11, 12; *Kroll-Ludwigs*, 97.
1117 *Vogeler*, 362; Rauscher/*Jakob/Picht*, EuZPR/EuIPR (2011) Art. 14 Rom II-VO Rn. 47; *Köthe*, 112.
1118 *Vogeler*, 362.
1119 *Köthe*, 112.
1120 Rauscher/*Jakob/Picht*, EuZPR/EuIPR (2011) Art. 14 Rom II-VO Rn. 47.
1121 *Köthe*, 112.

Unternehmen, eine anfängliche Rechtswahl für ein mögliches, künftiges außervertragliches Schuldverhältnis und ist bei dessen späteren Eintritt noch eine weitere Partei als Schädiger beteiligt, so spricht viel dafür, dass die anfängliche Rechtswahl den „Dritten" im Gesamtschuldnerausgleich nicht benachteiligen darf.[1122] Der Anwendungsbereich der Drittschutzklausel des Art. 14 Abs. 1 S. 2 Rom II-VO sollte daher nicht auf die nachträgliche Rechtswahl beschränkt werden. Der kollisionsrechtliche Schutz von Rechten Dritter bei einer anfänglichen Rechtswahl in der Rom II-VO ist folglich eine rechtsgebietsbezogene Besonderheit der Rom II-VO, die eine völlige Angleichung mit der entsprechenden Regelung Art. 3 Abs. 2 S. 2 Rom I-VO ausschließt.

III. Ergebnisse

Das Fehlen einer Drittschutzklausel, die bestehende Rechte Dritter vor einer nachträglichen Rechtswahl schützt, stellt eine Lücke im HUntProt dar. Denn auch insoweit dürfte der allgemeine kollisionsrechtliche Grundsatz gelten, dass eine nachträgliche Änderung des anzuwendenden Rechts nicht zu Lasten von bestehenden Rechten Dritter gehen darf. Dies sollte *de lege ferenda* im Normtext klargestellt werden.

Der kollisionsrechtliche Schutz von Rechten Dritter bei einer anfänglichen Rechtswahl gemäß Art. 14 Abs. 1 S. 2 Rom II-VO stellt eine rechtsgebietsbezogene Besonderheit der Rom II-VO dar und sollte deshalb *de lege ferenda* unverändert beibehalten werden.

D. (Form-) Gültigkeitsschutz

Art. 3 Abs. 2 S. 2 Rom I-VO bestimmt, dass die Formgültigkeit des Vertrags durch eine nach Vertragsschluss erfolgende Änderung der Bestimmung des anzuwendenden Rechts nicht berührt wird. Einen Schritt weiter gehen die Verordnungsentwürfe zum Güterrecht, wonach bei einem rückwirkenden Wechsel des anwendbaren Rechts, die Gültigkeit früherer Rechtshandlungen, die unter dem bis dahin anzuwendenden Recht vorgenommen wurden, nicht beeinträchtigt wird (Art. 18 S. 3 EuEhegüterVO-Vorschlag und Art. 15b Abs. 5 der Legislativen Entschließung des Europäischen Parlaments zum EuPartGüVO-Vorschlag). Die anderen Verordnungen und das HUntProt enthalten keine entsprechenden Regelungen.

1122 Ähnlich, aber ohne Bezug auf die anfängliche Rechtswahl, auch MüKo/*Junker* Art. 14 Rom II-VO Rn. 16, der auch im Rahmen des Art. 20 die Bestimmung des Art. 14 Abs. 1 S. 2 anwenden will.

Der Erhalt der Formgültigkeit eines Schuldvertrags in der Rom I-VO und der Erhalt der Gültigkeit früherer Rechtshandlungen, die ein Ehegatte unter den im Zeitpunkt der Rechtswahl maßgebenden Rechten vorgenommen hat, sind jeweils rechtsgebietsspezifische Besonderheiten des Vertrags- und Güterrechts. Eine vergleichbare Problematik stellt sich in den anderen Rechtsgebieten (außervertragliches Schuldrecht, Scheidungsrecht, Erbrecht und Unterhaltsrecht) nicht. Es besteht folglich *de lege ferenda* kein Regelungsbedarf.

Dritter Teil: Überlegungen *de lege ferenda* zu einer Generalnorm zur Rechtswahl

§ 6 Generalnorm zur Rechtswahl

A. Bestrebungen zu einem Allgemeinen Teil des Europäischen Kollisionsrechts

Im zweiten Teil der Arbeit lag der Fokus der Untersuchung auf der Aufdeckung von Inkohärenzen, Lücken und rechtstechnischen Ineffizienzen der jeweiligen Rechtswahlregelungen des Europäischen Kollisionsrechts.

Eine weitere Perspektive tritt hinzu, wenn man das Augenmerk auf die zukünftige Kodifizierung eines Allgemeinen Teils des Europäischen IPR richtet.[1123] Diese Kodifizierung könnte entweder in Form einer eigenständigen Rom 0-VO oder in Form eines Allgemeinen Teils einer Gesamtkodifikation des Europäischen IPR erfolgen.[1124] Eine Gesamtkodifikation des Europäischen IPR erscheint derzeit allerdings noch als „ferne Zukunftsmusik". Es ist noch nicht absehbar, wann innerhalb der EU die Zeit für eine solche Gesamtkodifikation reif ist, insbesondere wann ein so stabiler Vereinheitlichungszustand erreicht sein wird, dass eine Gesamtkodifikation aus Sicht der Politik und der Rechtsanwendung sinnhaft erscheint.[1125] Der Schritt zu einer Rom 0-VO als Vorstufe zu einer späteren Gesamtkodifikation ist derzeit eher realistisch.

1123 Dazu *Jayme/Kohler* IPRax 2006, 537, 541; *Leible*, Rom I und II, 49; *Mansel/Thorn/Wagner* IPRax 2013, 1, 2; *Leible/Müller* Yb PIL Volume 14 (2012/2013) 137; *Wilke* GPR 2012, 334; *ders.* in Leible/Unberath (Hrsg.) 23, 24; *Wagner* in Leible/Unberath (Hrsg.) 52, 53; *Heinze* in FS Kropholler, 105 ff; *Sonnenberger* in FS Kropholler, 227 ff.; *Kreuzer* in Jud/Rechberger/Reichelt (Hrsg.) 1, 2; *Kieninger* in FS v. Hoffmann, 184, 186; *Martiny* ZEuP 2013, 838, 842; *Lagarde* RabelsZ 75 (2011) 673 ff., *ders.* in Fallon/Lagarde/Poillot Peruzzetto (Hrsg.) 365, 368; *Corneloup/Nourissat* in Fallon/Lagarde/Poillot Peruzzetto (Hrsg.) 257, 265 ff.

1124 *Leible*, Rom I und II, 49; *Mansel/Thorn/Wagner* IPRax 2013, 1, 2; *Leible/Müller* Yb PIL Volume 14 (2012/2013) 137; *Wilke* GPR 2012, 334.

1125 Siehe dazu *Kramer/de Rooij/Lazić/Blauwhoff/Frohn*, Ein europäischer Rahmen für das internationale Privatrecht: gegenwärtige Lücken und Perspektiven für die Zukunft, 2012, Dokument: PE 462.487, S. 117, 118. Die Studie kommt zu dem Ergebnis, das über die Realisierbarkeit eines EU-Gesetzes erst nachgedacht werden sollte, wenn die noch bestehenden systematischen Lücken bezüglich bislang noch nicht geregelter Rechtsgebiete geschlossen wurden. Zur Schaffung einer

In den letzten Jahren hat sich die Wissenschaft verstärkt mit der Thematik eines Allgemeinen Teils beschäftigt.[1126] Einen aus 24 Artikeln bestehenden Entwurf eines Allgemeinen Teils einer Europäischen IPR-Kodifikation („Embryon de Règlement portant Code européen de droit international privé") hat *Lagarde* im Jahre 2011 vorgestellt.[1127] Erst jüngst haben Autoren die Kommission aufgefordert, die Initiative für die Ausarbeitung eines Grünbuchs für eine Rom 0-VO zu ergreifen.[1128] Mit der Kodifizierung eines Allgemeinen Teils in einer Rom 0-VO, in der wiederkehrende Fragen vor die Klammer gezogen werden, könnte bereits zum jetzigen Zeitpunkt eine verbesserte Kohärenz erreicht[1129], Wiederholungen vermieden[1130] und bestehende Regelungslücken beseitigt werden[1131].

So wünschenswert eine Rom 0-VO erscheint, mittelfristig ist mit ihrem Erlass jedoch eher nicht zu rechnen.[1132] Denn auf den Unionsgesetzgeber kämen erhebliche Herausforderungen rechtspraktischer und rechtspolitischer Art zu.[1133] Denn „nicht alle Verordnungen gelten für alle Mitgliedstaaten, nicht alle Verordnungen bestimmen selbst das anzuwendende Recht, nicht alle Verordnungen unterliegen dem Mehrheitsverfahren (und damit unter Umständen auch eine Rom 0-Verordnung nicht)"[1134]. Auch gibt es kaum „nationale Vorbilder" für einen

---

verbesserten Kohärenz könnte zunächst eine Zusammenführung der Rom I- und Rom II-VO in Betracht gezogen werden, vgl. *Kramer/de Rooij/Lazić/Blauwhoff/Frohn*, S. 70, 115.

1126 Diese Fragen waren im März 2011 Gegenstand einer Tagung des Instituts de recherche en droit européen international et comparé (IRDEIC) in Toulouse zu dem Thema „Quelle architecture pour un code européen de droit international privé?", siehe *Basedow* RabelsZ 75 (2011) 671. Auch die 21. Tagung der Groupe européen de droit international privé/European Group of International Law im September 2011, siehe *Mansel/Thorn/Wagner* IPRax 2012, 1, 2, sowie das Symposium der Universität Bayreuth im Juni 2012 zu dem Thema: „Brauchen wir eine Rom 0-Verordnung?" waren der Frage nach einem Allgemeinem Teil gewidmet, vgl. *Wilke* GPR 2012, 334.

1127 *Lagarde* RabelsZ 75 (2011) 673 ff.; dazu *Basedow* RabelsZ 75 (2011) 671, 672.

1128 *Leible/Müller* Yb PIL Volume 14 (2012/2013) 137, 152. An dieser Stelle ist anzumerken, dass es kein Initiativrecht einzelner EU-Mitgliedstaaten gibt, vgl. *Wagner* in Leible/Unberath (Hrsg.) 51, 58.

1129 *Wagner* in Leible/Unberath (Hrsg.) 51, 56.

1130 *Wagner* in Leible/Unberath (Hrsg.) 51, 59.

1131 *Mansel/Thorn/Wagner* IPRax 2013, 1, 2.

1132 *Mansel/Thorn/Wagner* IPRax 2013, 1, 2.

1133 Vgl. *Wilke* in Leible/Unberath (Hrsg.) 23, 25; *Wagner* in Leible/Unberath (Hrsg.) 51 ff.

1134 *Wilke* in Leible/Unberath (Hrsg.) 23, 25.

Allgemeinen Teil des Europäischen IPR.[1135] Die Skepsis des Schrifttums in Bezug auf die Ausarbeitung einer umfangreichen Rom 0-VO verwundert daher nicht.[1136]

Aufgrund des begrenzten Untersuchungsgegenstands dieser Arbeit würde es zu weit gehen, generell Stellung zu der Frage zu nehmen, ob, wann und mit welchem Inhalt eine Rom 0-VO politisch machbar und für die Rechtsanwendung sinnhaft sein wird. Beschränkt auf die untersuchten Rechtswahlregelungen ist es jedoch angezeigt, auf den möglichen Inhalt einer Generalnorm[1137] zur Rechtswahl in einem Allgemeinen Teil des Europäischen IPR einzugehen.

B. Bestrebungen zu einer Generalnorm zur Rechtswahl

I. Nationale Kodifikationen

Regelungen zur Rechtswahl in einem Allgemeinen Teil sind den IPR-Kodifikationen der Mitgliedstaaten überwiegend fremd.[1138] Auch der Allgemeine Teil des EGBGB enthält keine Regelung zur Rechtswahl. Nur die IPR-Kodifikationen der Niederlande und Polens enthalten Generalnormen zur Rechtswahl im Allgemeinen Teil.[1139] In den Niederlanden ist die Generalnorm zur Rechtswahl in Art. 10 Burgerlijk Wetboek Zehntes Buch allerdings äußerst knapp gefasst. Es wird lediglich bestimmt, dass die Rechtswahl, sofern zulässig, „ausdrücklich erfolgen oder sonst wie hinreichend deutlich sein" muss.[1140] Umfangreicher ist dagegen die Generalnorm zur Rechtswahl in Art. 4 des polnischen IPRG. Diese allgemeine Regelung zur Rechtswahl, die teilweise der Rechtswahlregelung des Art. 3 Rom I-VO nachgebildet ist[1141], lautet:

1135 *Wilke* in Leible/Unberath (Hrsg.) 23, 25.

1136 *Wagner* in Leible/Unberath (Hrsg.) 51, 78; *Mansel/Thorn/Wagner* IPRax 2013, 1, 2; *Wilke* in Leible/Unberath (Hrsg.) 23, 25, 26. Zumal auch für die Politik die Europäisierung weiterer kollisionsrechtlicher Rechtsbereiche, wie beispielsweise das Gebiet des Gesellschaftsrechts, attraktiver erscheinen wird, vgl. *Wagner* in Leible/Unberath (Hrsg.) 51, 59.

1137 Begriff nach *Mansel* in Leible/Unberath (Hrsg.) 241, 246, der von „Generalnorm der Parteiautonomie in einem Allgemeinen Teil" bzw. von „Generalnorm" spricht.

1138 *Mansel* in Leible/Unberath (Hrsg.) 241, 252.

1139 *Mansel* in Leible/Unberath (Hrsg.) 241, 253.

1140 Deutsche Übersetzung von *ten Wolde/Kant* IPRax 2013, 584; siehe auch englische Übersetzung von *ten Wolde/Knot/Baarsma* Yb PIL Volume 13 (2011) 657, 658 "As far as a *professio iuris* is allowed, it should be made expressly or be otherwise sufficiently clear."

1141 *Ernst* RabelsZ 76 (2012) 597, 608.

„1. In den im Gesetz vorgesehenen Fällen kann das maßgebliche Recht gewählt werden.
2. Die Rechtswahl soll ausdrücklich sein oder sich eindeutig aus den Umständen des Falles ergeben, es sei denn, die Vorschrift, welche die Rechtswahl erlaubt, bestimmt etwas anderes.
3. Eine nach der Entstehung eines Rechtsverhältnisses vorgenommene Rechtswahl beeinträchtigt nicht die Rechte dritter Personen.
4. Wurden bei der Vornahme eines Rechtsgeschäfts und vor der Rechtswahl die Formerfordernisse erfüllt, die das für die Form dieses Geschäfts maßgebliche Recht vorsieht, so kann die Wirksamkeit des Rechtsgeschäfts nicht aufgrund des Rechts beanstandet werden, dem dieses Geschäft infolge der Rechtswahl unterliegt.
5. Auf die Feststellung, ob eine Rechtswahl vorgenommen wurde, und auf die Beurteilung der Wirksamkeit der Rechtswahl werden die Vorschriften der Art. 11, Art. 17, Art. 24 und Art. 25 angewandt.
6. Die Vorschriften der Abs. 2–5 werden auf die Änderung und Aufhebung der Rechtswahl angewandt.“[1142]

II. Meinungsstand zu einer Generalnorm zur Rechtswahl

Das Schrifttum hat sich bereits intensiv mit der Rechtswahl als Baustein eines zukünftigen Allgemeinen Teils des Europäischen IPR beschäftigt.[1143] Überwiegend wird eine Generalnorm zur Rechtswahl grundsätzlich begrüßt.[1144] *Mansel* kommt im Rahmen der Untersuchung der Frage, ob es im Unionsverordnungsrecht einer allgemeinen Regelung der Parteiautonomie bedarf, zu dem Ergebnis, dass die rechtsgeschäftlichen Aspekte der Rechtswahl einen Regelungsbaustein einer zukünftigen Rom 0-VO bilden könnten, die Generalnorm aber der jeweiligen Ergänzung durch die besonderen Rechtswahlnormen bedürfte.[1145] Kohärenz

---

1142 Deutsche Übersetzung von *Ernst* RabelsZ 76 (2012) 639, 640.

1143 *Mansel* in Leible/Unberath (Hrsg.) 241 ff.; *Jayme* in Leible/Unberath (Hrsg.) 33, 36; *Kreuzer* in Jud/Rechberger/Reichelt (Hrsg.) 1, 4; *Siehr* Yb PIL Volume 7 (2005) 17, 59; *Leible/Müller* Yb PIL Volume 14 (2012/2013) 137,145; *Wilke* GPR 2012, 334, 335; *Rösler* RabelsZ 78 (2014) 155, 191; *Nehne*, 269, 270, der jedoch nur auf die Rom I- und Rom II-VO Bezug nimmt; offen gelassen von *Leible* in Reichelt (Hrsg.) 31, 49. Im Rahmen der Diskussion um einem Allgemeinen Teil des Europäischen Kollisionsrechts gehen folgende Autoren nicht auf die Rechtswahl als Gegenstand einer Generalnorm ein: *Heinze* in FS Kropholler, 105 ff.; *Sonnenberger* in FS Kropholler, 227 ff.; *Lagarde* RabelsZ 75 (2011) 673 ff., *ders.* in Fallon/Lagarde/Poillot Peruzzetto (Hrsg.) 365, 368 ff.; *Corneloup/Nourissat* in Fallon/Lagarde/Poillot Peruzzetto (Hrsg.) 257, 265 ff.

1144 *Mansel* in Leible/Unberath (Hrsg.) 241, 291; *Jayme* in Leible/Unberath (Hrsg.) 33, 38, 40; *Rösler* RabelsZ 78 (2014) 155, 191; *Nehne*, 269, 270.

1145 *Mansel* in Leible/Unberath (Hrsg.) 241, 291.

und Effizienz der Rechtswahlregelungen könnten mit einer Generalnorm zur Rechtswahl verbessert werden.[1146] Auch *Jayme* hält eine allgemeine Regelung über die Voraussetzungen der Rechtswahl in einer Rom 0-VO für wünschenswert.[1147] Die Fragen betreffend einer Rechtswahl seien bisher sehr unterschiedlich geregelt und „reif" für eine allgemeine Kodifikation in einer Rom 0-VO.[1148] *Rösler* sieht die Parteiautonomie ebenfalls als einen wichtigen Baustein eines künftigen Allgemeinen Teils des IPR an.[1149] Eine Generalnorm zur Rechtswahl hält auch *Wagner* grundsätzlich für möglich, bezeichnet die Vereinheitlichung der Rechtswahlregelungen jedoch als „eine echte Herausforderung".[1150] Denn die Rechtswahl werde insbesondere in der Rom I- und Rom II-VO in mehreren Vorschriften geregelt[1151], die die Rechtswahl teilweise für zulässig, teilweise für unzulässig erklären.[1152] Die Generalnorm wäre daher wohl auf einzelne konkret zu benennende Vorschriften der besonderen Verordnungen zu beschränken.[1153] Dies erscheine im Vergleich zu der derzeitigen Regelung weniger praxistauglich.[1154]Auch würde die Herauslösung umfassende Änderungen in den anderen Verordnungen mit sich bringen.[1155]

Ausdrücklich gegen eine Rechtswahlregelung in einem Allgemeinen Teil spricht sich hingegen *Kreuzer* aus.[1156] Er meint, Anknüpfungsprinzipien wie die Parteiautonomie seien nicht in einen Allgemeinen Teil aufzunehmen, da es sich nicht um Kollisionsnormen, sondern um „rechtspolitische Anknüpfungsleitlinien [handle], die erst noch als Kollisionsnormen ausgeformt und für bestimmte besondere Teile angeordnet werden müssen, um rechtssicher handhabbar zu sein"[1157]. Der Auffassung von *Kreuzer* ist entgegenzuhalten, dass es bei einer Generalnorm zur Rechtswahl in einem Allgemeinen Teil des Europäischen IPR nicht um die Formulierung eines – mehr oder weniger unverbindlichen rechtspolitischen – Programmsatzes geht, sondern um das „vor die Klammer

1146 *Mansel* in Leible/Unberath (Hrsg.) 241, 291.
1147 *Jayme* in Leible/Unberath (Hrsg.) 33, 38, 40.
1148 *Jayme* in Leible/Unberath (Hrsg.) 33, 40.
1149 *Rösler* RabelsZ 78 (2014) 155, 191.
1150 *Wagner* in Leible/Unberath (Hrsg.) 51, 75.
1151 *Wagner* in Leible/Unberath (Hrsg.) 51, 75.
1152 *Wagner* in Leible/Unberath (Hrsg.) 51, 75.
1153 *Wagner* in Leible/Unberath (Hrsg.) 51, 75.
1154 *Wagner* in Leible/Unberath (Hrsg.) 51, 75.
1155 *Wagner* in Leible/Unberath (Hrsg.) 51, 75.
1156 *Kreuzer* in Jud/Rechberger/Reichelt (Hrsg.) 1, 4, der sich allerdings auf einen Allgemeinen Teil einer Gesamtkodifikation bezieht.
1157 *Kreuzer* in Jud/Rechberger/Reichelt (Hrsg.) 1, 4.

ziehen“ verbindlicher Regelungen zur Rechtswahl. Zutreffend ist zwar, dass es aufgrund rechtsgebietsspezifischer Unterschiede neben einer Generalnorm regelmäßig auch zusätzliche besondere Rechtswahlregelungen in einem Besonderen Teil bedürfte, sei es in den speziellen EU-Verordnungen oder in den Besonderen Teilen einer zukünftigen Gesamtkodifikation. Dies schließt eine Generalnorm über die Rechtswahl jedoch nicht aus.

Die Frage, ob eine Generalnorm zur Rechtswahl in einem Allgemeinen Teil, sei es in Form einer eigenständigen Rom 0-VO oder eines Allgemeinen Teils einer Gesamtkodifikation des Europäischen IPR, aufgenommen werden sollte, ist daher zu bejahen. Als allgemeines und vorrangiges Anknüpfungsprinzip des Europäischen Kollisionsrechts[1158] müsste auch die Rechtswahl einen Regelungsgegenstand eines künftigen Allgemeinen Teils bilden. Zu Recht wird allerdings darauf hingewiesen, dass der Mehrwert einer Generalnorm zur Rechtswahl für sich allein den Erlass einer Rom 0-VO nicht rechtfertigen würde.[1159]

1158 Vgl. *Rühl* in FS Kropholler, 187, 209; Rauscher/*v. Hein*, EuZPR/EuIPR (2011) Art. 3 Rom I-VO Rn. 1; *Coester-Waltjen/Coester* in Liber Amicorum Klaus Schurig, 33, 37; *Leible* in Reichelt (Hrsg.) 31, 45; *Pfütze* ZEuS 2011, 35, 50; NK-BGB Band 6/*Gebauer* Art. 14 Rom II-VO Rn. 1; in diese Richtung auch *Symeonides* in Liber Amicorum Kurt Siehr, 513, 514. Siehe auch *Leible* in FS Jayme, Band I, 485.

1159 Ebenso *Wagner* in Leible/Unberath (Hrsg.) 51, 75; *Mansel* in Leible/Unberath (Hrsg.) 241, 291.

§ 7 Ausgestaltung der Generalnorm zur Rechtswahl

A. Inhalt

Ausgehend vom derzeitigen Stand der Rechtswahlregelungen des Europäischen Kollisionsrechts und unter Verwertung der Ergebnisse des zweiten Teils dieser Arbeit wird nachfolgend untersucht, welchen Regelungsinhalt eine Generalnorm zur Rechtswahl haben könnte.[1160]

Eine Besonderheit besteht insoweit in Bezug auf die Rechtswahlregelungen des Unterhaltsrechts. Diese Rechtswahlregelungen sind, wie dargelegt[1161], nicht unmittelbar in einer EU-Verordnung normiert, sondern Teil des HUntProt, das ein Staatsvertrag ist. Erst ein Verweis in Art. 15 EuUnthVO macht die Regelungen des HUntProt zu unmittelbar geltendem Unionsrecht. Nach Art. 27 HUntProt sind Vorbehalte zu dem HUntProt jedoch nicht zulässig. Eine Rom 0-VO – entsprechendes gilt auch für einen Allgemeinen Teil einer Gesamtkodifikation – kann die Rechtswahlbestimmungen des HUntProt somit nicht ändern bzw. nicht ergänzen.[1162] Dies schließt es aus, einzelne Vorschriften des HUntProt in einem Allgemeinen Teil vor die Klammer zu ziehen. Auch die Wiedergabe von Allgemeinen Vorschriften des HUntProt in einer Rom 0-VO oder ein Verweis in der EuUnthVO auf die Rom 0-VO für vom HUntProt nicht geregelte Fragen eines Allgemeinen Teils erscheint kompliziert und wenig praktikabel.[1163] Bei den nachfolgenden Überlegungen zu der Ausgestaltung einer Generalnorm zur Rechtswahl bleiben die EuUnthVO mit ihrem Verweis auf das HUntProt daher außer Betracht.[1164]

1160 Dabei werden aufgrund des Untersuchungsgegenstandes im zweiten Teil dieser Arbeit auch hier die Thematiken der Staatlichkeit des Rechts, der Teilfrage der Geschäftsfähigkeit, der Vertretung, der Teil- und Gesamtnichtigkeit und der Inhaltskontrolle bei der Untersuchung möglicher Regelungsbestandteile einer Generalnorm zur Rechtswahl nicht behandelt. Zu diesen Fragen näher eingehend *Mansel* in Leible/Unberath (Hrsg.) 241, 265 ff.

1161 Siehe dazu Einleitung.

1162 *Mansel* in Leible/Unberath (Hrsg.) 241, 246.

1163 *Wagner* in Leible/Unberath (Hrsg.) 51, 65, 66.

1164 Im Ergebnis ebenso *Mansel* in Leible/Unberath (Hrsg.) 241, 246; *Wilke* GPR 2012, 334, 335; *Wagner* in Leible/Unberath (Hrsg.) 51, 66.

I. Gesetzliche Zulassung der Rechtswahl

Die Fragen, ob eine Rechtswahl in dem jeweiligen Rechtsgebiet eröffnet werden soll und welchen rechtsgebietsspezifischen Begrenzungen (wie Günstigkeitsvergleich) sie unterliegen soll, scheiden als Gegenstand einer Generalnorm zur Rechtswahl aus.[1165] Sie sind aufgrund der rechtsgebietsspezifischen Besonderheiten der einzelnen Rechtsgebiete im Besonderen Teil des IPR zu regeln.[1166]

In der Generalnorm zur Rechtswahl könnte allerdings – dem Vorbild des Art. 4 polnische IPRG folgend[1167] – eine Regelung aufgenommen werden, dass eine Rechtswahlbefugnis nur bei gesetzlicher Zulassung im Besonderen Teil gestattet ist.[1168] Eine solche Regelung wäre rein deklaratorisch und erscheint daher überflüssig.[1169] Immerhin würde sie aber für den Gesetzesanwender auf den ersten Blick verdeutlichen, dass die Generalnorm nur insoweit gilt, als eine Rechtswahl in den EU-Verordnungen gesetzlich zugelassen ist. *Mansel* verweist auch darauf, dass im Schrifttum in unterschiedlichem Zusammenhang kontrovers diskutiert wird, ob eine Rechtswahl auch außerhalb ausdrücklicher gesetzlicher Regelungen zulässig ist.[1170] Eine Klarstellung erscheint daher im Ergebnis durchaus sinnvoll.

II. Kreis der wählbaren Rechte

Die Rechtswahlregelungen der Rom I- und Rom II-VO gestatten den Parteien eine freie Rechtswahl. Im Familien- und Erbrecht wird die Rechtswahl nur begrenzt auf verbundene Rechte eröffnet. Der Kreis der wählbaren Rechte ist somit vom jeweiligen Anknüpfungsgegenstand abhängig[1171] und in den Verordnungen unterschiedlich weit bestimmt. Der Kreis der wählbaren Rechte kommt daher als Regelungsgegenstand einer Generalnorm zur Rechtswahl nicht in Betracht.[1172]

1165 Vgl. *Mansel* in Leible/Unberath (Hrsg.) 241, 266.

1166 Vgl. *Mansel* in Leible/Unberath (Hrsg.) 241, 266.

1167 Deutsche Übersetzungen von *Ernst* RabelsZ 76 (2012) 639, 640: „In den im Gesetz vorgesehenen Fällen kann das maßgebliche Recht gewählt werden". Auch das chinesische IPRG sieht eine solche Regelung vor, vgl. *Mansel* in Leible/Unberath (Hrsg.) 241, 267.

1168 Dafür *Mansel* in Leible/Unberath (Hrsg.) 241, 267.

1169 Siehe die Kritik an Art. 4 Abs. 1 des polnischen IPRG *Ernst* RabelsZ 76 (2012) 597, 608 m.w.N.

1170 *Mansel* in Leible/Unberath (Hrsg.) 241, 266.

1171 *Mansel* in Leible/Unberath (Hrsg.) 241, 268.

1172 *Mansel* in Leible/Unberath (Hrsg.) 241, 268.

Gegenstand einer Generalnorm könnte allerdings eine allgemeine Regelung zu den Rechtswahloptionen bei mehrfacher Staatsangehörigkeit sein.[1173] Derzeit sieht lediglich Art. 22 Abs. 1 S. 2 EuErbVO eine solche Regelung vor. Danach kann eine „Person, die mehrere Staatsangehörigkeiten besitzt, [...] das Recht eines der Staaten wählen, denen sie im Zeitpunkt der Rechtswahl oder im Zeitpunkt ihres Todes angehört." Entsprechende Regelungen fehlen in den übrigen Verordnungen.[1174] In der Rom III-VO wird auf diese Frage lediglich in Erwägungsgrund Nr. 22 Rom III-VO Bezug genommen und weiterhin – bedauerlicherweise – innerstaatliches Recht für maßgebend erklärt.[1175] Eine allgemeine Regelung könnte die bestehenden Lücken schließen und Klarheit schaffen. Nach dem Ergebnis dieser Arbeit[1176] sollte es einer Partei bzw. den Parteien für den Fall einer subjektiven Anknüpfung an die Staatsangehörigkeit gestattet sein, das Recht jedes Staates zu wählen, dem eine Partei kraft Staatsangehörigkeit angehört.[1177] Sofern auf die gemeinsame Staatsangehörigkeit abgestellt wird und die Parteien mehrere gemeinsame Staatsangehörigkeiten besitzen, sollte das Recht jeder dieser gemeinsamen Staatsangehörigkeiten gewählt werden können.[1178]

Fraglich ist, in welchem Regelungszusammenhang die Regelung zur mehrfachen Staatsangehörigkeit erfolgen sollte. Denn die Frage der mehrfachen Staatsangehörigkeit stellt sich nicht nur im Rahmen der Rechtswahl, sondern auch im Rahmen der objektiven Anknüpfung[1179], für die jedoch eine andere inhaltliche Lösung favorisiert wird[1180], nämlich die Maßgeblichkeit

---

1173 *Wilke* GPR 2012, 334, 337; *Jayme* in Leible/Unberath (Hrsg.) 33, 41; *Lagarde* in Fallon/Lagarde/Poillot Peruzzetto (Hrsg.) 365, 370.

1174 Siehe dazu Zweiter Teil § 3 A. II. 4. c).

1175 Siehe dazu Zweiter Teil § 3 A. II. 4. b). Dies bedauernd auch *Lagarde* in Fallon/Lagarde/Poillot Peruzzetto (Hrsg.) 365, 370.

1176 Siehe dazu Zweiter Teil § 3 A. VI. 3.

1177 Siehe dazu auch die Vorschläge im Schrifttum: *Lagarde* in Fallon/Lagarde/Poillot Peruzzetto (Hrsg.) 365, 370; Vorschlag Art. 114 Abs. 4; *Bariatti* Yb PIL Volume 13 (2011) 1, 18 unter (7) (a) und (b); Kodifikationsvorschlag der *Europäischen Gruppe für Internationales Privatrecht (GEDIP)*, Section 3. Loi applicable Artt. 9, 11, abgedruckt IPRax 2014, 90-91.

1178 Kodifikationsvorschlag der *Europäischen Gruppe für Internationales Privatrecht (GEDIP)*, Section 3. Loi applicable Art. 10, abgedruckt IPRax 2014, 90-91.

1179 Vgl. *Lagarde* in Fallon/Lagarde/Poillot Peruzzetto (Hrsg.) 365, 370; *Wilke* GPR 2012, 334, 337; allgemein auch *Bariatti* Yb PIL Volume 13 (2011) 1, 15.

1180 *Wilke* GPR 2012, 334, 337; *Lagarde* in Fallon/Lagarde/Poillot Peruzzetto (Hrsg.) 365, 370; Vorschlag Art. 114 Abs. 3; *Bariatti* Yb PIL Volume 13 (2011) 1, 15, 18 unter (7) (c) und (d); Kodifikationsvorschlag der *Europäischen Gruppe für*

der Staatsangehörigkeit der engsten Verbindung[1181]. Erwägen könnte man, die unterschiedlichen Regelungen zur Rechtswahl und zur objektiven Anknüpfung in einer Generalnorm zur Staatsangehörigkeit aufzunehmen.[1182] Klarer dürfte es jedoch sein, die allgemeine Regelung zur mehrfachen Staatsangehörigkeit im Falle der Rechtswahl als Teilregelung in die Generalnorm zur Rechtswahl zu integrieren.

III. Zeitgrenzen und Änderbarkeit der Rechtswahl

Die Generalnorm zur Rechtswahl sollte klarstellen, bis zu welchem Zeitpunkt die Rechtswahl erklärt werden kann.[1183] Nach den Erkenntnissen dieser Arbeit[1184] sollte die Generalnorm bestimmen, dass die Parteien, vorbehaltlich spezieller Regelungen, das anwendbare Recht „jederzeit" wählen können. Davon abweichende Regelungen, wie in Art. 14 Abs. 1 S. 1 lit. b Rom II-VO oder – falls entgegen der in dieser Arbeit vertretenen Ansicht auch *de lege ferenda* beibehalten[1185] – in Art. 5 Abs. 2 und 3 Rom III-VO, blieben spezieller Regelungsgegenstand der Rechtswahlregelungen im Besonderen Teil.[1186]

Die Generalnorm zur Rechtswahl sollte auch regeln, dass die Parteien eine getroffene Rechtswahl, vorbehaltlich spezieller Regelungen, jederzeit ändern können.[1187] Denn die Änderbarkeit der Rechtswahl entspricht der Grundlegung der Parteiautonomie.

IV. Teilrechtswahl

Die Teilrechtswahl kommt als Regelungsgegenstand einer Generalnorm zur Rechtswahl im Ergebnis nicht in Betracht.[1188] Die Verordnungen regeln

---

Internationales Privatrecht (GEDIP), Section 3. Loi applicable Art. 12, abgedruckt IPRax 2014, 90-91.

1181 *Wilke* GPR 2012, 334, 337. Zu Art. 8 Rom III-VO, vgl. Palandt/*Thorn* Art. 8 Rom III-VO Rn. 4.

1182 So der Vorschlag Art. 114 Abs. 4 von *Lagarde* in Fallon/Lagarde/Poillot Peruzzetto (Hrsg.) 365, 370, wobei eine Generalnorm zur Rechtswahl in dem Vorschlag nicht behandelt wird.

1183 *Mansel* in Leible/Unberath (Hrsg.) 241, 270.

1184 Siehe dazu Zweiter Teil § 3 B. I.

1185 Siehe dazu Zweiter Teil § 3 B. III 1. b) cc); Zweiter Teil § 3 B. IV 2. a).

1186 Vgl. *Mansel* in Leible/Unberath (Hrsg.) 241, 271.

1187 Zum Ergebnis im zweiten Teil siehe, Zweiter Teil § 3 C. IV.

1188 Vgl. *Mansel* in Leible/Unberath (Hrsg.) 241, 282, der in einer Generalnorm die Teilrechtswahl ebenso nicht zu lassen will.

die Frage der Teilrechtswahl aus rechtsgebietsspezifischen Gründen zu unterschiedlich.[1189]

V. Art und Weise der Erklärung der Rechtswahl

Eine ausdrückliche Rechtswahl ist stets zulässig. Problematisch ist deshalb nur die Frage, ob und inwieweit die konkludente Rechtswahl Gegenstand einer Generalnorm zur Rechtswahl sein könnte. Eine konkludente Rechtswahl wird explizit nur in der Rom I- und Rom II-VO sowie in der EuErbVO gestattet. Aber auch in der Rom III-VO ist nach den Erkenntnissen dieser Arbeit eine konkludente Rechtswahl zu bejahen, sofern sie sich eindeutig aus den Bestimmungen einer formgerechten Vereinbarung ergibt.[1190]

Unterschiede bestehen allerdings bei den Anforderungen, die an eine konkludente Rechtswahl gestellt werden. In der Rom I-VO muss sich die Rechtswahl „eindeutig aus den Bestimmungen des Vertrags oder aus den Umständen des Falles ergeben“ (Art. 3 Abs. 1 S. 2 Rom I-VO). Die Rom II-VO spricht von „hinreichender Sicherheit aus den Umständen des Falles“; *de lege ferenda* sollte aber auch hier aus Gründen der Kohärenz die Formulierung „eindeutig“ verwendet werden.[1191] Abweichend zu der Rom I- und Rom II-VO statuiert die EuErbVO keine besonderen Anforderungen für die Ermittlung einer konkludenten Rechtswahl. Das Fehlen des Eindeutigkeit-Erfordernisses lässt sich dort mit dem Grundsatz des *favor testamenti* erklären.[1192]

In der Generalnorm könnte daher lediglich bestimmt werden, dass die Rechtswahl ausdrücklich oder – vorbehaltlich spezieller Regelungen – konkludent erklärt werden kann. Sofern in bestimmten Rechtsgebieten eine konkludente Rechtswahl ausnahmsweise ausgeschlossen ist, wäre dies in der Rechtswahlregelung des Besonderen Teils zu bestimmen.[1193] Auch die Anforderungen an die Erklärung einer konkludenten Rechtswahl wären aufgrund der rechtsgebietsspezifischen Unterschiede den besonderen Regelungen zur Rechtswahl vorzubehalten.[1194]

1189 Siehe dazu Zweiter Teil § 3 D.

1190 Siehe dazu Zweiter Teil § 4 A. II. 3. a) cc).

1191 Siehe dazu Zweiter Teil § 4 A. II. 1. a) bb) (4).

1192 Siehe dazu Zweiter Teil § 4 A. II. 1. b).

1193 *Mansel* in Leible/Unberath (Hrsg.) 241, 276.

1194 A.A. *Mansel* in Leible/Unberath (Hrsg.) 241, 276, der die Auslegungsregeln in Art. 3 Abs. 1 S. 2 Rom I-VO/Art. 14 Abs. 1 S. 1 lit. b) Rom II-VO in einer Generalnorm zur Rechtswahl verallgemeinern will. Dies überrascht, da *Mansel*

VI. Form

Die Anforderungen an die Form von Rechtswahlerklärungen weichen bedingt durch die Unterschiede der jeweiligen Anknüpfungsgegenstände und damit verbundenen unterschiedlichen Funktionen der Form erheblich voneinander ab.[1195] Ein einheitliches Konzept fehlt. Die derzeitigen Regelungen über die Form eignen sich daher nur sehr eingeschränkt für eine Generalnorm.[1196]

Nach *Mansel* könnte die Generalnorm bestimmen, dass die Formvorschriften des Besonderen Teils im Zweifel abschließend seien und nur bei gesonderter Zulassung durch nationale Formvorschriften ergänzt werden können.[1197] Eine zwingende Notwendigkeit für eine solche „Zweifelsregelung" besteht aber nicht. Denn aus der Normierung von Öffnungsklauseln im Besonderen Teil ergibt sich im Umkehrschluss, dass die unionsrechtlichen Formvorschriften abschließend sind, wenn keine Öffnungsklauseln normiert sind.

Mansel schlägt weiter vor, in der Generalnorm zu definieren, welche materiellen Voraussetzungen für die Schriftform und elektronische Form gelten, falls in Normen des Besonderen Teils entsprechende Voraussetzungen für eine Rechtswahl aufgestellt werden.[1198] Die Begriffe „Schriftform" und „Elektronische Übermittlung" werden jedoch nicht nur im Rahmen der Wahl des anwendbaren Rechts verwendet, sondern finden sich auch in anderen Bestimmungen, wie beispielsweise in Art. 5 Abs. 2 EuErbVO. Sie sollten daher mit umfassender, über die Rechtswahlregelung hinausgehender Geltung in einer vorangestellten Definitionsnorm aufgenommen werden.

VII. Rechtswahlstatut und Sonderanknüpfung des Verhaltens als Zustimmung

Nach den Ergebnissen dieser Arbeit erfolgt im Europäischen Kollisionsrecht die Bestimmung des Rechtswahlstatuts stets durch einen Vorgriff auf die gewählte *lex causae*.[1199] Dies ist in der Rom I- und Rom III-VO sowie in der

zuvor anmerkt, dass der Grund für das Fehlen einer Auslegungsregelung in der EuErbVO in einem kollisionsrechtlichen *favor testamenti* liegen mag.

1195 *Mansel* in Leible/Unberath (Hrsg.) 241, 287.

1196 Vgl. *Mansel* in Leible/Unberath (Hrsg.) 241, 287: „Zieht man ein Fazit, dann wird deutlich, dass eine Generalnorm nur Teilaspekte der Formerfordernisse regeln könnte".

1197 *Mansel* in Leible/Unberath (Hrsg.) 241, 287.

1198 Vgl. *Mansel* in Leible/Unberath (Hrsg.) 241, 287.

1199 Siehe dazu Zweiter Teil § 4 C. III. 1.

EuErbVO ausdrücklich geregelt, und ist auch für die Rom II-VO und für die Verordnungsentwürfe des Güterrechts zu befürworten, die bislang allerdings keine entsprechende Regelung treffen. In der Generalnorm zur Rechtswahl sollte geregelt werden, dass sich das Zustandekommen und die Wirksamkeit der Rechtswahl nach dem Recht beurteilt, das anzuwenden wäre, wenn die Erklärung oder Vereinbarung über die Rechtswahl wirksam wäre.[1200]

Unproblematisch zu empfehlen ist auch – in Anlehnung an Art. 3 Abs. 5 Rom I-VO in Verbindung mit Art. 10 Abs. 2 Rom I-VO – eine allgemeine Regelung zur Sonderanknüpfung der Parteibehauptung fehlender Zustimmung, nach der sich eine Partei für die Behauptung, sie habe einer Rechtswahlvereinbarung nicht durch ihr Verhalten zugestimmt, auf das Recht des Staates ihres gewöhnlichen Aufenthalts zum Zeitpunkt der Rechtswahl berufen kann.[1201] Anwendung finden würde diese Regelung insbesondere bei einer Rechtswahl nach der Rom I- und der Rom II-VO. In den anderen EU-Verordnungen würde diese Regelung bedingt durch die dort geltenden Formerfordernisse nur einen geringen Anwendungsbereich haben; dies würde einer allgemeinen Regelung in einer Generalnorm zur Rechtswahl aber nicht entgegenstehen.

VIII. Zeitliche Wirkung der Rechtswahl

Im Schrifttum wird vorgeschlagen, in der Generalnorm zur Rechtswahl – vorbehaltlich spezieller Regelungen (wie beispielsweise in Art. 18 EuEhegüterVO) – festzulegen, dass die Parteien eine *ex tunc*- oder *ex nunc*-Wirkung der Rechtswahl vereinbaren können, wobei im Zweifel eine *ex tunc*-Wirkung gelten solle.[1202] Eine solche allgemeine Regelung zur zeitlichen Wirkung der Rechtswahl würde eine Rechtswahl nach der Rom I- und der Rom II-VO erfassen. Nach den Vorschlägen zum Güterrecht sollen die Parteien zwar ebenfalls die zeitliche Wirkung der Rechtswahl bestimmen können. Dort soll, sofern die Parteien nichts Gegenteiliges ausdrücklich bestimmt haben, eine Rückwirkung aber ausgeschlossen sein. In der EuErbVO und in der Rom III-VO scheidet eine Rückwirkung der Rechtswahl bedingt durch den Anknüpfungsgegenstand von vornherein aus. Von einer Regelung zur zeitlichen Wirkung der Rechtswahl in der Generalnorm zur Rechtswahl sollte daher aufgrund der rechtsgebietsspezifischen Unterschiede besser abgesehen werden.

1200 Ebenso *Mansel* in Leible/Unberath (Hrsg.) 241, 273.

1201 Vgl. *Mansel* in Leible/Unberath (Hrsg.) 241, 274.

1202 *Mansel* in Leible/Unberath (Hrsg.) 241, 271.

IX. Regelungen für Inlands- und Binnenmarktsachverhalte

Die Begrenzungen für Inlands- und Binnenmarktsachverhalte, wie sie Art. 3 Abs. 3, 4 Rom I-VO und Art. 14 Abs. 2, 3 Rom II-VO vorsehen, bilden einen speziellen Regelungsgegenstand der Rom I- und Rom II-VO[1203]. Den familien- und erbrechtlichen Verordnungen sind solche Regelungen aufgrund der Begrenzung des Kreises der wählbaren Rechte auf verbundene Rechte fremd.[1204] Regelungen für Inlands- und Binnenmarktsachverhalte bieten sich daher nicht zur Aufnahme in eine Generalnorm zur Rechtswahl an.[1205] Sie sind vielmehr in den Rechtswahlregelungen des Besonderen Teils zu regeln.[1206]

X. Drittschutzklausel und (Form-) Gültigkeitsschutz

Die Generalnorm sollte eine Regelung zum Drittschutz bei einem Statutenwechsel durch Änderung des anzuwendenden Rechts vorsehen.[1207] Es handelt sich um einen kollisionsrechtlich allgemein anerkannten Grundsatz, der anders als die Regelungen für Inlands- und Binnenmarktsachverhalte nicht eine spezielle Problematik des Schuldrechts betrifft. Bedingt durch die verschiedenen Anknüpfungsgegenstände der Verordnungen käme den betreffenden Regelungen in einer Generalnorm zur Rechtswahl zwar nur ein beschränkter Anwendungsbereich zu, dies hindert aber die Aufnahme in die Generalnorm nicht.

Der Erhalt der Formgültigkeit eines Rechtsgeschäfts in der Rom I-VO bzw. der Erhalt der Gültigkeit einer Rechtshandlung im Güterrecht stellen dagegen Besonderheiten auf dem Rechtsgebiet des Vertrags- und Güterrechts dar und eignen sich daher nicht für eine allgemeine Regel in einer Generalnorm zur Rechtswahl.[1208]

B. Fazit

Die Feststellung von *Mansel*, dass die Rechtswahl in einer Generalnorm eines Allgemeinen Teils geregelt werden könnte, diese aber der Ergänzung durch die

1203 Siehe dazu Zweiter Teil § B.
1204 Vgl. *Mansel* in Leible/Unberath (Hrsg.) 241, 269.
1205 *Mansel* in Leible/Unberath (Hrsg.) 241, 270.
1206 *Mansel* in Leible/Unberath (Hrsg.) 241, 270.
1207 *Mansel* in Leible/Unberath (Hrsg.) 241, 271.
1208 Dagegen für eine allgemeine Regelung zur Formgültigkeit abgeschlossener Rechtsgeschäfte bei einer nachträglichen Rechtswahl auch in der Generalnorm, vgl. *Mansel* in Leible/Unberath (Hrsg.), 241, 271.

jeweiligen besonderen Rechtswahlregelungen bedürfte, hat sich bestätigt. Sollte auf Unionsebene – entweder in Form einer eigenständigen Rom 0-VO oder in Form eines Allgemeinen Teils einer Gesamtkodifikation des Europäischen IPR – ein Allgemeiner Teil für das Europäische Kollisionsrecht ausgearbeitet werden, so sollte auch eine Generalnorm zur Rechtswahl statuiert werden. Denn die Rechtswahl stellt ein allgemeines und vorrangiges Anknüpfungsprinzip des Europäischen Kollisionsrechts dar.

Eine Generalnorm zur Rechtswahl würde zur Kohärenz beitragen und einige Lücken schließen. Eine vollständige Kohärenz und die Schließung aller Regelungslücken kann durch eine Generalnorm zur Rechtswahl allerdings nicht erreicht werden. Zahlreiche Lücken, Inkohärenzen und rechtstechnische Ineffizienzen, die im zweiten Teil dieser Arbeit herausgearbeitet wurden, können nur durch eine Novellierung der einzelnen Verordnungen beseitigt werden. Es bleibt daher, unabhängig von dem möglichen Erlass einer Rom 0-VO oder einer Gesamtkodifikation des Europäischen IPR dringend erforderlich, dass der Unionsgesetzgeber entsprechende Korrekturen der bereits bestehenden Rechtswahlregelungen vornimmt.

C. Formulierungsvorschlag für eine Generalnorm zur Rechtswahl

Auf der Grundlage der Untersuchungsergebnisse ergibt sich folgender Formulierungsvorschlag für eine Generalnorm zur Rechtswahl in einem Allgemeinen Teil:

Vorbehaltlich spezieller Regelungen in den Verordnungen[1209] gilt für die Rechtswahl:

(1) Die Wahl des anwendbaren Rechts ist zulässig, wenn die Rechtswahl in den Verordnungen eröffnet ist. Wird die Wahl des Rechts der Staatsangehörigkeit einer Partei[1210] gestattet und besitzt diese Person mehrere Staatsangehörigkeiten, kann das Recht jedes dieser Staaten gewählt werden. Wird die Wahl des Rechts der gemeinsamen Staatsangehörigkeit mehrerer Personen gestattet und besitzen sie mehrere gemeinsame Staatsangehörigkeiten, kann das Recht jeder dieser gemeinsamen Staatsangehörigkeiten gewählt werden.

(2) Die Rechtswahl kann ausdrücklich oder konkludent[1211] erklärt werden.

(3) Die Rechtswahl kann jederzeit vorgenommen[1212] und geändert werden. Rechte Dritter bleiben bei einer Änderung des anwendbaren Rechts unberührt.

(4) Das Zustandekommen und die Wirksamkeit der Rechtswahl beurteilt sich nach dem Recht, das anzuwenden wäre, wenn die Rechtswahl wirksam wäre. Ergibt sich jedoch aus den Umständen, dass es nicht gerechtfertigt wäre, die Wirkung des Verhaltens einer Partei nach diesem Recht zu bestimmen, so kann sich diese Partei für die Behauptung, sie habe einer Rechtswahlvereinbarung nicht zugestimmt, auf das Recht des Staates ihres gewöhnlichen Aufenthaltes im Zeitpunkt ihres Verhaltens berufen.

1209 Zu Beginn einer Rom 0-VO bedürfte es einer Begriffsdefinition zu den von ihr erfassten Verordnungen.

1210 Erfasst wird die Konstellation der Rechtswahl einer Partei sowie der Rechtswahl zweier Parteien, wenn das Staatsangehörigkeitsrecht einer der beiden Parteien gewählt werden kann. Die Aufnahme zweier getrennter Regelungen, wie im Kodifikationsvorschlag der *Europäischen Gruppe für Internationales Privatrecht (GEDIP)*, abgedruckt IPRax 2014, 90-91, unter Section 3. Loi applicable Artt. 9 und 11 vorgeschlagen, erscheint nicht erforderlich.

1211 Rechtsgebietsspezifische besondere Anforderungen an die Kriterien für die Erklärung einer konkludenten Rechtswahl sind in den jeweiligen Rechtswahlregelungen zu treffen.

1212 Der Begriff „vorgenommen“ erfasst einseitige Rechtswahlerklärungen seitens des Erblassers sowie Rechtswahlvereinbarungen zwischen zwei Parteien.

Vierter Teil: Wesentliche Ergebnisse

§ 8 Wesentliche Ergebnisse: Kohärenz, Vollständigkeit und rechtstechnische Effizienz der Rechtswahlregelungen

Nachfolgend werden die Erkenntnisse dieser Untersuchung thesenartig zusammengefasst. Für die einzelnen Regelungsgegenstände wird – soweit dies möglich ist – wie folgt vorgegangen: Darstellung der gesicherten Grundlagen; Korrektur- bzw. Ergänzungsvorschläge *de lege ferenda*.

A. Kreis der wählbaren Rechte

I. Grundlagen

Die Rechtswahlregelungen Art. 3 Rom I-VO und Art. 14 Rom II-VO gestatten den Parteien eine freie Rechtswahl. Im Familien- und Erbrecht wird dagegen die Rechtswahl nur begrenzt auf verbundene Rechte eröffnet (Art. 5 Rom III-VO; Art. 22 EuErbVO; Art. 15 EuUnthVO in Verbindung mit Artt. 7, 8 HUntProt; Art. 16 EuEhegüterVO-Vorschlag und Art. 15b Legislative Entschließung des Europäischen Parlaments zum EuPartGüVO-Vorschlag).

Anknüpfungspunkte zur Bestimmung der wählbaren (verbundenen) Rechte sind in allen EU-Verordnungen und Verordnungsentwürfen die Staatsangehörigkeit und – mit Ausnahme der EuErbVO – der gewöhnliche Aufenthalt. Die Wahl der *lex fori* wird nur im Unterhaltsrecht und im Scheidungsrecht eröffnet. Auf rechtsgebietsspezifischen Besonderheiten beruht die Wählbarkeit des gewählten oder tatsächlich angewandten Scheidungs- oder Güterstatuts für das Unterhaltsrecht und nach der Legislativen Entschließung des Europäischen Parlaments zum EuPartGüVO-Vorschlag die Wählbarkeit des Rechts des Staates, in dem die Partnerschaft eingetragen ist.

Grundsätzlich genügt die einseitige Verbundenheit einer Partei mit einem wählbaren Recht im Zeitpunkt der Rechtswahl. Sachlich begründete Ausnahmen hiervon bestehen in der EuErbVO für die Wahl des zukünftigen Heimatrechts des Erblassers im Zeitpunkt des Todes sowie in der Rom III-VO und der EuUnthVO in Verbindung mit HUntProt für die Wahl der künftigen *lex fori*.

II. Mehrfache Staatsangehörigkeit einer Partei

Die Behandlung der mehrfachen Staatsangehörigkeit einer Partei erfolgt inkohärent und lückenhaft. Explizit geregelt wird die Rechtswahl bei mehrfacher

Staatsangehörigkeit einer Partei nur in der Rechtswahlregelung des Art. 22 EuErbVO. Nach Art. 22 Abs. 1 S. 2 EuErbVO kann der Erblasser, der mehrere Staatsangehörigkeiten besitzt, zwischen den Rechten der verschiedenen Staatsangehörigkeitsstaaten frei wählen. In der Rom III-VO ist die Frage, welche Rechtswahlmöglichkeiten im Falle einer mehrfachen Staatsangehörigkeit eröffnet sind, ungeregelt. Erwägungsgrund Nr. 22 Rom III-VO stellt klar, dass insoweit weiterhin innerstaatliches Recht anwendbar sei. Das HUntProt und die Verordnungsentwürfe zum Güterrecht schweigen.

De lege ferenda sollte die Rechtswahlbefugnis bei mehrfacher Staatsangehörigkeit stets das Recht jedes Staates, dessen Staatsangehörigkeit eine Partei besitzt (auch das einer nicht-effektiven Staatsangehörigkeit), umfassen. Sofern auf die gemeinsame Staatsangehörigkeit abgestellt wird und die Parteien mehrere gemeinsame Staatsangehörigkeiten besitzen, sollte das Recht jeder dieser gemeinsamen Staatsangehörigkeiten gewählt werden können. Diese Wahlmöglichkeiten sollten grundsätzlich für mitgliedstaatliche wie auch für nicht-mitgliedstaatlichen Staatsangehörigkeiten gelten.

III. Wahl der *lex fori* gemäß Art. 5 Abs. 1 lit. d Rom III-VO

Anders als andere Sprachfassungen bringt die deutsche Sprachfassung des Art. 5 Abs. 1 lit. d Rom III-VO, dass „das Recht des Staates des angerufenen Gerichts" gewählt werden kann, infolge der Verwendung des Präteritums nicht zum Ausdruck, dass den Ehegatten die Wahl der *lex fori* bereits vor Anrufung des Gerichts gestattet ist.

De lege ferenda sollte die deutsche Sprachfassung des Art. 5 Abs. 1 lit. d Rom III-VO wie folgt gefasst werden: *das Recht eines bestimmten Staates, dessen Gericht angerufen ist oder angerufen wird.*

IV. Wählbarkeit der bei objektiver Anknüpfung maßgebenden Rechte

Grundsätzlich ist ein kraft objektiver Anknüpfung anwendbares Recht – ausgenommen das unbestimmte Recht der engsten Verbindung – auch wählbar. Dies gilt jedoch nach Art. 22 EuErbVO nicht für die Rechtswahl des Erblassers, da das kraft objektiver Anknüpfung maßgebende Recht des gewöhnlichen Aufenthalts nicht wählbar ist.

De lege ferenda spricht der Aspekt der Rechts- und Planungssicherheit dafür, dem Erblasser auch die Wahl des Rechts des gewöhnlichen Aufenthalts im Zeitpunkt des Todes zu eröffnen.

B. Zeitliche Begrenzungen der Rechtswahl

I. Grundlagen

Die Rechtswahl kann grundsätzlich jederzeit, d.h. zu jedem beliebigen Zeitpunkt, getroffen werden. Die Rom II-VO und die Rom III-VO enthalten dagegen zeitliche Begrenzungen, die nur teilweise aufgrund von rechtsgebietsspezifischen Besonderheiten sachlich zu rechtfertigen sind.

II. Rom II-VO

1. *Begrenzung der anfänglichen Rechtswahl auf kommerziell tätige Personen*

Mit der Begrenzung der anfänglichen Rechtswahl auf kommerziell tätige Personen weicht die Rom II-VO von der Rom I-VO ab, die die Rechtswahlfreiheit uneingeschränkt für alle Personen eröffnet und nur die Wirkungen einer Rechtswahl unter Beteiligung eines Verbrauchers oder eines Arbeitnehmers durch einen Günstigkeitsvergleich inhaltlich beschränkt (Artt. 6 Abs. 2, 8 Abs. 2 Rom I-VO).

Es sind indes keine sachlichen Gründe zu erkennen, die es rechtfertigen würden, in Art. 14 Abs. 1 S. 1 lit. b Rom II-VO abweichend von dem in Art. 6 Abs. 1 Rom I-VO verwendeten Unternehmerbegriff eine neue Kategorie der „kommerziellen Tätigkeit" einzuführen. Der überwiegenden Ansicht des Schrifttums ist daher zuzustimmen, dass dieser Begriff entsprechend dem Unternehmerbegriff des Art. 6 Abs. 1 Rom I-VO auszulegen ist.

De lege ferenda sollte der Regelungswortlaut des Art. 14 Abs. 1 S. 1 lit. b Rom II-VO an die Formulierung des Art. 6 Abs. 1 Rom I-VO angeglichen werden. Es sollte im Regelungswortlaut auch klargestellt werden, dass die anfängliche Rechtswahl in Ausübung der beruflichen oder gewerblichen Tätigkeit der Parteien getroffen werden muss (Zusammenhangserfordernis). Auf die „ermahnungsartige Verstärkung" (*Junker*) durch den Begriff „alle" Parteien sollte verzichtet werden.

Es bietet sich folgender von *Junker* unterbreiteter Formulierungsvorschlag an: „durch eine Vereinbarung vor Eintritt des schadensbegründenden Ereignisses, welche die Parteien in Ausübung ihrer beruflichen oder gewerblichen Tätigkeit schließen."

Die Begrenzung der anfänglichen Rechtswahl auf Unternehmer ist dagegen als eine rechtsgebietsspezifische Besonderheit der Rom II-VO beizubehalten. Die Zulassung einer anfänglichen Rechtswahl auch für nicht beruflich oder gewerblich tätige Personen (Verbraucher und Arbeitnehmer) würde aus Schutzgründen die Aufnahme eines Günstigkeitsprinzips auch im außervertraglichen

Schuldrecht erforderlich machen, wodurch eine konzeptionelle Kohärenz zwischen der Rom I-VO und der Rom II-VO erreicht würde. Es bestehen jedoch durchschlagende Bedenken, dass die wenigen Fälle jenseits der vertragsakzessorischen Anknüpfung, in denen bei Beteiligung eines Verbrauchers oder Arbeitnehmers eine anfängliche Rechtswahlmöglichkeit praktisch relevant wird, die komplizierte Differenzierung nach Personenkreisen und einen komplizierten Günstigkeitsvergleich rechtfertigen würden.

2. Erfordernis einer „frei ausgehandelten Vereinbarung"

Art. 14 Abs. 1 S. 1 lit. b Rom II-VO verlangt, dass die kommerziell tätigen Parteien die anfängliche Rechtswahl durch eine „frei ausgehandelte Vereinbarung" treffen. Dieses Erfordernis ist dem sonstigen Europäischen Kollisionsrecht fremd. Es bringt – wie der facettenreiche Meinungsstand im Schrifttum zeigt – eine erhebliche Rechtsunsicherheit mit sich. Die Auslegung ergibt, dass eine anfängliche Rechtswahlvereinbarung in AGB grundsätzlich unzulässig ist. Ein Abzeichnen einer vorformulierten Rechtswahlklausel ist jedoch als ausreichend anzusehen, da hierdurch die vom Gesetzgeber intendierte Eindeutigkeit des Konsenses über die Rechtswahl ausreichend sichergestellt wird.

De lege ferenda sollte die Formulierung „frei ausgehandelt" ersatzlos gestrichen werden. Dafür sprechen neben der Kohärenz, insbesondere zu der Rom I-VO, vor allem praktische Gesichtspunkte des internationalen Handelsverkehrs.

III. Rom III-VO

1. Rechtswahl nach Anrufung des Gerichts

Die Rom III-VO überlässt es dem Recht des an der Verordnung teilnehmenden Mitgliedstaats, dessen Gerichte angerufen sind, darüber zu entscheiden, ob eine Rechtswahl auch nach Anrufung des Gerichts getroffen werden kann. Damit weicht die Rom III-VO von den anderen Verordnungen des Europäischen Kollisionsrechts ab, die unmittelbar eine Rechtswahl auch nach Anrufung des Gerichts zulassen. Stichhaltige Gründe, die dagegen sprechen, die Zulässigkeit der Rechtswahl auch in der Rom III-VO unmittelbar im Unionsrecht zu regeln, sind nicht ersichtlich.

De lege ferenda sollte die zeitliche Begrenzung in Art. 5 Abs. 2, 3 Rom III-VO aufgehoben werden. Die Frage, ob eine Rechtswahl im Prozess zulässig ist, sollte in der Rom III-VO verbindlich für die teilnehmenden Mitgliedstaaten geregelt werden. Allein die Beurteilung, bis zu welchem konkreten Zeitpunkt eine Rechtswahl mit Wirkung auf ein laufendes Verfahren getroffen werden kann, sollte – wie auch sonst – dem Verfahrensrecht der *lex fori* überlassen werden.

2. *Rechtswahl vor der Eheschließung*

Anders als der EuEhegüterVO-Vorschlag, der ausdrücklich auch „künftigen Ehegatten" die Rechtswahl eröffnet, spricht Art. 5 Rom III-VO lediglich von „Ehegatten". Entgegen dem Wortlaut ist aber auch hier eine vor der Eheschließung getroffene Rechtswahl als zulässig anzusehen. Es wäre nicht überzeugend, wenn die zukünftigen Ehegatten in einem vor der Eheschließung geschlossenen Ehevertrag zwar eine Rechtswahl für die Scheidungsfolgen (Unterhalt und Güterrecht), nicht aber eine Scheidungsrechtswahl vereinbaren könnten.

De lege ferenda sollte die Zulässigkeit einer Rechtswahl bereits vor der Eheschließung im Wortlaut des Art. 5 Abs. 1 Rom III-VO durch die ergänzende Formulierung *„oder künftigen Ehegatten"* klargestellt werden.

C. Änderbarkeit der Rechtswahl

I. Grundlagen und Lückenschließung

Die Rechtswahlregelungen regeln meist explizit, dass die Parteien eine getroffene Rechtswahl nachträglich ändern können. Die Änderbarkeit einer Rechtswahl entspricht der Grundlegung der Parteiautonomie. Es überrascht, dass die Änderbarkeit der Rechtswahl in der Rom II-VO und im HUntProt nicht geregelt ist, obwohl sie auch hier nach einhelliger Ansicht zulässig ist.

De lege ferenda sollte auch in der Rom II-VO und im HUntProt ausdrücklich geregelt werden, dass eine getroffene Rechtswahl geändert werden kann. Folgender Normtext bietet sich an: *Die Parteien können vereinbaren, dass das außervertragliche Schuldverhältnis [die Unterhaltspflicht] nach einem anderen Recht zu beurteilen ist als dem, das zuvor aufgrund einer früheren Rechtswahl maßgebend war.*

II. Korrektur der Rechtswahlregelungen über eine Änderbarkeit der Rechtswahl

1. *Rom III-VO: Änderbarkeit der Rechtswahl im laufenden Gerichtsverfahren*

Art. 5 Abs. 3 S. 1 Rom III-VO unterstellt die Zulässigkeit der Rechtswahl im laufenden Verfahren der *lex fori*. Der Begriff „vornehmen" in der Formulierung „die Rechtswahl vor Gericht auch im Laufe des Verfahrens vornehmen" bringt nicht eindeutig zum Ausdruck, dass davon auch die Änderung einer Rechtswahl im Laufe des Verfahrens erfasst wird.

De lege ferenda bietet sich zur Klarstellung an, den unbestimmten Begriff „vornehmen" durch die Formulierung *„geschlossen oder geändert werden"* zu ersetzen.

2. *EuErbVO: Umfassende Regelung über die Änderbarkeit der Rechtswahl gemäß Art. 22 Abs. 4 EuErbVO*

Für die Änderung und den Widerruf der Rechtswahl enthält Art. 22 Abs. 4 EuErbVO lediglich eine Regelung hinsichtlich der Form. Es fehlt hingegen eine Regelung über die Art und Weise der Erklärung der Änderung und des Widerrufs der Rechtswahl sowie über das Statut betreffend die materielle Wirksamkeit.

De lege ferenda sollte Art. 22 Abs. 4 EuErbVO, um einem verfehlten Umkehrschluss aus der lückenhaften Regelung auszuschließen, ergänzend klarstellen, dass auch die Änderung und der Widerruf einer Rechtswahl denselben Anforderungen unterliegen wie die erstmalige Rechtswahlerklärung, indem Art. 22 Abs. 2 und Abs. 3 EuErbVO für anwendbar erklärt werden.

3. *EuEhegüterVO-Vorschlag: Terminologie und Systematik der Rechtswahlregelungen*

Der EuEhegüterVO-Vorschlag ist nicht geglückt, soweit neben der allgemeinen Rechtswahlregelung in Art. 16 EuEhegüterVO-Vorschlag eine eigenständige Regelung zum „Wechsel des anzuwendenden Rechts" in Art. 18 S. 1 EuEhegüterVO-Vorschlag vorgesehen ist. In systematischer Hinsicht gehören die Regelungen zur Änderbarkeit der Rechtswahl des Art. 18 EuEhegüterVO-Vorschlag in die allgemeine Rechtswahlregelung des Art. 16 EuEhegüterVO-Vorschlag integriert. Dies hat das Europäische Parlament in seiner Legislativen Entschließung erkannt und überzeugend korrigiert.

D. Teilrechtswahl

Soweit die Teilrechtswahl in den Verordnungen und Verordnungsentwürfen ausdrücklich zugelassen oder ausdrücklich ausgeschlossen wird, lassen sich die Unterschiede auf die Besonderheiten der verschiedenen Anknüpfungsgegenstände zurückführen (Vertrag: Rom I-VO; Rechtsnachfolge von Todes wegen: EuErbVO, Ehegüterrecht: EuEhegüterVO-Vorschlag; Güterrecht eingetragener Partnerschaften: Legislative Entschließung des Europäischen Parlaments zum EuPartGüVO-Vorschlag).

Die Rom II-VO, die Rom III-VO und das HUntProt schweigen zur Frage der Zulässigkeit einer Teilrechtswahl. Im Wege der Auslegung ergibt sich für

Art. 5 Rom III-VO und Art. 7 HUntProt, dass eine Teilrechtswahl aufgrund der Anknüpfungsgegenstände ausgeschlossen ist. Für Art. 14 Rom II-VO und Art. 8 HUntProt ist im Wege der (ergänzenden) Auslegung zwar die grundsätzliche Zulässigkeit einer Teilrechtswahl zu bejahen. Insbesondere die geringe Praxisrelevanz der Teilrechtswahl spricht jedoch dafür, von einer ausdrücklichen Regelung im Normtext abzusehen.

E. Art und Weise der Erklärung der Rechtswahl

I. Ausdrückliche Rechtswahl

Eine ausdrückliche Rechtswahl ist in allen Rechtsgebieten zulässig. Dies wird durch den Begriff „ausdrücklich" in den Rechtswahlregelungen des Art. 3 Abs. 1 S. 2 Rom I-VO, Art. 14 Abs. 1 S. 2 Rom II-VO, Art. 22 Abs. 2 EuErbVO und des Art. 7 Abs. 1 HUntProt explizit gesagt.

De lege ferenda sollte auch in den Rechtswahlregelungen des Art. 5 Abs. 1 Rom III-VO sowie des Art. 8 Abs. 1 HUntProt der Begriff „ausdrücklich" aufgenommen und dadurch der Unterschied zur ebenfalls zulässigen konkludenten Rechtswahl verdeutlicht werden.

II. Konkludente Rechtswahl

1. Zulässigkeit der konkludenten Rechtswahl

Die Rom I-VO, Rom II-VO und EuErbVO gestatten die konkludente Rechtswahl explizit. Art. 7 Abs. 1 HUntProt schließt dagegen die konkludente Wahl des anzuwendenden Rechts für die Zwecke eines einzelnen Verfahrens explizit aus. Dies leuchtet wegen des dort geltenden Bestimmtheitsgrundsatzes und der bezweckten Verfahrensökonomie ein. Ausgeschlossen ist die konkludente Rechtswahl auch nach Art. 19 Abs. 2 Hs. 1 EuEhegüterVO-Vorschlag, wonach die Rechtswahl „zumindest ausdrücklich" erfolgen muss. Es sind indes – ungeachtet der besonderen Formerfordernisse – keine Gründe ersichtlich, weshalb eine konkludente Rechtswahl selbst dann ausgeschlossen sein soll, wenn sie sich (eindeutig) aus der formgerechten Vereinbarung ergibt. Der Legislativen Entschließung des Europäischen Parlaments folgend sollte der Zusatz „zumindest ausdrücklich" im weiteren Gesetzgebungsverfahren gestrichen werden. Im weiteren Gesetzgebungsverfahren sollte außerdem die Klarstellung erfolgen, dass die Rechtswahl ausdrücklich erfolgen oder sich (eindeutig) aus der schriftlichen Vereinbarung ergeben muss. Entsprechend sollte auch in der künftigen EuPartGüVO verfahren werden.

Art. 5 Abs. 1 Rom III-VO und Art. 8 Abs. 1 HUntProt lassen unklar, ob eine konkludente Rechtswahl zulässig ist. Auch dort spricht jedoch – ungeachtet der besonderen Formerfordernisse für die Rechtswahl – viel dafür, eine konkludente Rechtswahl als zulässig anzusehen, sofern sie sich (eindeutig) aus der formgerechten Vereinbarung ableiten lässt. Eine konkludente Rechtswahl vor Gericht im Laufe eines Scheidungsverfahrens scheidet hingegen wegen des Formerfordernisses der Protokollierung durch das Gericht (Art. 5 Abs. 3 S. 2 Rom III-VO) aus.

De lege ferenda sollten in Art. 5 Abs. 1 Rom III-VO und Art. 8 Abs. 1 HUntProt klargestellt werden, dass die konkludente Rechtswahl zulässig ist, sofern sie sich (eindeutig) aus der schriftlichen Vereinbarung ergibt.

2. *Vereinheitlichung der Anforderungen an eine konkludente Rechtswahl*

a) Eindeutigkeit der konkludenten Rechtswahl

Die Rom I-VO und die Rom II-VO lassen die konkludente Rechtswahl explizit zu, stellen jedoch unterschiedliche Anforderungen. Art. 3 Abs. 1 Satz 2 Rom I-VO verlangt Eindeutigkeit der konkludenten Rechtswahl. Art. 14 Abs. 1 Satz 2 Rom II-VO lässt „mit hinreichender Sicherheit" genügen. Diese Unterschiede sind nicht sachlich bedingt, sondern lediglich eine Folge des zeitlich früheren Erlasses der Rom II-VO vor der Rom I-VO.

De lege ferenda sollte auch Art. 14 Abs. 1 Satz 2 Rom II-VO das Kriterium der Eindeutigkeit verwenden. Folgende Formulierung bietet sich an: *Die Rechtswahl muss ausdrücklich erfolgen oder sich eindeutig aus den Umständen des Falles ergeben.*

De lege ferenda sollte das Erfordernis der Eindeutigkeit der konkludenten Rechtswahl angepasst an die besonderen Formerfordernisse außerdem in die Normtexte des Art. 5 Abs. 1 Rom III-VO und des Art. 8 Abs. 1 HUntProt aufgenommen werden. Folgende Formulierung bietet sich an: *Die Rechtswahl muss ausdrücklich erfolgen oder sich eindeutig aus den Bestimmungen einer schriftlichen Vereinbarung ergeben.*

b) Sonderstellung der EuErbVO

Die EuErbVO verlangt keine Eindeutigkeit. Das Fehlen des Erfordernisses der Eindeutigkeit ist sachlich durch den speziellen Rechtsgedanken des kollisionsrechtlichen *favor testamenti* gerechtfertigt. Eine planwidrige Regelungslücke liegt insoweit nicht vor.

F. Form

I. Grundlagen

Der Unionsgesetzgeber regelt die Anforderungen an die Form der Rechtswahl konzeptionell unterschiedlich. Die Form der Rechtswahlvereinbarung für einen

Schuldvertrag unterliegt nach Art. 3 Abs. 5 Rom I-VO der allgemeinen Formvorschrift des Art. 11 Rom I-VO. In der Rom II-VO fehlt jegliche Regelung zur Form der Rechtswahl; hier soll nach überwiegender Ansicht das Formstatut in analoger Anwendung des Art. 11 Rom I-VO bestimmt werden. Im Erbrecht wird die Form einer Verfügung von Todes wegen für maßgebend erklärt. Im Familienrecht verfolgt der Unionsgesetzgeber grundsätzlich die Konzeption, zwingende Mindestformerfordernisse verordnungsautonom festzulegen und strengere Formerfordernisse nationalen Rechts im Wege von Öffnungsklauseln zuzulassen.

Die Unterschiede in den Formerfordernissen der Verordnungen sind teilweise darauf zurückzuführen, dass die Funktionen der Form je nach Anknüpfungsgegenstand verschieden gewichtet werden. Insoweit ist zwischen den Formerfordernissen im Schuldrecht, für das die Rom II-VO allerdings keine Regelung enthält, den Formerfordernissen im Erbrecht und den Formerfordernissen im Familienrecht (Scheidungs-, Unterhalts- und Güterrecht) zu unterschieden. Daraus kann sich grundsätzlich auch eine Rechtfertigung dafür ergeben, dass der Unionsgesetzgeber für die unterschiedlichen Rechtsgebiete unterschiedliche rechtstechnische Konzeptionen wählt. Für Rechtswahlvereinbarungen im Familienrecht besteht aber ein erhebliches Interesse an einer einheitlichen Konzeption, um den Parteien eine einheitliche Rechtswahl für die unterschiedlichen Regelungsgegenstände zu erleichtern.

II. Lückenschließung in der Rom II-VO

De lege ferenda sollte die Rom II-VO durch eine Regelung über die Form für eine Rechtswahlvereinbarung ergänzt werden. Es bietet sich an, in Art. 14 Rom II-VO eine parallele Regelung zu Art. 11 Abs. 1 und Abs. 2 Rom I-VO aufzunehmen.

III. Lückenschließung und Vereinheitlichung der Formerfordernisse für die Rechtswahl im Familienrecht

Auf dem Gebiet des Familienrechts ist bislang nur eine begrenzte Parallelität der Formerfordernisse erreicht. Die Unterschiede sind insbesondere bedauerlich, weil sie (künftigen) Ehegatten erschweren, in einer einheitlichen Urkunde eine Rechtswahl für das Scheidungs-, Unterhalts- und Ehegüterrecht zu treffen.

1. Lückenschließung im HUntProt

Eine Formregelung speziell für eine Rechtswahl vor Gericht wird lediglich durch die Rom III-VO statuiert (Art. 5 Abs. 3 S. 2). Eine Unterscheidung zwischen den Formerfordernissen vor und nach Einleitung eines Verfahrens erfolgt auch in

Art. 7 HUntProt. Die Formerfordernisse des Art. 7 Abs. 2 HUntProt beziehen sich allerdings nur auf eine Rechtswahl, die vor Einleitung des Unterhaltsverfahrens getroffen wird. Zu den Formanforderungen nach Einleitung des Unterhaltsverfahrens für eine Rechtswahl gemäß Art. 15 EuUnthVO in Verbindung mit Art. 7 HUntProt schweigt das HUntProt.

De lege ferenda sollte die Lücke zu den Formerfordernissen einer Rechtswahl, die nach Einleitung des Unterhaltsverfahrens erfolgt, geschlossen werden. Es bietet sich an, entsprechend Art. 5 Abs. 3 S. 2 Rom III-VO zu verlangen, dass die Rechtswahl vor Gericht zu Protokoll gegeben wird. Für eine Rechtswahl nach Einleitung des Unterhaltsverfahrens, die nicht vor Gericht, sondern außerhalb des Gerichts erfolgt, wäre auf das Schriftformerfordernis des Art. 7 Abs. 2 HUnt-Prot zurückzugreifen.

2. *Vereinheitlichung der Formerfordernisse de lege ferenda*

Auf der Grundlage der bestehenden Konzeption von unionsrechtlichen Mindestformerfordernissen und Öffnungsklauseln für strengere Formerfordernisse nationalen Rechts ist *de lege ferenda* eine möglichst weitgehende Vereinheitlichung anzustreben.

a) Vereinheitlichung der unionsrechtlichen Mindestformerfordernisse

Es bestehen aufgrund unterschiedlicher Formulierungen in der Rom III-VO und dem HUntProt erhebliche Zweifelsfragen hinsichtlich der Auslegung der jeweiligen Mindestformerfordernisse.

De lege ferenda sollten die verordnungsautonomen Mindestformerfordernisse einer Rechtswahlvereinbarung im Bereich des Familienrechts möglichst einheitlich ausgestaltet werden (Schriftform, Datierung und Unterzeichnung durch beide Parteien). Dabei sollte klar zum Ausdruck gebracht werden, ob eine Unterzeichnung auf einer einheitlichen Urkunde oder einem einheitlichen Datenträger erforderlich ist, oder ob – was im Hinblick auf die Funktionen der Form bedenklich erscheint – auch getrennte Erklärungen der Parteien, beispielsweise getrennte E-Mail-Erklärungen, formgültig sind. In jedem Fall wäre klarzustellen, dass eine Erklärung mittels einer elektronischen Übermittlung einer elektronischen Signatur bedarf.

b) Vereinheitlichung der Öffnungsklauseln für strengere Formerfordernisse nationalen Rechts

Die Rom III-VO und die Verordnungsentwürfe zum Familienrecht enthalten alle Öffnungsklauseln für strengere Formerfordernisse nationalen Rechts. Das

HUntProt enthält keine entsprechenden Öffnungsklauseln. Nach dem Erläuternden Bericht von *Bonomi* war es allerdings der Wille der Delegierten ebenfalls nur Mindestformerfordernisse aufzustellen.

De lege ferenda sollte dieser Regelungswille im HUntProt durch die Aufnahme von Öffnungsklauseln klar zum Ausdruck gebracht werden.

Die Rom III-VO berücksichtigt nur strengere Formerfordernisse der an der Rom III-VO teilnehmenden Mitgliedstaaten. Der EuEhegüterVO-Vorschlag sieht hingegen vor, dass strengere Formerfordernisse aller Mitgliedstaaten zu berücksichtigen sind. Die Legislativen Entschließungen des Europäischen Parlaments zum EuEhegüterVO-Vorschlag und zum EuPartGüVO-Vorschlag gehen – legt man die gewählte Formulierung („Recht des Staates") zugrunde – noch einen Schritt weiter und berücksichtigen auch strengere Formerfordernisse von Drittstaaten. Bedauerlicherweise fehlt in den Öffnungsklauseln der Legislativen Entschließung des Europäischen Parlaments zum EuPartGüVO-Vorschlag eine Regelung für die Konstellation, dass nur ein Partner seinen gewöhnlichen Aufenthalt in einem Mitgliedstaat hat.

De lege ferenda ist zu fordern, dass die Öffnungsklauseln für strengere Formvorschriften nationalen Rechts einheitlich ausgestaltet werden. Sinnvoll erscheint es insoweit, auch zukünftig an den gewöhnlichen Aufenthalt der Parteien anzuknüpfen. Das Recht eines Drittstaates sollte (nur) berücksichtigt werden, wenn die Parteien dort im Zeitpunkt des Abschlusses der Rechtswahlvereinbarung gemeinsam ihren gewöhnlichen Aufenthalt haben. Bei der Rom III-VO sollten insbesondere aus Kohärenzgründen jedenfalls auch Mitgliedstaaten, die nicht an der Rom III-VO teilnehmen, berücksichtigt werden, in denen die Ehegatten ihren gemeinsamen gewöhnlichen Aufenthalt haben. Dies könnte durch die Streichung des Begriffs „teilnehmenden" in Art. 7 Abs. 2 Rom III-VO umgesetzt werden.

c) Zukünftiger Reformschritt zu unionsrechtlich bestimmten qualifizierten Formerfordernissen

Als weiterer Reformschritt wäre *de lege ferenda* anzustreben, dass der Unionsgesetzgeber die Rechtswahlvereinbarungen in den Bereichen des Familienrechts möglichst einheitlichen, qualifizierten Formerfordernissen unterstellt, die neben der Warn- und Beweisfunktion entsprechend der erklärten Regelungsintention des Unionsgesetzgebers eine Information und Belehrung der Erklärenden gewährleisten.

Unter der Prämisse, dass sich die Form der notariellen Beurkundung, die die vom Unionsgesetzgeber gewünschte Information und Belehrung gewährleistet, auf absehbare Zeit nicht in allen Mitgliedstaaten erfüllen lässt, wäre zu überlegen, einen Katalog der mitgliedstaatlichen Formerfordernisse aufzustellen, die hinsichtlich der gewünschten Formfunktionen als gleichwertig erachtet werden (regelungstechnisch vergleichbar den Anhängen zur EuGVVO).

G. Rechtswahlstatut und Sonderanknüpfung des Verhaltens als Zustimmung

I. Rechtswahlstatut

Regelungen zum Rechtswahlstatut sehen Art. 3 Abs. 5 Rom I-VO in Verbindung mit Art. 10 Abs. 1 Rom I-VO, Art. 6 Abs. 1 Rom III-VO und Art. 22 Abs. 3 EuErbVO vor. Danach erfolgt jeweils ein Vorgriff auf die gewählte *lex causae*. Die sprachlichen Unterschiede sind weitgehend rechtsgebietsspezifisch bedingt. In Art. 22 Abs. 3 EuErbVO heißt es „unterliegt dem gewählten Recht". Die Formulierung des Art. 10 Rom I-VO und des Art. 6 Rom III-VO („Recht, das nach dieser Verordnung anzuwenden wäre, wenn die Vereinbarung oder die Bestimmung wirksam wäre") verdeutlicht den Vorgriff auf das gewählte Recht besser. Diese Formulierung sollte – angepasst an die Einseitigkeit der Erklärung des Erblassers – auch in Art. 22 Abs. 3 EuErbVO verwendet werden.

Regelungen zum Rechtswahlstatut fehlen dagegen in der Rom II-VO, im HUntProt, im EuEhegüterVO-Vorschlag und in der Legislativen Entschließung des Europäischen Parlaments zum EuPartGüVO-Vorschlag.

De lege ferenda sollten diese Regelungslücken durch Verweis auf die gewählte *lex causae* geschlossen werden. Anlehnend an Art. 6 Abs. 1 Rom III-VO bietet sich folgende Formulierung an: *Das Zustandekommen und die Wirksamkeit einer Rechtswahlvereinbarung beurteilen sich nach dem Recht, das nach dieser Verordnung anzuwenden wäre, wenn die Vereinbarung wirksam wäre.*

II. Sonderanknüpfung des Verhaltens als Zustimmung

1. Korrektur der bestehenden Regelungen

Die Rom I-VO und die Rom III-VO unterstellen die Parteibehauptung fehlender Zustimmung durch Verhalten im Wege einer Sonderanknüpfung dem Recht des gewöhnlichen Aufenthalts der betreffenden Partei (Art. 3 Abs. 5 Rom I-VO in Verbindung mit Art. 10 Abs. 2 Rom I-VO; Art. 6 Abs. 2 Rom III-VO).

a) Rom I-VO

Art. 10 Abs. 2 Rom I-VO ist lückenhaft, da nicht geregelt ist, welcher Zeitpunkt für die Bestimmung des Rechts des gewöhnlichen Aufenthalts maßgebend ist.

Dies ist richtigerweise der Zeitpunkt der Abgabe der strittigen Zustimmungserklärung, d.h. ihres Verhaltens.

De lege ferenda sollte Art. 10 Abs. 2 Rom I-VO – wie kursiv gekennzeichnet – ergänzt werden: „Ergibt sich jedoch aus den Umständen, dass es nicht gerechtfertigt wäre, die Wirkung des Verhaltens einer Partei nach dem in Abs. 1 bezeichneten Recht zu bestimmen, so kann sich diese Partei für die Behauptung, sie habe dem Vertrag nicht zugestimmt, auf das Recht des Staates ihres gewöhnlichen Aufenthalts *im Zeitpunkt ihres Verhaltens* berufen."

b) Rom III-VO

Art. 6 Abs. 2 Rom III-VO stellt für die Beurteilung des Verhaltens eines Ehegattens als Zustimmung zur Rechtswahlvereinbarung auf den gewöhnlichen Aufenthalt des betreffenden Ehegatten im „Zeitpunkt der Anrufung des Gerichts" ab. Dieser Zeitpunkt weicht von der Parallelregelung des Art. 10 Abs. 2 Rom I-VO ab und ist insbesondere wegen möglicher Manipulationen durch Verlegung des gewöhnlichen Aufenthalts sachlich nicht überzeugend.

De lege ferenda sollte auch in Art. 6 Abs. 2 Rom III-VO das Recht des gewöhnlichen Aufenthalts des betreffenden Ehegatten im Zeitpunkt des Verhaltens maßgebend sein.

2. *Lückenschließung*

Im Unterhalts- und Güterrecht bedarf es einer Sonderanknüpfung des Verhaltens als Zustimmung aufgrund der Schriftformerfordernisse nicht. Auch in der EuErbVO besteht bei einer einseitigen Rechtswahl des Erblassers kein Regelungsbedarf. Lückenhaft ist dagegen die Rechtswahlregelung der Rom II-VO.

Da hinsichtlich der Beurteilung des Verhaltens als Zustimmung zu einer Rechtswahlvereinbarung keine Unterschiede zwischen der Rechtswahl für vertragliche und außervertragliche Schuldverhältnisse gerechtfertigt sind, sollte de *lege ferenda* in Art. 14 Rom II-VO eine Art. 10 Abs. 2 Rom I-VO entsprechende Regelung zur Sonderanknüpfung an das Aufenthaltsrecht aufgenommen werden.

H. Zeitliche Wirkung der Rechtswahl

Eine Regelung der zeitlichen Wirkung der Rechtswahl ist den EU-Verordnungen fremd. Im Scheidungs- und Erbrecht kommt bedingt durch den Anknüpfungsgegenstand von vornherein nur eine *ex nunc*-Wirkung in Betracht. In der Rom I- und Rom II-VO sowie im EuUnthVO in Verbindung mit dem HUntProt kommt zwar – je nach Parteiwille – eine *ex tunc-* oder eine *ex nunc-*Wirkung in Betracht. Ein Regelungsbedarf ist aber im Ergebnis zu verneinen, da lediglich eine „Im-Zweifel-Regelung“ in Betracht käme.

Nach derzeitigem Stand des Gesetzgebungsverfahrens zum Güterrecht soll ein Wechsel des auf den Güterstand anzuwendenden Rechts nur Wirkungen für die Zukunft begründen, es sei denn, die Ehegatten bzw. Partner beschließen ausdrücklich, dass die Wirkungen rückwirkend eintreten sollen. Dies stellt eine rechtsgebietsspezifische Besonderheit dar, die den Problemen einer rückwirkenden Änderung des Güterstatuts Rechnung trägt. Die Aufnahme paralleler Regelungen in anderen Rechtsbereichen ist sachlich nicht angezeigt.

I. Inlands- und Binnenmarktsachverhalte

I. Grundlagen

Die Regelungen für Inlands- und Binnenmarktsachverhalte in Art. 3 Abs. 3, Abs. 4 Rom I-VO und Art. 14 Abs. 2, Abs. 3 Rom II-VO stellen eine Besonderheit des Schuldrechts dar. Im Familien- und Erbrecht bedarf es aufgrund der Begrenzung der Wahlbefugnis auf bestimmte verbundene Rechte keiner entsprechenden Regelungen.

Die Regelungen für Inlands- und Binnenmarktsachverhalte der Rom I- und Rom II-VO sind in mehrfacher Hinsicht zu kritisieren. Inkohärenzen, Lücken und sprachliche Ungenauigkeiten prägen diese Regelungen.

II. Korrektur der Regelungen für Inlandssachverhalte

Abweichend zu der Rechtswahlregelung des Art. 3 Abs. 3 EVÜ fehlt in Art. 3 Abs. 3 Rom I-VO und in Art. 14 Abs. 2 Rom II-VO eine ausdrückliche Klarstellung, dass sich eine Rechtswahlvereinbarung allein oder in Verbindung mit einer Gerichtsstandsvereinbarung nicht auf das Vorliegen eines Inlandssachverhalts auswirkt. Art. 3 Abs. 3 Rom I-VO verdeutlicht immerhin durch den Begriff „anderen“ in der Formulierung „alle anderen Elemente des Sachverhalts“, dass die Rechtswahl bezogen auf die Feststellung eines Inlandssachverhalts kein erhebliches Element des Sachverhalts bildet.

De lege ferenda sollten die Normtexte der Rom I- und Rom II-VO vereinheitlicht und in Anlehnung an Art. 3 Abs. 3 EVÜ bzw. Art. 27 Abs. 3 EGBGB klarstellend korrigiert werden. Folgende Formulierung (Korrekturvorschläge kursiv gedruckt) bietet sich an: Sind alle *anderen* Elemente des Sachverhalts zum Zeitpunkt der Rechtswahl [in der Rom II-VO stattdessen: des Eintritts des schadensbegründenden Ereignisses] in einem anderen als demjenigen Staat belegen, dessen Recht gewählt wurde, so berührt die Rechtswahl der Parteien – *auch in Verbindung mit einer Vereinbarung zur internationalen Gerichtszuständigkeit* – nicht die Anwendung derjenigen Bestimmungen des Rechts dieses anderen Staates, von denen nicht durch Vereinbarung abgewichen werden kann.

III. Korrektur der Regelungen für Binnenmarktsachverhalte

1. Vereinheitlichungsbedarf in Bezug auf Dänemark

In Bezug auf den Mitgliedstaat Dänemark ist die Binnenmarktklausel der Rom II-VO lückenhaft und inkohärent zur Rom I-VO ausgestaltet. Denn für Dänemark gilt die Rom II-VO nicht, so dass Dänemark nach der Begriffsdefinition des Art. 1 Abs. 4 Rom II-VO kein „Mitgliedstaat" im Sinne der Rom II-VO ist. In der Rom I-VO wurde die damit verbundende Problematik durch Aufnahme des Satzes 2 in Art. 1 Abs. 4 Rom I-VO gelöst, wonach der Begriff „Mitgliedstaat" im Rahmen der Binnenmarktklausel „alle Mitgliedstaaten" und damit auch Dänemark erfasst.

De lege ferenda ist die inkohärente Verwendung des Begriffs „Mitgliedstaat" in der Rom II-VO durch die Aufnahme einer entsprechenden Parallelvorschrift zu Art. 1 Abs. 4 S. 2 Rom I-VO in Art. 1 Abs. 4 Rom II-VO zu beseitigen.

2. Klarstellung im Hinblick auf nicht-mitgliedstaatliche EWR-Vertragsstaaten

Unbefriedigend ist, dass die EWR-Vertragsstaaten, die nicht zugleich Mitgliedstaaten der EU sind, im Regelungswortlaut der Binnenmarktklauseln der Rom I- und II-VO nicht berücksichtigt werden. *De lege ferenda* wäre es zu begrüßen, wenn bei einer Revision der Rom I- und Rom II-VO die Binnenmarktklauseln auf die EWR-Vertragsstaaten erweitert würden.

3. Klarstellung der Unerheblichkeit der Rechtswahl und einer Gerichtsstandsvereinbarung

Wie bereits zu der Regelung für Inlandssachverhalte der Rom II-VO gesagt, sollte *de lege ferenda* auch bei der Binnenmarktklausel der Rom II-VO die sprachliche Ungenauigkeit der Formulierung „alle Elemente des Sachverhalts" durch die Ergänzung des Begriffs „anderen", entsprechend der Formulierung in Art. 3 Abs. 4 Rom I-VO, verbessert werden. Entsprechend den Überlegungen zu Art. 3 Abs. 3 Rom I-VO und Art. 14 Abs. 2 Rom II-VO sollte im Regelungswortlaut der

Binnenmarktklauseln der Rom I- und Rom II-VO auch die Klarstellung erfolgen, dass eine Rechtswahl allein oder in Verbindung mit einer Gerichtsstandsvereinbarung am Vorliegen eines Binnenmarktsachverhalts nichts ändert.

IV. Beseitigung der Überschneidung zwischen den Regelungen für Inlands- und Binnenmarktsachverhalte

Wenn die Parteien für einen ausschließlich mit einem Mitgliedstaat verbundenem Sachverhalt das Recht eines Drittstaates wählen, liegen die Voraussetzungen sowohl der Regelung für reine Inlandssachverhalte als auch der Regelung für reine Binnenmarktsachverhalte vor. Dies kann zu unterschiedlichen Rechtsfolgen führen, wenn der mit dem Sachverhalt verbundende Mitgliedstaat nicht zugleich Gerichtsstaat ist, da es nach der Regelung für reine Inlandssachverhalte auf die Umsetzung des Unionsrechts in dem betreffenden Mitgliedstaat und nach der Binnenmarktklausel auf die Umsetzung des Unionsrechts im Mitgliedstaat des angerufenen Gerichts ankommt.

De lege ferenda sollte der Regelung für Inlandssachverhalte Vorrang eingeräumt werden, da ein angerufenes Gericht aufgrund des Eingreifens dieser Regelung bereits zwingend das Recht dieses Mitgliedstaates zu berücksichtigen hat und deshalb nicht noch zusätzlich das umgesetzte Unionsrecht nach der *lex fori* anwenden sollte. Daher sollte die Formulierung „einem oder“ in den Binnenmarktklauseln der Rom I- und Rom II-VO gestrichen werden.

J. Schutz von Rechten Dritter

I. Drittschutz bei nachträglicher Rechtswahl

Nach den Drittschutzklauseln der Rom I-VO, der Rom II-VO, des EuEhegüterVO-Vorschlags und der Legislativen Entschließung des Europäischen Parlaments zum EuPartGüVO-Vorschlag lässt eine „nachträgliche“ Rechtswahl Rechte Dritter unberührt. Das HUntProt enthält keine entsprechende Regelung. Auch insoweit dürfte jedoch der allgemeine kollisionsrechtliche Grundsatz gelten, dass eine Änderung des anzuwendenden Rechts nicht zu Lasten von bestehenden Rechten Dritter gehen kann. Dies sollte bei einer Novellierung des HUntProt klargestellt werden.

II. Drittschutz bei anfänglicher Rechtswahl

Die Drittschutzklausel der Rom II-VO erfasst auch den Schutz von Rechten Dritter vor einer anfänglichen Rechtswahl. Diese Regelung stellt eine rechtsgebietsbezogene Besonderheit der Rom II-VO dar, die nicht auf andere Rechtsbereiche zu übertragen ist.

K. (Form-) Gültigkeitsschutz

Der Erhalt der Formgültigkeit eines Rechtsgeschäfts in der Rom I-VO bzw. der Erhalt der Gültigkeit einer Rechtshandlung im Güterrecht stellen jeweils rechtsgebietsspezifische Besonderheiten des Vertrags- und Güterrechts dar. Eine vergleichbare Problematik stellt sich in den anderen Rechtsgebieten nicht. Es besteht folglich *de lege ferenda* kein Regelungsbedarf.

§ 9 Wesentliche Ergebnisse: Generalnorm zur Rechtswahl

Sollte auf Unionsebene ein Allgemeiner Teil für das Europäische Kollisionsrecht – entweder in Form einer eigenständigen Rom 0-VO oder in Form eines Allgemeinen Teils einer Gesamtkodifikation des Europäischen IPR – ausgearbeitet werden, so sollte auch eine Generalnorm zur Rechtswahl statuiert werden. Denn die Rechtswahl stellt ein allgemeines und vorrangiges Anknüpfungsprinzip des Europäischen Kollisionsrechts dar.

Auf der Grundlage der Untersuchungsergebnisse ergibt sich folgender Formulierungsvorschlag:

> Vorbehaltlich spezieller Regelungen in den Verordnungen[1213] gilt für die Rechtswahl:
>
> (1) Die Wahl des anwendbaren Rechts ist zulässig, wenn die Rechtswahl in den Verordnungen eröffnet ist. Wird die Wahl des Rechts der Staatsangehörigkeit einer Partei[1214] gestattet und besitzt diese Person mehrere Staatsangehörigkeiten, kann das Recht jedes dieser Staaten gewählt werden. Wird die Wahl des Rechts der gemeinsamen Staatsangehörigkeit mehrerer Personen gestattet und besitzen sie mehrere gemeinsame Staatsangehörigkeiten, kann das Recht jeder dieser gemeinsamen Staatsangehörigkeiten gewählt werden.
>
> (2) Die Rechtswahl kann ausdrücklich oder konkludent[1215] erklärt werden.
>
> (3) Die Rechtswahl kann jederzeit vorgenommen[1216] und geändert werden. Rechte Dritter bleiben bei einer Änderung des anwendbaren Rechts unberührt.
>
> (4) Das Zustandekommen und die Wirksamkeit der Rechtswahl beurteilt sich nach dem Recht, das anzuwenden wäre, wenn die Rechtswahl wirksam wäre. Ergibt sich

---

1213 Zu Beginn einer Rom 0-VO bedürfte es einer Begriffsdefinition zu den von ihr erfassten Verordnungen.

1214 Erfasst wird die Konstellation der Rechtswahl einer Partei sowie der Rechtswahl zweier Parteien, wenn das Staatsangehörigkeitsrecht einer der beiden Parteien gewählt werden kann. Die Aufnahme zweier getrennter Regelungen, wie im Kodifikationsvorschlag der *Europäischen Gruppe für Internationales Privatrecht (GEDIP)*, abgedruckt IPRax 2014, 90-91, unter Section 3. Loi applicable Artt. 9 und 11 vorgeschlagen, erscheint nicht erforderlich.

1215 Rechtsgebietsspezifische besondere Anforderungen an die Kriterien für die Erklärung einer konkludenten Rechtswahl sind in den jeweiligen Rechtswahlregelungen zu treffen.

1216 Der Begriff „vorgenommen" erfasst einseitige Rechtswahlerklärungen seitens des Erblassers sowie Rechtswahlvereinbarungen zwischen zwei Parteien.

jedoch aus den Umständen, dass es nicht gerechtfertigt wäre, die Wirkung des Verhaltens einer Partei nach diesem Recht zu bestimmen, so kann sich diese Partei für die Behauptung, sie habe einer Rechtswahlvereinbarung nicht zugestimmt, auf das Recht des Staates ihres gewöhnlichen Aufenthaltes im Zeitpunkt ihres Verhaltens berufen.

Schluss

Der vom Unionsgesetzgeber gewählte Weg der schritt- und stückweisen Vereinheitlichung des Europäischen Kollisionsrechts hat im Rahmen der Rechtswahlregelungen zu zahlreichen nicht gerechtfertigten Inkohärenzen, Regelungslücken und rechtstechnischen Ineffizienzen geführt. Sie belasten die Rechtsanwendung in erheblichem Maße. Denn die parteiautonome Rechtswahl ist die Grundanknüpfung des modernen Europäischen Kollisionsrechts, die vor allem Rechts- und Planungssicherheit bezweckt. Dies aber verlangt Klarheit und Eindeutigkeit der maßgebenden Rechtsregeln. Es ist daher wichtig, dass der Unionsgesetzgeber aktiv wird und diesen „Flickenteppich" *(Mansel/Thorn/Wagner)* nicht allein der Judikative überlässt.

Unterschiede rein stilistischer oder sprachlicher Art lassen sich relativ einfach beseitigen. Auch solche Unterschiede sind störend, da sie die Rechtsanwendung unnötig belasten und unter Umständen auch zu einer fehlerhaften Rechtsanwendung führen können. Drängender und schwieriger sind die Schließung der zahlreichen planwidrigen Regelungslücken und die Beseitigung der zahlreichen Inkohärenzen, einschließlich rechtstechnisch unzweckmäßiger Regelungsbestandteile. Handlungsbedarf gibt es vor allem im Familienrecht. Hier gilt es, zu einer einheitlichen Regelungskonzeption zu gelangen, um den Parteien eine einheitliche Rechtswahl für den Unterhalt, den Güterstand und die Scheidung zu ermöglichen bzw. zu erleichtern.

Eine Generalnorm über die Rechtswahl, sei es in einer Rom 0-VO oder in einem Allgemeinen Teil einer Gesamtkodifikation des Europäischen Kollisionsrechts, wäre geeignet, die Kohärenz zu erhöhen und einige der festgestellten Lücken zu schließen. Eine vollständige Kohärenz und die Schließung aller Regelungslücken kann allerdings auch mit einer Generalnorm zur Rechtswahl nicht erreicht werden. Hierzu bedarf es zusätzlich der Novellierung der Regelungen zur Rechtswahl in den einzelnen Verordnungen bzw. in einem zukünftigen Besonderen Teil des Europäischen Kollisionsrechts.

Es bleibt zu hoffen, dass der Unionsgesetzgeber sein selbst gesetztes Ziel der Verbesserung der Kohärenz des Europäischen Kollisionsrechts zügig in Angriff nimmt und die von der Wissenschaft unterbreiteten Novellierungsvorschläge angemessen berücksichtigt. Nur bei Gewährleistung einer hohen Rechtsqualität wird das Europäische Kollisionsrecht die gewünschte Akzeptanz und das Vertrauen der Rechtsanwender finden.

Literaturverzeichnis

Andrae, Marianne: Zum Verhältnis der Haager Unterhaltskonvention 2007 und des Haager Protokolls zur geplanten EU-Unterhaltsverordnung, FPR 2008, S. 196–202.

- Zum Beitritt der Europäischen Gemeinschaft zum Haager Protokoll über das Unterhaltskollisionsrecht, GPR 2010, S. 196–205.

- Internationales Familienrecht, 3. Auflage Baden- Baden 2014.

Arnold, Stefan: Entscheidungseinklang und Harmonisierung im internationalen Unterhaltsrecht, IPRax 2012, S. 311–315.

Aubart, Andrea: Die Behandlung der dépeçage im europäischen Internationalen Privatrecht, Tübingen 2013.

Azzi, Tristan M.: La volonté tacite en droit international privé, Travaux du Comité français de droit international privé 2010–2012, S. 147–177.

Baarsma, Nynke A.: European choice of law on divorce (Rome III): Where did it go wrong? NIPR 2009, S. 9–14.

Bamberger/Roth (*/Bearbeiter*): Beck'scher Online-Kommentar BGB, Verordnung über vertragliche Schuldverhältnisse (Rom I) - VO (EG) 593/2008, Stand: 01.2.2013, Edition: 29. München.

- Beck'scher Online-Kommentar BGB, EU-VO Gesetzliche Schuldverhältnisse (Rom II) - VO (EG) 864/2007, Stand: 01.02.2013, Edition: 29. München.

- Beck'scher Online-Kommentar BGB, Art. 17 EGBGB und Rom III-VO, Stand: 01.11.2013, Edition: 29. München.

- Beck'scher Online-Kommentar BGB, Art. 18 EGBGB und HUntProt, Stand: 01.11.2013, Edition: 29. München.

- Beck'scher Online-Kommentar BGB, Art. 26 EGBGB, Stand: 01.11.2013, Edition: 29. München.

Bariatti, Stefania: Multiple Nationalities and EU Private International Law - Many Questions and Some Tentative Answers, Yb PIL Volume 13 (2011), S. 1–19.

Bartl, Franziska: Die neuen Rechtsinstrumente zum IPR des Unterhalts auf internationaler und europäischer Ebene, Tübingen 2012.

Basedow, Jürgen: Europäisches Internationales Privatrecht, NJW 1996, S. 1921–1930.

- Die Vergemeinschaftung des Kollisionsrechts nach dem Vertrag von Amsterdam in Dauner-Lieb, Barbara (Hrsg.), Systemwechsel im europäischen Kollisionsrecht, Bonn 2002, S. 19–46.
- Theorie der Rechtswahl oder Parteiautonomie als Grundlage des Internationalen Privatrechts, RabelsZ 75 (2011), S. 32–59.
- Berichte „Kodifizierung des Europäischen Internationalen Privatrecht", RabelsZ 75 (2011), S. 671–676.
- Das internationale Scheidungsrecht der EU - Anmerkungen zur Rom III-Verordnung in T. Borić (Hrsg.), Öffnung und Wandel - Die Internationale Dimension des Rechts II, Festschrift für Willibald Posch, Wien 2011, S. 17–33.
- Das Staatsangehörigkeitsprinzip in der Europäischen Union, IPRax 2011, S. 109–116.
- European divorce law, Comments on the Rome III Regulation in Verbeke/Scherpe/Declerck/Helms/Senaeve (Hrsg.), Confronting the Frontiers of Family and Succession Law, Liber Amicorum Walter Pintens, Cambridge – Antwerpen - Portland 2012, S. 135–150.

Becker, Eva: Zwischenruf - Vom Windhundprinzip zum Fleckenteppich? Die Harmonisierung des Familienrechts in Europa, ZRP 2010, S. 233–235.

- Die Vereinheitlichung von Kollisionsnormen im europäischen Familienrecht - Rom III, NJW 2011, S. 1543–1546.

Bertoli, Paolo: Choice of Law by the Parties in the Rome Regulation, Rivista di diritto internazionale (2009), S. 697–716.

- Party Autonomy and Choice-of-Law. Methods in the «Rome II» Regulation on the Law Applicable to Non-Contractual Obligations, Il Diritto dell'Unione Europea2/2009, S. 231–265.

Bodgan, Michael: Some Nordic Reflections on the Desirability of an EU Code of Private International Law in Fallon/Lagarde/Poillot Peruzzetto (Hrsg.), Quelle architecture pour un code européen de droit international privé? Bruxelles 2011, S. 253–256.

Boele-Woelki, Katharina: For better or for worse: The Europeanization of International Divorce Law, Yb PIL Volume 12 (2010), S. 1–26.

Boer, Theodorus Martinus de: Party Autonomy and its Limitations in the Rome II Regulation, Yb PIL Volume 9 (2007) S. 19–29.

- The Purpose of Uniform Choice-of-Law Rules: The Rome II Regulation, NILR 2009, S. 295–332.

Bonomi, Andrea: Rome I Regulations: Selected Topics, The Rome I Regulation on the law applicable to contractual obligations, some general remarks, Yb PIL Volume 10 (2008), S. 165–176.

- The Hague Protocol of 23 November 2007 on the law applicable to maintenance obligations, Yb PIL Volume 10 (2008), S. 333–357.
- Le choix de la loi applicable à la succession dans la proposition de règlement européen in Bonomi/Schmid (Hrsg.), Successions internationales. Réflexions autour du futur règlement européen et de son impact pour la suisse. Actes de la 22e Journée de droit international privé du 19 mars 2010 à Lausanne, Zürich 2010, S. 23–55.
- Choice-of-law Aspects of the Future EC Regulation in Matters of Succession - A First Glance at the Commission's Proposal, in Boele-Woelki/Einhorn/Girsberger/Symeonides (Hrsg.), Convergence and Divergence in Private International Law, Liber Amicorum Kurt Siehr, The Hague - Zürich 2010, S. 157–172.
- Testamentary Freedom or Forced Heirship? Balancing Party Autonomy and the Protection of Family Members in Anderson/Amayuelas (Hrsg.), The Law of Succession: Testamentary freedom, 2011, S. 25–38.
- Quelle protection pour les héritiers réservataires sous l'empire du futur Règlement européen? Travaux du Comité français de droit international privé 2008–2010, S. 263–292.
- The Interaction among the Future EU Instruments, Yb PIL Volume 13 (2011), S. 217–231.
- Explanatory Report on the Hague Protocol of 23 November 2007 on the Law Applicable to Maintenance Obligations, The Hague 2013, abrufbar unter: http://www.hcch.net/.

Brandi, Tim: Das Haager Abkommen von 1989 über das auf die Erbfolge anzuwendende Recht, Berlin 1996.

Buschbaum, Markus/**Simon**, Ulrich: Die Vorschläge der EU-Kommission zur Harmonisierung des Güterkollisionsrechts für Ehen und eingetragene Partnerschaften - eine erste kritische Analyse, GPR 2011, S. 262–267.

Buschbaum, Markus/**Kohler**, Marius: Vereinheitlichung des Erbkollisionsrechts in Europa, Eine kritische Würdigung des Kommissionsvorschlags zur Erbrechtsverordnung, Erster Teil, GPR 2010, S. 106–113.

Calliess (Hrsg.): Rome Regulations, Commentary on the European Rules of the Conflict of Laws, Alphen aan den Rijn 2011.

Calliess/Ruffert (Hrsg.): EUV/AEUV Das Verfassungsrecht der Europäischen Union mit Europäischer Grundrechtecharta, 4. Auflage, München 2011 (zit: Calliess/Ruffert/*Bearbeiter*).

Campuzano Diaz, Beatriz: The Coordination of the EU Regulations on Divorce and Legal Separation with the Proposal on Matrimonial Property Regimes, Yb PIL Volume 13 (2011), S. 233–253.

Coester-Waltjen, Dagmar/**Coester**, Michael: Rechtswahlmöglichkeiten im Europäischen Kollisionsrecht in Michaels/Solomon (Hrsg.), Liber Amicorum Klaus Schurig: zum 70. Geburtstag, München 2012, S. 33–47.

Coester-Waltjen, Dagmar: Neues aus dem Bereich des europäischen internationalen Ehegüterrechts, ZEuP 2012, S. 225–228.

– Fernwirkungen der Europäischen Verordnungen auf die international-familienrechtlichen Regelungen des EGBGB, FamRZ 2013, S. 170–177.

Collins, Lawrence (Hrsg.): Dicey, Morris and Collins on the Conflict of Laws, Volume 2, 15. Auflage, London 2012 (zit: *Dicey/Morris/Collins*).

Corneloup, Sabine (Hrsg.): Droit européen du divorce/European Divorce Law, Paris 2013.

Corneloup, Sabine/**Nourissat**, Cyril: Quelle structure pour un code européen de droit international privé? in Fallon/Lagarde/Poillot Peruzzetto (Hrsg.), Quelle architecture pour un code européen de droit international privé? Bruxelles, 2011, S. 257–280.

Czepelak, Marcin: Would we like to have a European Code of Private International Law? ERPL 2010, S. 705–728.

Dauses, Manfred A. (Hrsg.): Handbuch des EU-Wirtschaftsrechts, 30. Ergänzungslieferung, München Stand: Februar 2012.

Davì, Angelo: L'Autonomie de la Volonté en Droit International Privé des Successions dans la Perspective d'une Future Réglementation Européenne in: Deutsches Notarinstitut (Hrsg.): Succession Internationales dans l'UE. Perspectives pour une Harmonisation, Brüssel 2004, S. 387–415.

Dethloff, Nina: Güterrecht in Europa - Perspektiven für eine Angleichung auf kollisions- und materiellrechtlicher Ebene in Kronke/Thorn (Hrsg.), Grenzen überwinden - Prinzipen bewahren, Festschrift für Bernd von Hoffmann zum 70. Geburtstag, Bielefeld 2011, S. 73–88.

Devers, Alain/**Farge**, Michel: Le nouveau droit international privé du divorce. -À propos du règlement Rome III sur la loi applicable au divorce, La Semaine Juridique, Edition Générale 2012, S. 1277–1289.

Dickinson, Andrew: Cross-Border Torts in EC Courts - A Response to the Proposed. "Rome II" Regulation, Eur. Bus. L. Rev. 13 (2002), S. 369–388.

– The Rome II Regulation: The Law Applicable to Non-Contractual Obligations, Oxford 2008.

– The Rome II Regulation: The Law Applicable to Non-Contractual Obligations, Updating Supplement, Oxford 2010.

Diedrich, Frank: Rechtswahlfreiheit und Vertragsstatut - eine Zwischenbilanz angesichts der Rom I-Verordnung, RIW 2009, S. 378–385.

Döbereiner, Christoph: Der Kommissionsvorschlag für das internationale Ehegüterrecht, MittBayNot 2011, S. 463–467.

Dörner, Heinrich/**Hertel**, Christian/**Lagarde**, Paul/**Riering**, Wolfgang: Auf dem Weg zu einem europäischen Internationalen Erb- und Erbverfahrensrecht, IPRax 2005, S. 1–8.

Dörner, Heinrich: EuErbVO: Die Verordnung zum Internationalen Erb- und Erbverfahrensrecht ist in Kraft!, ZEV 2012, S. 505–513.

Dutta, Anatol: Successions and Wills in the Conflict of Laws on the Eve of Europeanisation, RabelsZ 73 (2009), S. 547–606.

– Europäische Integration und nationales Privatrecht nach dem Vertrag von Lissabon: die Rolle des Internationalen Privatrechts, EuZW 2010, S. 530–534.

– Die Rechtswahlfreiheit im künftigen internationalen Erbrecht der Europäischen Union in Reichelt/Rechberger (Hrsg.), Europäisches Erbrecht, Zum Verordnungsvorschlag der Europäischen Kommission zum Erb- und Testamentsrecht, Wien 2011, S. 57–84.

– The Europeanisation of international succession law in Boele-Woelki/Miles/Scherpe (Hrsg.), The Future of Family Property in Europe, Cambridge 2011, S. 341–367.

– Das neue internationale Erbrecht der Europäischen Union - Eine erste Lektüre der Erbrechtsverordnung, FamRZ 2013, S. 4–15.

Dutoit, Bernard: Le droit international privé des obligations non contractuelles à l'heure européenne: le Règlement Rome II in Venturini/Bariatti (Hrsg.), Liber Fausto Pocar - Vol. II: Nuovi strumenti del diritto internazionale privato, Mailand 2009, S. 309–329.

Erman BGB (*/Bearbeiter*): BGB Kommentar, 13. Auflage, Köln 2011.

Ernst, Ulrich: Das polnische IPR-Gesetz von 2011, RabelsZ 76 (2012), S. 597–638.

– Polen: Gesetz vom 4. Februar 2011: Internationales Privatrecht, RabelsZ 76 (2012), S. 639–653.

Eßer, Maximilian: Der Erlass weitergehender Formvorschriften im Rahmen des Haager Unterhaltsprotokolls durch die Mitgliedstaaten der EU, IPRax 2013, S. 399–402.

Everts, Arne: Neue Perspektiven zur Pflichtteilsdämpfung aufgrund der EuErbVO?, ZEV 2013, S. 124–127.

Fallon, Marc/**Kinsch**, Patrick/**Kohler**, Christian (Hrsg.): Le droit international privé européen en construction, Vingt ans de travaux du GEDIP, Cambridge 2011.

Fallon, Marc/**Lagarde**, Paul: Commentaire de la proposition pour une convention européenne sur la loi applicable aux obligations non contractuelles in: Fallon/Kinsch/Kohler (Hrsg.): Le droit international privé européen en construction, Vingt ans de travaux du GEDIP, S. 202–223.

Fawcett, James/**Carruthers**, Janeen/**North**, Peter (Hrsg.): Cheshire, North & Fawcett, Private International Law, 14. Auflage, Oxford 2008 (zit: *Cheshire/North/Fawcett*).

Ferrand, Frédérique: The Council Regulation (EC) no 4/2009 of 18 December 2008 on Jurisdiction, Applicable Law, Recognition and Enforcement of Decisions and Cooperation in Matters Relating to Maintenance Obligations in Campuzano Díaz/Czepelak/Rodríguez Benot/ Rodríguez Vazquez (Hrsg.), Latest Developments in EU Private International Law, Cambridge, Antwerp, Portland 2011, S. 83–111.

Ferrari, Franco/**Kieninger**, Eva-Maria/**Mankowski**, Peter/**Otte**, Karsten/**Saenger**, Ingo/ **Schulze**, Götz/**Staudinger**, Ansgar (Hrsg.): Internationales Vertragsrecht: Rom I-VO, CISG, CMR, FactÜ, 2. Auflage, München 2012 (zit: *Bearbeiter* in Ferrari, Int. VertragsR).

Finger, Peter: Verstärkte Zusammenarbeit in Europa für das Kollisionsrecht der Ehescheidung und der Trennung ohne Auflösung des Ehebandes, FamFR 2011, S. 433–437.

Fiorini, Aude: The Codification of Private International Law in Europe: Could the Community Learn from the Experience of Mixed Jurisdictions?, 23 Tul. Eur. & Civ. L.F. 89 (2008), S. 89–110.

– The Evolution of European Private International Law, ICLQ 57 (2008), S. 969–984.

Fischer-Czermak, Constanze: Anwendbares Recht in Schauer/Scheuba (Hrsg.), Europäische Erbrechtsverordnung, Wien 2012, S. 43–55.

Francq, Stéphanie: Le règlement "Rome II" concernant la loi applicable aux obligations non contractuelles. Entre droit communautaire et droit international privé, European Journal of Consumer Law 3/2007–2008, S. 319–344.

– Le règlement "Rome I" sur la loi applicable aux obligations contractuelles, Journal du Droit International, Clunet 2009, S. 41–69.

Frankenstein, Ernst: Projet d'un code européen de droit international privé, Bibliotheca Visseriana, Band 33, Leiden 1950.

Frantzen, Torstein: Europäisches internationales Erbrecht in Mansel/Pfeiffer/Kronke/Kohler/Hausmann (Hrsg.), Festschrift für Erik Jayme, Band I, München 2004, S. 187–196.

Franzina, Pietro: The law applicable to divorce and legal separation under regulation (EU) No. 1259/2010 of 20 December 2010, Cuadernos de Derecho Transnacional (2011), S. 85–129.

Gade, Marcel: Schwerpunktbereich IPR: Die Rom III-VO, JuS 2013, S. 779–783.

Garcimartín Alférez, Francisco J.: The Rome II Regulation: On the way towards a European Private International Law Code, EuLF 2007, S. I-77–I-91.

– The Rome I Regulation: Much ado about nothing? EuLF 2–2008, S. I-61–I-80.

Gebauer, Martin/**Wiedmann**, Thomas (Hrsg.): Zivilrecht unter europäischen Einfluss, Die richtlinienkonforme Auslegung des BGB und anderer Gesetze - Kommentierung der wichtigsten EU-Verordnungen, 2. Auflage, Stuttgart/München 2010 (zit: Gebauer/Wiedmann/*Bearbeiter*).

Geimer, Reinhold: Die geplante Europäische Erbrechtsverordnung in Reichelt/Rechberger (Hrsg.), Europäisches Erbrecht, Zum Verordnungsvorschlag der Europäischen Kommission zum Erb- und Testamentsrecht, Wien 2011, S. 1–25.

– Die europäische Erbrechtsverordnung im Überblick in Hager (Hrsg.), Die neue europäische Erbrechtsverordnung, Baden-Baden 2013, S. 9–38.

Grabitz, Eberhard/**Hilf**, Meinhard/**Nettesheim**, Martin (Hrsg.): Das Recht der Europäischen Union, Band I, EUV/AEUV, 48. Ergänzungslieferung, München 2012 (zit: Grabitz/Hilf/Nettesheim/*Bearbeiter*).

Groeben von der, Hans/**Schwarze**, Jürgen (Hrsg.): Kommentar zum Vertrag über die Europäische Union und zur Gründung der Europäischen Gemeinschaft, 6. Auflage, Baden-Baden 2003 (zit: von der Groeben/Schwarze/*Bearbeiter*).

Gruber, Urs Peter: Die neue EG-Unterhaltsverordnung, IPRax 2010, S. 128–139.

- Das Haager Protokoll zum Internationalen Unterhaltsrecht, in Bernreuther/Freitag/Leible/Sippel/Wanitzek (Hrsg.), Festschrift für Ulrich Spellenberg, München 2010, S. 177–193.
- Scheidung auf Europäisch - die Rom III-Verordnung, IPRax 2012, S. 381–392.
- Die konkludente Rechtswahl im Familienrecht (zu KG, 3.1.2013 – 1 VA 9/12, unten S. 71, Nr. 5), IPRax 2014, S. 53–56.

Haas, Ulrich: Die Europäische Zuständigkeitsordnung in Erbsachen in Jud/Rechberger/Reichelt (Hrsg.), Kollisionsrecht in der Europäischen Union, Neue Fragen des Internationalen Privat- und Zivilverfahrensrecht, Wien 2008, S. 127–150.

Hahn, Claudia: La liberté de choix dans les instruments communautaires récents Rome I et Rome II: l'autonomie de la volonté entre intérêt privé et intérêt general, Travaux du Comité français de droit international privé 2006–2008, Pedone 2009, S. 187–194.

Hamburg Group for Private International Law: Comments on the European Commission's Draft Proposal for a Council Regulation on the Law Applicable to Non-Contractual Obligations, RabelsZ 67 (2003), S. 1–56.

Hammje, Petra: Le nouveau règlement (UE) no. 1259/2010 du Conseil du 20 décembre 2010 mettant en oeuvre une coopération renforcée dans le domaine de la loi applicable au divorce et à la sépartion de corps, Rev. crit. DIP 100 (2011), S. 291–338.

Harder, Sirko: Convergence and Divergence in Private International Law, Journal of Private International Law (2011), S. 649–663.

Harding, Maebh: The Harmonisation of Private International Law in Europe: Taking the Character, Journal of Private International Law 2011, S. 203–229.

Hau, Wolfgang: Zur Durchführung der Rom III-Verordnung in Deutschland, FamRZ 2013, S. 249–255.

Hauser, Paul: Eingriffsnormen in der Rom I-Verordnung, Tübingen 2012.

Hausmann, Rainer (Hrsg.): Internationales und Europäisches Ehescheidungsrecht, Kommentar, 1. Auflage, München 2013.

Hay, Peter: Contemporary Approaches to Non-Contractual Obligations in Private International Law (Conflict of Laws) and the European Community's "Rome II" Regulation, EuLF 2007, S. 137–152.

Heidel, Thomas/**Hüßtege**, Rainer/**Mansel**, Heinz-Peter/**Noack**, Ulrich: Bürgerliches Gesetzbuch: BGB, Band 1: Allgemeiner Teil und EGBGB, 2. Auflage, Baden- Baden 2012 (NK-BGB Band 1/*Bearbeiter*).

Hein, Jan von: Rechtswahlfreiheit im Internationalen Deliktsrecht, RabelsZ 64 (2000), S. 595–613.

– Die Kodifikation des europäischen Internationalen Deliktsrecht, ZVglRWiss 102 (2003), S. 528–562.

– Die Kodifikation des europäischen IPR der außervertraglichen Schuldverhältnisse vor dem Abschluss? VersR 2007, S. 440–452.

– Something Old and Something Borrowed, but Nothing New? Rome II and the European Choice-of-Law Evolution, 82 Tul. L. Rev. 1663 (2008), S. 1663–1705.

– Europäisches Internationales Deliktsrecht nach der Rom II-Verordnung, ZEuP 2009, S. 6–33.

– Of Older Siblings and Distant Cousins: The Contribution of the Rome II Regulation to the Communitarisation of Private International Law, RabelsZ 73 (2009), S. 461–508.

Heinze, Christian: Bausteine eines Allgemeinen Teils des europäischen Internationalen Privatrechts in Baetge/v. Hein/von Hinden (Hrsg.) Die richtige Ordnung, Festschrift für Jan Kropholler zum 70. Geburtstag, Tübingen 2008, S. 105–127.

Heiss, Helmut/**Loacker**, Leander: Die Vergemeinschaftung des Kollisionsrechts der außervertraglichen Schuldverhältnisse durch Rom II, JBl 2007, S. 613–646.

Heiss, Helmut: Party Autonomy in Ferrari/Leible (Hrsg.), Rome I Regulation, München 2009, S. 1–16.

Hellner, Michael: The Maintenance Regulation: A Critical Assessment of the Commission's Proposal in Boele-Woelki/Sverdrup (Hrsg.), European Challenges in Contemporary Family Law, Antwerpen 2008, S. 343–378.

Helms, Tobias: Reform des internationalen Scheidungsrechts durch die Rom III-Verordnung, FamRZ 2011, S. 1765–1772.

– Neues Europäisches Familienkollisionsrecht in Verbeke/Scherpe/Declerck/Helms/Senaeve (Hrsg.), Confronting the Frontiers of Family and Succession Law, Liber Amicorum Walter Pintens, Cambridge –Antwerpen – Portland 2012, S. 681–700.

Henrich, Dieter: Internationales Scheidungsrecht – einschließlich Scheidungsfolgen –, 3. Auflage, Bielefeld 2012.

– Zur Parteiautonomie im Europäischen Internationalen Familienrecht in Verbeke/Scherpe/Declerck/Helms/Senaeve (Hrsg.), Confronting the Frontiers of Family and Succession Law, Liber Amicorum Walter Pintens, Cambridge – Antwerpen – Portland 2012, S. 701–713.

Herberger, Maximilian/**Martinek**, Michael/**Rüßmann**, Helmut/**Weth**, Stephan: juris Praxiskommentar BGB, Band 6 – Internationales Privatrecht, 6. Auflage 2012 (jurisPK-BGB Band 6/*Bearbeiter*).

Hess, Burkhard: Die „Europäisierung" des internationalen Zivilprozessrechts durch den Amsterdamer Vertrag – Chancen und Gefahren, NJW 2000, S. 23–32.

– Europäisches Zivilprozessrecht, Heidelberg 2010.

Hirsch, Juliane: Das neue Haager Unterhaltsübereinkommen und das Haager Protokoll über das auf Unterhaltspflichten anzuwendende Recht in Coester-Waltjen/Lipp/Schumann/Veit (Hrsg.), Europäisches Unterhaltsrecht, 8. Göttinger Workshop zum Familienrecht 2009, Göttingen 2010, S. 17–38.

Hohloch, Gerhard: Rechtswahl im internationalen Deliktsrecht, NZV 1988, S. 161–168.

– Rechtswahl als Anknüpfungsprinzip (Zur Bedeutung des Parteiwillens im europäischen Internationalen Privatrecht) in Frantzen/Giertsen/Moss (Hrsg.), in Frantzen/Giertsen/Moss (Hrsg.), Rett og toleranse – Festskrift til Helge Johan Thue 70 år, Oslo 2007, S. 257–270.

– Unterhaltsstatut und Rechtswahl in Coester/Martiny/Prinz von Sachsen Gessaphe (Hrsg.), Privatrecht in Europa: Vielfalt, Kollission, Kooperation, Festschrift für Hans Jürgen Sonnenberger zum 70. Geburtstag, München 2004, S. 401–416.

Huber, Peter (Hrsg.): Rome II Regulation, Pocket Commentary, München 2011.

Hüßtege, Rainer/**Mansel**, Heinz-Peter (Hrsg.): Nomoskommentar BGB, Rom-Verordnungen zum Internationalen Privatrecht, Band 6, 1. Auflage Baden-Baden 2014 (NK-BGB Band 6/*Bearbeiter*).

Illmer, Martin: Luxemburg locuta, causa finita! Zum zeitlichen Anwendungsbereich der Rom II-Verordnung, GPR 2012, S. 82–84.

Janzen, Ulrike: Die neuen Haager Übereinkünfte zum Unterhaltsrecht und die Arbeiten an einer EG-Unterhaltsverordnung, FPR 2008 S. 218–222.

Jayme, Erik/**Kohler**, Christian: Europäisches Kollisionsrecht 1999 – Die Abendstunde der Staatsverträge, IPRax 1999, S. 401–413.

- Europäisches Kollisionsrecht 2006: Eurozentrismus ohne Kodifikationsidee?, IPRax 2006, S. 537–550.

Jayme, Erik: Zum Jahrhundertwechsel: Das Kollisionsrecht zwischen Postmoderne und Futurismus, IPRax 2000, S. 165–171.

- Das Internationale Privatrecht zwischen Postmoderne und Futurismus in Müller-Graff/Roth (Hrsg.), Recht und Rechtswissenschaft, Signaturen und Herausforderungen zum Jahrtausendbeginn, Heidelberg 2000, S. S. 159–179.

- Europa: Auf dem Weg zu einem interlokalen Kollisionsrecht? in Mansel (Hrsg.), Vergemeinschaftung des Europäischen Kollisionsrecht, Köln 2001, S. 31–40.

- Die Vergemeinschaftung des Europäischen Vertragsübereinkommens (Rom I) in Reichelt/Rechberger (Hrsg.), Europäisches Kollisionsrecht, Wien 2004, S. 3–12.

- Die Kodifikationsidee am Beispiel der kollisionsrechtlichen Parteiautonomie in Jud/Rechberger/Reichelt (Hrsg.), Kollisionsrecht in der Europäischen Union, Neue Fragen des Internationalen Privat- und Zivilverfahrensrecht, Wien 2008, S. 63–75.

- Gesammelte Schriften Band 4, Internationales Privatrecht, Ideengeschichte von Mancini und Ehrenzweig zum Europäischen Kollisionsrecht, Heidelberg 2009.

- Party Autonomy in International Family and Succession Law: New Tendencies, Yb PIL Volume 11 (2009), S. 1–10.

- Kodifikation und Allgemeiner Teil im IPR in Leible/Unberath (Hrsg.), Brauchen wir eine Rom 0–Verordnung?, Jena 2013, S. 33–50.

Jayme, Erik/**Hausmann**, Rainer: Internationales Privat- und Verfahrensrecht, Textausgabe, 16. Auflage, Stand: 1. Juli 2012, München 2012.

Jud, Brigitta: Rechtswahl im Erbrecht: Das Grünbuch der Europäischen Kommission zum Erb- und Testamentsrecht, GPR 2005, S. 133–139.

Junker, Abbo: Das Internationale Unfallrecht nach der IPR-Reform von 1999, JZ 2000, S. 477–485.

- Die Rom II-Verordnung: Neues Internationales Deliktsrecht auf europäischer Grundlage, NJW 2007, S. 3675–3682.

- Der Reformbedarf im Internationalen Deliktsrecht der Rom II-Verordnung drei Jahre nach ihrer Verabschiedung, RIW 2010, S. 257–269.

- Internationales Zivilprozessrecht, München 2012.

Kadner Graziano, Thomas: Gemeineuropäisches Internationales Privatrecht, Harmonisierung des IPR durch Wissenschaft und Lehre, Tübingen 2002.

- Freedom to Choose the Applicable Law in Tort – Articles 14 and 4(3) of the Rome II Regulation in Ahern/Binchy (Hrsg.), The Rome II Regulation on the Law Applicable to Non-Contractual Obligations, Leiden 2009, S. 113–132.

- Das auf außervertragliche Schuldverhältnisse anzuwendende Recht nach dem Inkrafttreten der Rom II-Verordnung, RabelsZ 73 (2009), S. 1–77.

Kemper, Rainer: Das neue Internationale Scheidungsrecht – eine Übersicht über die Regelungen der Rom III-VO, FamRBint 2012, S. 63–66.

- Die Umsetzung des neuen Internationalen Scheidungsrechts in Deutschland – Rom III und die Folgen, FamRBint 2013, S. 12–16.

Kenfack, Hugues: Le règlement (CE) n° 593/2008 du 17 juin 2008 sur la loi applicable aux obligations contractuelles (« Rome I »), navire stable aux instruments efficaces de navigation?, Journal du Droit International, Clunet 2009, S. 3–39.

Kessedjian, Catherine: Party Autonomy and Characteristic Performance in the Rome Convention and the Rome I Proposal in Basedow/Baum/Nishitani (Hrsg.), Japanese and European Private International Law in Comparative Perspective, Tübingen 2008, S. 105–126.

Kieninger, Eva-Maria: Das Europäische IPR vor der Kodifikation? in Kronke/Thorn (Hrsg.), Grenzen überwinden – Prinzipen bewahren, Festschrift für Bernd von Hoffmann zum 70. Geburtstag, Bielefeld 2011, S. 184–197.

- Ermittlung und Anwendung ausländischen Rechts in Leible/Unberath (Hrsg.), Brauchen wir eine Rom 0–Verordnung? Jena 2013, S. 479–501.

Kindler, Peter: Vom Staatsangehörigkeits- zum Domizilprinzip: das künftige internationale Erbrecht der Europäischen Union, IPRax 2010, S. 44–50.

- From Nationality to Habitual Residence: Some Brief Remarks on the Future EU Regulation on International Successions and Wills in Boele-Woelki/Einhorn/Girsberger/Symeonides (Hrsg.), Convergence and Divergence in Private International Law, Liber Amicorum Kurt Siehr, Zürich 2010, S. 223–230.

Khairallah, Georges: La détermination de la loi applicable à la succession in Khairallah/Revillard: Droit européen des successions internationales, Le règlement du 4 juillet 2012, Paris 2013, S. 47–65.

Kramer, Xandra E.: The Rome II Regulation on the Law Applicable to Non-Contractual Obligations: The European private international law tradition continued, NIPR 2008, S. 414–424.

Kreuzer, Karl: Die Vollendung der Kodifikation des deutschen Internationalen Privatrechts durch das Gesetz zum Internationalen Privatrecht der außervertraglichen Schuldverhältnisse und Sachen vom 21.5.1999, RabelsZ 65 (2001), S. 383–462.

– Die Vergemeinschaftung des Kollisionsrechts für außervertragliche Schuldverhältnisse (Rom II) in Reichelt/Rechberger (Hrsg.), Europäisches Kollisionsrecht, Wien 2004, S. 13–62.

– Zu Stand und Perspektiven des Europäischen Internationalen Privatrechts – Wie europäisch soll das Europäische Internationale Privatrecht sein?, RabelsZ 70 (2006), S. 1–88.

– Was gehört in den Allgemeinen Teil eines Europäischen Kollisionsrechts? In Jud/Rechberger/Reichelt (Hrsg.): Kollisionsrecht in der Europäischen Union, Neue Fragen des Internationalen Zivil- und Verfahrensrecht, Wien 2008, S. 1–62.

Kroll-Ludwigs, Kathrin: Die Rolle der Parteiautonomie im europäischen Kollisionsrecht, Tübingen 2013.

Kodek, Georg: Praktische und theoretische Anforderungen an die Rechtswahl in Verschraegen (Hrsg.), Rechtswahl Grenzen und Chancen, Wien 2010, S. 85–108.

Kohler, Christian: Einheitliche Kollisionsnormen für Ehesachen in der Europäischen Union: Vorschläge und Vorbehalte, FPR 2008, S. 193–196.

– Zur Gestaltung des europäischen Kollisionsrechts für Ehesachen: Der steinige Weg zu einheitlichen Vorschriften über das anwendbare Recht für Scheidung und Trennung, FamRZ 2008, S. 1673–1681.

– Le choix de la loi applicable au divorce – Interrogations sur le règlement « Rome III » de l'Union européenne – in Kronke/Thorn (Hrsg.), Grenzen überwinden – Prinzipen bewahren, Festschrift für Bernd von Hoffmann zum 70. Geburtstag, 2011/2012, S. 208–217.

– L'autonomie de la volonté en droit international privé: un principe universel entre libéralisme et étatisme, Recueil des cours 359 (2012), S. 285–478.

Kohler, Christian/**Pintens**, Walter: Entwicklungen im europäischen Familien- und Erbrecht 2009–2010, FamRZ 2010, S. 1481–1486.

– Entwicklungen im europäischen Personen- und Familienrecht 2010–2011, FamRZ 2011, S. 1433–1440.

Köthe, Jens: Schranken der Parteiautonomie im internationalen Deliktsrecht, Münster 2008.

Kramer, Xandra E.: The Rome II Regulation on the Law Applicable to Non-Contractual Obligations: The European private international law tradition continued, NIPR 2008, S. 414–424.

Kropholler, Jan: Internationales Privatrecht einschließlich der Grundbegriffe des Internationalen Zivilverfahrensrechts, 6. Auflage, Tübingen 2006.

Kuipers, Jan-Jaap: Eu Law and Private International Law: The Interrelationship in Contractual Obligations, Leiden 2012.

- The Law Applicable to Divorce as Test Ground for Enhanced Cooperation, European Law Journal 18 (2012), S. 201–229.

Lagarde, Paul/**Tenenbaum**, Aline: De la Convention de Rome au règlement Rome I, Rev. crit. DIP 97 (2008), S. 727–780.

Lagarde, Paul: Internationales Privatrecht und Europarecht in Kieninger (Hrsg.), Denationalisierung des Privatrechts? Symposium anlässlich des 70. Geburtstages von Karl F. Kreuzer, Tübingen 2005, S. 1–18.

- Remarques sur la proposition de règlement de la Commission européenne sur la loi applicable aux obligations contractuelles (Rome I) in Reichelt (Hrsg.), Europäisches Gemeinschaftsrecht und IPR, Ein Beitrag zur Kodifikation der Allgemeinen Grundsätze des Europäischen Kollisionsrechts, Wien 2007, S. 13–30.

- Embryon de Règlement portant code européen de droit international privé, RabelsZ 75 (2011), 673–676.

- En guise de synthèse in Fallon/Lagarde/Poillot Peruzzetto (Hrsg.), Quelle architecture pour un code européen de droit international privé? Bruxelles, 2011, S. 365–376.

- Les principes de base du nouveau règlement européen sur les successions, Rev. crit. DIP 97 (2012), S. 691–732.

Landbrecht, Johannes: Rechtswahl ex ante und das Deliktsstatut nach dem europäischen Kollisionsrecht (Rom I und Rom II), RIW 2010, S. 783–792.

Lando, Ole/**Nielsen**, Peter Arnt: The Rome I Regulation, CMLRev 45 (2008), S. 1687–1725.

Lange, Knut Werner: Das Erbkollisionsrecht im neuen Entwurf einer EU-ErbVO, ZErb 2012, S. 160–165.

Langheid, Theo/**Wandt**, Manfred (Hrsg.): Münchener Kommentar zum Versicherungsvertragsgesetz, Band I, Systematische Darstellungen, Erläuterungen zum EGVVG, § 1 – 99 VVG, München 2010 (zit: Langheid/Wandt/*Bearbeiter*).

Lardeux, Gwendoline: Rome III est mort: Vive Rome III!, Recueil Dalloz 2011, S. 1835–1841.

Lazic, Vesna: Recent Developments in Harmonizing 'European Private International Law' in Family Matters, Eur. J.L. Reform 10 (2008), S. 75–96.

Lechner, Kurt: Erbverträge und gemeinschaftliche Testamente in der neuen EU-Erbrechtsverordnung, NJW 2013, S. 26–27.

Lehmann, Matthias: Auf der Suche nach dem Sitz des Rechtsverhältnisses: Savigny und die Rom I-Verordnung in Bernreuther/Freitag/Leible/Sippel/Wanitzek (Hrsg.), Festschrift für Ulrich Spellenberg: Zum 70. Geburtstag, München 2010, S. 245–261.

Lehmann, Daniel: Die EU-Erbrechtsverordnung zur Abwicklung grenzüberschreitender Nachlässe, DStR 2012, S. 2085–2089.

Leible, Stefan: Einführung in Leible (Hrsg.), Das Grünbuch zum Internationalen Vertragsrecht, Beiträge zur Fortentwicklung des Europäischen Kollisionsrechts der vertraglichen Schuldverhältnisse, München 2004, S. 1–12.

- Parteiautonomie im IPR – Allgemeines Anknüpfungsprinzip oder Verlegenheitslösung? in Mansel/Pfeiffer/Kronke/Kohler/Hausmann (Hrsg.), Festschrift für Erik Jayme Band I, München 2004, S. 485–503.
- Rechtwahl in Ferrari/Leible (Hrsg.), Ein neues Internationales Vertragsrecht für Europa: Der Vorschlag für eine Rom I-Verordnung, Jena 2007, S. 41–55.
- Der Beitrag der Rom II-Verordnung zu einer Kodifikation der allgemeinen Grundsätze des Europäischen Kollisionsrechts in Reichelt (Hrsg.), Europäisches Gemeinschaftsrecht und IPR, Ein Beitrag zu Kodifikation der Allgemeinen Grundsätze des Europäischen Kollisionsrechtes, Symposium Wien 1. Dezember 2006 aus Anlass des 10-jährigen Bestehens des Ludwig Boltzmann Institutes für Europarecht, Wien 2007, S. 31–54.
- Rechtswahl im IPR der außervertraglichen Schuldverhältnisse nach der Rom II-Verordnung, RIW 2008, S. 257–264.
- Choice of the Applicable Law in Cashin Ritaine/Bonomi (Hrsg.), Le nouveau règlement européen « Rome I » relatif à la loi applicable aux obligations contractuelles, Actes de la 20e Journée de droit international privé du 14 mars 2008 à Lausanne, Genf/Zürich/Basel 2008, S. 61–75.
- Rom I und II: Neue Perspektiven im europäischen Kollisionsrecht, Referat im Rahmen der Vortragsreihe „Rechtsfragen der europäischen Integration", Bonn, den 08.12.2008, Bonn 2009.

Leible, Stefan/**Staudinger**, Ansgar: Art. 65 EGV im System der EG-Kompetenzen, EuLF 2000/01, S. 225–300.

Leible, Stefan/**Lehmann**, Matthias: Die Verordnung über das auf vertragliche Schuldverhältnisse anzuwendende Recht (Rom I), RIW 2008, S. 528–543.

Leible, Stefan/**Engel**, Andreas: Der Vorschlag der EG-Kommission für eine Rom II-Verordnung, Auf dem Weg zu einheitlichen Anknüpfungsregeln für außervertragliche Schuldverhältnisse in Europa, EuZW 2004, S. 7–17.

Leible, Stefan/**Müller**, Michael: The Idea of a "Rome 0 Regulation", Yb PIL Volume 14 (2012/2013), S. 137–152.

Leible, Stefan/**Unberath**, Hannes (Hrsg.): Brauchen wir eine Rom 0–Verordnung?, Jena 2013, S. 1–516.

Lein, Eva: The New Rome I, Rome II, Brussels I Synergy, Yb PIL Volume 10 (2008), S. 177–198.

Leitzen, Mario: Die Rechtswahl nach der EuErbVO, ZEV 2013, S. 128–132.

Levante, Marco: Die Reform des internationalen Unterhaltsrechts, Das Haager Unterhaltsübereinkommen und das Protokoll über das auf Unterhaltspflichten anwendbare Recht von 2007 in Lorandi/Staehelin (Hrsg.), Innovatives Recht, Festschrift für Ivo Schwander, Zürich/St. Gallen 2011, S. 729–745.

Lima Pinheiro, Luis de: Choice of Law on Non-contractual Obligations between Communitariazation and Globalization: a first Assessment of EC Regulation Rome II, Riv. dir. int. priv. proc. 44 (2008), S. 5–42.

Lipp, Volker: Europäisches Unterhaltsrecht in Ahrens/Lipp/Varga (Hrsg.), Europäisches Zivilprozessrecht, Einfluss auf Deutschland und Ungarn, Göttingen 2011, S. 167–182.

– Parteiautonomie im internationalen Unterhaltsrecht in Verbeke/Scherpe/Declerck/Helms/Senaeve (Hrsg.), Confronting the Frontiers of Family and Succession Law, Liber Amicorum Walter Pintens, Cambridge - Antwerpen - Portland 2012, S. 847–866.

Long, Eimear: The New Hague Maintenance Convention, ICLQ 57 (2008), S. 984–996.

Lorenz, Stephan: Erbrecht in Europa – Auf dem Weg zu kollisionsrechtlicher Rechtseinheit, ErbR 2012, S. 39–49.

Looschelders, Dirk/**Smarowos**, Kirstin: Das Internationale Versicherungsvertragsrecht nach Inkrafttreten der Rom-I-Verordnung, VersR 2010, S. 1–10.

Looschelders, Dirk/**Boos**, Sabine: Das grenzüberschreitende Unterhaltsrecht in der internationalen und europäischen Entwicklung, FamRZ 2006, S. 374–383.

Loquin, Éric: La règle de conflit générale en matière de délit dans le règlement du 11 juillet 2007 (Rome II) in Corneloup/Joubert (Hrsg.), Le règlement communautaire Rome II sur la loi applicable aux obligations non contractuelles, Paris 2008, S. 35–53.

Magnus, Ulrich: Die Rom I-Verordnung, IPRax 2010, S. 27–44.

Makowsky, Mark: Europäisierung des Internationalen Ehescheidungsrechts durch die Rom III-Verordnung, GPR 2012, S. 266–272.

Mankowski, Peter: Stillschweigende Rechtswahl und wählbares Recht in Leible (Hrsg.), Das Grünbuch zum Internationalen Vertragsrecht, Beiträge zur Fortentwicklung des Europäischen Kollisionsrechts der vertraglichen Schuldverhältnisse, München 2004, S. 63–108.

- Ausgewählte Einzelfragen zur Rom II-Verordnung: Internationales Umwelthaftungsrecht, internationales Kartellrecht, renvoi, Parteiautonomie, IPRax 2010, S. 389–402.

- Dépeçage unter der Rom I-VO in Bernreuther/Freitag/Leible/Sippel/Wanitzek (Hrsg.), Festschrift für Ulrich Spellenberg, München 2010, S. 261–281.

- Interessenpolitik und europäisches Kollisionsrecht, Rechtspolitische Überlegungen zur Rom I- und zur Rom II-Verordnung, 1. Auflage, Baden-Baden 2011.

Mansel, Heinz-Peter/**Thorn**, Karsten/**Wagner**, Rolf: Europäisches Kollisionsrecht 2011: Gegenläufige Entwicklungen, IPRax 2012, S. 1–31.

- Europäisches Kollisionsrecht 2012, IPRax 2013, S. 1–36.

- Europäisches Kollisionsrecht 2013: Atempause im status quo, IPRax 2014, S. 1–27.

Mansel, Heinz-Peter: Zum Systemwechsel im europäischen Kollisionsrecht nach Amsterdam und Nizza in Dauner-Lieb, Barbara (Hrsg.), Systemwechsel im europäischen Kollisionsrecht, München 2002, S. 1–15.

- Vereinheitlichung des Internationalen Erbrechts in der Europäischen Gemeinschaft, Kompetenzfragen und Regelungsgrundsätze in Arkan/Yongalık/Başak Şit (Hrsg.), Festschrift Tuğrul Ansay'a Armağan, Ankara 2006, S. 185–226.

- Parteiautonomie, Rechtsgeschäftslehre der Rechtswahl und Allgemeinen Teil des europäischen Kollisionsrechts in Leible/Unberath (Hrsg.), Brauchen wir eine Rom 0–Verordnung?, Jena 2013, S. 241–292.

Martiny, Dieter: Die Entwicklung des Europäischen Internationalen Familienrechts – ein juristischer Hürdenlauf, FPR 2008, S. 187–192.

- Das Grünbuch zum Internationalen Ehegüterrecht – Erste Regelungsvorschläge, FPR 2008, S. 206–212.

- Europäisches Internationales Vertragsrecht in Erwartung der Rom I-Verordnung, ZEuP 2008, S. 79–108.

- Die Kommissionsvorschläge für das internationale Ehegüterrecht sowie für das internationale Güterrecht eingetragener Partnerschaften, IPRax 2011, S. 437–458.

- Europäisches Internationales Schuldrecht – Kampf um Kohärenz und Weiterentwicklung, ZEuP 2013, S. 838–870.

Maultzsch, Felix: Rechtswahl und ius cogens im Internationalen Schuldvertragsrecht, RabelsZ 75 (2011), S. 60–101.

- Parteiautonomie bei reinen Inlandsfällen im Internationalen Privat–, Prozess– und Schiedsverfahrensrecht in Kronke/Thorn (Hrsg.), Grenzen überwinden – Prinzipen bewahren, Festschrift für Bernd von Hoffmann zum 70. Geburtstag, Bielefeld 2011, S. 304–318.

Max-Planck-Institut: Comments on the Proposal for a Council Regulation of the European Parliament and the Council on the Law Applicable to Contractual Obligations (Rome I), RabelsZ 71 (2007), S. 225–344.

- Comments on the European Commission's Proposal for a Regulation of the European Parliament and of the Council of jurim Sinn desiction, applicable law, recognition and enforcement of decisions and authentic instruments in matters of succession and the creation of a European Certificate of Succession, RabelsZ 74 (2010), S. 522–720.

Mörsdorf-Schulte, Juliana: European Private International Law of Divorce (Rome III), RabelsZ 77 (2013), S. 786–827.

Moss, Giuditta Cordero: Tacit Choice of Law, Partial Choice and Closest Connection, The Case of Common Law Contract Models Governed by Civilian Law in Frantzen/Giertsen/Moss (Hrsg.), Rett og toleranse – Festskrift til Helge Johan Thue 70 år, Oslo 2007, S. 367–378.

Müller-Lukoschek, Jutta: Die neue EU-Erbrechtsverordnung: Einführung in die neue Rechtslage, Bonn 2013.

Musielak, Hans-Joachim: Kommentar zur Zivilprozessordnung mit Gerichtsverfassungsgesetz, 10. Auflage, München 2013 (Musielak/*Bearbeiter*).

Nehne, Timo: Methodik und allgemeine Lehren des europäischen Internationalen Privatrecht, Tübingen 2012.

Niemeyer, Theodor: Zur Methodik des internationalen Privatrechts, Leipzig 1894.

Nordmeier, Carl Friedrich: Erbverträge und nachlassbezogene Rechtsgeschäfte in der EuErbVO – eine Begriffsklärung, ZEV 2013, S. 117–124.

– Grundfragen der Rechtswahl in der neuen EU-Erbrechtsverordnung – eine Untersuchung des Art. 22 ErbRVO, GPR 2013, S. 148–155.

Ofner, Helmut: Die Rom II-Verordnung – Neues Internationales Privatrecht für außervertragliche Schuldverhältnisse in der Europäischen Union, ZfRV 2008 S. 13–24.

Overbeck, A.E. von/**Volken**, Paul: Das Internationale Deliktsrecht im Vorentwurf der EWG, RabelsZ 38 (1974), S. 57–77.

Palandt (/*Bearbeiter*): Bürgerliches Gesetzbuch, 73. Auflage, München 2014.

Pfeiffer, Alexander: Änderungen des Ehegüterstatuts durch die geplante EuGüterVO, FamRBint 2012, S. 45–48.

Pfeiffer, Thomas: Neues Internationales Vertragsrecht, Zur Rom I-VO, EuZW 2008, S. 622–629.

Pfütze, Alexander: Die Inhaltskontrolle von Rechtswahlvereinbarungen im Rahmen der Verordnungen Rom I bis III, ZEuS 2011, S. 35–85.

Pintens, Walter: Formerfordernisse im Ehegüterrecht, in Schwab/Dose (Hrsg.), Familienrecht in Praxis und Theorie, Festschrift für Meo-Micaela Hahne zum 65. Geburtstag, Bielefeld 2012, S. 99–110.

Plender, Richard/**Wilderspin**, Michael: The European Private International Law of Obligations, 3. Auflage, 2009.

Prinz, Nicole: Das neue Internationale Unterhaltsrecht unter europäischem Einfluss, Baden-Baden 2013.

Prütting, Hans/**Wegen**, Gerhard/ **Weinreich**, Gerd: BGB Kommentar, 8. Auflage, Köln 2013 (PWW/*Bearbeiter*).

Posch, Willibald: The “Draft Regulation Rome II” in 2004: Its Past and Future Perspectives, Yb PIL Volume 6 (2004), S. 129–153.

– Bürgerliches Recht, Band VII: Internationales Privatrecht, 5. Auflage, Wien 2010.

Rahm, Walter/**Künkel**, Bernd (Hrsg.): Handbuch Familien- und Familienverfahrensrecht, 5. Aufl. 2010, 66. Lieferung 08.2013.

Rauscher, Thomas (Hrsg.): Europäisches Zivilprozess- und Kollisionsrecht, EuZPR/EuIPR, Kommentar, Bearbeitung 2010: Brüssel IIa-VO · EG-UntVO · EG-EuErbVO-E · HUntProt, München 2010.

– Europäisches Zivilprozess- und Kollisionsrecht, EuZPR/EuIPR, Kommentar, Bearbeitung 2011: Rom I-VO · Rom II-VO, München 2011.

– Internationales Privatrecht mit internationalen Verfahrensrecht, 4. Auflage, 2012.

– Münchener Kommentar zum FamFG, Gesetz über das Verfahren in Familiensachen und in Angelegenheiten der freiwilligen Gerichtsbarkeit (FamFG) mit Internationalen und Europäischen Zivilverfahrensrecht in Familiensachen (IZVR, EuZVR), 2. Auflage, München 2013 (MüKo FamFG/*Bearbeiter*).

– Gerichtsstandsvereinbarungen in Unterhaltssachen mit Auslandsberührung, FamFR 2013, S. 25–29.

– Anpassung des IPR an die Rom III-VO, FPR 2013, S. 257–262.

Rauscher, Thomas/**Pabst**, Steffen: Entwicklungen im europäischen und völkervertraglichen Kollisionsrecht 2005–2007, GPR 2007, S. 244–254.

Rauscher, Thomas/**Wax**, Peter/**Wenzel**, Joachim: Münchener Kommentar zur Zivilprozessordnung, Band 3, §§ 946–1086, EGZPO, GVG, EGGVG, UKlaG, Internationales Zivilprozessrecht, 3. Auflage, München 2008 (MüKo-ZPO/*Bearbeiter*).

Reichelt, Gerte: Zur Kodifikation des Europäischen Kollisionsrechts – am Beispiel des ordre public in Reichelt (Hrsg.): Europäisches Gemeinschaftsrecht und IPR, Ein Beitrag zur Kodifikation der Allgemeinen Grundsätze des Europäischen Kollisionsrechtes, Symposium Wien 1. Dezember 2006 aus Anlass des 10-jährigen Bestehens des Ludwig Boltzmann Institutes für Europarecht, Wien 2007, S. 5–11.

Reimann, Mathias: Was ist wählbares Recht in Verschraegen (Hrsg.), Rechtswahl Grenzen und Chancen, Wien 2010, S. 1–30.

Reithmann, Christoph/**Martiny**, Dieter (Hrsg.): Das internationale Privatrecht der Schuldverträge, 7. Auflage, Köln 2010.

Remde, Julia: Die Europäische Erbrechtsverordnung nach dem Vorschlag der Kommission vom 14. Oktober 2009, RNotZ 2012, S. 65–85.

Revillard, Mariel: L'autonomie de la volonté dans les relations de famille internationales: regards sur les récents instruments internationaux in Permanent

Bureau of the Hague Conference on Private International Law (Hrsg.), A Commitment to Private International Law, Essays in Honour of Hans van Loon, Cambridge 2013, S. 487–502.

Roth, Wulf-Henning: Europäische Kollisionsrechtsvereinheitlichung: Überblick – Kompetenzen – Grundfragen in Kieninger/Remien (Hrsg.), Europäische Kollisionsrechtsvereinheitlichung (2012), S. 11–49.

Röthel, Anne: Rom III-VO: Impulse für eine Materialisierung der Parteiautonomie, Jahrbuch für Italenisches Recht 25 (2012), S. 3–16.

Rösler, Hannes: Rechtswahlfreiheit im Internationalen Scheidungsrecht der Rom III-Verordnung, RabelsZ 78 (2014), S. 155–192.

Rühl, Gisela: Rechtswahlfreiheit im europäischen Kollisionsrecht in Baetge/v. Hein/von Hinden (Hrsg.), Die richtige Ordnung, Festschrift für Jan Kropholler zum 70. Geburtstag, Tübingen 2008, S. 187–209.

– Statut und Effizienz, Tübingen 2011.

– Allgemeiner Teil und Effizienz. Zur Bedeutung des ökonomischen Effizienzkriteriums im europäischen Kollisionsrecht in Leible/Unberath (Hrsg.), Brauchen wir eine Rom 0–Verordnung?, Jena 2013, S. 161–180.

Rugullis, Sven: Die antizipierte Rechtswahl in außervertraglichen Schuldverhältnissen, IPRax 2008, S. 319–323.

Rushworth, Adam/**Scott**, Andrew: Rome II: Choice of law for non-contractual obligations, LMCLQ 2008, S. 274–305.

Säcker, Franz Jürgen/**Rixecker**, Roland (Hrsg.): Münchener Kommentar zum Bürgerlichen Gesetzbuch, Band 10: Internationales Privatrecht, Rom I-VO, Rom II-VO, Einführungsgesetz zum Bürgerlichen Gesetzbuche (Art. 1–24), 5. Auflage, München 2010 (Müko/*Bearbeiter*).

Saenger, Ingo: Zivilprozessordnung, FamFG/Europäisches Verfahrensrecht, Handkommentar, 5. Auflage, Baden-Baden 2013 (Hk-ZPO/*Bearbeiter*).

Sánchez Lorenzo, Sixto: Choice of Law and Overriding Mandatory Rules in International Contracts after Rome I, Yb PIL Volume 12 (2010), S. 67–91.

Schack, Haimo: Rechtswahl im Prozeß? NJW 1984, S. 2736–2740.

– Hundert Jahre Haager Konferenz für IPR, Ihre Bedeutung für die Vereinheitlichung des Internationalen Zivilverfahrensrechts, RabelsZ 57 (1993), S. 224–261.

Schaub, Renate: Die Inhaltskontrolle im Internationalen Privatrecht in Riesenhuber/ Karakostas (Hrsg.), Inhaltskontrolle im nationalen und Europäischen Privatrecht, Berlin 2009, S. 195–213.

Scholz, Ulrich/**Rixen**, Gerrit: Die neue europäische Kollisionsnorm für außervertragliche Schuldverhältnisse aus wettbewerbsbeschränkendem Verhalten, EuZW 2008, S. 327–332.

Schoppe, Christoph: Die Übergangsbestimmungen zur Rechtswahl im internationalen Erbrecht: Anwendungsprobleme und Gestaltungspotential, IPRax 2014, S. 27–33.

Schulze, Reiner (Schriftleitung): Bürgerliches Gesetzbuch, 7. Auflage, Baden-Baden 2012 (Hk-BGB/*Bearbeiter*).

Schurig, Klaus: Eine hinkende Vereinheitlichung des internationalen Ehescheidungsrechts in Europa in Kronke/Thorn (Hrsg.), Grenzen überwinden – Prinzipen bewahren, Festschrift für Bernd von Hoffmann zum 70. Geburtstag, Bielefeld 2011, S. 405–414.

Sendmeyer, Stefanie: The freedom of choice in European private international law. An analysis of party autonomy in the Rome I and Rome II regulation, Contratto e impresa/Europa 2009, S. 792–806.

Siehr, Kurt: General Problems of Private International Law in Modern Codifications, De Lege Lata and De Lege Europea Ferenda, Yb PIL Volume 7 (2005), S. 17–61.

– Die Kodifikation des Europäischen IPR – Hindernisse, Aufgaben und Lösungen in Jud/Rechberger/Reichelt (Hrsg.), Kollisionsrecht in der Europäischen Union, Neue Fragen des Internationalen Privat- und Zivilverfahrensrecht, Wien 2008, S. 77–95.

Simon, Ulrich/**Buschbaum**, Markus: Die neue EU-Erbrechtsverordnung, NJW 2012, S. 2393–2398.

Solomon, Dennis: Private International Law of Contracts in Europe: Advances and Retreats, Tul L Rev 82 (2008), S. 1709–1740.

– Die Anknüpfung von Vorfragen im Europäischen Internationalen Privatrecht in Bernreuther/Freitag/Leible/Sippel/Wanitzek (Hrsg.), Festschrift für Ulrich Spellenberg, München 2010, S. 355–370.

Sonnenberger, Hans Jürgen: Randbemerkungen zum allgemeinen Teil eines europäisierten IPR in Baetge/v. Hein/von Hinden (Hrsg.), Die richtige Ordnung, Festschrift für Jan Kropholler zum 70. Geburtstag, Tübingen 2008, S. 227–246.

Sonnentag, Michael: Zur Europäisierung des Internationalen außervertraglichen Schuldrechts durch die geplante Rom II-Verordnung, ZVglRWiss 105 (2006), S. 256–312.

– Das Europäische Internationale Erbrecht im Spannungsfeld zwischen der Anknüpfung an die Staatsangehörigkeit und den gewöhnlichen Aufenthalt, EWS 2012, S. 457–469.

Staudinger, Ansgar/**Steinrötter**, Björn: Europäisches Internationales Privatrecht: Die Rom-Verordnungen, JA 2011, S. 241–248.

Staudinger, Julius von (/*Bearbeiter*): Kommentar zum Bürgerlichen Gesetzbuch mit Einführungsgesetz und Nebengesetzen, EGBGB/IPR, Art. 38–42 EGBGB, Berlin Neubearbeitung 2001.

– Kommentar zum Bürgerlichen Gesetzbuch mit Einführungsgesetz und Nebengesetzen, EGBGB/IPR, Art. 27–37 EGBGB; Anhänge, 13. Berlin Bearbeitung 2002.

– Kommentar zum Bürgerlichen Gesetzbuch mit Einführungsgesetz und Nebengesetzen, EGBGB/IPR, Art 18 EGBGB; Vorbem A + B zu Artikel 19 EGBGB, Berlin Neubearbeitung 2003.

– Kommentar zum Bürgerlichen Gesetzbuch mit Einführungsgesetz und Nebengesetzen, EGBGB/IPR, Art. 25, 26 EGBGB; Anhang zu Art 25, 26 EGBGB: Ausländische Rechte, Berlin Neubearbeitung 2007.

– Kommentar zum Bürgerlichen Gesetzbuch mit Einführungsgesetz und Nebengesetzen, BGB Buch 4 Familienrecht, Berlin Neubearbeitung 2010.

– Kommentar zum Bürgerlichen Gesetzbuch mit Einführungsgesetz und Nebengesetzen, EGBGB/IPR, Einleitung zu Rom I-VO; Art. 1–10 Rom I-VO, Berlin Neubearbeitung 2011.

– Kommentar zum Bürgerlichen Gesetzbuch mit Einführungsgesetz und Nebengesetzen, EGBGB/IPR, Artt. 14, 15 EGBGB, Berlin Neubearbeitung 2011.

Stone, Peter: EU Private International Law, 2010.

Sturm, Fritz: Zur Gleichberechtigung im deutschen internationalen Privatrecht in Wahl/Serick/Niederländer (Hrsg.), Rechtsvergleichung und Rechtsvereinheitlichung. Festschrift zum fünfzigjährigen Bestehen des Instituts für ausländisches und internationales Privat- und Wirtschaftsrecht der Universität Heidelberg, 1967, S. 155–178.

Sujecki, Bartosz: Die Rom II-Verordnung, EWS 2009, S. 310–319.

Symeonides, Symeon C.: Rome II: A Centrist Critique, Yb PIL Volume 9 (2007), S. 149–174.

- Rome II and Tort Conflicts: A Missed Opportunity, Am. J. Comp. L. 56 (2008), S. 173–222.
- The American Revolution and the European Evolution in Choice of Law: Reciprocal Lessons, Tul. L. Rev. 82 (2008) S. 1741–1799.
- Party Autonomy in Rome I and II from a Comparative Perspective in Boele-Woelki/Einhorn/Girsberger/Symeonides (Hrsg.), Convergence and Divergence in Private International Law, Liber Amicorum Kurt Siehr, Zürich 2010, S. 513–550.

ten Wolde, M.H./**Knot**, J.G./**Baarsma**, N.A.: Dutch Civil Code Book 10 – On the Conflict of Laws (19 May 2011), Yb PIL Volume 13 (2011), S. 657–694.

ten Wolde, M.H./**Kant,** Michael C.A.: Buch 10 (Internationales Privatrecht) des niederländischen Bürgerlichen Gesetzbuches (Auszug), IPRax 2013, S. 584–591.

Viarengo, Ilaria: The EU Proposal on Matrimonial Property Regimes: Some General Remarks Yb PIL Volume 13 (2011), S. 199–215.

- The role of party autonomy in cross-border divorces, NIPR 2012, S. 555–561.

Vogeler, Andreas: Die freie Rechtswahl im Kollisionsrecht der außervertraglichen Schuldverhältnisse, Tübingen 2013.

Vollmer, Peter W.: Die neue europäische Erbrechtsverordnung – ein Überblick, ZErb 2012, S. 227–234.

Wagner, Rolf: Ein neuer Anlauf zur Vereinheitlichung des IPR für außervertragliche Schuldverhältnisse auf EU-Ebene, EuZW 1999, S. 709–714.

- Zur Vereinheitlichung des internationalen Zivilverfahrensrechts vier Jahre nach In-Kraft-Treten des Amsterdamer Vertrags, NJW 2003, S. 2344–2348.
- Vereinheitlichung des IPR in Ehesachen in der Europa, FamRZ 2003, S. 803–808.
- Der Wettstreit um neue kollisionsrechtliche Vorschriften im Unterhaltsrecht, FamRZ 2006, S. 979–987.
- Der Grundsatz der Rechtswahl und das mangels Rechtswahl anwendbare Recht (Rom I-Verordnung), Ein Bericht über die Entstehungsgeschichte und den Inhalt der Artikel 3 und 4 Rom I-Verordnung, IPRax 2008, S. 377–386.

– Konturen eines Gemeinschaftsinstruments zum internationalen Güterrecht unter besonderer Berücksichtigung des Grünbuchs der Europäischen Kommission, FamRZ 2009, S. 269–281.

– Der Kommissionsvorschlag vom 14.10.2009 zum internationalen Erbrecht: Stand und Perspektiven des Gesetzgebungsverfahrens, DNotZ 2010, S. 506–519.

– Das rechtspolitische Umfeld für eine Rom 0–Verordnung in Leible/Unberath (Hrsg.), Brauchen wir eine Rom 0–Verordnung?, Jena 2013, S. 51–79.

– Die Rechtsinstrumente der justiziellen Zusammenarbeit in Zivilsachen – Eine Bestandsaufnahme, NJW 2013, S. 3128–3132.

Wagner, Gerhard: Internationales Deliktsrecht, die Arbeiten an der Rom II-Verordnung und der Europäische Deliktsgerichtsstand, IPRax 2006, S. 372–390.

– Die neue Rom II-Verordnung, IPRax 2008, S. 1–17.

Weller, Marc-Philippe: Anknüpfungsprinzipien im Europäischen Kollisionsrecht: Abschied von der "klassischen" IPR-Dogmatik?, IPRax 2011, S. 429–437.

Wilke, Felix M.: Brauchen wir eine Rom 0–Verordnung? Eine Skizze anlässlich einer Bayreuther Tagung, GPR 2012, S. 334–341.

– Das internationale Erbrecht nach der neuen EU-Erbrechtsverordnung, RIW 2012, S. 601–609.

– Einführung in Leible/Unberath (Hrsg.), Brauchen wir eine Rom 0–Verordnung?, Jena 2013, S. 13–31.

Winkler v. Mohrenfels, Peter: Die Rom III-VO und die Parteiautonomie in Kronke/Thorn (Hrsg.), Grenzen überwinden – Prinzipen bewahren, Festschrift für Bernd von Hoffmann zum 70. Geburtstag, Bielefeld 2011, S. 527–542.

– Die Rom III-VO, Teilvereinheitlichung des europäischen internationalen Scheidungsrechts, ZEuP 2013, S. 699–724.

Schriften zum Internationalen und vergleichenden Privatrecht

Herausgegeben von Abbo Junker

Band 1 Maren Charisius: Das niederländische Internationale Privatrecht. 2001.

Band 2 Natalie Kretschmer: Das Internationale Privatrecht der zivilen Verkehrsluftfahrt. 2003.

Band 3 Maike Kreitlow: Das *domicile*-Prinzip im englischen Internationalen Privatrecht und seine europäische Perspektive. 2003.

Band 4 Monika Reckhorn-Hengemühle: Aktuelles spanisches Erbschaft- und Schenkungssteuerrecht. Abwicklung deutsch-spanischer Erb- und Schenkungsfälle. 2003.

Band 5 Martin Bahr: Missbrauch der wettbewerbsrechtlichen Abmahnung im Bereich des Internet. 2003.

Band 6 Nicolai von Cube: Die internationale Zuständigkeit der englischen Zivilgerichte. Im Spannungsverhältnis von Common Law und Europarecht. 2004.

Band 7 Martin Träger: Die Auswirkungen der Entscheidung *Williams v. Roffey* auf das klassische *consideration*-Erfordernis im englischen Recht. 2009.

Band 8 Anja Zelfel: Der Internationale Arbeitskampf nach Art. 9 Rom II-Verordnung. 2011.

Band 9 Sandra Wandt: Rechtswahlregelungen im Europäischen Kollisionsrecht. Eine Untersuchung der Hauptkodifikationen auf Kohärenz, Vollständigkeit und rechtstechnische Effizienz. 2014.

www.peterlang.com

www.ingramcontent.com/pod-product-compliance
Ingram Content Group UK Ltd.
Pitfield, Milton Keynes, MK11 3LW, UK
UKHW041825290926
8980IPUK00002B/70

9 783631 657003